权威·前沿·原创

皮书系列为
"十二五""十三五"国家重点图书出版规划项目

广东社会组织蓝皮书

BLUE BOOK OF
NONPROFIT ORGANIZATION IN GUANGDONG

广东社会组织发展报告
（2016~2017）

ANNUAL REPORT ON NONPROFIT ORGANIZATION IN
GUANGDONG PROVINCE (2016-2017)

主　编／涂　斌　彭未名
副主编／王达梅

社会科学文献出版社
SOCIAL SCIENCES ACADEMIC PRESS (CHINA)

图书在版编目(CIP)数据

广东社会组织发展报告.2016-2017/涂斌,彭未名主编.--北京:社会科学文献出版社,2018.12
（广东社会组织蓝皮书）
ISBN 978-7-5201-3146-9

Ⅰ.①广… Ⅱ.①涂…②彭… Ⅲ.①社会团体-发展-研究报告-广东-2016-2017 Ⅳ.①C232.65

中国版本图书馆CIP数据核字（2018）第212926号

广东社会组织蓝皮书
广东社会组织发展报告（2016~2017）

主　　编／涂　斌　彭未名
副 主 编／王达梅

出 版 人／谢寿光
项目统筹／邓泳红
责任编辑／陈　颖　王　煦

出　　版／社会科学文献出版社·皮书出版分社（010）59367127
　　　　　　地址：北京市北三环中路甲29号院华龙大厦　邮编：100029
　　　　　　网址：www.ssap.com.cn

发　　行／市场营销中心（010）59367081　59367083
印　　装／三河市龙林印务有限公司

规　　格／开　本：787mm×1092mm　1/16
　　　　　　印　张：25.75　字　数：427千字
版　　次／2018年12月第1版　2018年12月第1次印刷
书　　号／ISBN 978-7-5201-3146-9
定　　价／128.00元

皮书序列号／PSN B-2018-783-1/1

本书如有印装质量问题，请与读者服务中心（010-59367028）联系

△ 版权所有 翻印必究

《广东社会组织发展报告（2016～2017）》编委会

主　任　卓志强

副主任　王长胜　庄　侃　刘海春

编　委　黎建波　王德彬　江海鹰　张　峰　李志华
　　　　　李其斌　张树焕　邹丽雅　徐志军　汤爱萍
　　　　　柳　锋　黄　静　宁　彬　王福军　凌　冲
　　　　　柳　涛　刘勤裕　吴启荣　黄远周　陈　凯
　　　　　陈伟东　邓文汉　李振东　叶学斌　杨晓鹏
　　　　　林　靖　邓家升　蔡炯豪　林博毅　林淑华
　　　　　汤雪芬　蓝伟平　陈志平　黄国俊　彭未名
　　　　　高云坚　涂　斌　王达梅　张信勇　彭灵灵
　　　　　黎梓如　林英贤

摘　要

本蓝皮书分为总报告、地区报告、案例分析三大部分。

总报告部分，对2016年、2017年广东省社会组织发展现状、社会组织发展做法和措施、社会组织发挥的作用、社会组织发展存在的问题等展开分析，并对广东省社会组织未来发展改革思路和对策进行探索。

地区报告部分，对2016年、2017年广东省21个地市社会组织发展状况进行分析。一是对各地市的社会组织增长、市内各区县社会组织发展均衡状况、社会组织从业人员等基本情况进行数据统计分析；二是从社会组织法规政策创新和制定、扶持社会组织发展、社会组织人才建设、政府向社会组织购买服务、社会组织信息化建设、社会组织的监督、社会组织党建工作等方面阐述各地市推动社会组织发展的做法和措施；三是对各地市社会组织发展中存在的问题进行分析，并提出社会组织发展的措施。地区报告力争呈现各地市在社会组织发展方面的特色之处，供不同地区作为发展社会组织的借鉴参考。

案例分析部分，分别选择社会团体、社会服务机构、基金会三种类型的社会组织作为案例进行分析。在社会组织案例分析中，既能够反映广东省社会组织发展的成绩和特色，又反映广东省社会组织存在的特殊问题，引发我们对广东省社会组织发展问题和原因的深层次思考，探索更加合理和有效的发展建议。

关键词： 社会组织　广东省　总报告　地区报告　案例分析

Abstract

This blue book is divided into three parts: general report, regional reports and case analysis.

In the general report, the development status of nonprofit organizations in Guangdong Province in 2016 and 2017, as well as the development practices and measures of nonprofit organizations, the role played by nonprofit organizations and the problems existing in the development of nonprofit organizations, etc. are analyzed. It also explores the ideas and countermeasures for the future development and reform of nonprofit organizations in Guangdong.

The regional report partanalyzes the development status of nonprofit organizations in 21 prefecture-level cities in Guangdong Province in 2016 and 2017. Firstly, statistical analysis was made on the growth of nonprofit organizations in various cities, the balanced development of nonprofit organizations in cities and counties, and the employees of nonprofit organizations. Secondly, the practice and measures of promoting the development of nonprofit organizations in various cities are expounded from the aspects of innovation and formulation of social organization regulations and policies, support of the developing nonprofit organizations, the human resources construction of nonprofit organizations, government purchase of services from nonprofit organizations, the information construction of nonprofit organizations, supervision of nonprofit organizations, and the party construction of nonprofit organizations. Thirdly, it analyzes the problems existing in the development of nonprofit organizations in various cities and puts forward measures for the development of nonprofit organizations. The regional report strives to present the characteristics of various cities in the development of nonprofit organizations, so as to provide reference for different regions to develop nonprofit organizations.

In the case analysis, three types of nonprofit organizations, namely social groups, social service institutions and foundations are selected as case studies. In the case study of nonprofit organizations, it not only reflects the achievements and

Abstract

characteristics of the development of social organization in Guangdong Province, but also reflects the special problems of social organization in Guangdong Province, which has led us to deeply reflect on the problems and causes for the development of nonprofit organizations in Guangdong Province and explore more rational and effective proposals for development.

Keywords: Nonprofit Organizations; Guangdong Province; General Report; Regional Report; Case Analysis

序

党的十九大报告将社会组织纳入中国特色社会主义事业"五位一体"的总体布局，社会组织全方位参与新时代国家建设，成为我国社会主义现代化建设的重要力量。改革开放40年来，广东社会组织取得了长足的发展，从改革开放初期的100多个发展到2017年的63846个，近40年间增加了6万多个社会组织，和40年前相比，增长了630多倍。随着社会组织数量快速增长，广东社会组织在促进经济发展、繁荣社会事业、创新社会治理、扩大对外交往等方面发挥着越来越重要的作用。

广东一直是全国深化改革的前沿阵地，在社会组织领域，勇于探索，积极作为，从行业协会商会管理体制改革起步，到直接登记的推进，再到转移职能、购买服务，改革的方向清晰、路径明确、系统性强，为全国社会组织管理制度的改革提供了有益借鉴。2016年，中共中央办公厅、国务院办公厅印发《关于改革社会组织管理制度促进社会组织健康有序发展的意见》，2017年，中共广东省委办公厅、广东省人民政府办公厅印发《关于改革社会组织管理制度促进社会组织健康有序发展的实施意见》，这两个改革文件的出台，充分体现了党中央国务院、省委省政府对社会组织工作的高度重视，为广东社会组织今后一段时期的发展指明了方向。广东认真贯彻落实改革文件，发扬务实创新、勇于开拓的精神，在加强社会组织党的建设、强化事中事后监管、扎实推动基层社会组织发展等方面持续深化改革。特别是在大力发展基层社会组织方面，总结推出了规范管理、管育并重的"汕头经验"，确保中央精神落地生根。

当前，社会组织工作受到党中央、国务院前所未有的重视。党的十九大报告突出强调要发挥好社会组织、慈善事业、志愿服务在决胜全面建成小康社会、开启全面建设社会主义现代化国家新征程中的作用。习近平总书记在参加十三届全国人大一次会议广东代表团审议时发表的重要讲话中，要求广东在

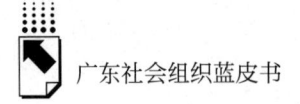

"四个方面走在全国前列",其中"在营造共建共治共享社会治理格局上走在全国前列",给我省社会组织在社会治理中发挥积极作用提出了更高要求。今后,广东社会组织工作要全面贯彻党的十九大精神,以习近平新时代中国特色社会主义思想为指导,深入贯彻习近平总书记对广东重要指示批示精神,要提高政治站位,强化责任担当,扎实做好和推进社会组织各项工作。首先,要加强社会组织党的建设,发挥党组织的政治核心作用,确保社会组织发展的正确政治方向。其次,要积极稳妥推进社会组织管理制度改革,改革制约社会组织发展的体制机制,激发社会组织内在活力和发展动力。再次,要坚持放管并重,既要简政放权,优化服务,积极培育扶持,又要加强事中事后监管,要依法查处社会组织违法违规行为,取缔非法社会组织,营造风清气正的社会组织发展环境,促进社会组织健康有序发展。同时,社会组织要加强自身能力建设,建立健全法人治理体系,提升自我规范、自主发展能力,真正成为提供服务、反映诉求、规范行为、促进和谐的重要力量。最后,社会组织还要自觉肩负起社会组织在新时代的历史重任,积极履行社会责任,广泛参与到新时代的经济建设、政治建设、文化建设、社会建设、生态文明建设和党的建设等各领域中来,为广东实现"四个走在全国前列"、当好"两个重要窗口"做出积极贡献。

2016~2017年是广东社会组织管理制度改革承前启后的重要时期。本蓝皮书既系统梳理2016~2017年广东社会组织发展的做法、经验和成效,又对存在的问题进行剖析,探索解决之策。希望蓝皮书的出版能够为各地社会组织发展提供有益的借鉴,为政府、企事业单位、社会组织、社会个人之间的合作提供相关的资料信息以及有价值的政策建议。同时,搭建社会组织发展交流平台,使得社会各界、专家学者对社会组织发展中存在的问题和对策进行探索,以便积极促进广东乃至全国社会组织的健康有序发展,使社会组织更好地服务国家、服务社会、服务群众、服务行业。

2018年11月15日

目　录

Ⅰ 总报告

B.1 广东省社会组织发展现状及前瞻
　　……………………………《广东社会组织发展报告》编委会
　　　　　　　执笔人：涂　斌　王达梅　彭未名 / 001
　　一　广东社会组织发展状况及特点………………………… / 002
　　二　广东省社会组织发展措施……………………………… / 014
　　三　广东省社会组织发展存在的主要问题………………… / 027
　　四　广东省社会组织发展前瞻……………………………… / 031

Ⅱ 地区报告

B.2 广州市社会组织发展报告………………………… 房瑞佳 / 035
B.3 深圳市社会组织发展报告………… 彭未名　王达梅　李良进 / 050
B.4 珠海市社会组织发展报告………………………… 柳　涛 / 060
B.5 汕头市社会组织发展报告………………… 杨美芬　姚　军 / 073
B.6 佛山社会组织发展报告…………………… 刘宇明　文　勇 / 086
B.7 韶关市社会组织发展报告………………… 白志华　黄远周 / 099
B.8 河源社会组织发展报告…………………… 陈　凯　涂　斌 / 110
B.9 梅州社会组织发展报告…………………… 李国平　涂　斌 / 125

001

B.10 惠州市社会组织发展报告 …………… 涂 斌 柳春慈 温 智 / 141
B.11 汕尾市社会组织发展报告 …………………… 庄木松 杨美芬 / 154
B.12 东莞市社会组织发展报告 …………… 王达梅 叶学斌 邓志江 / 170
B.13 中山市社会组织发展报告 …………………… 蔡 岚 黄泳珊 / 181
B.14 江门市社会组织发展报告 …………… 涂 斌 李玉芬 陶 飞 / 197
B.15 阳江市社会组织发展报告 …………………… 杜琦琦 王达梅 / 213
B.16 湛江市社会组织发展报告 …………………… 涂 斌 蔡炯豪 / 225
B.17 茂名市社会组织发展报告 …………… 林伯毅 王达梅 刘雪桃 / 242
B.18 肇庆市社会组织发展报告 ……………………………… 王达梅 / 254
B.19 清远市社会组织发展报告 …………… 高云坚 阮 元 周素平 / 265
B.20 潮州社会组织发展报告 ……………………… 涂 斌 蓝伟平 / 282
B.21 揭阳社会组织发展报告 …………… 涂 斌 林 颖 林英贤 / 299
B.22 云浮市社会组织发展报告 …………………………… 杨美芬 / 310

Ⅲ 案例分析

B.23 加强诚信自律建设，增强资源整合能力
　　——东莞市大众社会工作服务中心 ………… 王达梅 涂 斌 / 324
B.24 加强人才队伍建设，提高职业化水平
　　——中山市心苑社会工作服务中心
　　……………………………… 王达梅 涂 斌 彭未名 / 330
B.25 "借力"发展，塑造社会组织品牌
　　——珠海市蓝海社会服务中心 …… 涂 斌 彭灵灵 王达梅 / 337
B.26 有效处理各种关系，提升服务能力
　　——深圳市社会工作者协会 ……… 彭未名 涂 斌 王达梅 / 348
B.27 多措并举，提高服务能力
　　——清远市社会组织总会 ………… 涂 斌 王达梅 彭未名 / 357

B.28 政府与社会组织共努力，提高社会组织运作能力

　　——韶关市电子商务行业协会 …… 王达梅　涂　斌　彭灵灵 / 363

B.29 重视党建工作，完善内部治理结构

　　——广东省江西商会 ………………… 涂　斌　陈成才　王达梅 / 369

B.30 走特色运营之路，增强社会组织公信力

　　——梅州市东山中学发展基金会

　　………………………………………… 涂　斌　彭灵灵　王达梅 / 380

皮书数据库阅读使用指南

CONTENTS

Ⅰ General Report

B.1 Development Status and Prospects of Nonprofit
Organizations in Guangdong Province
*Annual Report on Nonprofit Organization in Guangdong
Province Editorial Committee (Authors: Tu Bin,
Wang Damei and Peng Weiming)* / 001

   1. Development Status and Characteristics of Nonprofit Organizations in
      Guangdong Province   / 002

   2. Development Measures of Nonprofit Organizations in Guangdong Province   / 014

   3. The Main Problems in the Development of Nonprofit Organizations in
      Guangdong Province   / 027

   4. Prospects for the Development of Nonprofit Organizations in Guangdong
      Province   / 031

Ⅱ District Reports

B.2 Guangzhou Nonprofit Organizations Development Report
Fang Ruijia / 035

CONTENTS

B.3　Shenzhen Nonprofit Organizations Development Report
　　　　　　　　　　　　　　　Peng Weiming, Wang Damei and Li Liangjin / 050

B.4　Zhuhai Nonprofit Organizations Development Report
　　　　　　　　　　　　　　　　　　　　　　　　　　Liu Tao / 060

B.5　Shantou Nonprofit Organizations Development Report
　　　　　　　　　　　　　　　　　　　　　　Yang Meifen, Yao Jun / 073

B.6　Foshan Nonprofit Organizations Development Report
　　　　　　　　　　　　　　　　　　　　　Liu Yuming, Wen Yong / 086

B.7　Shaoguan Nonprofit Organizations Development Report
　　　　　　　　　　　　　　　　　　　Bai Zhihua, Huang Yuanzhou / 099

B.8　Heyuan Nonprofit Organizations Development Report
　　　　　　　　　　　　　　　　　　　　　　　　Chen Kai, Tu Bin / 110

B.9　Meizhou Nonprofit Organizations Development Report
　　　　　　　　　　　　　　　　　　　　　　Li Guoping, Tu Bin / 125

B.10　Huizhou Nonprofit Organizations Development Report
　　　　　　　　　　　　　　　Tu Bin, Liu Chunci and Wen Zhi / 141

B.11　Shanwei Nonprofit Organizations Development Report
　　　　　　　　　　　　　　　　　　Zhuang Musong, Yang Meifen / 154

B.12　Dongguan Nonprofit Organizations Development Report
　　　　　　　　　　　　　Wang Damei, Ye Xuebin and Deng Zhijiang / 170

B.13　Zhongshan Nonprofit Organizations Development Report
　　　　　　　　　　　　　　　　　　　Cai Lan, Huang Yongshan / 181

B.14　Jiangmen Nonprofit Organizations Development Report
　　　　　　　　　　　　　　　　Tu Bin, Li Yufen and Tao Fei / 197

B.15　Yangjiang Nonprofit Organizations Development Report
　　　　　　　　　　　　　　　　　　　　Du Qiqi, Wang Damei / 213

B.16　Zhanjiang Nonprofit Organizations Development Report
　　　　　　　　　　　　　　　　　　　　Tu Bin, Cai Jionghao / 225

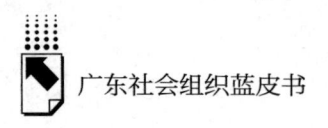

B.17 Maoming Nonprofit Organizations Development Report

Lin Boyi, Wang Damei and Liu Xuetao / 242

B.18 Zhaoqing Nonprofit Organizations Development Report

Wang Damei / 254

B.19 Qingyuan Nonprofit Organizations Development Report

Gao Yunjian, Ruan Yuan and Zhou Suping / 265

B.20 Chaozhou Nonprofit Organizations Development Report

Tu Bin, Lan Weiping / 282

B.21 Jieyang Nonprofit Organizations Development Report

Tu Bin, Lin Ying and Lin Yingxian / 299

B.22 Yunfu Nonprofit Organizations Development Report

Yang Meifen / 310

III Cases Analysis

B.23 Strengthen the Construction of Honesty and Self-discipline and Enhance the Ability of Resource Integration

—*Dongguan Dazhong Social Work Service Center*

Wang Damei, Tu Bin / 324

B.24 Strengthen the Construction of the Talent Team and Improve the Level of Professionalism

—*Zhongshan Xinyuan Social Work Service Center*

Wang Damei, Tu Bin and Peng Weiming / 330

B.25 Develop by Leveraging to Optimize Nonprofit Organizations Brand

—*Zhuhai Blue Ocean Social Service Center*

Tu Bin, Peng Lingling and Wang Damei / 337

CONTENTS

B.26 Deal with Various Relationships Effectively and Improve Service Capabilities
—*Shenzhen Social Workers Association*
Peng Weiming, Tu Bin and Wang Damei / 348

B.27 Taking Multiple Measures to Improve the Service Capabilities of the Association
— *Qingyuan Nonprofit Organizations General Association*
Tu Bin, Wang Damei and Peng Weiming / 357

B.28 Government and Nonprofit Organizations Work Together to Improve the Operational Capacity of Nonprofit Organizations
—*Shaoguan E-commerce Industry Association*
Wang Damei, Tu Bin and Peng Lingling / 363

B.29 Pay Attention to Party Building Work and Improve Internal Governance Structure
—*Jiangxi Commerce Association in Guangdong Province*
Tu Bin, Chen Chengcai and Wang Damei / 369

B.30 Take the Road of Characteristic Operation to Enhance Nonprofit Organizations Credibility
—*Meizhou Dongshan Middle School Development Foundation*
Tu Bin, Peng Lingling and Wang Damei / 380

总报告

General Report

B.1 广东省社会组织发展现状及前瞻

《广东社会组织发展报告》编委会 执笔人：涂斌 王达梅 彭未名*

摘 要： 本文对广东省社会组织2016和2017年在规模、结构、从业人员状况、党建状况等发展情况进行分析。广东省社会组织发展具有总量增长较快、从业人员年轻化、行业分布以教育和社会服务及文化为主等特点，在推动经济稳步发展、维护社会安定和谐、创新社会治理、加强对外往来等方面发挥重大作用。但仍存在社会组织管理机构建设有待加强、地市向社会组织购买服务发展不均衡、社会组织对人才的吸引仍然比较低、社会组织公信力不足等问题。广东社会组织未来将在深化管理体制改革、推进规范化建设、加大扶持力度、强化专业能力建设、加

---

* 涂斌，博士，广东外语外贸大学教授，广东省社会组织研究中心副主任，硕士生导师，研究方向为社会组织管理、社区治理、公共服务财政保障、财政支出绩效评价。王达梅，博士，广东省社会组织研究中心、广东外语外贸大学政治与公共管理学院副教授，研究方向为社会管理、政府购买社会组织服务、财政绩效评价。彭未名，博士，广东外语外贸大学教授，广东省社会组织研究中心主任，硕士生导师。研究方向：社会组织、社会治理。

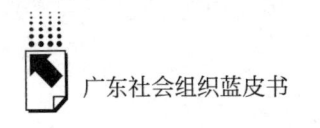

强党建工作以及健全监管体制等方面健康有序发展。

关键词： 广东社会组织　监管　培育扶持　党建

一　广东社会组织发展状况及特点①

（一）广东社会组织发展现状

1. 社会组织发展规模

广东省社会组织在2016年和2017年仍保持着数量增长状态，2016年全省注册登记的社会组织有59455家，比2015年社会组织总量增长了10.19%；2017年为63784家，与2016年相比增长了7.28%，两年平均增长率为8.72%。通过对比2016和2017年的全省社会团体、社会服务机构和基金会的数量，可发现三者均处于增长状态。从表1可见，增长最快的是基金会，从2016年的804家增长到2017年的951家，增长率为18.28%；社会服务机构的增长速度次之，2016年的增长率为11.27%，2017年增加到34185家，增长率为8.27%；社会团体的增长速度最慢，从2016年的27077家增加至2017年的28648家，增长率为5.8%。

表1　2016~2017年广东省各类社会组织增长状况

单位：家

年份	社会团体 数量	社会团体 比重	社会团体 增长率	社会服务机构 数量	社会服务机构 比重	社会服务机构 增长率	基金会 数量	基金会 比重	基金会 增长率	合计
2015	24904	46.15%	—	28377	52.59%	—	677	1.25%	—	53958
2016	27077	45.54%	8.73%	31574	53.11%	11.27%	804	1.35%	18.76%	59455
2017	28648	44.91%	5.80%	34185	53.59%	8.27%	951	1.49%	18.28%	63784

2. 社会组织分布状况

（1）类型分布以社会团体和社会服务机构为主

从社会组织类型来看，社会服务机构和社会团体占社会组织总量超过了

---

① 本章资料来源：2016、2017年广东省民政厅计财年报全省社会组织数据。

98%，基金会占比不到1.5%。2017年相较于2016年，社会团体比重下降了0.63%，社会服务机构比重上升了0.48%，基金会比重上升了0.14%，总体来说三类社会组织占社会组织总量比值变化不大。从图1可见，2016年社会团体27077家，占45.54%；社会服务机构单位31574家，占53.11%；基金会804家，占1.35%。2017年社会团体28648家，占44.91%；社会服务机构单位34185家，占53.59%；基金会951家，占1.49%。

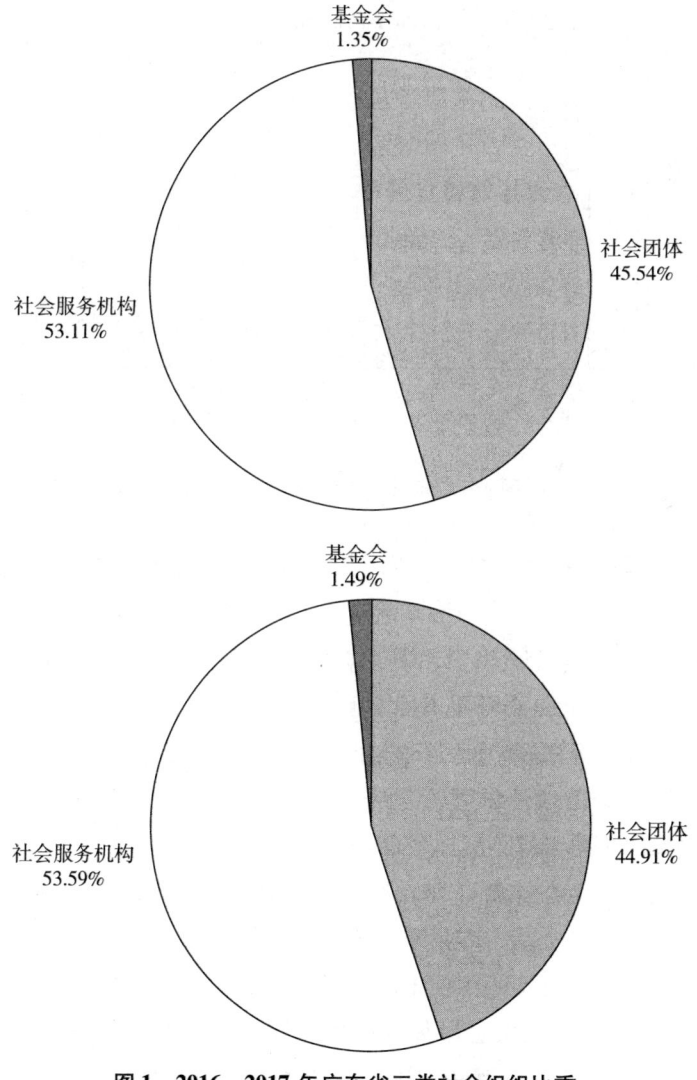

图1　2016、2017年广东省三类社会组织比重

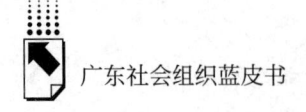

（2）社会组织地市分布主要集中在经济相对发达城市

从图2可见，广东社会组织主要集中在深圳、广州、佛山、东莞等经济相对发达城市，其在2017年全省社会组织中所占比重分别为15.01%、11.9%、7.43%、6.94%，这四个城市的社会组织数量占全省社会组织总数的41.28%。从图2中可见，除了江门市出现社会组织数量的负增长外，2017年各地市社会组织的数量均比2016年有所增加。

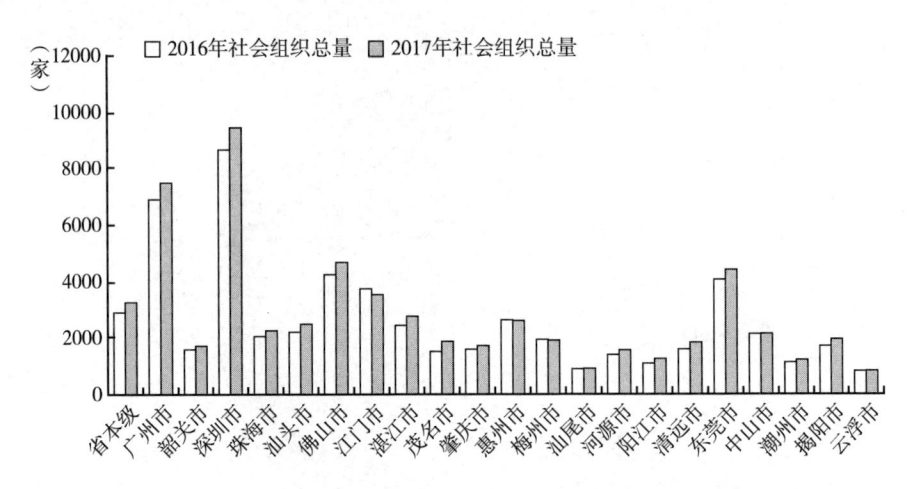

图2 广东社会组织地市分布状况

此外，从21个地市人均社会组织数量来看，还是集中在珠海、深圳、江门、中山、东莞、佛山、广州等城市。根据图3所示，2016年和2017年珠海市每万人社会组织数量最多，分别为12.5家和13.1家，远高于第二位的江门市8家左右、深圳市的7.6家，中山市、佛山市和韶关市2017年每万人社会组织数量均超过6家，湛江市、云浮市、揭阳市、汕尾市和茂名市两年来每万人社会组织数量均在4家以下，汕尾市2016和2017年该数值为2.91和2.95家，社会组织发展较珠海、深圳等市而言，差距较大。

（3）社会组织行业主要分布在教育、社会服务、文化、工商业服务等领域

广东省社会组织行业分布集中在教育、社会服务、文化、工商业服务等领域，其中，社会团体主要集中在工商业服务、社会服务、文化、体育和科研等领域（见图4），卫生类社会团体发展增速最快，由2016年的527家增加到2017年的793家，增长率为50.47%；体育类社会团体发展增速次之，增长率

广东省社会组织发展现状及前瞻

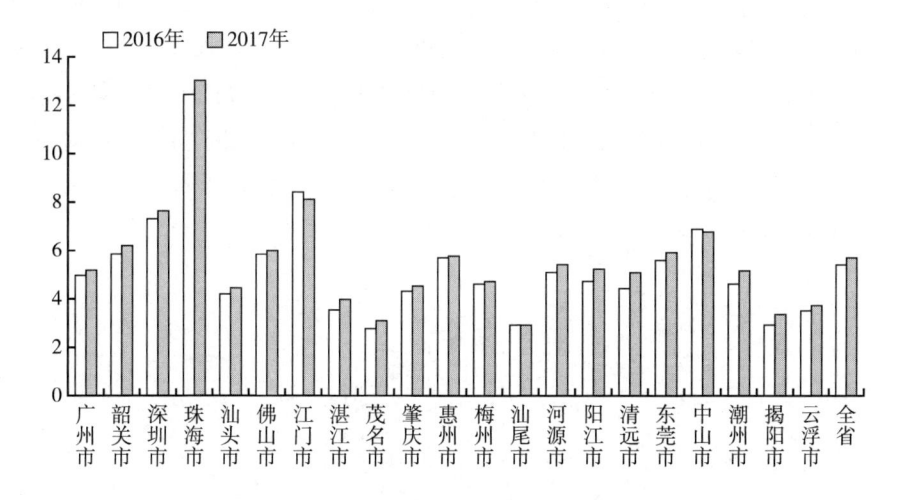

图3 各地市每万人社会组织数

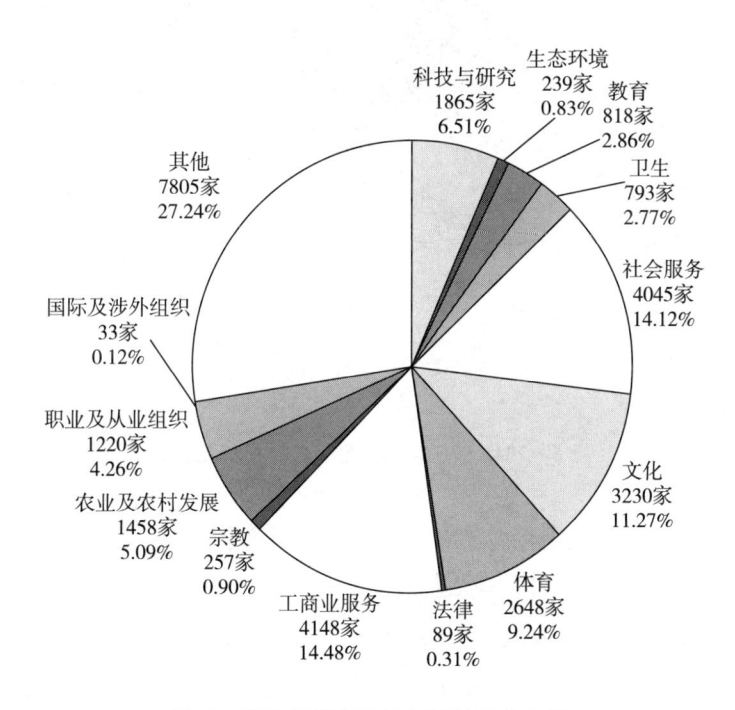

图4 2017年广东省社会团体行业分布

为18.64%。社会服务机构集中在教育、社会服务、文化、科技与研究等领域（见图5），与2016年相比，2017年文化类社会服务机构增加220家，增长率最高，为12.78%，教育类社会服务机构增加1422家，增长率为6.92%。基金会主要集中在社会服务、科技与研究、教育等领域（见图6），其中科技与研究类基金会增长速度最快，从2016年的147家增长到2017年的221家，增长率为50.34%。

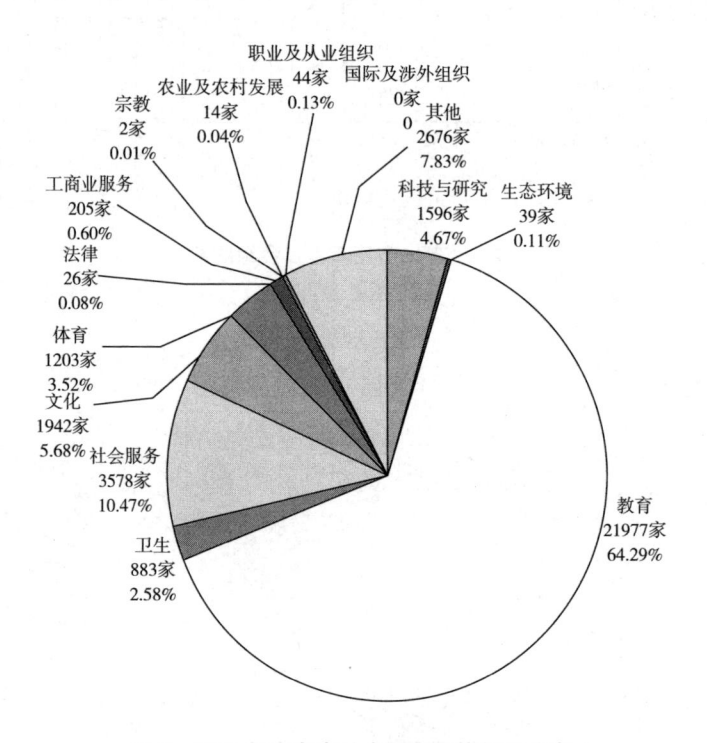

图5 2017年广东省社会服务机构行业分布

3. 社会组织人力资源构成状况

（1）性别分布以男性从业人员为主

广东省社会组织从业人员性别结构上男性比重高于女性（见表2）。2016、2017年广东省社会组织从业人员总数分别为609387人、687389人，其中，女性为223365人和271074人，占比分别为36.7%和39.4%，社会组织从业人员大部分为男性，2017年相较于2016年在女性从业人员比重方面有所上升。

广东省社会组织发展现状及前瞻

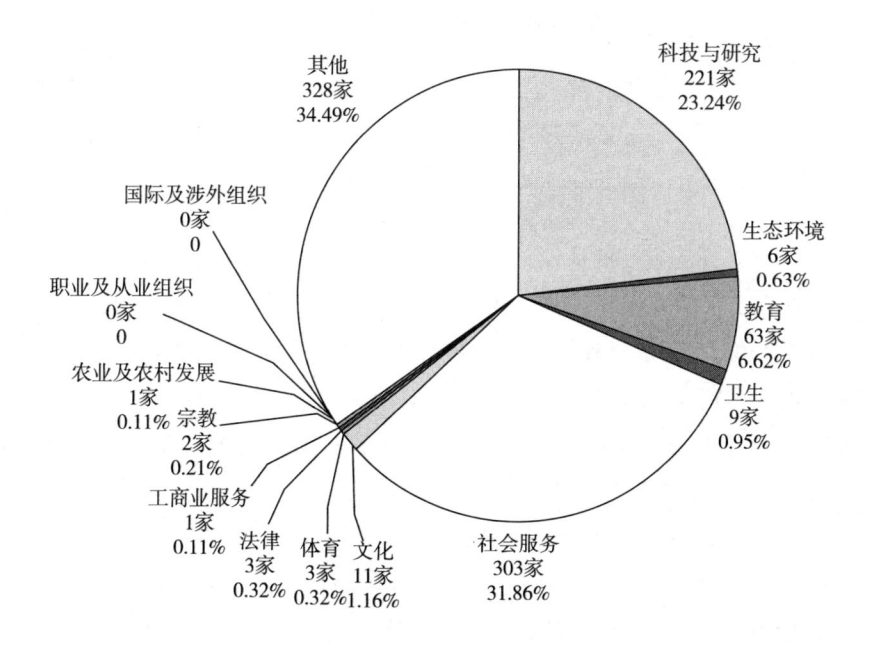

图6 2017年广东省基金会行业分布

饼图数据：
- 其他 328家 34.49%
- 科技与研究 221家 23.24%
- 国际及涉外组织 0家 0
- 生态环境 6家 0.63%
- 职业及从业组织 0家 0
- 教育 63家 6.62%
- 农业及农村发展 1家 0.11%
- 宗教 2家 0.21%
- 卫生 9家 0.95%
- 工商业服务 1家 0.11%
- 法律 3家 0.32%
- 体育 3家 0.32%
- 文化 11家 1.16%
- 社会服务 303家 31.86%

表2 社会组织从业人员性别结构、受教育程度结构、职称结构

单位：人，家

年份	社会组织数	从业人员数	受教育程度情况			职业资格水平情况	
			女性	大学专科	大学本科及以上	助理社会工作师	社会工作师
2016	59455	609387	223365	129061	130121	4253	2431
2017	63784	687389	271074	145172	145150	5250	2356

（2）年龄分布呈现年轻化趋势

社会组织从业人员年龄结构呈现年轻化特征，根据表3所示，2016年36~45岁和35岁以下的人员加总后为485689人，2017年是540843人，占了总人数的79.7%和78.7%（见表3）。也就是说近8成的社会组织从业人员都是45岁以下，社会组织是一支主要由年轻从业人员组成的队伍。

007

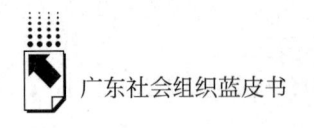

表3　社会组织从业人员年龄结构

单位：人

年份	35岁及以下	36~45岁	46~55岁	56岁及以上
2016	302582	183107	88930	34769
2017	353515	187328	104922	41624

（3）受教育程度高的从业人员主要分布于社会服务机构

从业人员受教育程度不高，2016、2017年从业人员中大学本科及以上人数分别为130121人和145150人，仅占总人数的21.4%和21.1%，大专以上学历人数占比分别为42.53%和42.24%。其中，2016、2017年社会服务机构大学专科以上学历的从业人数分别占社会组织从业人员总数的29.31%和32.89%；2016年基金会大学专科以上学历的从业人数占总人数的0.24%，2017年该数据上升至0.42%；2016年社会团体从业人员在社会组织从业人员总数中，12.98%为大专以上学历，2017年该数据为8.92%。可见四成多大专以上高学历从业人员中，大约有三成是在社会服务机构工作，而社会团体和基金会的高学历人群占比较低。

（二）广东社会组织发展特点

1. 社会组织整体实力较强

从上述分析可知，2016、2017年社会组织数量保持增长状况，在保持增长的同时社会组织更加注重质量发展，社会组织正从"粗放型"重数量发展逐步向"精细化"重质量发展转变。截至2017年底，在社会组织总量上，广东仅次于江苏，居全国第二位。广东社会组织吸纳社会各类人员就业60多万人，居全国首位；固定资产、社会组织增加值、年度收入、年度费用支出等都居全国前列。除总体水平领先外，一批社会组织也壮大起来，具有较强的实力和影响力。省本级资产过亿元的社会团体有8个、民办非企业单位有51个，基金过亿元的基金会有28个。

2. 社会组织结构趋于优化

社会组织结构的合理程度和优化程度，主要在于社会组织作为政府职能转移的主要承接者、社会政策的重要执行者和社会服务的有力提供者，是否能够满足人们日益增长的美好生活需要，是否能够发挥社会组织化解社会矛盾、维持社会稳定等功能。广东社会组织主要分布于科技与研究、生态环境、教育、卫生、社会服务、文化、体育、法律、工商业服务、宗教、农业及农村发展、职业及从业组织和国际及涉外组织等行业领域。根据表4的数据统计，2016年教育、卫生、文化、体育和科研等基本公共服务领域的社会组织数量为34114家，2017年增长到37262家，占社会组织总数的比例也从2016年的57.38%上升到2017年的58.42%，公共服务类社会组织发展越来越能满足社会基本公共服务的需求，承接政府公共服务供给的空间越来越大。直接服务于社会福利领域以及困境群体的社会服务类机构的数量由2016年的7354家（占比12.37%）增长到2017年的7926家（占比12.43%），进一步满足了改善和发展社会成员生活福利的服务需求。工商业服务类社会组织和农业农村发展类社会组织的数据由2016年的5248家（占比8.8%）增加到2017年的5827家（占比9.1%），满足规范市场秩序、开展行业自律、制定行业标准、调解贸易纠纷等方面的需要。可见，相较于2016年80%的数值，2017年超过85%的社会组织分布于基本公共服务、社会服务、工商业服务和农业农村发展等方面，社会组织结构趋于优化、合理的状态。

表4 社会组织行业分布

单位：家

社会组织类型	年份	科技与研究	生态环境	教育	卫生	社会服务	文化	体育	法律	工商业服务	宗教	农业及农村发展	职业及从业组织	国际及涉外组织	其他	合计
社会团体	2016	1668	300	735	527	3639	2971	2232	89	3602	255	1458	1144	27	8430	27077
	2017	1865	239	818	793	4045	3230	2648	89	4148	257	1458	1220	33	7805	28648
基金会	2016	147	5	56	9	246	11	3	2	1	1	1	0	0	322	804
	2017	221	6	63	9	303	11	3	3	1	2	1	0	0	328	951
社会服务机构	2016	1560	31	20555	748	3469	1722	1170	6	179	4	7	26	0	2097	31574
	2017	1596	39	21977	883	3578	1942	1203	26	205	2	14	44	0	2676	34185

3. 社会组织发挥作用日益显著

广东省不断加强社会组织规范发展和自身能力建设，积极引导其积极主动履行社会责任，在推动经济稳步发展、维护社会安定和谐、创新社会治理、加强对外往来等方面发挥了重要作用。

(1) 经济社会各领域作用明显。广东省社会组织在经济发展领域积极参与市场监管，制定行业规范、标准，推动经济转型升级，应对贸易纠纷和开拓国际市场。如广东省食品（医药）行业协会，制定了广东省食品医药行业自律管理规范和社会责任，成为全国食品医药行业第一个地方标准。广东省建筑装饰材料行业协会承接部分政府职能转移，高质量完成政府委托在乌鲁木齐举办的"第十二届中国新疆喀什·中亚南亚商品交易会"。广东省湖北商会围绕"一带一路"新倡议，收集并梳理沿线沿路国家有关环境、政策、市场、舆论等信息，联合广东省家居建筑装饰材料商会、广东省酒店用品行业协会共同促成了马来西亚沙巴州中沙国际建材城的落成，为企业拓展国外市场提供了有力支撑。广东省物流行业协会联合政府、协会共同策划并组织推动"一带一路"两条国际物流大通道建设（川贵广—港澳—南亚五国国际物流大通道、粤苏皖赣四省—中澳海上物流大通道），并取得了实质性的进展。广东省对外经济合作企业协会为广东企业参与"一带一路"建设在境外开展投资、对外承包工程和对外劳务合作等国际经济合作业务提供各类服务。广东家电商会深化广东家电行业转型升级，引领创新发展发挥了重要作用。面对激烈的市场竞争，广东家电行业整体依然取得令人振奋的成绩，2016年广东省家电产品的销售总额已超8620亿元，比上年增长8.1%，据国家海关总署统计，2016年广东家电主要产品出口值为882.18亿美元（含手机）。

(2) 在社会管理领域扮演着重要角色。基层社会组织积极参与社会治理，化解社会矛盾，在创新基层治理、巩固基层建设，维护社会稳定方面发挥着重要作用。汕头市71个镇（街道）全部成立了联合性、非营利性、综合性枢纽型基层社会组织联合会，根据辖区经济、政治、社会、文化、生态等特点，围绕交流学习、服务群众、承接职能、维护稳定等职能定位，组织举办各类走访座谈、交流互动、扶贫济困等基础性的社团活动，发挥了化解基层矛盾纠纷、确保社会和谐稳定的重要作用；如成田镇西岐村和上盐村因历史存在纠纷争议，连接两村的道路一直无法修通，严重影响群众出行，为此两村老人理事会积极协调沟通，化解历史矛盾，还将原泥泞不平的土路修筑成水泥路面，命名"和睦路"；引导社区社会组织充分发挥"桥梁"和"纽带"作用，协助村（社区）"两委"工作，如简朴村村党委在做出重大决策前，都会听取村老人组、公益福利会等方面的意见，使决策更加符合群众的利益。外省务工人员服务协会在协助外来人口管理、扶助外来务工群体等方面，较好地发挥"缓冲器"和"润滑剂"的作用，12个外省务工人员服务协会自成立以来，有效处理劳资纠纷100多起，化解群体事件7起。广东省人民调解协会充分发挥人民调解扎根基层、快捷、便利的独特优势，从传统的婚姻家庭、邻里关系、林业纠纷、物业纠纷、土地纠纷、劳资纠纷等传统矛盾纠纷领域，向医疗、道路交通、知识产权保护、金融消费和电子商务等社会热点、难点领域拓展，力争把矛盾化解在基层、消灭在萌芽状态，切实发挥人民调解在维护社会和谐稳定的第一道防线作用。广东省法学会依托专业法律工作资源，成立广东中立法律服务社为群众提供法律咨询服务，参与上访调解工作。

（3）在公共服务领域成为一支不可或缺的力量。积极兴办社会服务机构，弥补政府公共服务能力的不足。截至2017年底，广东省民办养老服务机构339个，养老床位达9.2万张，占全省养老床位总数的24%；全省各类民办学校17053家，其中幼儿园10663家，小学761家，初中668家，高中192家，中等职业学校686家，高校72家，其他培训机构4011家；持证社工人数6.5万人，民办社会工作服务机构1406家，注册志愿者988万人。2016年我省"专业社工，全民义工"试点工作正式启动，全省66个试点覆盖儿童青少年、老年人服务、社区服务、社会救助、纠纷调解、禁毒戒毒等14个领域；2017年，广东省实施粤东西北地区"双百镇（街）社会工作服务五年计划"。在包括惠州、肇庆、江门的粤东西北15个地市选取200个乡镇（街道）作为试点，建设200个乡镇（街道）社工站，开发近1000个专业社会工作岗位，孵化200个社会工作与志愿服务组织，培育20000名志愿者，积极引导社工扎根社区，服务社区。广东省综合改革发展研究院致力于围绕省委、省政府的中心工作，开展改革发展理论与实践的研究、咨询，服务政府、服务社会、服务市场。为党政机关、企事业单位提供改革创新、产业发展、社会管理等方面的决策咨询服务，在建设"中国特色新型智库"方面做出了一系列探索和实践，较好地发挥了"智囊团"和"人才库"的影响和作用。

（4）在公益慈善领域积极履行社会责任。积极参加救灾减灾、扶贫济困、安老抚幼、扶弱助孤、助学助医等活动，全省基金会近五年累计公益支出71.8亿元。广东社会组织积极参与广东扶贫济困日活动，2016~2017年，累计捐款超3亿元。其中，广东省和的慈善基金会、广东省尚东公益基金会、深圳市同心慈善基金会和深圳市广胜达慈善基金会等4个社会组织获得2017年度广东扶贫济困红棉杯金杯；深圳市华强公益基金会获得2017年度广东扶贫济困红棉杯银杯；深圳市龙光慈善基金会、广东省豪爵慈善基金会、广州市华新慈善基金会、广州欧初文化教育基金会、深圳市关爱行动公益基金会·彭湃关爱基金、广东省方圆公益基金会、广东省律师协会和东莞世界莞商联合会等8个社会组织获得2017年度广东扶贫济困红棉杯铜杯。广东省天行健慈善基金会于2016年启动林芝十年慈善项目，与林芝市人民政府签约，承诺未来十年将联合中山大学中山眼科中心和广东省医师协会风湿免疫医师分会专家团队为西藏林芝市的贫困白内障患者实施免费手术，为贫困风湿免疫病患者进行义诊及免费派发药品，为贫困学子走进大学提供学费支持。广东碧桂园职业学院致力于"阻断贫困代际传递链"，实行全免，对贫困家庭学生免学费、教材费、食宿费，提供寒、暑假期往返路费和全年服装、床上用品、全部学习用品以及生活用品等，使受助学生"一人成才，全家脱贫"。学院结合精准扶贫，力拓贫困生源，自2014年成立以来，已招收贫困家庭学生660人。广东省扶贫基金会先后参与或组织实施了"百村万户安居工程""为贫困白内障患者免费手术治疗工程""医疗医药进村工程""金融扶贫工程""助学兴教工程""就业技能培训工程""抗洪救灾重建工程""乡村园丁关爱工程""贫困单亲母亲关爱工程""中央苏区农村老党员关爱工程"等，有效地帮助贫困地区困难群众解决住房难、读书难、就业难、看病难、行路难等问题。2016年，广东岭南文博研究院与广东省岭南禅宗文化发展基金会发起"让孝声飞·暖心护巢养老工程"，联合广东省社会组织和社会各界，关心和扶助广东省农村留守老人、城市空巢老人、失独老人、失能老人等特殊老年；广东省绿盟公益基金会主办的"绿盟公益学院"，是国内首家致力于培养美丽乡村建设公益人才的教育机构，以"理论指导+实践参与+孵化提升"为培育模式，培养榜样型慈善家、美丽乡村公益慈善管理人才、乡村建设管理人才、技术人才和志愿者队伍，构建支持公益慈善领域高度发展的知识体系，打造新型慈善知识体系的专业智库。

（5）在对外交往领域加强国际交流与合作。社会组织在引进资金、技术、管理经验，开展国际合作，参与国际竞争，开展反倾销应诉，保护和发展民族产业，维护国家利益等方面发挥着不可忽视的作用。据不完全统计，2016～

2017年，开展国际合作项目324个，组织或参加国际会议或论坛704场，出境考察培训8215人次，接受境外组织捐赠或赞助51次，聘请外籍员工1973人。揭阳市金属企业联合会自2013年以来每年组织多批联合会会员企业赴德（欧）考察招商，在德国积极开展考察和对接，争取把更多、更先进的技术和设备引进揭阳，建设中德金属生态城，更好地推动揭阳产业的转型升级，目前已有部分企业与外国企业形成合作意向，有的已经签订合作协议，通过联合会牵头，已经和德国工商大会等9大行业协会和弗劳恩霍夫研究所等20多个科研机构建立合作联盟。自2016年6月开始，广东省绿舟应急公共安全促进中心的应急救援课题组就应急救援技术的交流同亚洲国际搜救教练联盟IRIA（台湾）合作，参加由该组织举办的应急救援（激流救援）技术培训和交流活动。2016年，广东省中小企业发展促进会成功承办第十三届中国中小企业高峰论坛，1000多位政府官员、专家学者、知名企业家与会，共同研讨在新一轮科技革命背景下，中小企业如何创新发展、变革转型以及合作交流。科特迪瓦、印度、南非、尼日利亚、保加利亚、缅甸等国代表也参与论坛。

4. 党建引领社会组织发展

广东社会组织在党建引领下健康有序发展，按照"哪里有社会组织，哪里就有党的组织和健全的组织生活"的要求，将支部建在社会组织上，把党组织建设作为主要抓手，扩大党对社会组织的影响力；把发挥党组织的战斗堡垒作用和党员的先锋模范作用摆在关键位置，把党的政治优势、组织优势转化为推动社会组织发展的制度优势、人才优势。截至2017年12月，全省社会组织党组织9538个，党员8万余名。隶属全省市级民政部门社会组织党组织2861个，党员20425名；隶属省社会组织党委党组织414个（党委7个，党总支7个，党支部400个），在册党员1472名。

（1）健全社会组织党建带群建的工作机构。早在2009年，广东省在全国率先成立首家省级社会组织党工委（2012年改设为省社会组织党委），随后又相继成立省社会组织纪工委（2017年改设为省社会组织纪委）、省社会组织工会工作委员会、共青团社会组织工作委员会和省社会组织妇女工作委员会，全面建成了党建带群建的管理机构。全省地级以上市和部分县区依托民政部门设立了社会组织党委（党工委），全省社会组织党建工作机构基本建立。2016年11月，在省民政厅社会组织管理局新设置党群工作处，负责全省性社会组织党群工作，成为全国首个在民政部门专门设立负责社会组织党建工作机构的省份。2017年2月，召开了中国共产党广东省社会组织委员会第二次党员代表大会，通过了第一届广东省社会组织党委工作报告的决议，选举产生新一届党委委员。

（2）把党组织建设始终贯穿于登记管理全过程。在社会组织成立登记时，符合成立党组织条件的同步成立党组织，同步完成党员信息登记，同步指导将党建工作写入《章程》，同步承诺支持党建工作；将党组织建立情况和党组织活动情况列为必检的内容，纳入社会组织评估重要指标。在社会组织换届同时检查党组织作用发挥、党员管理教育等情况，报告党建工作。

（3）开展党组织建设专项行动。按照省"两新"组织党工委统一部署，连续实施了"百日攻坚"行动、"百日攻坚回头看"和"扩面提质"行动以及"抓巩固促提高"行动，对已有3名以上正式党员的社会组织，无论规模大小，明确要求组建党支部；积极探索创新党支部设置形式，广泛尝试单独组建、联合组建、区域组建、行业组建、挂靠组建、委托组建等多种方式组建党组织，做到应建尽建，推动社会组织党的组织和工作覆盖率大幅提升，切实理顺了党支部的隶属关系，为抓好社会组织党建打下坚实基础。

（4）突出抓好行业协会商会党组织建设。积极探索推动"三级"组织体系，印发了《关于加强行业协会党组织建设的通知》，先后选取20个重点（新兴）的行业协会进行试点，组建了行业党委3个、异地商会党委3个和党总支2个，目前行业协会商会党组织占比超过60%。2016年以来，配合社会组织脱钩试点工作，积极推进试点单位党组织隶属关系转移、档案移交等相关工作，使脱钩党组织做到了组织生活不间断、党的工作不打折、党组织作用不削弱。

二　广东省社会组织发展措施

广东社会组织发展，并非一步到位、一蹴而就，而是稳步推进、先行先试。在社会组织管理体制上，加强社会组织法规政策创新，既大力培育扶持，又不放任自流，疏于监管。在培育扶持方面，完善了政府职能转移和购买服务制度，为社会组织的发展让渡空间；建立了培育基地和专项资金，为社会组织提供场地和经费支持；完善法人治理机制，提升社会组织服务能力。在完善监管方面，既有民政部门监督方式的转变，也发挥了工会、共青团、妇联等群团组织的积极作用。

（一）注重顶层设计，完善法规政策

1. 出台重要改革文件。2016年8月，中共中央办公厅、国务院办公厅印发了《关于改革社会组织管理制度促进社会组织健康有序发展的意见》（以下简称《意见》），充分肯定了社会组织在我国经济社会发展中的重要地位和作用，系统部署了一系列政策措施，为沿着具有中国特色的社会组织发展之路继续前进指明了方向。为贯彻落实中央文件精神，2017年4月，中共广东省委办公厅、广东省人民政府办公厅印发《关于改革社会组织管理制度促进社会组织健康有序发展的实施意见》（粤办发〔2017〕14号）（以下简称《实施意见》），深入推进社会组织管理体制改革，明确提出了广东省当前和今后一个时期推进社会组织改革发展工作的指导思想、基本原则、总体目标和主要任务，提出要走出一条具有中国特色、符合广东实际的社会组织发展道路，是指导当前和今后一个时期广东省社会组织改革发展工作的纲领性文件。《实施意见》主要着眼于破解当前广东省社会组织难题、补齐登记管理工作的短板，亮点主要体现在六个新：一是培育发展社区社会组织有新目标；二是简化社会组织申请优惠扶持有新办法；三是培育发展社会组织有新举措；四是加强社会组织管理有新机制；五是社会组织涉外活动有新特色；六是社会组织党建工作有新亮点。

2. 完善社会组织法规政策。在依法登记方面，出台《广东省民政厅关于社会团体名称规范的意见》。省民政厅、省地方税务局、省质量技术监督局、省国家税务局联合印发《关于我省实施社会组织统一社会信用代码事项的通知》《中国人民银行广州分行广东省民政厅关于规范广东省内地方性社会组织开立临时存款账户有关事项的通知》等文件，修订了《广东省民政厅关于行业协会章程的示范文本》《广东省民政厅关于社会团体章程的示范文本》。在监督管理方面，出台《中共广东省委办公厅、广东省人民政府办公厅关于印发〈广东省行业协会商会与行政机关脱钩实施方案〉的通知》（粤委办〔2016〕62号）。省民政厅、省发展和改革委员会印发《广东省深化全省性行业协会商会与行政机关脱钩试点工作方案》，在社会组织党建工作方面，出台

《中共广东省委办公厅印发〈关于加强我省社会组织党的建设工作的实施意见〉的通知》（粤办发〔2016〕8号），在培育发展方面，出台《广东省财政厅 广东省民政厅转发财政部民政部关于通过政府购买服务支持社会组织培育发展指导意见的通知》（粤财行〔2017〕73号）、《广东省民政厅关于推动在广东省社会组织中建立新闻发言人制度的工作方案》（粤民发〔2016〕109号）。

（二）注重培育扶持，支持社会组织发展

1.加强依法登记审查。通过社会组织登记审查，从准入上保证社会组织合法性、注册资金真实性、发起人资质、负责人的政治方向。一是确保社会组织发展的合法性，对于违背四项基本原则，与国家宪法、法律法规相抵触的，政治倾向不良的社会组织，坚决不通过审批；二是保证注册资金的真实性、合法性，实行社会团体捐资承诺制度，坚持社会服务机构和基金会验资制度；三是严格审查发起人资质，并视情况征询相关部门意见，严格审批程序，确保申报材料完整性、有效性。强化社会组织发起人责任，建立发起人（举办者）座谈会制度，通过召开座谈会、实地调研走访等方式深入了解社会组织发起人情况，督促社会组织严格按照章程开展活动，完善内部治理；四是加强对社会组织负责人的审核，研究制定《全省性社会组织负责人（发起人）审核暂行办法》（送审稿），主要明确审核的范围、程序、要求等，强化社会组织拟任负责人的政治审查和把关工作。另外，规范直接登记的社会组织，对于能够直接登记的行业协会商会类、在自然科学和工程技术领域内从事学术研究和交流活动的科技类、公益慈善类（提供扶贫、济困、扶老、救孤、恤病、助残、救灾、助医、助学服务等）、城乡社区服务类等四类社会组织，明确直接登记社会组织的标准及流程。

2.大力培育发展基层社会组织。广东在基层社会组织建设方面开展了积极的探索和尝试，并取得可喜的成果。2017年7月，在全国范围内率先围绕基层社会组织建设召开了专题现场会，组织省、市、县（市、区）三级民政部门参观汕头三个区基层社会组织联合会建设示范点，推广"汕头经验"。省长马兴瑞同志在省民政厅向省委省政府报送的《关于贯彻落实中央和省有关文件精神推进基层社会组织建设的报告》中亲自批示："这件事，省民政厅抓得很好！要大力推广汕头市抓基层社会组织建设的经验做法。"省民政厅认真

总结和推广汕头设立基层社会组织联合会的经验做法，形成试点先行、以点带面，指导和推动各地在街道（乡镇）成立基层社会组织联合会等枢纽型社会组织，充分发挥其管理服务协调的作用。汕头基层社会组织建设工作已成为广东加强基层社会组织登记管理和服务工作的可资借鉴样板。根据广东省《实施意见》精神，下一步要大力培育发展社区社会组织，对符合登记条件的社区社会组织，优化服务，加快审核办理程序，并简化登记程序。对达不到登记条件的社区社会组织，按照不同规模、业务范围、成员构成和服务对象，由街道办事处（乡镇政府）实施管理，加强分类指导。推动全省街道（乡镇）成立社会组织联合会，充分发挥社会组织联合会在孵化社区公益性社会组织、管理服务协调社区社会组织等方面作用。截至2017年12月，全省县（市、区）级民政部门登记的基层社会组织38707家，约占全省社会组织的60.6%。

3. 做好慈善组织登记管理工作。2016年9月1日，《中华人民共和国慈善法》（以下简称《慈善法》）正式施行。《慈善法》实施后，广东省积极开展慈善组织登记管理各项工作。制定了慈善组织认定、公开募捐资格申请办事指南；根据《慈善法》要求对慈善组织章程进行修订；在业务办理系统中新增慈善组织认定和慈善组织公开募捐资格申请办理窗口、慈善组织公开募捐方案备案办理窗口。截至2017年底，全省共有慈善组织557家，其中有54家慈善组织获得公开募捐资格。注重加强对该慈善组织督管理和信息公开，督促慈善组织按照《慈善法》、《关于慈善组织开展慈善活动年度支出和管理费用的规定》等有关规定开展活动。

4. 多种方式扶持社会组织发展。广东省主要通过政府向社会组织购买服务、专项资金、孵化基地、公益创投等多种方式扶持社会组织。

第一，通过政府向社会组织购买服务方式扶持社会组织发展。2016~2017年，广东积极推动政府购买社会组织服务工作，取得较好成效。一是成立广东省政府购买服务改革工作领导小组。2016年，广东参照中央做法成立了广东省政府购买服务改革工作领导小组，领导小组组长由省领导亲自担任，日常工作由省财政厅承担。二是取消社会组织承接政府职能转移和购买服务资质认定，切实改善准入环境。自2012年起，广东省建立了具备资质条件的社会组织目录、政府转移职能目录、政府购买服务目录等三个目录。从切实改善社会组织参与政府购买服务准入环境考虑，经向省委、省政府请示及与相关部门协商，省民政厅从2016年开始停止了省本级社会组织具备承接政府职能转移和购买服务资质认定，省本级社会组织只要遵守相关法律法规、按规定缴纳税收和社会保障资金、在年检等方面无不良记录，就具备承接政府购买服务资质。三是出台相关文件。2017年，省财政厅、省民政厅联合转发《财政部、民政部关于通过政府购买服务支持社会组织培育发展的指导意见》，要求各地、各部门按照国家关于重点培育、优先发展行业协会商会类、科技类、公益慈善类、城乡社区服务类等社会组织的要求，结合政府购买服务需求和地区社会组织专业化优势，明确政府向社会组织购买服务的支持重点，具体确定政府向社会组织购买服务重点项目。鼓励各级政府部门在同等条件下优先向社会组织购买民生保障、社会治理、行业管理、公益慈善等领域的公共服务等。四是加大购买力度。2016年，省财政安排2000万元福彩公益金用于省级民政部门向社会组织购买服务，政府购买服务成为主要的社会工作服务供给方式。2017年，全省年投入社会工作经费近14亿元，广州、深圳年投入经费超过3亿元。2016~2017年，据不完全统计，省本级社会组织承接政府购买服务项目总数超过5000个，金额超过50亿元。各地市积极推进政府购买社会组织服务工作开展，为社会组织发展提供资金支持。广州、深圳、珠海、佛山、东莞、中山、惠州、江门等珠三角城市投入持续加大，年投入均在2000万元以上。

第二，通过专项资金扶持社会组织发展。2012~2016年，广东省财政每年安排近1亿元规模的专项资金扶持社会组织发展，共计补助全省1890家新设立并符合一定条件且具有提供社会服务能力的行业协会商会类、科技类、公益慈善类、城乡社区服务类等社会组织，在办公场地租金、社会公益项目成本费用以及能力建设等方面的支出；2016~2017年，省财政安排超过2.4亿元用于补助社会组织党组织工作经费（其中2016、2017年分别安排585.6万元、733万元，分别用于补助330、368个全省性社会组织党组织）。各地市支持社会组织发展的资金总额超过7.6亿元。

第三，通过设立社会组织孵化基地培育扶持社会组织发展。社会组织孵化基地主要是指通过"孵化"的形式和规范的运作，帮助一些未达到登记条件的社会组织解决工作场地、基本办公设施、规范化建设服务、能力提升培训以及参与社会建设等问题，培育其发展壮大，更好地参与社会治理。截至2017年，广东省有11个地市建立了社会组织孵化基地，集培育发展、党建示范、社工服务"三位一体",孵化基地面积3.3万平方米。

第四,通过公益创投培育发展公益性社会组织。公益创投是指通过创新性资助推动公益组织能力建设,有针对性地弥补其资金和能力不足,使公益组织获得快速发展所需要的更多支持和帮助,实现自我可持续发展。广东省积极开展引导公益创投模式,如广州市以激发社会组织活力为目标,在全市社会组织中开展了社会组织公益创投活动。早在2013年广州市民政局联合市财政局出台了《广州市社会组织公益创投项目管理办法》,该文件的总则规定了公益创投项目要遵循"扶老、助残、救孤、济困"的宗旨,对创投主体、项目征集、评审、实施、监管进行了全面的规定。2014~2017年,广州成功举办了四届社会组织公益创投活动,投入福彩公益资金超过7000万元,资助创投项目530个,直接受益人群超过150万人次;江门第三届"养老·助残"公益创投活动投入资金1300万元,共购买10个社区社会组织的10个养老助残服务项目;肇庆开展市本级第二届"砚都公益"项目评审活动,9个社会组织获得市级扶持资金50万元。创投项目实施收到了良好的社会效果,实现了政府、企业、社会组织一起助力公益慈善活动,服务民众、激发社会组织活力、探索创新社会治理模式的目标。

(三)注重规范管理,促进社会组织健康有序发展

1. 创新监管方式,强化事中事后监管。政府有关职能部门按照职能分工加强对社会组织内部治理、业务活动、对外交往的管理,确保社会组织健康有序发展。一是深入开展清理规范涉企收费专项工作。根据国家发展改革委、财政部、工业和信息化部、民政部发布的《关于清理规范涉企经营服务性收费的通知》精神,以及广东省发展改革委、广东省经济和信息化委、广东省财政厅、广东省民政厅落实《关于清理规范涉企经营服务性收费的通知》的工作部署,于2017年6月下发《广东省民政厅关于清理规范已脱钩全省性行业协会商会涉企收费的通知》,从7月至年底完成第一阶段行业协会商会涉企收费清理专项行动,并将分批公布行业协会商会涉企收费项目情况,接受社会监督。2017年,广东省转发民政部《关于进一步规范社会团体涉企收费等行为切实减轻企业负担的通知》,按照通知的要求,各级社会组织管理部门充分认识规范社会团体涉企收费工作的重要意义,做好统筹协调,并全面开展检查。

二是实施系统精准化年度检查。采取网上申报和集中年检的方式对社会组织进行年度检查，实施精细化检查监督，当发现问题则对社会组织进行约谈，及时提醒、整改和规范，发现违法行为，则依法查处。通过年检分类编列全年性社会组织年检问题清单，确定重点监管对象和重点培养对象，编制数据分析报告、监管风险点，确定风险系数，逐步建立风险管控制度和机制。2015年度应接受年检的省本级社会组织为2736个。实际参加年检的社会组织2431家，参检率为88.85%，其中合格的2100家，占参检总数的86.38%；基本合格的社会组织250家，占参检总数的10.28%；不合格的社会组织81家，占参检总数的3.33%。2016年度应接受年检的省本级社会组织为2925家。实际参加年检的社会组织2490家，参检率为85.13%，其中合格的1993家，占参检总数的80.04%；基本合格的社会组织369个，占参检总数的14.82%；不合格的社会组织128家，占参检总数的5.14%。三是有效开展专项监督检查。推行"双随机一公开"监管制度，结合年检发现的问题，随机选取检查对象，随机选派执法检查人员，并将抽查情况及查处结果及时向社会公开。2017年组织4个检查组，随机抽查40家社会组织，检查组采取上门检查的方式，按照听取汇报、查阅档案、现场察看等程序检查了社会组织有关情况，对部分章程不规范、内部管理制度不完善、法人治理结构不合理等问题及时给以纠正并进行通报。2017年，民政部出台了《社会组织抽查暂行办法》，首次开展全省性社会组织年度抽查审计，委托第三方会计事务所对28家社会组织进行抽查审计。四是加强对社会服务机构的监管，2017年开展托养机构和托管机构的专项清查，加强对民办福利院、敬老院、托老所、托管机构等社会服务机构的规范化管理，排查风险点，提高民办托养机构和托管机构的依法运作水平。通过专项清查全省204家民办非企业单位托养机构，清查涉及收住或承接政府委托服务的保障对象，对不符合要求的托养机构、托管机构进行有效整改。五是依法查处违法违规行为，推动建立社会组织行政处罚网上操作平台，积极推行政处罚规范化建设。编写《广东省社会组织行政执法典型案例评析汇编》，指导和规范全省社会组织行政执法行为。2017年，广东省共对734家连续多年未参加年检或被投诉举报存在违法违规行为的社会组织启动立案查处程序。省本级110家中，全面清理整顿全省204家民办非企业单位的社会福利机构，实行责令停业整改7家，限期整改的19家，注销资格7家。

2. 畅通公众监督有序，推进信息公开机制建设。社会公众监督作为公众表达利益诉求和行使监督权利的重要形式，也是促进社会组织有序健康发展的重要载体。一是加快出台《广东省社会组织信息公开办法》。促进广东省社会组织健康有序发展，加强社会组织自律，规范社会组织信息公开行为，保护社会组织及利益相关方的合法权益。二是推进社会组织行政审批和行政处罚信息双公示。根据《国家发展改革委关于认真做好行政许可和行政处罚等信用信息公示工作的通知》要求，优化社会组织法人库系统，在广东社会组织信息网上开设双公示栏目，实现省本级社会组织法人单位基本信息、年检结果信息、行政许可信息和行政处罚信息等网上公开，并通过省信息资源共享平台把行政许可和行政处罚信息交换到省发改委。三是加快社会组织信息化系统建设。建成覆盖全省各级登记管理机关的信息化系统，省本级和大部分市、县社会组织登记管理业务实现网上申报、网上审批和网上年检，并实现与省网上办事大厅的无缝对接。省本级社会组织法人单位基本信息、年检结果信息、行政许可信息和行政处罚信息等实现网上公开。畅通行业协会违法违规举报渠道，形成社会监督合力。四是推动建立新闻发言人制度。2016年7月，省民政厅制订了《关于推动在广东省社会组织中建立新闻发言人制度的工作方案》，选取50个影响较大的社会组织在2016年底前率先建立新闻发言人制度，增强社会组织信息公开，发挥社会组织积极作用。

3. 开展诚信监管有效，创新社会组织信用体系建设。深入推进社会组织信用体系建设，建立全省统一的社会组织征信系统。完善社会组织信用档案，建立社会组织法人单位信息资源库，通过检查、评估等手段依法监督社会组织负责人、资金、活动、信息公开、章程履行等情况，建立社会组织"异常名录"和"黑名单"。探索对直接登记的社会组织实行信用评价和信用管理的监督机制，首次提出建立守信联合激励与失信联合惩戒制度，将严重失信和进入异常名录的社会组织列为重点监管对象，各有关部门依法依规联合采取限制其从事相关行业服务、取消参加评先评优资格及享受政府购买服务等行政性约束和惩戒措施。

（四）注重加强自身建设，提升社会组织服务能力

1. 完善法人治理结构。按照《广东省社会组织法人治理指导意见》及配套的治理规则，积极引导社会组织严格按照章程规定的宗旨和业务范围开展活动，

通过明确社会组织的法人治理结构和治理规则，完善会员大会（会员代表大会）、理事会、监事会制度，落实民主选举、民主决策和民主管理，健全内部监督机制，成为权责明确、运转协调、制衡有效的法人主体，独立承担法律责任。

2. 建立诚信自律机制。2017年下发《广东省民政厅关于深入推进行业协会商会诚信自律建设工作的通知》，进一步深入推进行业协会商会诚信自律建设，充分发挥行业协会商会行业自律职能作用，提高行业协会商会对会员企业信用服务和信用管理能力，增强公信力。号召全省社会组织秉持职业操守、履行社会责任，签订诚信服务承诺，提升社会形象。据统计，80%的行业协会商会建立了自律制度，50%的建立了行业行规，部分建立了行业惩戒与激励措施。

3. 加大人才培养力度。一是推进社会组织人才建设"百千万"工程。为解决广东社会组织快速增长与社会组织专业人才严重紧缺的矛盾，社会组织专业服务能力与社会服务需求和社会事业发展不相匹配，社会组织人才不足已成为推动社会组织由数量型向质量型转变的主要短板等问题，启动社会组织人才建设"百千万"工程，在"十三五"规划实施期间，教育培训一百个社会组织领军人才，一千个社会组织骨干专业人才，一万个社会组织合格岗位人才。2017年9月，印发《关于推进广东社会组织人才建设"百千万"工程工作的通知》，开展前期准备工作。二是举办各种能力建设培训班。2016~2017年，通过举办全省性社会团体会长（秘书长）培训班、全省性社会组织财会人员培训班、全省性社会组织"两学一做"学习教育工作会议和专题培训班、广东省社会组织法人治理与规范发展培训班和广东省社会组织新闻发言人能力素质提升培训班等，全面提高社会组织自身建设和能力水平。

（五）注重信息化建设，创新社会组织管理方式

广东社会组织工作大力推进"互联网+"政务服务，将社会组织信息化建设作为新形势下加强社会管理创新，推动社会组织登记管理体制改革的技术手段和基础性工程，以社会组织法人库建设为抓手，构建内部有序、上下衔接、左右协同的广东省社会组织公共服务平台，为业务办理、监督管理、决策分析、公共服务提供稳定可靠、安全可信、高效畅通的信息化手段。

1. 建设全省统一的社会组织法人库。广东省社会组织法人单位信息资源库（省本级）硬件和软件建设项目（以下简称"法人库项目"）于2014年启

动建设，2015年经省政府同意立项，2017年5月通过专家验收。法人库项目建设内容包括：一个平台、两个核心数据库、四个应用和两个网站以及相关基础设施和标准规范组成。其中，一个平台指广东省社会组织综合管理及服务支撑平台；两个核心数据库指社会组织法人单位信息库、社会组织档案库；四个应用指社会组织综合服务子系统、社会组织信息发布子系统、社会组织综合监管子系统和社会组织互动协同子系统；两个网站是社会组织信息发布网和社会组织管理局门户网站。各地市依托法人库项目，按照统一数据标准规范，建设本地社会组织信息系统，推动各级登记管理机关开展电子政务应用，构建覆盖全省各级登记管理机关的信息化系统，向各级政府和部门提供统一的社会组织法人库数据应用，以应用促进共建共享。

2. 构建社会组织大数据管理模式。在法人库项目建设的基础上，结合省网上办事大厅建设和各级部门业务应用实际，建立兼容、开放、可扩展的社会组织大数据系统架构，支撑全省跨区域、跨部门的数据交换共享和系统应用，构建社会组织大数据管理模式。主要包括如下几个方面：一是全面实施社会组织统一社会信用代码制度改革，广东省自2016年1月1日起将原由民政部门核发法人登记证书、质量技术监督部门核发组织机构代码证、税务部门核发税务登记证，改为一次性申请，通过"一窗受理、互联互通、信息共享"，由民政部门核发一个加载统一社会信用代码的法人登记证书。广东全面实施社会组织统一代码制度，坚持源头赋码，全面覆盖，做好新登记社会组织发证赋号工作，建立准入登记与赋码同步完成机制，确保统一代码覆盖所有社会组织。二是运用信息化技术建设电子政务系统，提高政府智慧化服务水平和群众办事满意度，推动政府职能转变和服务型政府建设。与银行联合开发"民政E线通"，实现验资信息专线传输，系统对申请单位（个人）（暂不含基金会，下同）进行在线验资，申请单位（个人）办理成立、变更登记业务时无须提供验资报告，为申请单位（个人）办理法人登记证书提供了更为快捷方便的服务。同时，建设社会组织党建子系统、慈善信息平台子系统和档案管理子系统等，全面实现社会组织登记管理业务信息化，为登记管理打造数据化、流程化的线上运行平台，实现统一标准、共建共享的政务服务。三是积极推进社会组织基本信息公开和共享。广东社会组织法人单位基本信息、年检结果信息、行政许可信息和行政处罚信息等在广东社会组织信息网实现网上公开。与省网上办事大厅和广东信用网互联互通，公众可以多渠道无门槛查询社会组织基本信息。同时，将社会组织"双公示"信息推送到政府门户网站和"信用广东"网站，通过广东省政务信息资源共享平台与省直有关部门实现信息共享，向省直有关部门开通后台数据实名查询账号，积极推进社会组织基本信息公开和共享。

3. 信息化建设效果显著。一是提高行政效能水平。依托广东省社会组织法人库项目（省本级），建设了广东省社会组织综合管理平台，全省社会组织登记管理业务实现网上申报、网上审批和网上年检，所有行政许可事项严格依法明确审批条件和审批时限，优化审批流程，减短审批时间，简化办事程序，提高了行政效能。二是提高信息公开水平。实现社会组织法人单位基本信息、年检结果信息、行政许可信息和行政处罚信息等网上公开，同时公开社会组织年检报告和基金会审计报告，不仅让审批权力在阳光下运行，提高行政相对人的认可度和满意度，而且让社会组织接受社会监督，提高社会公信力。三是提高综合监管水平。通过建设覆盖全省各级登记管理机关和社会组织的信息化系统，实现互联互通，构建社会组织大数据管理模式，从社会组织资金流向、信用信息和信息公开等方面实现网上监管、部门监管和社会监管，提高社会组织综合监管水平。四是提高共享应用水平。实现全省社会组织法人单位信息及信用信息的记录、共享和使用。与省网上办事大厅和广东信用网互联互通，与省直有关部门共享数据，为政府监管和服务提供支撑保障。五是提高标准化水平。在加强社会组织信息化建设的同时，积极推进标准化建设，编制了行政许可事项标准，完成广东省社会组织管理局标准化试点工作，建立了机关内部标准《广东省社会组织管理局服务标准体系》。

（六）注重规范党建工作，社会组织与党建互动共进

广东省认真贯彻落实习近平总书记关于全面从严治党的重要讲话精神和中央办公厅《关于加强社会组织党的建设工作的意见（试行）》精神，坚持在社会组织登记管理工作中加强社会组织党的建设，建立和完善社会组织党建工作管理体制，不断推进社会组织党的组织和党的工作有效覆盖，努力发展壮大社会组织党员队伍，扩大了党的群众基础、夯实了党的执政基础。

1. 推动完善机制与强化保障相结合，积极推动社会组织党建规范化科学化。一方面，完善社会组织党建工作制度。先后制定了社会组织基层党组织建立程

序、党员管理规定、党员发展程序、党组织成立工作指南、选举工作指南等一系列党建工作制度文件,积极推动将党的建设写入社会组织章程(其中已完成将党的建设写入社会团体和行业协会章程示范文本的工作),编印了《党员发展工作手册》和党组织负责人培训教材,社会组织党建工作制度基本形成,为促进党的建设、规范党务工作提供了制度保障。另一方面,强化社会组织党建经费保障。在省委的高度重视下,全省各市普遍建立了财政投入的社会组织党建工作保障制度,对社会组织党建工作投入持续增加。自2012年7月至2016年12月,全省性社会组织投入经费2933万元,并出台了《广东省"两新"组织党建工作财政专项资金管理办法》,有力保障了社会组织党建工作的顺利开展。

2. 推动有形覆盖和有效覆盖相结合,不断巩固提升社会组织党建工作基础。在积极探索社会组织党组织组建方式方法、突出抓好行业协会商会党组织建设的同时,加强党建工作指导员队伍建设。为避免社会组织党建工作"空白点",制定并印发了《全省性社会组织党建工作指导员队伍建设的方案》,明确队伍建设方式、主要职责、管理方式、工作范围、管理方式、工作方式、工作制度,等等。从登记管理机关、面向社会组织及党组织招募一批党建工作指导员,强化队伍管理和服务,不断巩固社会组织党建工作基础。

3. 推动教育培训和树立典型相结合,注重壮大夯实社会组织党建人才队伍。一是有计划开展党员培养和发展。省社会组织党委始终把政治标准放在首位,把好党员培养的质量关,重点培养超过两年以上的入党积极分子。注重把符合条件的社会组织负责人和业务骨干发展为党员,注重在没有党员或只有个别党员的社会组织中发展党员。此外,还不定期举办党组织负责人培训班,累计超过2000人次受训,各地市参照全省社会组织党组织负责人培训示范班的模式,大力加强党组织负责人培训,基本实现每两年轮训一遍。二是强化党员规范管理。结合培训,督促各党组织落实"三会一课"、民主评议党员等组织生活制度,开展形式多样的党课教育和党日活动。在部分党组织设立了党员之家或党员活动室,突出服务流动党员。认真开展党员组织关系集中排查工作,2016年完成了1010名在册党员的登记、核查工作。积极督促"口袋"党员[①]

[①] "口袋"党员是指组织关系长期放在"口袋"中,人在一处、组织关系在另一处,不办理组织关系接转手续的党员。

按规定及时转移组织关系，及时纳入组织的有效管理。暂时不能转移组织关系的党员，按照"一方隶属、参加多重组织生活"的原则，组织他们积极参加党组织的活动。三是积极推动学习教育常态化制度化。在教育实践活动和"三严三实"专题教育中，创新学习教育和组织生活方式，利用信息网络开展学习教育、组织生活、服务活动；突出服务功能，广泛开展各类志愿服务。此外，省社会组织党委还积极开展学习教育活动，配发学习资料上万册，邀请专家讲党课，设立微信群、QQ群及时推送学习内容。党委成员分别直接联系2个党组织，参加集体学习、上党课、调研社会组织等23次，全省性社会组织党组织和党员（含流动党员）积极参加学习教育，培训党组织负责人220人次。在省社会组织党委动员部署下，社会组织党组织和党员，开展讨论交流，深入会员企业党组织开展共学共建，深入红色基地现场学习交流，学习教育广泛深入，成效明显。四是强化党组织负责人监督管理。印发了《中共广东省社会组织委员会开展谈话提醒工作办法（暂行）》，建立新任社会组织党组织书记任前谈话制度，新任社会组织党组织书记全部进行任前谈话，明确职责任务、增强工作意识、提升履职能力。开展"七一"表彰活动，涌现出一大批先进党组织和优秀个人。

4. 推动党组织和社会组织相结合，积极拓展社会组织参与社会治理有效途径。将党组织建设始终贯穿于登记管理全过程，同时结合社会组织年度检查、等级评估、换届选举、评优评先等时机检查督促党建工作，确保引导社会组织正确发展方向。共推荐了省十二届人大代表1名，推荐全国团代会代表1名、省团代会代表4名，畅通了社会组织参与政治协商渠道。此外，推动党组织参与社会组织重要决策过程。通过完善省社会组织党委内部工作制度，修订《党委议事规则（试行）》，明确议事原则、主要内容、会议形式等，明确党组织成立、选举结果、党员发展以及党建工作的重要事项等由党委会议集体讨论决定，落实民主集中制原则。在全省性社会组织中创建和培育一批各具特色、可看可学的党建工作示范点，按照"动员部署—自愿申报—培育创建—评估验收—命名授牌—宣传推广"的工作步骤，积极推广党组织参与社会组织重要决策成熟经验。选取有代表性社会组织党组织作为党建工作示范点创建培育单位，并建立省社会组织党委委员直接联系社会组织制度，确定党委成员分别直接联系示范点创建单位，加强示范点创建工作的跟踪指导。社会组织党组织发动服务社会活动。社会组织开展了大量的扶贫济困、扶老救孤、助残助学、优抚救助等社会服务活动，如："6·30广东扶贫济困日"活动；"双百拥军"活动；"银龄安康行动"；"党旗在社会组织飘扬"系列活动中公益慈善大讲堂、培育和践行核心价值观、弘扬中国传统优秀文化座谈会、百家社会组织食品安全诚信倡导、百家公益慈善组织反腐倡廉倡导活动；"让孝声飞——暖心护巢养老工程"；"蓝丝带·为爱高歌"公益活动等，受到社会广泛赞许，树立了社会组织的良好形象。社会组织党组织在经济发展、社会管理、公共服务、公益慈善等领域，起到了很好的带头作用、骨干作用和纽带作用。

三 广东省社会组织发展存在的主要问题

虽然2016~2017年广东省社会组织取得较大发展，发挥作用越来越明显，但是，在发展过程中，仍然存在着如下几方面问题。

（一）政策法规体系不健全

我国社会组织法规体系不健全，立法层次低，部分政策属于内部文件规定。社会组织放开登记后，激发结社热情，同时也存在一些问题和认识偏见，如申请成立敏感性社会组织不断增多，要求申请成立维权、业主委员会、宗族姓氏等敏感性社会组织，登记管理机关对申请敏感社会组织的质询、劝撤申请工作遇到前所未有的考验和挑战。配套政策不完善，社会组织专职工作人员权益保障、职称评定、档案管理、劳动用工制度等配套政策跟不上。国家出台有关社会组织的税收优惠政策少，对一些社会组织税收减免问题也不明确，社会组织承接政府购买服务，有的是公益服务类，有的是民生项目，照样要交税，社会组织普遍反映希望减免税。

（二）协商民主渠道还不够顺畅

目前社会组织及其专职人员应有的政治地位和社会地位不足，虽然广东拓宽了参政议政渠道，但是各级党代会、人代会、政协会的代表（委员）名额分配中，来源于社会组织的代表（委员）较少；政府制定的行业发展规划或

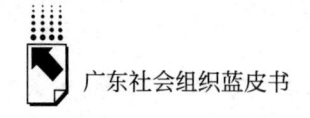

涉及行业利益、公共事务管理和社会服务的法规政策规定等，没有充分征求相关社会组织、行业协会意见。

（三）扶持社会组织发展资金缺乏保障

广东社会社会组织数量快速增长，但是在质量、规模等方面相对滞后，为努力促进社会组织由数量型向质量型转变，《实施意见》提出了一系列完善扶持社会组织发展的政策措施。如"政府新增公共服务支出通过政府购买服务安排的部分，向社会组织购买的比例原则上不低于30%"、"有条件的地方可参照中央安排专项资金，有计划有重点地扶持一批品牌性社会组织"、依托现有社会组织人才培养教育资源，推动建设社会组织管理学院，推进社会组织人才建设"百千万"工程等。目前，大部分地市都无法落实这些扶持政策措施，主要原因是没有相应的经费保障。

（四）综合监管工作缺乏政策、人力和经费的有效支持

一是社会组织退出机制不畅通。具体表现为现行法规对社会组织注销要求和程序过于严苛，导致有注销意愿的社会组织难以自行申请注销，而撤销社会组织程序过于繁杂，行政执法成本过高。二是举报投诉难处置。举报投诉针对社会组织中个人问题多，登记管理机关无权处置。目前举报投诉多针对社会组织中负责人或工作人员个人违法乱纪问题，根据现行法规政策，登记管理机关除直接撤换负责人外，无权对社会组织工作人员或负责人个人进行处罚，对这类举报投诉难于处置。三是社会组织综合监管缺乏资金保障。建立社会组织第三方评价机制、抽查审计机制以及登记管理机关的执法经费等相关的配套政策机制，没有得到财政专项资金的有效保障，难于落实真正的综合监管。四是基层民政部门执法力量薄弱。广东部分县级民政部门未单独设立社会组织登记管理机构，不少工作人员身兼多职，基层执法人员经费不足，执法工具不全，执法人员素质整体不高，导致部分基层管理机关存在不愿执法、不敢执法的现象。

（五）社会组织从业人员的教育水平、专业化和职业化水平较低

虽然广东省社会组织发展比较快，组织规模和人数明显扩大，但是社会组织专业化和职业化水平仍然较低。

从社会组织从业人员教育水平看,从业人员受教育程度普遍不高。根据表5所示,在2016年社会组织从业人员中,大学专科学历129061人,占从业人员总数的21.18%;大学本科及以上学历130121人,占从业人员总数的21.35%;大学专科、大学本科及以上学历人数合计占42.53%,不足从业人员数的一半。在2017年社会组织从业人员中,大学专科学历为145172人,占从业人员总数的21.12%;大学本科及以上学历为145150人,从业人员总数与大学专科学历大致相同;大学专科、大学本科及以上人数合计占42.24%,与2016年相比没有太大变化。从社会组织类型看,基金会从业人员的教育水平较高,2016年大学专科、大学本科及以上学历人数合计占30.51%,但2017年快速上涨到74.97%;2016年、2017年社会服务机构大学专科、大学本科及以上学历人数合计占44.98%、46.26%;社会团体从业人员教育水平较低,2016年大学专科、大学本科及以上人数合计占38.13%,2017年下降至31.49%。

表5 各类型社会组织从业人员状况

单位:人,家

社会组织类型	年份	社会组织数	从业人员数	大学专科	大学本科及以上	助理社会工作师	社会工作师
社会团体	2016	27077	207502	24719	54404	352	232
	2017	28648	194709	28894	32418	494	328
基金会	2016	804	4769	388	1067	29	23
	2017	951	3895	705	2215	40	23
社会服务机构	2016	31574	397116	103954	74650	3872	2176
	2017	34185	488785	115573	110517	4716	2005

从社会组织专业化看,由于社会组织的工资福利待遇偏低,对于相关人才的吸引力比较低。第一,据相关的统计数据,社会工作、社会组织等专业的大专院校毕业生,约80%以上不选择到社会组织就业;第二,2016年全省通过社会工作者考试的人数(即社会工作师、助理社会工作师)16500人,广东省累计通过社会工作者考试人数为59285人,但是,2016年在社会组织任职的社会工作师、助理社会工作师为6684人(见表5),占全省累计通过社会工作者考试总人数的比例仅为11.27%,占社会组织从业人员总数的比例仅为1.10%;2017年社会工作师、助理社会工作师为7606人,占社会组织从业人

员总数的比例为1.11%，与2016年相比没有变化。第三，社会组织人才流失率比较高，即便是广州、深圳等发达地区也面临着比较突出的社会组织人才流失问题，据统计，2016年度广州各区社会工作专业人员整体离职率约为20%；2016年深圳市社工队伍的流失率约为15%。2016年在广东省社会组织任职的助理社会工作师4253人，2017年增加到5250人，增长率为23.44%，但是，2016年社会工作师2431人，2017年社会工作师2356人，反而减少75人，出现负增长。

从社会组织职业化看，虽然2016年广东省社会组织从业人员人数为60.93万人，每个社会组织约10位从业人员；2017年广东省社会组织从业人员人数为68.74万人，每个社会组织约11位从业人员，2017年社会组织从业人员人数比2016年增长12.80%，但是，在社会组织从业人员人数中，存在着较大比例的兼职人员。社会服务机构的兼职人员比例比较低，但社会团体、基金会兼职人员的比例偏高。总体来看，广东省社会组织职业化程度仍然比较低。

专业化和职业化水平较低导致社会组织自身建设和发展能力较为薄弱，自身造血能力明显不足。不少社会组织，尤其是基层社会组织，在服务对象需求调研、服务精细化、服务分类、服务方式、服务手段，以及项目策划、管理、跟踪、评价、改进等方面的能力明显不足，甚至不具备这方面的能力，只是采取一些简单方式开展服务工作，导致服务效果较差，很难吸引服务对象参与。这对于社会组织，特别是基层社会组织的发展造成明显制约。

（六）社会组织党建工作仍需加强

通过加强党建制度建设，广东省社会组织党建工作取得显著效果，但是，社会组织党建工作仍存在着如下几方面短板，需要加强。第一，党建工作与业务工作融合不够紧密。全省社会组织数量大、种类多、分布面广、差异性大。党建工作的基础和氛围各不相同，结合业务工作，促进社会组织稳步持续发展、满足职工群众实际需求以及根据社会组织特点进行党建工作业务仍有待提高。第二，推进"两个有效覆盖"还有一定差距。社会组织党建组织体系还不完善，现有社会组织党委（总支）的建设还没有全面覆盖，受社会组织小型、分散、松散等影响，工作开展难度大，一些新注册的党员少的社会组织党组织成立进度缓慢。第三，党建管理工作不够规范。在党组织建设、党员管理、党组织成立流程、党员发展、选举工作、书记选配、指导员队伍建设等具体党务工作方面还缺少适合社会组织党建工作特点的制度和工作规范；在把党建工作要求纳入章程、书记参加管理层会议、党建工作联席会议等方面缺少配套的制度。第四，社会组织党建项目建设工作滞后。社会组织党建示范点、党员之家或党建服务工作站等项目建设有待加强，通过哪些项目带动社会组织发展、激发社会组织党组织活力有待进一步探索。

四　广东省社会组织发展前瞻

十九大报告突出强调要发挥好社会组织、慈善事业、志愿服务在决胜全面建成小康社会、开启全面建设社会主义现代化国家新征程中的作用。为了更好地发挥广东社会组织在新时代的积极作用，必须认真贯彻落实中办、国办《意见》和广东省《实施意见》精神，全面推进社会组织管理体制改革，不断加大社会组织培育发展和监督管理力度，有力促进社会组织健康有序发展。

（一）增强党建引领，持续深入开展社会组织党建工作

根据十九大报告提出新时代党的建设总要求，以及中办、国办《意见》和广东省《实施意见》提出社会组织党建工作要求，广东省社会组织必须要继续加强党建引领，持续深入开展社会组织党建工作。第一，通过党群服务中心建设提高"两个覆盖率"。探讨出台《广东省社会组织党委关于社会组织党群服务中心建设工作的指导意见》，推动全省各级社会组织党群服务中心建设，进一步服务零散党员，扩大党的组织和党的工作的覆盖面。第二，加强"两支队伍"建设。加强对党组织负责人的管理，探讨出台《全省性社会组织党组织书记述职述廉工作考核办法》，开展党组织书记的任前考察工作；加强党建指导员队伍建设。第三，以示范点创建活动为引领，抓好党组织规范化建设。推进社会组织党组织示范点建设，开展党组织工作开展情况专项核查，对党员流失、党组织作用发挥不明显的"僵尸"党组织进行整改。第四，以推动"联合党委"组建工作为切入点，创新社会组织党组织管理机制。制定出台《关于规范全省性社会组织基层（联合）党委建设的指导意见》，明确职责，理顺三级管理体制。

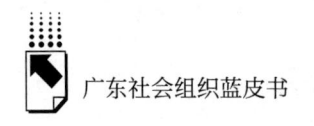

（二）加大培育扶持力度，激发社会组织活力

第一，加大政府购买社会组织服务力度。继续通过转移承接政府职能、政府购买社会组织服务、建立孵化基地、专项资金扶持等方式投入财政资金，扶持社会组织发展，在这些措施中，最为关键的是加大政府购买社会组织服务力度。在现有政府购买社会组织服务基础上，应逐步扩大政府购买社会组织服务的范围、规模，增加购买服务的资金投入数额，对民生保障、社会治理、行业管理等公共服务项目，同等条件下优先向社会组织购买。

第二，完善和落实社会组织财税优惠政策。进一步完善社会组织税收政策体系和票据管理制度，改进公益慈善事业捐赠税收优惠制度，鼓励银行业金融机构加大对符合条件的社会组织的金融支持力度。在此基础上，财政部门、税务部门、社会组织管理部门应加强监管，切实落实社会组织各项税收优惠政策，使得符合条件的社会组织能够真正享受税收优惠政策。

第三，积极培育发展社区社会组织。在扶持和发展社会组织中，尤其是注重扶持社区社会组织发展。通过降低准入门槛、简化登记程序、分类指导、加大资金支持和政策支持的方式，重点支持为社区居民提供社区服务、养老照护、公益慈善、促进和谐、文体娱乐、农村生产技术服务等社区社会组织的发展。同时，推动全省社区社会组织品牌建设，在未来5年内，打造100家在广东省有代表性、影响力和榜样性的品牌社区社会组织，打造20家在全国有影响力的社区社会组织。

第四，加大支持社会组织参与脱贫攻坚的力度。按照《国务院扶贫开发领导小组关于广泛引导和动员社会组织参与脱贫攻坚的通知》要求，广泛引导和动员广东省社会组织积极参与产业扶贫、教育扶贫、健康扶贫、易地扶贫搬迁、志愿扶贫和其他扶贫行动。不仅要及时解决社会组织参与脱贫攻坚遇到的困难和问题，而且对于这些社会组织要给予更大资金支持，在政府购买社会组织服务上予以倾斜。

（三）加强监督管理，完善社会组织监管体制

第一，积极探索出台监管政策，建立全省性的社会组织联合执法机制。同时，在机构和人员编制上加强社会组织执法力量。

第二，探索新型监管方式方法。创立社会组织信息化管理、全流程监管模式，以高度信息化数据化为支撑，实现与政府相关部门和社会组织互联互通的多维度、多层次监管监察机制。同时，推进社会组织监管制度改革，实行年度报告制度，建立专业化、社会化的第三方机构监督评价机制，通过第三方机构独立客观的监督评价，形成政府依法监管、社会组织自治自律、社会协同监督相结合的监管格局。

第三，建立网络监管服务平台。依托现有的社会组织管理系统，开发社会组织网络监管平台。在网络监管平台上，通过登记、年检、重大事项报告等行政手段不断补充更新社会组织监管数据，并且通过与公安、税务、质监、统计等省直相关部门的数据共享，实现数据横向联通，实现对社会组织全方位监管。同时，运用互联网思维和大数据技术，通过量化采集、大数据分析研判预警、智能化服务等手段构建社会组织大数据监管模式，加强社会组织进行事前、事中、事后全过程服务和精准监管。

第四，推进信用管理和信息公开。建立社会组织异常名录和严重失信名单公示平台，健全完善异常名录录入和退出机制，促进社会组织规范发展，对严重违法违规的，列入严重失信名单，强化社会组织及其负责人法律责任。实施社会组织信息公开办法，落实社会组织信息公开责任义务，规范信息公开内容和方式方法，提高社会组织运作透明度，拓宽社会监督渠道，增强社会组织公信力。

（四）促进能力建设，提升社会组织发展质量

第一，健全社会组织法人治理结构，提升自我管理能力。继续引导社会组织开展内部治理体系建设，推行民主选举、民主决策、民主管理以及民主监督，逐步形成权力机构、执行机构、监督机构合理分工、互相监督、有效制衡的法人内部治理结构，推进建立政社分开、权责明确、依法自治的现代社会组织体制。

第二，建立社会组织诚信自律机制，提升诚信服务能力。建立社会组织守信承诺制度、行业性诚信激励和惩戒机制，建立社会评价、失信惩戒和"黑名单"等行业信用管理制度。引导社会组织向社会公开重大活动、重要公益项目实施过程、政府资助资金使用、政府购买服务实施、公募和非公募资金的使用情况等信息，鼓励社会组织不断丰富信息公开内容，扩大信息公开范围，创新信息公开方式，以信息公开促进诚信自律建设。引导社会组织全面建立社

会责任标准体系，积极履行社会责任，将社会责任作为诚信自律建设的重要内容。积极培育诚信服务品牌，拓展诚信服务内容，创新诚信服务方式，不断提升诚信服务能力。

第三，加强社会组织人才建设，提升专业工作能力。把社会组织人才工作纳入广东省人才工作体系，推动社会组织人才专业化、职业化建设。在专业化建设方面，主要通过"引进人才、培养人才、留住人才"三个层次开展。建立合理的人才引进机制，对社会组织的专业技术人员执行与相关行业相同的职业资格、注册考核、职称评定政策，对符合条件的社会组织专门人才给予相关补贴，依托现有社会组织人才培养教育资源，推进社会组织人才建设"百千万"工程。在职业化建设方面，建立和完善一系列职业制度保障，包括职称制度、薪酬制度、社会保障制度、户籍制度、档案管理制度、绩效考核制度等，为社会组织人员提供基本的职业安全与职业保障，推动社会组织职业化发展。

（五）发挥功能作用，履行新时代的历史责任

广东社会组织在新时代要有新作为，全方位参与到新时代的政治、经济、文化、社会、生态文明等各领域的建设中，不论规模大小，只有服务国家、服务社会、服务群众、服务行业，才能自觉肩负起社会组织在新时代的历史责任。在政治建设方面，积极参与政治民主协商，推进社会组织党建工作，发挥党组织的政治引领作用；在经济建设方面，参与"一带一路"国际合作和提供民生服务项目，主动"走出去"，助力经济增长；在文化建设方面，推进诚信建设和志愿服务制度化，提高全社会文明程度；在社会建设方面，参与打造共建共治共享的社会治理格局，成为政府社会治理创新的主要力量；在美丽中国建设方面，推动构建以政府为主导、企业为主体，公众共同参与的环境治理体系等。

地区报告

District Reports

B.2 广州市社会组织发展报告

房瑞佳*

摘　要： 在国家大力扶持社会组织发展的大背景下，激发了社会组织活力，促使了社会组织蓬勃发展。广州市在推动社会组织建设方面做出了大量创新性的尝试，并取得显著成效。当前广州社会组织总体表现活跃，呈现出开放化、多元化、社区化、规范化、互联网化的发展态势，但也存在制约社会组织发展的客观因素，为此，需要统筹协调，系统规划。在完善社会组织法规管理体系的基础上探索新发展模式，着重树立品牌特色，构建长效扶持和综合监管机制，合力形成社会组织全面发展的新格局。

关键词： 社会组织　创新发展　统筹协调　广州市

---

* 房瑞佳，在读博士，广东外语外贸大学政治与公共管理学院讲师，主要从事社会组织管理、基层社区治理研究。感谢广州市社会组织管理局提供广州市社会组织发展的相关资料。

广州市是广东省省会,亦是广东省政治、经济、科技、教育和文化中心。其发展历史超过2200年,素有"千年商都"的美誉,是古代"海上丝绸之路"的发祥地。全市总面积7434.4平方公里,有荔湾、越秀、海珠、天河、黄埔、白云、番禺、花都、增城、从化、南沙11个市辖区。截至2017年末,广州市常住人口1449.84万人,比2016年末增加45万人。2017年广州市实现地区生产总值(GDP)达21503.15亿元,经济总量突破2万亿元,同比增长7.0%,经济保持中高速增长。中央文明办在中国文明网公布了第五届全国文明城市名单,广州经复查确认继续保留"全国文明城市"荣誉称号。这是广州自2011年以来第三届荣膺此殊荣。全国文明城市被称为是含金量最高、影响力最大,也是最具价值的城市品牌。

(一)广州市社会组织发展现状

1. 广州市社会组织总量保持中高速增长

2016年和2017年广州市社会组织总量均有所增加,截至2016年12月31日,全市登记社会组织数量为7014家,比2015年底增加482家,年增长7.37%。截至2017年12月底,全市登记注册社会组织7592个,比2016年底增加578家,年增长8.24%。(见表1)。

表1 2015~2017年广州市社会组织增长情况

年度	社会团体数量	社会服务机构数量	非公募基金会数量	合计	增长率(%)
2015	—	—	—	6532	—
2016	2711	4277	26	7014	7.37
2017	3015	4535	42	7592	8.24

资料来源:2016、2017年广东省民政厅计财年报全省社会组织数据。

2. 社会组织类型结构以社会团体和社会服务机构为主

社会组织类型中,社会服务机构和社会团体占社会组织总量超过了99%,非公募基金会占比1%不到,2016年和2017年三类社会组织占社会组织总量比值变化不大。从图1可见,2016年社会团体2711家,占38.65%;社会服务机构4277家,占60.98%;非公募基金会26家,占0.37%。2017年社会团体3015家,占39.71%;社会服务机构4535家,占59.73%;非公募基金会42家,占0.55%(见图2)。

非公募基金会 0.37%
社会团体 38.65%
社会服务机构 60.98%

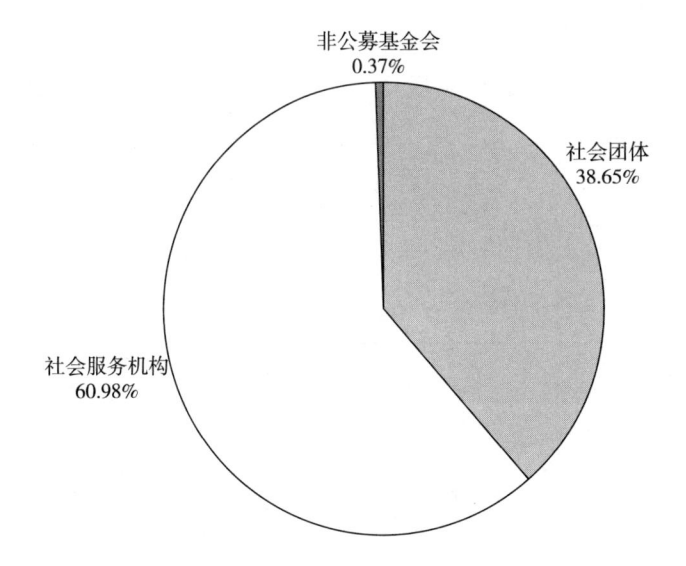

图 1　2016 年广州市三类社会组织的比重

非公募基金会 0.55%
社会团体 39.71%
社会服务机构 59.73%

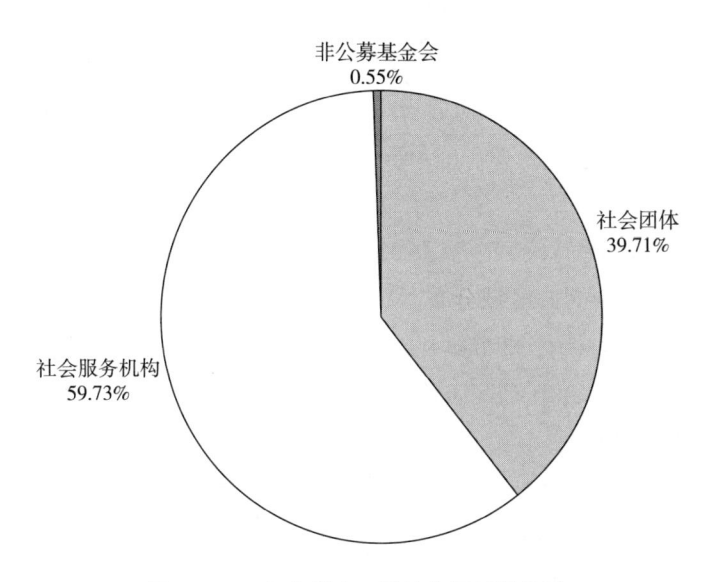

图 2　2017 年广州市三类社会组织的比重

3. 社会组织行业分布以教育、社会服务发展为主

广州市社会团体主要集中在科技与研究、社会服务、文化、体育、工商业服务、职业及从业组织和其他方面。其中职业及从业组织增速最快，由

037

2016年的142家增加到2017年的185家,增长率为30.28%。基金会主要集中在社会服务领域,其他领域均为0。社会服务机构组织主要集中在教育、卫生、社会服务、文化以及科技与研究等领域,在以上领域中,与2016年相比,2017年社会服务增长率最高,为15.73%,其他领域的增幅均为10%左右。(见表2)。

表2 社会组织行业结构

社会组织类型	年份	科技与研究	生态环境	教育	卫生	社会服务	文化	体育	法律	工商业服务	宗教	农业及农村发展	职业及从业组织	国际及涉外组织	其他	合计
社会团体	2016	204	36	76	64	320	341	285	10	636	14	86	142	2	495	2711
社会团体	2017	200	41	80	64	346	416	351	10	679	14	98	185	0	531	3015
非公募基金会	2016	0	0	0	0	26	0	0	0	0	0	0	0	0	0	26
非公募基金会	2017	0	0	0	0	42	0	0	0	0	0	0	0	0	0	42
社会服务机构	2016	217	6	2734	154	528	111	221	0	20	1	1	0	0	284	4277
社会服务机构	2017	244	9	2797	157	611	125	252	2	33	2	2	1	0	300	4535

资料来源:2016、2017年广东省民政厅计财年报全省社会组织数据。

4. 广州社会组织行政区分布以市级、番禺区和白云区为主

广州市社会组织的区域分布,2016年和2017年保持一个相对稳定的水平,排在前三的均为广州市本级、番禺区和白云区。2016年度数据显示,从广州市各区县社会组织发展情况看,广州市本级社会组织数量最多,为1250家,占17.79%,第二至第四位分别为番禺区704家、白云区689家、海珠区648家(如图4所示)。2017年度数据显示,从广州市各区县社会组织发展情况看,广州市本级社会组织数量最多,为1366家,占17.99%,第二至第四位分别为番禺区772家、白云区720家、天河区698家(如图5所示)。2017年的各区增长率以南沙区增长最快,增长率为26.1%,其他各区除海珠区以外,增长速度均在3%以上,但是海珠区的社会组织占全市总数的份额居各区前列,该区增速转快跟该区域社会组织发展的充分性和饱和性相关。(如表3所示)

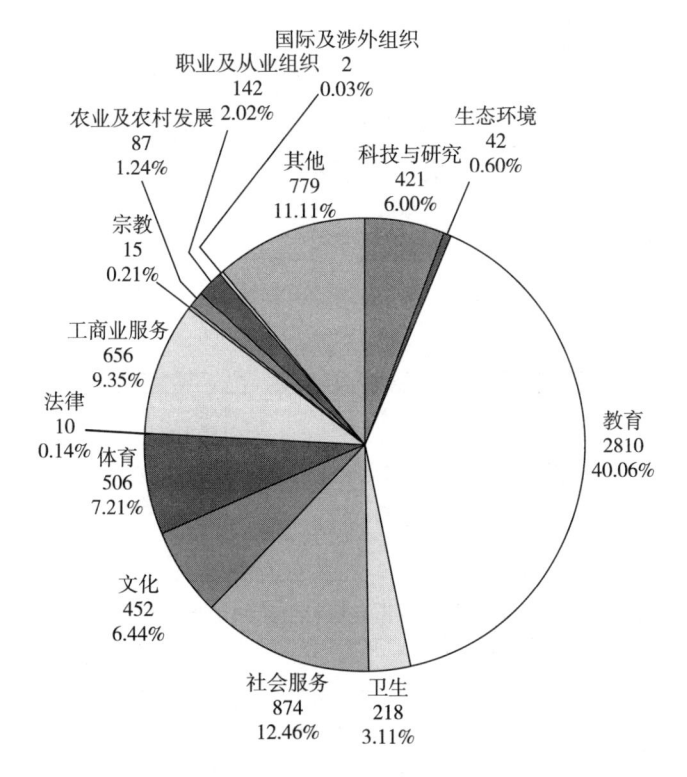

图3 2016年广州社会组织各行业分布

- 国际及涉外组织 2 0.03%
- 职业及从业组织 142 2.02%
- 农业及农村发展 87 1.24%
- 其他 779 11.11%
- 宗教 15 0.21%
- 工商业服务 656 9.35%
- 法律 10 0.14%
- 体育 506 7.21%
- 文化 452 6.44%
- 社会服务 874 12.46%
- 卫生 218 3.11%
- 教育 2810 40.06%
- 科技与研究 421 6.00%
- 生态环境 42 0.60%

资料来源：2016、2017年广东省民政厅计财年报全省社会组织数据。

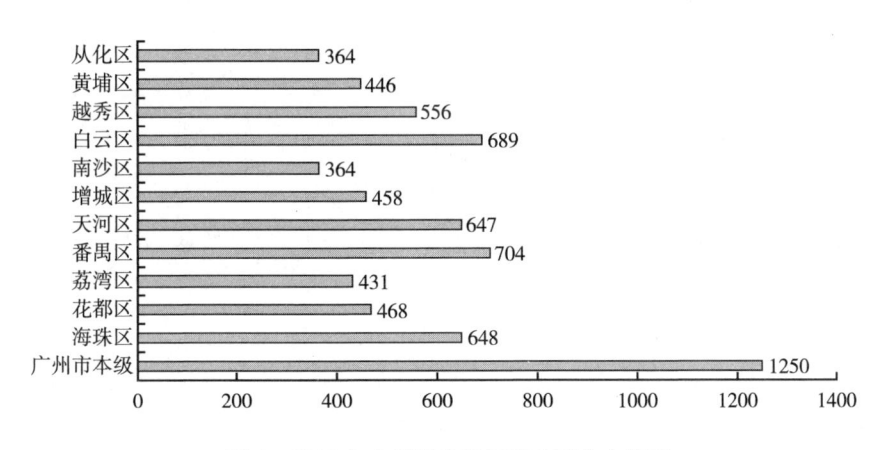

图4 2016年广州社会组织行政区分布情况

行政区	数量
从化区	364
黄埔区	446
越秀区	556
白云区	689
南沙区	364
增城区	458
天河区	647
番禺区	704
荔湾区	431
花都区	468
海珠区	648
广州市本级	1250

资料来源：广州市社会组织管理局提供。

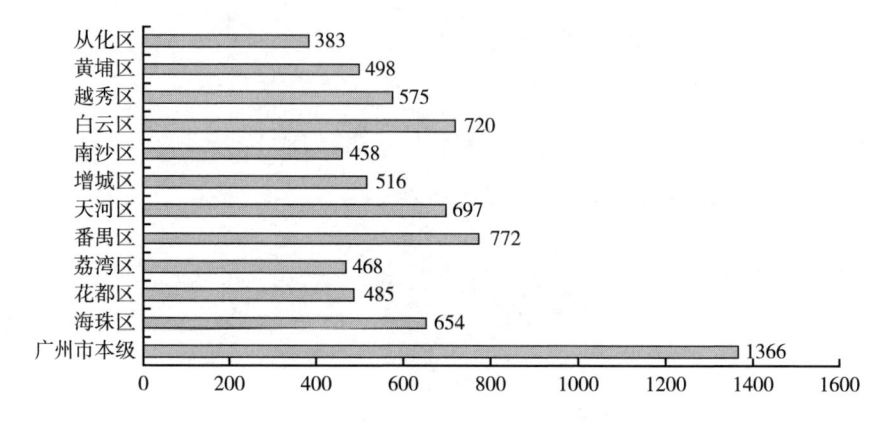

图5 2017年广州社会组织行政区分布情况

地区	从化区	黄埔区	越秀区	白云区	南沙区	增城区	天河区	番禺区	荔湾区	花都区	海珠区	广州市本级
数量	383	498	575	720	458	516	697	772	468	485	654	1366

资料来源：广州市社会组织管理局提供。

表3 2016~2017年广州市各区社会组织增长数量及增长率

地区	2016年 社会组织数量	2016年 增长率	2016年 占全市比重(%)	2017年 社会组织数量	2017年 增长率(%)	2017年 占全市比重(%)
广州市本级	1250	—	17.79	1366	9.28	17.99
海珠区	647	—	9.22	654	0.93	8.61
花都区	467	—	6.66	485	3.63	6.39
荔湾区	430	—	6.14	468	8.58	6.16
番禺区	703	—	10.02	772	9.66	10.17
天河区	646	—	9.21	697	7.88	9.19
增城区	457	—	6.52	516	12.66	6.79
南沙区	363	—	5.18	458	26.10	6.04
白云区	688	—	9.81	720	4.50	9.48
越秀区	555	—	7.91	575	3.42	7.57
黄埔区	445	—	6.35	498	11.66	6.56
从化区	363	—	5.18	383	5.22	5.04

资料来源：广州市社会组织管理局提供。

5. 社会组织从业人员男女比例均衡，受教育程度适中，且相对年轻

广州市社会组织从业人员性别结构上女性比重高于男性，从表4可见，2016、2017年广州市社会组织从业人员总数分别为87255人、81564人，其中，女性为51899人和49723人，占比分别为59.48%和60.96%，社会组织从业人员大部分为女性，但是男性和女性比例差距不大；从业人员受教育程度适中，2016年、2017从业人员中大学专科和大学本科及以上人数总和分别为42515人和41394人，占总人数的48.73%和50.75%。社会组织从业人员年龄结构年轻化，根据表5，2016年和2017年36~45岁和35岁以下的人员加总后为74111和67284人，占了总人数的84.94%和82.49%。

表4 社会组织从业人员性别结构、受教育程度结构

单位：人数

年份	单位数	年末职工人数	受教育程度情况 女性	受教育程度情况 大学专科	受教育程度情况 大学本科及以上	职业资格水平情况 助理社会工作师	职业资格水平情况 社会工作师
2016	7014	87255	51899	22107	20408	1393	437
2017	7592	81564	49723	21161	20233	1373	438

资料来源：2016、2017年广东省民政厅计财年报全省社会组织数据。

表5 社会组织从业人员年龄结构

单位：人数

年份	35岁及以下	36~45岁	46~55岁	56岁及以上
2016	45585	28526	9422	3722
2017	43424	23860	10406	3874

资料来源：2016、2017年广东省民政厅计财年报全省社会组织数据。

从表6可见，广州社会组织三种类型从业人员的从业人员数及性别结构、学历结构、职业资格结构和年龄结构。社会服务机构从业人数占较大比重，2016年占全市社会组织从业人员的85.1%，2017年为86.19%。基金会从业人员的学历水平最高，其中大学专科以上学历占比100%。

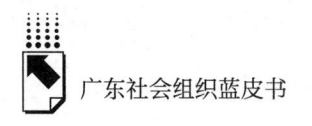

表6 各类型社会组织从业人员状况

单位：人数

社会组 织类型	年份	社会组 织数	从业人 员数	女性从 业人 员数	大学 专科	大学本 科及 以上	职业资格水平情况		年龄结构情况			
							助理社 会工 作师	社会工 作师	35岁 以下	36~ 45岁	46~ 55岁	56岁及 以上
社会 团体	2016	2711	12964	2976	1907	2254	54	46	2827	7782	1623	732
	2017	3015	11248	3537	1953	2296	54	46	3506	3790	3013	939
基金会	2016	26	37	5	26	11	0	0	5	26	5	1
	2017	42	16	0	16	0	0	0	1	13	2	0
社会 服务 机构	2016	4277	74254	48918	20174	18143	1339	391	42753	20718	7794	2989
	2017	4535	70300	46186	19192	17937	1319	392	39717	20057	7391	2935

资料来源：2016、2017年广东省民政厅计财年报全省社会组织数据。

6. 社会组织党建状况

在市级社会组织中，2016年度，建立党组织的社会组织共122个，占社会组织总数的1.7%，其中，社会团体42个，社会服务机构80个。中共党员共3073人。2017年度，建立党组织的社会组织共130个，占社会组织总数的1.7%，其中，社会团体48个，社会服务机构82个。中共党员共3265人。

（二）促进广州市社会组织发展的措施及成效

1. 坚持发展增效，有序推进社会组织登记改革

（1）加大与居民息息相关的社区社会组织的培育扶持。贯彻落实《关于改革社会组织管理制度促进社会组织健康有序发展的意见》（在下简称《两办意见》）。草拟广州市贯彻落实《两办意见》的实施意见。出台《关于培育发展城乡社区社会组织的实施意见》，加大对慈善救助、社区、文化体育、社区教育、社区事务等与居民息息相关的社区社会组织的培育扶持。

（2）完善社会组织登记管理工作机制。完善咨询指引、发起人座谈会服务等制度，强化事前指导，引导社会组织健康规范有序发展。

（3）有序推进统一社会信用代码工作。按照《民政部办公厅关于全面推

进社会组织统一社会信用代码制度建设有关事项的通知》的部署,加强政策宣传和工作引导,同时结合社会组织变更登记等业务,大力推进社会组织换领统一社会信用代码证书工作,全市换发率99.74%。

(4) 完成税前扣除资格确认工作。推进社会组织税收优惠政策,印发《关于广州市公益性捐赠税前扣除资格确认有关事项的通知》,与市财政局等3部门联合公布2016、2017年广州市、区两级公益性捐赠税前扣除资格确认名单,共将43家社会组织纳入名单。

2. 培育扶持并举,不断优化社会组织发展环境

(1) 扎实开展第四届公益创投活动。立项2422万元(投入资金同比增长21.2%)开展第四届广州市社会组织公益创投项目,资助165个项目,撬动社会配套资金1400万元。推动53个项目上线联合劝募平台,共募集资金722万元。重点培育和支持20个创投项目树立品牌,扩大公益创投品牌效应,有效拓宽公共服务提供渠道,创新社会治理模式,形成政府、市场与社会"1+1+1>3"协同共治的"善治"平台,"1+1+1>3公益创投广州模式"日臻成熟。

(2) 深入实施社会组织品牌战略。举办"广州市知名社会组织引进基地签约仪式",引进全国30多家知名社会组织与广州社会组织学院签订战略合作协议。评选出广州市第二批品牌社会组织,目前全市已有20个品牌社会组织。加强社会组织战略标准化工作,《广州市品牌社会组织评估指标体系》被列入2017年广州市公共服务类地方标准制修订项目。

(3) 激发社会组织创新能力。联合市科创委、市科协分赴杭州、苏州、厦门等地开展调研,形成《广州市激发社会组织创新能力调研报告》,起草《广州市激发社会组织创新能力暂行办法》,明确社会组织创新主体功能定位。

(4) 积极加大资金扶持力度。立项300万元对6个符合条件的社会组织培育基地给予一次性扶持。全市已建成45个社会组织培育基地,入驻社会组织1336个,基本形成了培育扶持社会组织发展的市、区、街(镇)三级网络。立项500万对161个符合资助条件的社会组织予以资助。

(5) 推进政府转移职能。印发《广州市具备承接政府转移职能和购买服务资质的社会组织目录管理办法》,出台市本级第七批具备承接政府转移职能和购买服务资质的社会组织目录,目前已将214个社会组织纳入市级目录。10个区民政局已开展目录编制,共将329个社会组织纳入目录。

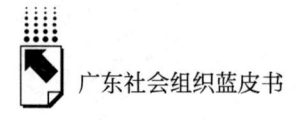

3. 坚持有效监管，不断完善社会组织综合监管模式

（1）严格日常管理及开展专项检查。完成2016年年度报告工作，公示率达95.8%。动态管理社会组织异常名录，2017年共列入23个次，移出10个次。监督指导93宗社会组织重大事项报告，指导62个社会组织开展换届选举。市区两级民政部门对51家社会服务机构进行清查规范，全面加强对社会服务机构托养机构的日常监管。

（2）强化行政执法。印发《关于进一步规范社会组织执法工作的通知》及《关于规范社会组织执法工作监督指导方案的通知》，举办全市社会组织执法工作培训，现场督导各区民政局开展执法检查。进一步加强和规范广州市社会组织执法工作，抽查监督62个社会组织；依法立案36宗；调查办理上级交办、群众信访案件17宗；协助有关部门妥善处置涉社会组织事件5宗。

（3）推进行业协会商会与行政机关脱钩工作。制定印发《关于开展行业协会商会脱钩专项检查工作的通知》，对50个市本级行业协会商会进行现场检查。起草《广州市行业协会商会与行政机关脱钩实施方案（草稿）》，协调市发改委联合印发《关于成立市行业协会商会与行政机关脱钩联合工作组有关事项的函》，有序推进行业协会商会与行政机关脱钩工作。

（4）深化等级评估。开展等级评估体系专项调研，逐步修订19类评估指标体系。调整完善市评估委员会委员和专家库成员，指导各区建立健全社会组织等级评估委员会、监督委员会和专家库。举办3期专题培训班，累计完成16批共673个社会组织等级评估工作。

（5）规范涉外活动。与相关部门建立社会组织涉外活动管理协作机制，在日常监管、专项检查、抽查监督中加强涉外活动等重大事项报告情况检查，进一步规范社会组织涉外活动。

（6）完善信息化建设。进一步优化完善全市社会组织信息资源共享库、活动异常名录管理、党建等信息平台功能。按要求完成广州社会组织信息网接入市"一窗"和纳入广州市民政局信息网集约管理工作。

4. 坚持党建引领，不断深化社会组织党的建设

（1）全面深入学习宣传贯彻党的十九大精神。以"八项措施"和"十九个专项活动"为抓手，编印学习资料，组建广州市社会组织学习宣传贯彻党的十九大精神宣讲团，开展 50 余场宣传会。推动建立广州市社会组织党群活动服务中心、广州市社会组织培育基地党建工作站，加强社会组织党建工作阵地建设。组织党组织负责人到中共三大会址瞻仰学习，开展"不忘初心，牢记使命"重温入党誓词活动。

（2）推进学习教育常态化、制度化。召开工作推进会，指导各社会组织党组织抓好支部建设，引导党员做"四个合格"党员。印发《广州市社会组织党支部组织生活工作指引》，进一步规范社会组织党组织落实组织生活制度。通过台账检查、实地抽查等形式，开展市级社会组织党组织组织生活制度落实情况专项检查。对存在问题的 18 个支部发出整改通知书，限期按要求整改。加强教育培训。有效发挥市社会组织党委党校作用，制订全年社会组织党建工作培训计划，举办学习贯彻习近平总书记重要批示精神专题辅导学习会等 9 场培训班，参训人员 1500 余人次。

（3）狠抓党的组织有效覆盖。一方面抓"应建必建"，印发《广州市社会组织党组织成立工作指引》，在新增社会组织中同步收集《社会组织党建工作承诺书》和《社会组织党员情况调查表》，指导符合条件的社会组织及时组建党组织。2017 年，市本级共新增党组织 11 个、党员 90 名。另一方面抓行业党建工作试点，推动成立我市第一个社会组织综合党委——广州市社会组织联合会党委，通过综合党委全面加强基础党务、党员教育管理以及工、青、妇、统战等工作。

（4）深化党建工作台账。印发《各区社会组织党委报送社会组织党建工作台账情况通报》，进一步理顺台账工作机制。在年度报告等环节嵌入党建数据统计。对联合党支部覆盖范围过广过宽、个别党组织隶属关系不清楚等情况，及时开展工作调研，提出对策建议。调研报告被《组工参阅》、《广东组工信息 领导参阅》、《广州调研》、《广州组工信息 领导参阅专刊》等采用。

（5）加强社会组织反腐倡廉。与市预防腐败局联合印发《关于加强社会组织防治腐败工作的意见》，提出社会组织防治腐败的 10 项具体工作任务，促进社会组织规范、健康、有序发展。

（6）做好工青妇建设。与市总工会联合印发《关于在全市社会组织中加强工会组织建设的意见》，成立广州市社会组织联合会工会工作联合会，举办 2017 年广州市家庭服务业行业技能竞赛；2 个社会组织获评"广州市青年文明号"；8名社会组织妇女工作者获评"2016年度广州市三八红旗手"、4个社会组织获评"2016年度广州市三八红旗集体"、3个社会组织获评"2016年度广州市巾帼文明岗"，黄埔区优势力社会工作发展中心张茜增补为全国妇联第十一届执委。

5. 坚持服务创优，构建完整的社会组织服务体系

（1）举办社会组织品牌讲坛和社会组织系列培训。成功举办6期广州社会组织高端讲坛，邀请专家学者分享最新研究成果；举办第四届广州市社会组织公益创投高峰论坛系列活动、公益创投联合劝募平台筹款交流会及基金会发展论坛，邀请多地专家学者及资深公益人士探讨社会组织可持续发展之路；开展"领航计划"中高层管理人员培训班、新成立社会组织负责人培训班、社会组织财务管理系列培训班、社会组织等级评估业务培训班等培训课程。

（2）搭建防灾减灾救灾服务枢纽平台。推动《广州市民政局关于支持引导社会力量参与防灾减灾救灾工作的实施意见》出台实施；搭建广州市社会力量防灾减灾救灾工作信息平台，设立广州市防灾减灾救灾专项基金，成立广州市自然灾害义工应急服务队；开展"防灾减灾进社区"和"防灾减灾进家中"巡回宣传培训活动。

（3）深化社会组织理论研究。出版发行《广州社会组织讲坛讲演录（2014~2015）》、《社会组织基本知识》《社会组织品牌管理》《社会组织政策法规》《社会组织党的建设》等书籍。

（4）举办2017年广州市社会组织慈善拍卖会和全市社会组织年会。举办"扶贫行善　益路同行"2017年广州市社会组织慈善拍卖会，积极动员全市社会组织、企业家、爱心人士为广州社会组织筹集发展基金，助力我市社会组织发展。发布2017年度广州市社会组织发展报告，盘点2017年广州社会组织十件大事。

（5）建立社会组织新闻发布制度，提升社会组织对外传播的专业形象。印发《广州市民政局关于推动广州市社会组织建立新闻发言人制度的通知》，推动全市各类社会组织建立新闻发言人制度，公布两批新闻发言人66人，覆盖首批广州市品牌社会组织及全市5A级社会组织；召开6期社会组织新闻发布会；组建社会组织新闻发言人队伍、广州社会组织通讯员队伍。

（三）广州市社会组织发展存在的问题

1. 社会组织地域发展不平衡

番禺区、白云区、海珠区、天河区的社会组织数量超过600家，而从化区、南沙区只有约300家。不同性质、不同领域的社会组织发展比例不平衡。社会服务机构占比最大，社会团体次之，基金会占比少于1%。广州市社会组织主要分布在工商业服务、科研、教育、文化、体育等领域而法律、宗教、环保、农业发展领域的社会组织数量较少。

2. 社会组织作用发挥全面性不足

社会组织有着"提升社会成员正能量与积极性"、"促进社会管理""提供社会服务"等重要职能，近年来，政府为了发挥社会组织的社会作用也大力提倡政府购买社会服务和政府职能转移，但是真正有能力提供优质服务、各方面资质都被社会肯定的社会组织不多。

3. 社会组织评估体系有待细化完善

首先，社会组织的评价标准较为笼统，针对性、灵活性较低。对于社会团体、基金会的评估内容仅考核基础条件、内部治理、工作绩效和社会评价四个方面，对于社会服务机构的评估内容则为基础条件、内部治理、业务活动和诚信建设、社会评价五个板块，没有根据各类社会组织特点作制度的细化。其次，第三方评估机制不完善。具备评估资格的专家学者、专业公司、社会组织数量较少，无法满足评估需求缺口，同时还存在"评估方与被评估方信息不对称""第三方评估独立性不足""评估水平参差不齐"等问题。

4. 社会组织登记管理机构专业化需进一步加强

从内部管理上讲，广州市社会组织登记管理机构不够健全，服务管理方式传统，普遍存在人手紧张、专职工作人员少的问题，区一级更显突出；从服务管理上讲，广州市社会组织登记管理机关工作的标准化、精细化、信息化还不够全面和深化，市、区两级登记管理部门之间的学习交流不多，对社会组织的登记管理审核把关尺度不一，对社会组织的指导服务不够规范和精准；从制度设计上讲，随着《两办意见》和《慈善法》的颁布实施，明确了实行直接登记的社会组织类型，明确了慈善组织的法律地位，同时也明确了将制定出台的系列配套法规政策文件。作为先行先试的广州，

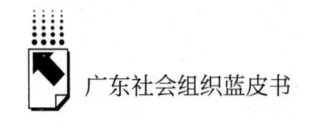

要对现行的一些登记管理制度进行调整，还要做好系列配套政策文件的承接和落实工作，任务是非常艰巨的。

（四）广州市社会组织发展的策略建议

1. 继续强化党建工作对社会组织的引领作用

按《广州市构建"两新"组织党建"一核三融"共同体三年行动计划（2018～2020年）》部署安排，推进"两学一做"学习教育常态化、制度化，开展"不忘初心、牢记使命"主题教育、社会组织党员在行动主题活动、党员"戴党徽、亮身份、作承诺"等活动。深化同步关联机制，坚持社会组织发展与党建工作深度融合。发挥市社会组织党委党校、市社会组织培育基地和市社会组织联合会党委作用，加强社会组织党组织负责人、党务工作者、党员队伍建设。成立广州市社会组织党建工作指导队伍，夯实党务工作基础，提升社会组织基层党组织组织力，推进社会组织党的组织和工作全覆盖。继续探索行业党建工作，推动有条件的行业协会、商会成立党委、党总支。开展党建公益创投活动试点，打造社会组织党建示范点。加强社会组织工、青、妇、统战等工作。

2. 不断完善社会组织改革发展的政策制度体系

结合即将出台的我市贯彻落实中央《关于改革社会组织管理制度促进社会组织健康有序发展的意见》以及省《实施意见》，修订完善广州市社会组织政策体系和规范指引。

3. 深入推进社会组织品牌战略

社会组织品牌战略纳入了去年市委、市政府的重点工作。在前年启动品牌社会组织工作的基础上，今年将深化试点工作经验，争取有关部门支持，制定品牌社会组织激励扶持措施，开展社会组织品牌项目评价。采取经验引进、项目引进、机构引进等方式多渠道引进品牌社会组织，鼓励和支持全国知名品牌社会组织来穗承接或开展公益项目，引领促进品牌社会组织集群式发展。

4. 着力推动社区社会组织的培育和发展

做好《关于培育发展城乡社区社会组织的实施意见》的贯彻落实工作，加强对区的指导，通过示范引领，推动每个区至少成立一个社区社会组织联合会。出台社区社会组织登记工作指引，推动符合法人登记条件的社区社会组织正式注册登记，引导社区社会组织开展与社区居民需求相契合的服务项目和活动。

5. 加强培育基地建设，提高服务能力

深化广州市社会组织培育基地的建设，在充分发挥现有培育基地作用的基础上，进一步拓展和完善社会组织培育基地网络，重点在社区层面推动建设社会组织培育基地，为社区社会组织发展提供服务支持平台。创新培育基地建设机制和运营模式，不断提高培育基地的服务能力。

6. 不断激发社会组织创新能力

出台《广州市激发社会组织创新能力暂行办法》，将社会组织的创新活动纳入全市科技创新发展规划，为广州市实施创新驱动发展战略提供有力支撑；修订《广州市社会组织公益创投项目管理办法》，继续深入开展第五届社会组织公益创投活动，加强为老服务项目比重，促进社会组织专业能力提升，拓宽社会组织成长和作用发挥空间。

7. 不断完善综合监管机制

联合市发改委出台广州市行业协会商会与行政机关脱钩实施方案，指导各责任单位确定脱钩试点单位和具体方案，2018年底全面实现脱钩。同时结合行业协会商会工作开展专项检查，重点开展行业协会商会诚信自律建设，推进社会组织信用体系建设。加强涉外社会组织监管，规范社会组织涉外活动。不断完善社会组织年度报告工作，拟对年度报告政策实施进行绩效评估，加大信息公示力度和异常名录动态管理力度。

8. 进一步深化等级评估工作

继续委托第三方机构承接社会组织等级评估工作，加大宣传力度，不断提高社会组织参评率。推动建立健全各区社会组织等级评估委员会、监督委员会和专家库，提升区级社会组织参评率。

9. 着力推动社会组织由"增量"变"提质"

加快推动建立社会组织现代法人治理结构和运行机制，进一步完善社会组织新闻发布平台和新闻发言人机制。办好社会组织党委党校和社会组织研究院、社会组织学院，加强社会组织人才队伍培养，不断提高社会组织能力建设水平，推动社会组织自身能力发展。

B.3
深圳市社会组织发展报告

彭未名　王达梅　李良进*

摘　要： 2016～2017年深圳市社会组织呈现出较快的发展势头，社会组织数量和从业人员数量位居全省第一，社会组织在社会管理和社会服务方面发挥出较为明显的作用。深圳市通过优化发展环境、完善法规政策、强化协同监管、加强培育扶持力度等措施，鼓励和规范社会组织发展。然而，深圳市社会组织在发展中仍然存在着管理体制机制不够完善、专业人才缺乏等问题，需要加强社会组织顶层制度设计，完善系列法规政策，加大扶持力度，全方位支持社会组织发展。此外，还需要加强社会组织培训力度，提升社会组织专业能力和专业水平。

关键词： 社会组织　专业能力　深圳市

深圳简称"深"，别称"鹏城"，深圳是中国南部海滨城市，毗邻香港。全市面积1997.27平方公里。深圳是广东省省辖市、计划单列市、副省级市、国家区域中心城市、超大城市，国务院定位的全国经济中心城市和国际化城市、国家创新型城市、国际科技产业创新中心、全球海洋中心

---

* 作者简介：彭未名，博士，广东外语外贸大学教授，广东省社会组织研究中心主任，硕士生导师。研究方向：社会组织、社会治理。王达梅，博士，广东省社会组织研究中心、广东外语外贸大学政治与公共管理学院副教授，研究方向为社会管理，政府购买社会组织服务，财政绩效评价。李良进，社会学硕士，深圳职业技术学院社区管理与服务系，副研究员，主要研究方向：社区治理、养老服务。感谢深圳市社会组织管理局提供的数据及资料。

城市、国际性综合交通枢纽,中国三大全国性金融中心之一。深圳是中国设立的第一个经济特区,是中国改革开放的窗口城市和新兴移民城市,已成为有显著影响力的国际化城市。截至2016年末,深圳常住人口1190.84万人。2016年全市生产总值达19492.6亿元。中国社会科学院发布的2016《中国城市竞争力报告No.15》显示,深圳位居2016年中国城市综合经济竞争力指数的首位。

(一)深圳市社会组织现状

1. 社会组织总数

截至2016年底,深圳市共有社会组织11527家,位居全省第一,其中,注册登记8731家,占75.74%;备案2796家,占24.25%。与2015年的10100家相比,增加1427家,同比增长14.13%;其中,注册登记社会组织比2015年增加1009家,增长13.06%。截至2017年底,全市共有社会组织12422家,其中登记9578家,备案2844家,比2016年增加895家,增长7.76%;其中,注册登记社会组织比2016年增加847家,增长9.70%。

2. 社会组织的构成

在2016年注册登记的8731家社会组织中,社会团体3708家,占总数的42.47%;社会服务机构4772家,占总数的54.66%;基金会251家,占总数的2.87%。在2017年注册登记的9578家社会组织中,社会团体4130家,占总数的43.12%;社会服务机构5148家,占总数的53.75%;基金会300家,占总数的3.13%。

表1 2016~2017年深圳市社会组织增长情况

年度	社会团体数量	社会服务机构数量	基金会数量	合计	增长率(%)
2016	3708	4772	251	8731	13.06
2017	4130	5148	300	9578	9.70

资料来源:2016、2017年广东省民政厅计财年报全省社会组织数据。

3. 各区县社会组织数量及比例

2016年深圳市有市级社会组织3164家,占27.4%,其中,社会团体1500

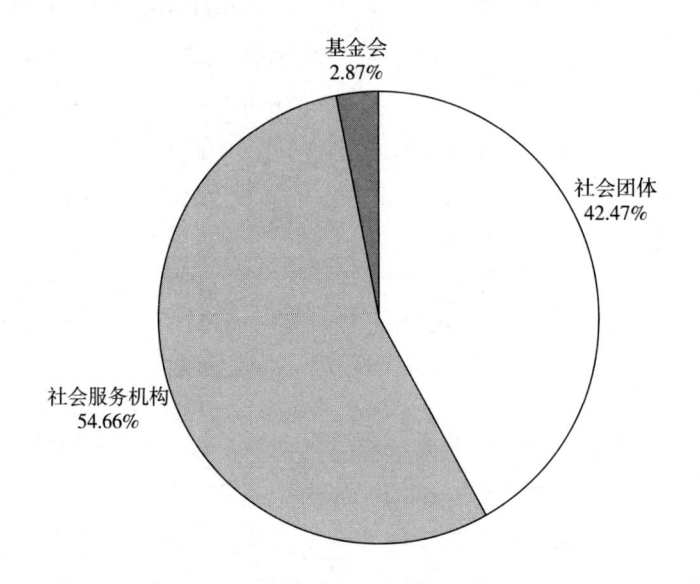

图1　2016年深圳市三类社会组织比重

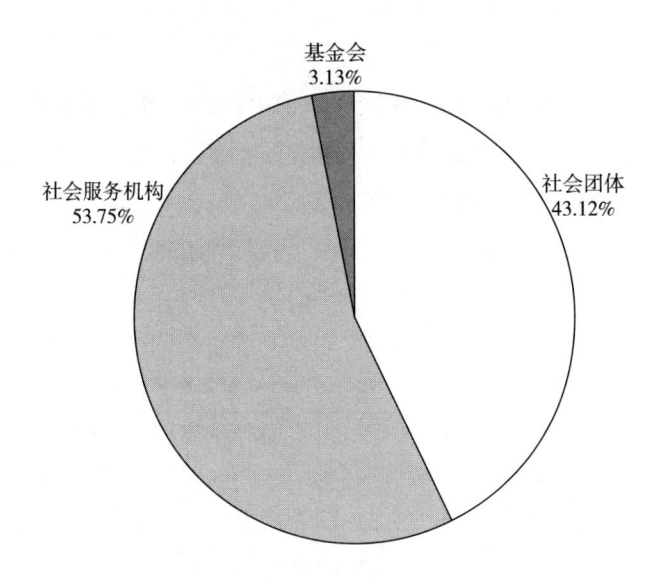

图2　2017年深圳市三类社会组织比重

家，社会服务机构1413家，基金会251家；区级社会组织8363家，占72.5%，其中，社会团体4253家，社会服务机构4110家。深圳市各区社会组织数量及分布如表2所示。

表2 深圳市各区社会组织数量

类型	市本级	罗湖区	福田区	南山区	盐田区	宝安区	龙岗区	光明新区	坪山区	龙华区	大鹏新区
社会团体	1500	1089	246	345	103	454	1108	114	271	423	100
社会服务机构	1413	346	374	1179	116	685	791	137	133	316	33
基金会	251	0	0	0	0	0	0	0	0	0	0
合计	3164	1435	620	1524	219	1139	1899	251	404	739	133

资料来源：深圳市社会组织管理局提供。

4. 社会组织从业人员状况

截至2016年底，社会组织从业人员125769人。在从业人员中，女性52302人，占41.59%；男性73467人，占58.41%。从受教育程度来看，大学专科50269人，占39.97%，大学本科及以上37221人，占29.59%。从年龄结构情况看，35岁及以下75147人，占59.75%；36~45岁30933人，占24.60%，46~55岁13362人，占10.62%，56岁及以上6327人，占5.03%。助理社会工作师600人，社会工作师605人，合计1205人。2016年三类社会组织的从业人员情况见表5。

截至2017年底，社会组织从业人员138751人，较2016年增长10.32%。在从业人员中，女性57585人，占41.51%；男性81166人，占58.49%。从受教育程度来看，大学专科54848人，占39.53%，大学本科及以上42505人，占30.63%。从年龄结构情况看，35岁及以下81549人，占58.77%；36~45岁34863人，占25.13%，46~55岁15124人，占10.90%，56岁及以上人7215人，占5.20%。助理社会工作师559人，社会工作师599人，合计1158人，比2016年减少47人。2017年三类社会组织的从业人员情况见表5。

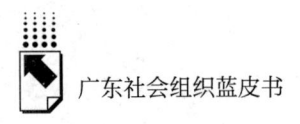

表3　2016~2017年深圳市社会组织从业人员受教育程度和职业资格水平

	单位数	年末职工人数	受教育程度情况			职业资格水平情况	
			女性	大学专科	大学本科及以上	助理社会工作师	社会工作师
2016	1224	36535	5274	2239	831	53	634
2017	1356	44860	6731	3541	1580	34	226

资料来源：2016、2017年广东省民政厅计财年报全省社会组织数据。

表4　2016~2017年深圳市社会组织从业人员年龄结构

年份	35岁及以下	36~45岁	46~55岁	56岁及以上
2016	75147	30933	13362	6327
2017	81549	34863	15124	7215

资料来源：2016、2017年广东省民政厅计财年报全省社会组织数据。

表5　深圳市各类型社会组织从业人员状况

社会组织类型	年份	社会组织数	从业人员数	性别	受教育程度		职业资格水平		年龄结构			
				女性	大学专科	大学本科及以上	助理社会工作师	社会工作师	35岁及以下	36~45岁	46~55岁	56岁及以上
社会团体	2016	3708	22281	6147	6706	9181	50	94	5753	4808	6230	5490
	2017	4130	26393	6991	7421	11011	46	105	6842	6240	7198	6113
基金会	2016	251	1826	502	251	930	0	0	930	679	217	0
	2017	300	2220	600	300	1127	0	0	1127	827	266	0
社会服务机构	2016	4772	101662	45653	43312	27110	550	511	68464	25446	6915	837
	2017	5148	110138	49994	47127	30367	513	494	73580	27796	7660	1102

资料来源：2016、2017年广东省民政厅计财年报全省社会组织数据。

5. 社会组织党建情况

2015年8月，深圳成立市社会组织党委，实施社会组织党建"燎原计划"，在行业协会、异地商会和联合类社会组织中重点突破、有序推进。2015年12月31日新组建党委3个，党总支1个，党支部35个；成立党委筹备组3个，指导其他系统成立党支部2个。市社会组织党委直接管理的党组织从284个增加到339个，管理党员从4100名增加到4920名，党组织数和党员数均比党委成立时增长20%。2016年6月，深圳市社会组织党委管理的党组织达到

426个、管理党员5508名，有效提升党在社会组织的覆盖面和影响力。到2017年底，深圳市社会组织党委管理党组织974个（其中基层党委36个），管理党员8937名，较2015年8月成立时分别增长243%和118%，市级社会组织党的组织覆盖率达94%，党的工作实现100%全覆盖。

（二）深圳市社会组织发展做法

1. 优化发展环境，助力社会组织发展

一是调整校友会登记管理政策。根据《中共深圳市委深圳市人民政府关于进一步推进社会组织改革发展的意见》等文件精神，出台《深圳市民政局关于校友会登记管理的指导意见》，适度放宽校友会登记范围。二是改革社会组织名称管理。起草《深圳市民政局关于改革社会组织名称管理若干问题的通知》，放宽名称申报登记限制，推广社会组织名称使用字号，分类制定社会组织名称申报指引。三是创设社会组织首任法人代表见面谈话制度。2017年共约谈7家社会组织负责人，针对社会组织发展存在的问题提出整改要求。四是推行"多证合一、一证一码"登记模式改革工作。联合市国税局、市公安局等五部门在全市推行社会组织"多证合一，一证一码"改革，简化了办事流程，提升了行政审批效率，节约了社会组织办事成本。

2. 完善法规政策，促进社会组织规范发展

一是起草《社会组织信息公开指引》、《关于构建社会组织综合监管体制的意见》（实施方案）、《深圳市社会组织专项奖励经费管理办法》、《深圳市具备承接政府转移职能和购买服务资质的社会组织目录管理办法》、《深圳市社会组织承接政府职能转移事项监管办法》、《深圳市民政局社会组织名称管理规定（草案）》、《关于加强异地商会党建工作的意见（试行）》等一系列法规政策性文件，为社会组织依法依规开展活动提供法制保障。二是积极推动社会组织立法。2015年成立调研组专题调研社会组织立法，向全社会公开征集立法建议和优秀立法草案，组织专家评审会对征集到的立法草案进行评选，从中评选出优秀立法草案作为立法草案初稿。

3. 强化协同监管，促使社会组织规范运作

一是制定《关于构建社会组织综合监管体制的意见》、《深圳市社会组织抽查监督办法》等政策，积极探索建立行政司法监管、社会公众监督、社会

组织自律、党组织保障的"四位一体"的综合监管体系，打造对社会组织成员、行为、活动、资金等完整监管链条。二是切实开展社会组织年度检查工作、行业协会年度报告工作。完善社会组织年检系统和程序，由纸质年检改为网络年检，在网上填报相关资料。坚持标准，严格审核把关，对社会组织进行规范化指导和常态化监督，并将未按规定接受年检或提交年度报告、处于非正常活动状态的社会组织列入异常名录表。同时，对行业协会（商会）年度报告进行审核，纳入信用监管体系。三是完善和创新社会组织评估机制。实行社会组织第三方评估机制，通过政府招标确定深圳市社会组织总会承接市级社会组织评估工作。2017年会同市场监督管理局制定《深圳市社会组织评估指南》，成为广东省首部社会组织评估地方标准，2017年共评估市级社会组织90家，其中获得5A级35家、4A级25家。四是加大信息公开力度。建立统一的社会组织信息公开平台，接受舆论媒体和公众监督。五是加大执法监督力度。根据年检、投诉举报、抽查等案件来源信息，积极查处社会组织违法违规行为，坚持依法依规处理，确保案件证据充分、程序合法。落实《深圳市社会组织抽检监督办法》，在全国范围内率先开展社会组织抽查工作。六是实现对社会组织监管方式的三个转变：从"重登记轻管理"转变为"易登记重管理"，从"事后被动式处理"转变为"事前主动式检查"，从"运动化整治"转变为"常态化监管"，让社会组织"不敢违法、不能违法、不想违法"。2016年，共抽查社会组织38家，有15家社会组织被予以撤销登记的行政处罚，18家被责令改正，1家受到警告处分。全年随机抽查市级社会组织154家，其中44家受到行政处罚，1家责令改正。2017年共依法查处违法违规社会组织78家，其中给予警告处罚20家、限期停止活动10家、撤销登记42家，给予责令改正处理6家。依法取缔非法社会组织"中国国际烘焙协会"。七是加强执法规范化建设。组织执法人员学习行政执法电子监察有关文件，完成行政执法电子监察系统的民政执法数据库录入、案卷归档和重大行政处罚备案工作。

4. 加强培育扶持，激发社会组织活力

一是编制《深圳市社会组织发展"十三五"规划》。科学规划未来五年社会组织发展思路、目标、重点任务及重点工程。二是探索建立社会组织分类培育发展清单制度。积极制定颁布相关扶持政策，大力培育社会组织。三是建立社会组织孵化基地集群。建立"市、区、街道、社区四级联动、功能有别"

的社会组织孵化基地集群，市、区两级已经有15个社会组织孵化基地开始运营。四是构建政府与社会组织的沟通平台。召开深圳市行业协会工作会议，建立市领导与行业协会定期交流座谈、政府职能部门与行业协会沟通协商、组织社会组织代表参加各种听证会和论证会等机制。五是开展社会组织业务培训。结合社会组织现状及存在的问题，围绕团队建设、财务管理、品牌传播、筹资管理、税务实务、信息公开等问题，组织开展了一系列重点突出、内容专业、成效显著的培训活动。2017年先后举办社会组织各类培训班7期，培训人员近2000人次。六是加强社会组织人才队伍建设。2017年联合市人力资源保障局开展社会组织从业人员薪酬调查工作，发布深圳市社会组织从业人员工资指导价位，这在国内尚属首次。七是组织行业协会沙龙。以"聚智·分享·共赢"为主题，每季度举办一次行业协会沙龙活动。凝聚多方智慧，分享交流经验，共谋发展大计，促进行业协会提升整体水平。同时，完成《行业发展及行业协会报告》（白皮书）编印工作。八是签订社会组织改革发展"局区协议"。与福田区、龙华新区签订《推进社会组织建设改革创新合作协议》，以两区为试点，共同探索社会组织建设的改革举措，推动建设全国社会组织创新示范区。九是与国税、地税部门建立"三方合作机制"。目前，联合认定享有免税资格的非营利组织478家，具有公益性捐赠税前扣除资格的公益组织71家。

（三）深圳市社会组织发展存在的问题

1. 社会组织管理体制机制仍待完善

尽管深圳市根据社会组织发展状况和存在问题不断创新社会组织政策法规，但是目前社会组织管理体制与机制仍有待完善，主要存在着如下问题：管理体制改革尚需深化；社会组织合法权益难以得到有效充分保障；社会组织的管理工作有待细化；政府购买社会组织服务的政策规定需进一步健全和细化完善；政府购买社会组织服务，以及社会组织承接政府职能机制还不够健全。

2. 社会组织缺乏专业人才

由于受到"先天性"因素和外部环境的影响，深圳市社会组织普遍缺乏专业人员。2016年深圳市有助理社会工作师600人，社会工作师605人，合计1205人，仅占全部从业人员的0.96%，2017年不但没有增加，反而减少，2017年助理社会工作师559人，社会工作师599人，合计1158人，比2016年

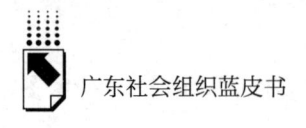

减少47人。专业人才缺乏导致社会组织自身能力、服务能力和社会组织公信力都不足，使得社会组织无法有效承担政府转移职能，这又限制社会组织发展壮大。

3. 社会组织的扶持政策不够系统

目前，大多数社会组织的专业能力都存在着一定不足，在参与政府购买服务竞争时处于劣势，需政府给予扶持。但是，深圳对社会组织的财政扶持政策尚未完全制度化，扶持政策碎片化，较为随意，相关的配套政策也未完善。扶持政策不够系统导致社会组织难以获得全面的、持续性的扶持。

4. 部分社会组织行政化色彩仍较浓

社会组织管理体制中的业务主管部门负责对社会组织进行业务指导的制度，导致政府承担社会组织培育和监管双重角色，使得部分社会组织行政化色彩依然存在。

（四）深圳市社会组织发展对策

1. 加强社会组织顶层制度设计，完善系列政策法规

以民间化和社会化为核心，通过系统的制度安排，加强社会组织政策创制；出台关于社会组织培育与发展的系列政策法规及其配套文件，完善社会组织顶层制度体系建设，强化社会组织法治化治理。

2. 提供更多的政策资源，激发社会组织发展活力

在社会组织登记注册方面，应当进一步降低门槛，简化注册程序，取消不必要的门槛条件或降低相对次要的门槛条件，探索全面直接登记；建设社会组织培育基地，搭建社会组织服务平台，优化枢纽型社会组织建设，树立社会组织建设优秀品牌。从财政资金扶持、培育基地建设、转移职能、购买服务、优惠政策等方面构建激励机制，系统性培育扶持激励社会组织。完善从培育、登记管理到壮大发展，涵盖社会组织发展生命周期的一系列制度和扶持措施，以充分激活社会组织活力。

3. 加大政府购买服务力度，支持社会组织发展

转变政府部门在社会组织培育与发展中扮演的角色，加快社会组织去行政化改革；深化政府职能转移和购买服务制度，建立政府购买服务的持续性财政保障机制，完善社会组织无补贴承担政府职能转移的市场定价机制。

4. 强化社会组织培训，提升社会组织能力水平

引导社会组织按照自身宗旨和业务范围开展活动，加大对社会组织从业人员的专业培训、岗位培训、技能培训，不断提升社会组织承接公共服务能力、合作协调能力和社会责任担当能力。加强品牌社会组织培育发展，稳固其在社会建设与治理中的独特作用。

5. 完善社会组织综合监管体系，促进社会组织健康发展

建立健全社会组织法人治理结构，建立重大事项报告制度，强化社会组织自律自治。逐步完善社会组织综合监管法规政策体系，确保政府依法监管，社会组织依法自治，社会公众依法监督。政府相关部门培育发展与管理监督并重，建立分类监管机制，深化日常监管，引导社会组织规范运作、诚信执业，营造守信受益、失信惩戒的社会环境。搭建社会公众参与平台，引导社会公众参与监督。

6. 加强社会组织党建工作，为社会组织发展提供坚强组织保障

理顺体制，出台专门文件，加强基金会、民非单位党建工作，形成分类指导各类社会组织党建工作的文件体系，创建社会组织党建示范点。建立党建工作与社会组织业务工作全程嵌入机制，稳步推进党建工作与登记管理工作"三同步"：同步采集党员信息、同步组建党组织，同步指导党建工作入《章程》。加强党组织书记和党务工作者队伍建设，充分发挥党组织"三个作用"（政治核心作用、监督保障作用、服务基层作用），引领社会组织正确发展方向，促进社会健康有序发展，激发社会组织活力。

B.4
珠海市社会组织发展报告

柳 涛*

摘　要： 本文在梳理珠海市社会组织发展现状的基础上，认为珠海社会组织在以市级平台为核心构建市、区、街道（镇）三级联动的培育网络，以公益伙伴日为抓手促进社会组织链接资源等方面取得了成绩，但是珠海市社会组织也存在着法律法规建设滞后、社会组织内部管理制度不完善，自律机制不健全等问题，未来珠海市社会组织发展需要进一步完善社会组织管理的法规政策体系，按照现代社会组织体制要求，努力健全权责明确、协调运转、有效制衡的法人治理结构，加强诚信自律建设，提高社会组织诚信度和公信力。

关键词： 珠海市社会组织　三级联动　组织体制

珠海位于广东省珠江口的西南部，东与香港隔海相望，南与澳门相连，西邻江门市新会区、台山市，北与中山市接壤，下辖香洲、金湾、斗门三个行政区，是珠三角中海洋面积最大、岛屿最多、海岸线最长的城市。2015年末全市常住人口163.41万人，人口城镇比88.07%，全市户籍人口112.45万人。2015年全市实现地区生产总值（GDP）2024.98亿元，人均GDP达12.47万元。珠海是一座具有浓郁现代文化氛围的城市，具有发展文化产业得天独厚的

---

* 柳涛，硕士研究生学历，珠海市民政局党组成员、珠海市社会组织管理局局长、珠海市"两新"组织党工委副书记、新社会组织党委书记，珠海社会治理与社会建设研究基地兼任研究员、北京师范大学珠海分校法律与行政学院兼职教授、社会组织与社会企业研究中心兼职研究员、国内首个慈善学本科专业宋庆龄公益慈善教育中心专家委员会委员。

优势与历史积淀，近代以来珠海名人辈出、声名远播，比如中华民国第一任总理唐绍仪，清华学校第一任校长唐国安，著名实业家容闳，文坛奇才、著名诗僧苏曼殊等。而今随着广东自贸试验区横琴新区片区的挂牌及横琴文化教育开放先导区的建设，珠海市重点发展文化娱乐业、文化会展与咨询服务业以及文化科技业等主打产业，并着力打造横琴文化娱乐地标，逐渐构筑成"三轴两片"、"八圈两湾"、"两区多点"的历史文化遗产整体保护与利用空间结构。

（一）珠海市社会组织发展基本情况

1. 社会组织增长情况

2016年珠海市办理社会组织成立登记198宗，变更登记124宗，注销登记24宗，撤销登记17宗。截至2016年12月31日，珠海市在册社会组织2104家，与2015年1916家相比，增长188家，增长9.81%。其中，社会团体966家，占45.91%，比2015年增长67家，增长7.45%；社会服务机构1134家，占53.90%，比2015年增长119家，增长11.72%；基金会4家，占0.19%比2015年增长2家，增长100%。按珠海市常住人口统计，每万人拥有社会组织12.88家；按户籍人口统计，每万人拥有社会组织18.71家，远远超过《广东省民政事业发展"十三五"规划》（粤民发〔2016〕197号）中"十三五"时期广东省民政事业发展主要指标中"到2020年，每万人拥有社会组织数不低于6.5个"的目标。与社会组织登记管理改革前2011年底的相关数据相比，珠海市在册社会组织总量增长82.79%，按常住人口统计每万人拥有量增长75.47%，近年来持续保持高位增长的态势。

2017年全市共办理社会组织成立登记218宗，变更登记154宗，注销登记15宗。截至2017年12月31日，珠海市在册社会组织2301家，与2016年2104家相比，增加197家，增长9.36%。其中，社会团体1031家，占44.81%，比2016年增长65家，增长6.73%；社会服务机构1262家，占54.85%，比2016年增长128家，增长11.29%；基金会8家，占0.35%，比2016年增长4家，增长100%。

2. 市级和区级社会组织发展状况

2016年全市在册社会组织2104家，其中市级社会组织1159家，占全市在册社会组织总量的55.09%，同比增长8.72%；区级945家，占全市在册社会

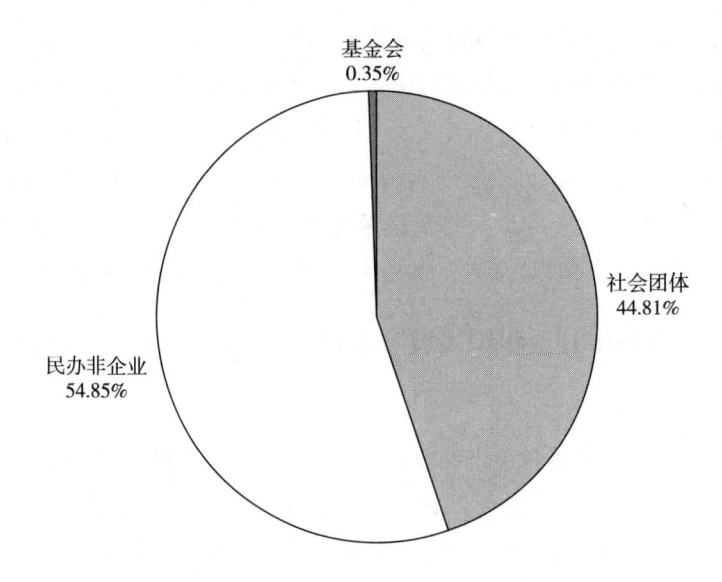

图1 2017年珠海市三类社会组织的比重

组织总量的44.91%，同比增长11.18%。在1159家市级社会组织中，社会团体704家，占市级在册社会组织总量的60.75%，同比增长4.46%；社会服务机构451家，占市级在册社会组织总量的38.92%，同比增长15.65%；基金会4家，占市级在册社会组织总量的0.35%，同比增长100%。在945家区级社会组织中，社会团体262家，占区级在册社会组织总量的27.72%，同比增长16.45%；社会服务机构683家，占区级在册社会组织总量的72.28%，同比增长9.28%。

2017年全市在册社会组织2301家，其中市级社会组织1234家，占全市在册社会组织总量的53.63%，同比增长6.47%；区级1067家，占全市在册社会组织总量的46.37%，同比增长12.60%。在1234家市级社会组织中，社会团体749家，占市级在册社会组织总量的60.7%，同比增长6.39%；社会服务机构477家，占市级在册社会组织总量的38.65%，同比增长5.76%；基金会8家，总市级在册社会组织总量的0.65%，同比增长100%。在1067家区级社会组织中，社会团体282家，占区级在册社会组织总量的26.43%，同比增长7.09%；社会服务机构785家，占区级在册社会组织总量的73.57%，同比增长14.93%。

3. 珠海市社会组织从业人员情况

2017年珠海市社会组织从业的人员总数为24808人，比2016年增长11%；其中，女性人数16363人，占总从业人员数66%；专职人员17200人，占总从业人数69%，比2016年专职人员增长8%；兼职人员7608人，占总从业人数31%，比2016年兼职人员增长17%。按照总从业人员受教育程度划分，专科学历人数8675人，占从业人员35%；大学本科学历人数8062人，占从业人员32%，硕士研究人以上人数1081人，占从业人员4.4%；按照总从业人数年龄结构划分，35岁及以下人数12396人，占从业人员50%；36～45岁人数6289人，占从业人员26%；46～55岁人数4022人，占从业人员16%；56岁及以上人数2101人，占从业人员8.5%。

表1 2017年社会组织从业人数情况统计

分类	从业人员数	女性从业人员数	专职人员数	兼职人员数	专科学历人数	大学本科学历人数	硕士研究以上人数	35岁及以下人数	36～45岁人数	46～55岁人数	56岁及以上人数
社会团体	6186	2603	1678	4508	1824	2573	493	2400	1794	1287	705
社会服务机构	18605	13751	15522	3083	6846	5478	587	9987	4490	2733	1395
基金会	17	9	0	17	5	11	1	9	5	2	1
合计	24808	16363	17200	7608	8675	8062	1081	12396	6289	4022	2101

4. 社会组织党建基本情况

2016年，建立党组织的社会组织数量为211个，社会团体建立党组织的数量为166个，社会服务机构建立党组织的数量为45个，基金会建立党组织的数量为0，新社会组织党委中中共党员人数（在册党员）1913名。

2017年新建党委3个，党总支1个，党支部26个；截至2017年12月31日，社会组织党委共有党委13个，党总支5个，党支部208个，党员1840名，党在社会组织领域的影响力和覆盖面有效提升。

据统计，2017年利用"两学一做"党员学习QQ群、微信群发送党章党规党纪逐句学183条，举办"学习讲堂"12期，各级党组织举办党建主题培训班166场，开展主题党日活动212次，全年新发展党员30名，确定入党积

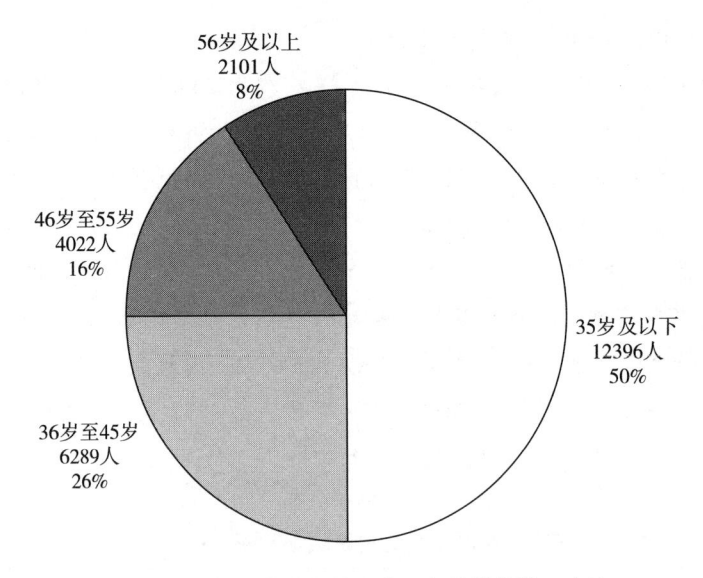

图2　2017年社会组织从业人员年龄结构情况占比

极分子111名，135人参加入党积极分子或发展对象培训班并取得结业证书。截至2018年1月9日，1942人参加"学报告　学党章"党员考学，全部得到满分，满分比率达100%。

（二）珠海市社会组织发展做法和成绩

1. 社会组织法规政策创制情况

为进一步完善社会组织管理的政策体系，2015年以来，珠海市民政局先后出台了《珠海市社会组织信用信息管理实施细则（试行）》（珠民〔2015〕148号），规范社会组织信用信息的征集、记录、使用等；印发了《珠海市社会组织重大事项报告工作指引》（珠民〔2015〕171号）和《珠海市社会组织信息公开指引》（珠民〔2015〕172号），推行重大事项报告，并将报告事项纳入公开范围在"珠海市社会组织信息公示平台"进行公开，规范社会组织信息公开行为，引导社会组织加强自治自律和社会监督。同时，珠海市民政局还联合珠海市市委社管部开展社会组织联合监管课题研究，根据课题研究成果形成《关于进一步强加社会组织联合监管工作的意见》（征求意见稿），进行修改完善。

2. 扶持社会组织发展情况

一是充分发挥平台作用,提升社会组织综合能力。珠海市社会组织培育发展中心是珠海市民政局打造的市级社会组织培育发展综合示范平台,该中心集培育发展、党建示范、社工服务三大功能为一体,在探索社会建设新路径,搭建社会组织与政府、企业及学界的交流平台方面,发挥了重要作用。中心充分发挥社会组织培育发展中心的平台作用,2016年共为41家入驻组织提供全面、系统、有针对性的服务。中心举办培训、管理咨询、咨询开放日、服务推广、项目支持、资源对接等活动近300次,开展党建活动50余次,参与的社会组织达500多家,直接参与人群5000余人次。此外,中心向社会组织开放活动场地350余次,入驻组织在服务周期内开展公益活动近200个。

2017年珠海市民政局继续充分发挥社会组织培育发展中心的平台作用,共吸纳了30家社会组织入驻中心,为他们提供全面、系统、有针对性的服务。并带领市级社会组织到基层社会组织统筹发展中心交流,推动市、区、镇(街)三级联动,促进社会组织参与基层社会服务。2017年,培育中心及入驻组织开展活动400余次,累计向社会组织开放公共空间314次。

二是以市级平台为核心构建市、区、街道(镇)三级联动的培育网络。在积极搭建现有培育平台的基础上,珠海市民政局充分发挥市级平台的辐射引领带动作用,加快建设市、区、街道(镇)三级联动的培育平台网络,促进全市各级社会组织健康良性发展。近年来,各区、街道(镇)结合各自的实际,因地制宜,紧扣民生服务这一主题,以解决辖区民生问题、落实民生需求为重心,截至2016年底,全市共建设了8个不同类型和规模的社会组织培育平台,到2017年底,社会组织服务平台增至11个,基本实现了市级资源整合、展示推广,区级督导支持、检查评估,镇(街)服务落地、执行反馈的社会组织联动培育模式。

三是以公益伙伴日为抓手促进社会组织链接资源。社会组织公益伙伴日是珠海市公众参与的综合性、专业性社会组织公益展会。通过"政府搭建、社会参与、多方协作、全民共享"的方式,为社会组织搭建了一个资源对接、业务发展、项目推广的多元化综合平台。连续举办三届社会组织公益伙伴日。2016年伙伴日选取了75家入驻组织进行社会组织风采及服务成果展示。在伙伴日现场,中心党委也将15家社会组织党组织的风采进行了集体展示,宣传

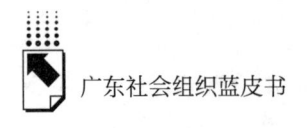

珠海市社会组织党建成果。

四是社会组织能力建设工作顺利开展。通过培训提高了社会组织专职人员的综合素质，引导社会组织健康有序发展。截至2017年12月底，珠海市民政局共主办了9期社会组织专职人员能力建设培训，共有700多名社会组织的专职工作人员参加。2017年7月24~28日举办了为期一周的珠海社会组织备战99公益日筹款训练营，推动社会组织积极参与网络筹款。经过集中培训，全市共有35家社会组织44个项目上线参与99公益日，共募得善款293.7212万元。

3. 推动社会组织参与政府购买服务举措情况

一是出台制度，促进政府职能转移购买服务的规范化、制度化。结合珠海市实际，市财政局、市机构编制委员会办公室、市委社会管理工作部及市民政局等四部门联合印发的《珠海市社会组织承接政府职能转移购买服务操作指引》，标志着珠海市政府购买服务更透明、更公平、更规范。另外，为做好配套工作，市民政局还制定了《关于建立珠海市具备承接政府职能转移和购买服务资质的社会组织目录的指导意见》，将目录的建立工作规范化、制度化。该指导意见明确了具备承接政府职能转移和购买服务资质的社会组织的具体条件，确定目录编制的程序及管理要求。

二是公示信息，促进政府职能转移购买服务的公开化、透明化。自2015年1月1日起，各预算单位开始在"珠海市社会组织信息公示平台"进行政府购买社会组织项目的采购前项目公示，方便社会组织承接。据统计，2016年全市共有99个单位通过该平台公示政府购买社会组织项目726个，项目预算金额达11161.55万元。2017年全市共有161个单位通过该平台公示政府购买社会组织项目1219个，项目预算金额达1.833亿元。这些项目均通过政府购买服务的方式由社会组织承接。社会组织承接政府职能转移和购买服务涉及行业服务、社会福利、社会救助、安置帮教、社区矫正、人民调解等诸多领域，社会组织在公共服务供给中的独特功能和作用初步显现。

三是制定目录，配合政府职能转移推动社会组织承接政府购买服务。为进一步推进政府职能转移和购买服务，发挥社会组织作用，珠海市民政局自2012年起印发了《具备承接政府职能转移和购买服务资质的市级社会组织目录》，2016年珠海市民政局出台了第5批具备承接政府职能转移和购买服务资质的社会组织目录，244家市级社会组织进入该目录。2017年珠海市民政局出台了第6批具备承接政府职能转移和购买服务资质的社会组织目录，257家市级社会组织进入该目录，该目录的制定为政府部门转移职能和购买服务提供了服务平台和参考依据。同时，珠海市民政局积极推动各区开展目录的建立工作，推动全市各级社会组织更好地参与社会治理，目前金湾区已制定出台了区级社会组织目录。

4. 社会组织信息化建设情况

2016年珠海市社会组织信息化管理水平大幅提升。为促进社会组织的信息化管理，珠海市积极推进社会组织信息管理系统建设。2014年7月1日，珠海市民政局建成"珠海市社会组织信息公示平台"（网站）并上线运行；2015年9月，珠海市民政局完成社会组织信息管理系统建设工作。2016年以来，珠海市民政局推进社会组织管理系统的应用，积极发挥该平台基础数据管理、社会组织信息公开、社会组织评估、社会组织执法监察管理、社会组织培育发展管理、社会组织联合监管等功能，大力提升珠海市社会组织信息化管理水平，特别是其中的社会组织信息公开功能，兼具了政府购买社会组织项目公示、社会组织信息自主公示、社会组织重大事项报告、全市所有社会组织信息公示等功能，为全社会提供了珠海市登记的所有社会组织信息统一查询手段。

5. 社会组织的监督情况

一是加强执法监督。珠海市民政局通过年度检查、财务抽查审计、现场检查等措施，依法对社会组织财务情况、依照章程开展活动情况等进行执法监督检查，加强对社会组织的监督管理。2016年珠海市民政局年检社会组织875家，网上年检率达100%，责令69家日常运作不规范的社会组织进行整改；对51家社会组织进行财务抽查审计，对42家社会组织进行现场检查，对4家社会组织给予警告的行政处罚，对13家社会组织给予撤销登记的行政处罚，有效促进了社会组织的规范化。2017年，珠海市民政局年检社会组织897家，责令74家运作不规范的社会组织进行整改，对15家社会组织进行现场检查，随机抽取了62家社会组织开展2017年度定期抽查，完成了对23家行业协会商会脱钩情况的现场实地检查；对14家社会组织进行专项财务审计，对1家社会组织给予警告的行政处罚。另外，珠海市各级民政部门还开展专项清理整顿工作，全面清理整顿民办托管机构和托养机构，规范托管及托养类社会服务

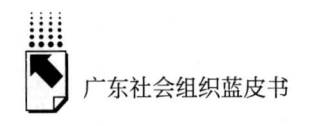

机构的管理。联合市发改局多次开展行业协会商会收费清理整顿工作，加强行业协会商会收费清理整顿，并进行行业协会商会收费公示，有效规范行业协会商会收费行为。

二是开展规范化培训。举办了八期社会组织规范化建设培训，对全市社会组织全面开展《广东省民政厅关于社会组织法人治理的指导意见》及《珠海市社会组织信用信息管理实施细则》的讲解和培训，推动珠海市社会组织建立现代社会组织法人治理制度，完善内部规范化治理。

三是推进社会组织信息公开。珠海市民政局积极发挥社会组织信息公示平台的作用，引导社会组织进行信息公开。2016年10月，珠海市民政局印发《关于开展社会组织信息自主公示试点工作的通知》，在3A级以上（含3A）市级社会组织、入驻珠海市社会组织培育发展中心的社会组织、市级慈善组织及基金会中开展社会组织信息自主公示试点工作，社会组织自主公示其组织架构、展示其承接政府服务的能力，接受捐赠情况及重大活动事项等信息，方便公众及政府各部门加强对社会组织的了解及监督，发挥社会对社会组织的监督作用。2017年珠海市民政局积极推进该管理系统的应用，大力提升珠海市社会组织综合管理信息化水平，发挥其基础数据管理、社会组织信息公开、社会组织评估、社会组织执法监察管理、社会组织培育发展管理、社会组织联合监管等功能，特别是其中的社会组织信息公开功能，兼具了政府购买社会组织项目公示、社会组织信息自主公示、社会组织重大事项报告、全市所有社会组织信息公示等功能，为全社会提供了珠海市登记的所有社会组织信息统一查询手段。

6. 社会组织接受社会捐赠情况

根据2016年参检社会组织年检报告书统计，珠海市社会组织2015年度合计捐赠收入为5455.81万元。

7. 社会组织党建工作情况

社会组织党建工作日益增强。一是深入开展"两学一做"学习教育。印发《市新社会组织党委"两学一做"学习教育主要工作任务清单》，重点做好"十个一"。开展"做群众的贴心人"活动，组织社会组织党组织大力开展便民利民、扶弱帮困、环境保护、就业创业、法治教育等服务项目。二是推进社会组织党建工作规范化建设。印发市新社会组织党委《关于加强社会组织党的建设工作的意见（试行）》、《珠海市社会组织党建工作规范及指引》、《新社会组织党建工作评估指标》等，不断完善社会组织党建工作制度。三是提高党员队伍素质和能力。举办"学习讲堂"，邀请党校老师或专家学者不定期地为党员开展理想信念教育、党章党规教育、道德品行教育等专题辅导；举办入党积极分子和发展对象培训班，切实提升他们的理论水平和党性修养；10月，在遵义干部学院、顺德职业技术学院分别举办党组织负责人和党务工作者培训班，进一步提高党务工作的业务水平和能力。四是抓实党风廉政建设。出台党委领导干部和党建指导员挂钩联系社会组织党组织制度，明确每月下基层的次数，要求党建指导员填写党务工作日志，切实帮助基层解决实际问题。目前，党委领导干部和党建指导员到基层指导工作300多次，帮助解决问题50多个。建立每周工作例会制度，共同研究解决工作中遇到的困难和问题，使每项工作得以顺利落实。通过组织党员到烈士陵园祭奠、第二看守所参观、举办党规党纪知识比赛等，从严从实抓好党风廉政建设。五是加强宣传报道工作。评选出10个支部工作法，并编印成册，供广大社会组织党组织学习参考，使社会组织党建工作学有榜样，赶有方向。截至12月底，共编发"两学一做"简报22期，更新网站信息100多条，"做群众的贴心人"、"党员律师公益服务进社会组织党组织"等重要活动在市级以上媒体得以广泛宣传，收到良好的效果。六是强化党员志愿服务。3.12植树节前，组织党员志愿服务队300多人到白莲洞公园进行植树，为城市添绿；深入开展"党员律师公益服务进社会组织党组织"活动，9个律师事务所党支部与9个社会组织党支部续签了2年协议；推动社会组织党组织与部队、街道、社区共建共联，在教育培训、公益活动等方面开展合作。据统计，直属党组织志愿服务队开展志愿服务200多场次，受益3万多人次；七是强化经费保障。按照省、市文件要求，严格落实党建经费保障制度，在党员活动经费、党务工作者补贴、新建党组织启动经费给予一定经费支持；从固本强基经费中对示范点、培育点评选出的10支部工作法的党组织给予经费支持；从市委组织部申请党费经费加强对党员的教育培训，切实保障经费推动社会组织党建向前发展。八是推动作用发挥。各级社会组织党组织紧紧围绕中心工作任务开展党建工作。据不完全统计，13个党委155个支部，1603名党员投身到2017年救灾复产重建工作，参与人数4800余人次。

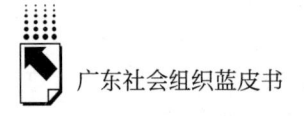

8. 社会组织在社会服务供给、社会治理中的作用发挥情况

救灾、扶贫、助残、教育、科学、文化、卫生、体育、环保、社会公共设施建设……社会组织在促进社会发展和进步的各个领域发挥着各自的作用。2016年共有148家社会组织在珠海市社会组织信息公示平台上进行了自主公示，共有99个单位通过该平台公示政府购买社会组织项目726个，项目预算金额达11161.55万元。2017年累计共有179家社会组织通过信息公示平台发布自主公示信息，91家社会组织发布社会组织重大事项报告。2017年161个单位公示政府购买社会组织项目1219个，项目预算金额达1.833亿元。这些项目均通过政府购买服务的方式由社会组织承接。2017年台风"天鸽"肆虐珠海，全市社会组织党组织和共产党员、社会组织人员立即行动，2万多人次累计参加灾后重建工作，为珠海救灾复产贡献了社会组织的力量。

9. 社会组织涉外活动情况

2015年10月，珠海市民政局印发《珠海市社会组织重大事项报告工作指引》，明确社会组织开展涉外活动要按照《广东省民政厅关于实行民间组织涉外活动报告制度的通知》要求，按照重大事项及时在"珠海市社会组织信息公示平台"报告。2016年有4家社会组织开展涉外活动，2017年共有12家社会组织开展涉外活动，活动类型主要为出境访问交流。

10. 社会组织评估工作情况

根据社会组织评估工作的总体要求和社会组织评估工作的具体情况，经过自愿申报、组织审核、现场考察和社会调查等流程，2016年共收到15家组织的参评申请，其中社会服务机构5家、社会团体10家。后有3家机构退评，实际参加等级评估的组织共12家。经过评估，获得5A等级的社会组织有6家、4A等级的社会组织有3家，另有2家组织获得2A等级，1家组织无等级。市社会组织评估委员会组织专家对2017年自愿申请参加社会组织等级评估的20家社会组织的基础条件、内部治理、业务活动与诚信建设、工作绩效、社会评价诸方面进行了综合评估。经市社会组织评估专家库成员实地考察初评、市社会组织评估委员会审核、公示、公告等程序，评选出5A级社会组织8家、4A级7家、3A级5家。

11. 行业协会商会与行政机关脱钩工作

2017年，珠海市按照"摸底调查、培训动员、全面推进"的方式，积极推进行业协会商会机构、职能、资产财务、人员管理、党建、外事等事项与行政机关分离，落实行业协会商会与行政机关脱钩工作。5月，市委办、市府办印发《珠海市行业协会商会与行政机关脱钩实施方案》，6月，市民政局与市发改局印发《珠海市行业协会商会与行政机关脱钩实施方案重点工作任务分解表》，明确各部门分工，并将69家行业协会商会列入脱钩范围，同时召开全市性行业协会商会与行政机关脱钩工作动员培训会，安排部署珠海市脱钩工作任务，全面推进珠海市行业协会商会与行政机关脱钩工作。各行业协会商会脱钩负责单位按照"一会一方案"的原则，逐个制定了行业协会商会与行政机关脱钩工作方案，经市行业协会商会与行政机关脱钩联合工作组批准后实施。其后，市发改局、市民政局对全市行业协会商会与行政机关脱钩工作进行了检查，69家列入脱钩名单的行业协会商会已基本按照实现行业协会商会与行政机关脱钩"五分离五规范"的要求完成脱钩工作。

（三）珠海市社会组织发展存在的问题及改进措施

1. 存在问题

（1）社会组织法律法规建设滞后，社会组织发展的政策法规不完善。目前，既有的《社团登记管理条例》、《基金会管理条例》和《社会服务机构单位登记管理暂行条例》等三部专门性的行政条例已相对滞后，特别是社会组织登记放开后，社会组织管理的法制建设已经落后于实际需要。另外，社会组织的发展政策不完善，许多社会组织面临生存困境，政府在资金方面扶持较少，同时社会组织也像企业一样照常纳税，甚至包括政府购买服务的经费也需要纳税。

（2）社会组织内部管理制度不完善，自律机制不健全。社会组织能否更好地发挥作用，实现宗旨，主要取决于自身所建立的科学、民主的管理制度和自律机制。但目前一些社会组织存在内部管理制度不健全，财务制度不完善，内部权力过于集中等问题，这些问题容易产生违规行为。

2. 改进措施

（1）完善社会组织管理的法规政策体系。建立和完善社会组织法规制度体系，是推动社会组织管理工作尽快步入规范化、法制化发展轨道的迫切要求，是加强社会组织党风廉政和反腐败工作的重要保障。要结合广东省社会组

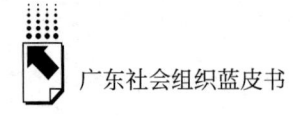

织发展现状，对现有社会组织法规政策进行梳理，尽快颁布出台一套科学、合理、严谨、具体的社会组织管理法规政策体系，解决社会组织管理法规不完善、不系统、相互冲突、操作性不强等问题。

（2）加强社会组织自身建设。按照现代社会组织体制要求，努力健全社会组织权责明确、协调运转、有效制衡的法人治理结构。加强章程审查，以章程为核心明确法人治理结构的构成和权责关系；完善各社会组织监事会的建设，切实发挥监事会职能，形成决策、监督、执行机构之间的制衡机制。建立健全社会组织法定代表人离任审计、换届审计、负责人管理及责任追究制度，加强诚信自律建设，提高社会组织诚信度和公信力。

B.5
汕头市社会组织发展报告

杨美芬 姚军*

摘　要： 2016~2017年间，汕头市通过积极推进社会组织法规政策创制，深化社会组织管理体制改革，进一步优化社会组织发展环境，加强社会组织综合监管，注重加强社会组织党建工作，培育和促进基层社会组织发展等措施，在社会组织发展领域取得了令人欣喜的成效。但实践中还存在着社会组织监督管理工作难度大、社会组织综合素质和整体质量有待进一步提升以及社会组织登记管理机关建设亟须加强等问题，这要求汕头市在接下来的工作中要加强配套完善社会组织法规政策体系，依法做好社会组织登记管理工作，依法加强社会组织监管工作，抓好社会组织质量建设，加强社会组织枢纽组织建设并抓好社会组织党建工作。

关键词： 汕头市　社会组织　发展状况　改革措施

汕头市位于粤东，韩江三角洲南端，东北邻潮州市饶平县，北邻潮州市潮安县，西邻揭阳市普宁市，西南接揭阳市惠来县，东南濒临南海。汕头是连接广东东部、江西南部、福建西南的重要交通枢纽。同时，汕头也是重要的进出口岸和商品集散地，素有"华南之要冲，粤东之门户"的美称。汕头市辖6个市辖区、1个县，共37个街道、32个镇，591村委会、503居委

---

* 杨美芬，广东外语外贸大学政治与公共管理学院讲师，广东省社会组织研究中心兼职研究员，管理学博士，主要研究领域为政府治理与社会组织；姚军，汕头市社会组织管理局综合执法科副科长。

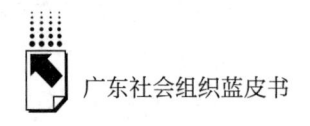

会,全市面积2064.4平方千米。至2015年末,汕头市户籍总人口550.4599万人。

(一)2016、2017年汕头市社会组织发展状况

1. 社会组织增长情况

2016年,汕头市登记备案的社会组织总共4385个(其中,注册登记的社会组织为2358个、备案的社会组织为2027个),社会组织万人数为7.97个(按全市人口550.5万人计)。与2015年的4138家相比(注册登记2111个、备案2027个),增长率为5.97%。

表1 2016年汕头市社会组织增长情况

2016年数量	2015年数量	增长率
4385	4138	5.97%

资料来源:汕头市社管局提供数据资料。

2017年,汕头市注册登记的社会组数量为2484家,与2016年的2358家相比,增长率为5.34%。各类社会组织所占比重如(图1)所示

表2 2017年汕头市注册登记社会组织增长情况

2017年数量	2016年数量	增长率
2484	2358	5.34%

资料来源:广东省民政厅计财年报数据。

2. 社会组织均衡发展状况

2016年,汕头市社会团体3285个、社会服务机构1092个、非公募基金会8个。其中:市级社会组织647个,包括社团395个、社会服务机构244个、非公募基金会8个(2015年,市级社会组织总数567个,社会团体372个,社会服务机构190个,非公募基金会5个),市级社会团体、社会服务机构、非公募基金会的年增长率分别为6.18%、28.42%、60%。

2017年,汕头市登记在册的社会团体1249个、社会服务机构1223个、非公募基金会12个。其中:市级社会组织703个,包括社团418个、社会服务

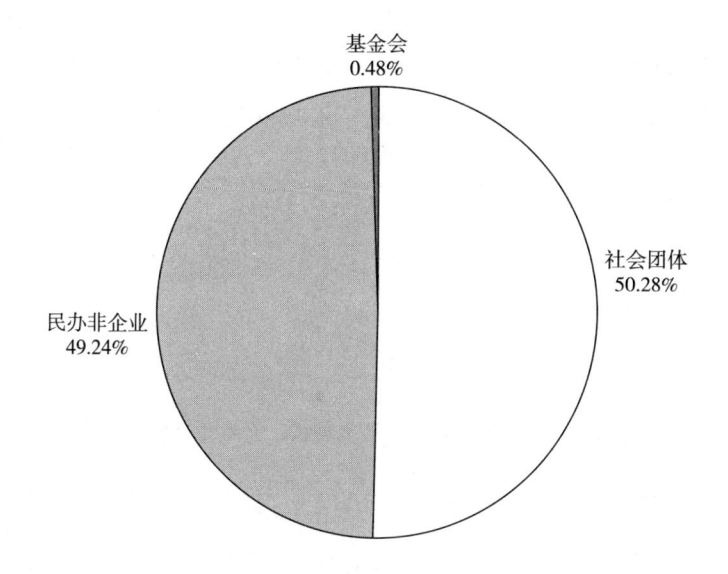

图 1　2017 年汕头市三类社会组织的比重

机构 273 个、非公募基金会 12 个（2016 年，市级社会组织总数 647 个，社会团体 395 个，社会服务机构 244 个，非公募基金会 8 个），市级社会团体、社会服务机构、非公募基金会的年增长率分别为 5.82%、11.89%、50%。

表 3　2016~2017 年汕头市各类社会组织增长状况

	社会团体			社会服务机构			基金会			合计
	数量	比重(%)	增长率(%)	数量	比重(%)	增长率(%)	数量	比重(%)	增长率(%)	
2015	372	65.60	—	190	33.50	—	5	0.90	—	567
2016	395	61.05	6.18	244	37.71	28.42	8	1.24	60.00	647
2017	418	59.46	5.82	273	38.83	11.89	12	1.71	50.00	703

资料来源：汕头市社管局提供数据资料。

3. 社会组织从业人员状况

2016 年，汕头全市社会组织从业人员总数为 10962 名，男性与女性的性别比例为 3 比 7；从业人员受教育程度（大学专科以下、大学专科、大学本科、硕士研究生以上的人数及比例分别为 2∶4∶3.9∶0.1）、职业资格水平（在社会组织任职的助理社会工作师、社会工作师的数量为 405 名，所占从业人员

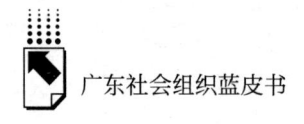

比重为4%）、年龄结构（35岁及以下3069名、36~45岁3508名、46~55岁3288名、56岁及以上1097名，比重分别为28%、32%、30%、10%）。

2017年，汕头全市社会组织从业人员总数为16724名，女性从业人数7497名，占比44.83%；男性从业人数9227名，占比55.17%；从业人员受教育程度（大学专科以下7276名、大学专科4731名、大学本科及以上4717名，比重分别为43.51%、28.29%、28.2%）、年龄结构（35岁及以下8481名、36~45岁5268名、46~55岁2423名、56岁及以上552名，比重分别为50.71%、31.5%、14.49%、3.30%）。

表4 社会组织从业人员性别结构、受教育程度结构

单位：人数

年份	从业人员数	性别 女性	受教育程度情况 大学专科	大学本科及以上	职业资格水平情况 助理社会工作师	社会工作师
2016	10962	7673	4385	4275	405（两者总计）	
2017	16724	7497	4731	4717	—	—

资料来源：汕头市社管局提供数据资料及广东省民政厅计财年报数据。

表5 社会组织从业人员年龄结构

单位：人数

年份	35岁及以下	36~45岁	46~55岁	56岁及以上
2016	3069	3508	3288	1097
2017	8481	5268	2423	552

资料来源：汕头市社管局提供数据资料及广东省民政厅计财年报数据。

4.社会组织党建状况

至2016年末，汕头市市级社会组织共成立党支部24个，党员606名。

（二）汕头市社会组织发展特点

1.在数量上由快速增长向稳步增长方向发展

以汕头全市社会组织增长数据为例。2016年全市社会组织增长率为5%。市级社会团体增长率仅为6%，较以往数据，呈现稳步增长模式。

2. 社会组织发展类型更加明确

从市级社会团体、社会服务机构、非公募基金会的年增长率分别为6%、28%、60%来看，未来社会组织登记增长点主要是社会服务机构和基金会。

3. 社会组织党建工作发展空间巨大

至2016年末，汕头市市级社会组织共成立党支部24个，党员606名。与社会组织的总数、社会组织从业人员数相比，这些数据显示出社会组织党建工作还存在巨大的发展空间。

（三）汕头市社会组织发展做法和成绩

2016年，汕头市民政局围绕贯彻落实《中华人民共和国慈善法》、中共中央办公厅、国务院办公厅印发的《关于改革社会组织管理制度促进社会组织健康有序发展的意见》，十分重视社会组织的法制建设，认真组织社会组织三证合一、换证、社会组织法人库信用平台建设，推进落实社会组织评估工作，加强社会组织监察执法，强化社会组织党的建设，促进了全市社会组织健康有序发展。2016年9月28日，汕头市民政局参加《广东省民政厅举办全省慈善法培训班暨社会组织法人治理优秀公益慈善项目交流会》，并做了题为《发挥立法优势　大胆改革　创新着力提升社会组织法人治理建设工作水平》的经验分享，受到广东省民政厅的肯定和与会代表的认可。汕头市创新探索推进基层社会组织联合会建设经验，受到中共广东省委组织部、广东省民政厅、国家民政部等领导的高度关注和充分肯定。2016年10月，在北京召开的全国民政论坛，汕头市民政局到会交流经验。2016年"七一"前期，汕头市存心慈善会党支部被省委评为"两新"组织先进基层党组织。

1. 积极推进社会组织法规政策创制

围绕贯彻落实《慈善法》和中共中央办公厅、国务院办公厅印发的《关于改革社会组织管理制度促进社会组织健康有序发展的意见》，完成《汕头经济特区社会组织登记管理办法》（市政府第136号令）草案修订工作。目前，该修订草案已经市法制局审核，进入征求意见阶段。依据新法律法规，探索配套出台《汕头市社会组织年度工作报告管理办法》，积极推动社会组织信息公开，为社会组织法治建设打牢基础。

2. 深化社会组织管理体制改革

重新修订和印发《汕头市具备承接政府职能转移和购买服务资质的社会组织目录管理办法》，编制印发汕头市第三批、第四批具备承接政府职能转移和购买服务资质的社会组织目录。截止到目前，汕头市共有69家社会组织具备承接政府职能转移和购买服务资质。制定社会组织统一社会信用代码实施方案，全面实施"三证合一"社会组织登记管理工作，简化社会组织登记程序，推动基层社会组织培育发展。按统一信用代码，新登记社会组织106个，"三证合一"换证353个，剩余228个社会组织计划年底前完成换证工作。加强社会组织信用信息互联互通和监督管理。启用社会组织法人库信息平台，全市性社会组织核名、登记、变更、注销等业务实行网上办理。为促使社会组织运作规范，积极推进社会组织的网上年检、换届监督、社会组织等级评估和执法监察等工作。加强建设三级社会组织孵化基地，进一步发挥市社会组织总会的平台枢纽功能。举行市社会组织培育发展中心、市社会组织智库研究院、市社会组织应急救灾综合救援平台、省社会组织总会汕头办事处的揭牌仪式，搭建社会组织参与社会建设和社会治理平台，全市进驻社会组织孵化基地的社会组织共有132家。在全国创新性地推动行业协会商会成立安全生产委员会内设机构建设，组织"安全生产 携手共建平安汕头"社会组织安全生产专项行动。大力支持社会组织深入开展内容丰富、形式多样的服务民生活动，成功举办"启程海丝战略，助力汕头发展"、《社团风采》公益访谈、异地商会"创文"座谈会、社会组织参与"创文"共建、"创文"宣誓、庆祝建党95周年暨文艺会演、异地商会"创文"晚会、异地商会文明交通座谈会等一系列重大活动。

3. 进一步优化社会组织发展环境

认真贯彻落实中办、国办印发的《行业协会商会与行政机关脱钩总体方案》、《广东省深化全省性行业协会商会与行政机关脱钩试点工作方案》要求，与汕头市发改局联合制定印发了《深化全市性行业协会商会与行政机关脱钩试点工作方案》（汕民函〔2016〕282号），进一步明确了行业协会商会脱钩工作指导思想、脱钩试点负责单位和范围、第一批脱钩试点名单和时间安排，完成了第一批47家行业协会试点单位脱钩工作。

2016年，汕头市财政安排经费预算100万元，用于市社会组织培育发展中心建设；市级福利彩票公益资助社会组织项目资金总计262万元。其中资助基层社会组织总会 142 万元,专项补助全市 71 个镇(街道)成立基层社会组织总会。资助社会组织等级评估配套经费 20 万元,专项资助市社会组织总会,承接 2015 年度社会组织评估工作。资助市社会组织总会建设 10 万元,专项资助市社会组织总会,加强总会秘书处、委员会、专家库等内设机构建设,进一步提升总会服务全市社会组织的综合能力。资助市社会组织总会社会组织重大自然灾害综合救灾救援平台建设 15 万元,专项资助市社会组织总会,用于社会组织重大自然灾害综合救灾救援平台建设。资助市社会组织总会社会组织智库研究院建设 15 万元,用于社会组织智库研究院建设。资助市社会组织创新项目 40 万元,用于社会组织开展项目创新活动。资助市区"省社会组织法人库信息平台"建设 20 万元。受益社会组织 124 家,包括 71 个基层社会组织总会、13 家进驻社会组织培育发展中心社会组织、市社会组织总会、项目创新社会组织等。

高度重视社会组织自律与诚信建设。根据市两建办的工作要求,向全市行业协会印发了《关于撰写发表社会信用联合奖惩宣传文章的通知》(汕民通〔2016〕105 号),动员各行业协会根据自身在信用体系建设方面的工作实际和亮点成绩,积极撰写文章并向主要媒体或登记管理机关报送。此外,积极引导全市社会组织尤其是行业协会、异地商会参与"创文"活动,发挥正面作用。市民政局联合市工商联以及市社会组织总会,举办了"在汕爱汕 我为汕头创文添光彩——汕头市召开异地商会创文座谈会",组织动员在汕异地商会充分发挥桥梁纽带功能和社会正能量影响。此外,汕头市民政局还发出《号召全市社会组织参与汕头"创文"倡议书》,倡导全市社会组织积极参与、践行"创文"活动,通过遵章守法,完善信用管理和自律机制、树立良好社会形象,以实际行动展示自我风采,共创文明城市。去年,根据省、市关于做好涉企收费情况专项检查的工作部署,结合汕头市实际,印发了《关于开展涉企收费情况自查活动并报送相关资料的通知》、《汕头市民政局关于做好〈广东省市场监管条例〉贯彻实施工作的通知》,要求各行业协会商会展开自查,查漏补缺,做好行业自律规范工作。

高度重视社会组织新闻宣传工作,大力宣传《中国社会组织》杂志,加强杂志的征订工作力度。2015 年,积极向多种渠道媒体发送社会组织领域的稿件,其中,向新华社、中新社、《中国社会组织》等投送 55 篇;向羊城晚报、南方日报、省民政厅网站等省级媒体投送68篇；向汕头日报、汕头经济特区晚报、汕头都市报等市级媒体投送225篇。另外，汕头市民政局连续四年被中国社会报评为社会组织宣传工作先进单位。

4. 加强社会组织综合监管

认真贯彻落实省社会组织信息化建设工作的部署要求，2016年初，正式启用汕头市社会组织法人单位信息资源库（即"汕头市社会组织公共服务信息平台"，以下简称"信息平台"）。印发了《关于做好汕头市社会组织法人单位信息资源库启用工作的通知》（汕民通〔2016〕22号）文件，明确信息平台的首次登录、功能、使用和管理办法，以及制定印发了《社会组织网上业务申报操作指南说明书》、社会组织信息联络员名单。制定印发了《关于开展2015年度社会组织年检工作的通知》（汕民通〔2016〕37号）文件，就使用汕头市社会组织法人单位信息资源库（即"汕头市社会组织公共服务信息平台"）实施网上年检进行了明确，并配套制订印发了《社会组织信息平台网上年检操作指南》，确保网上年检顺利开展。2016年8月，印发了《汕头市民政局关于开展2015年度社会组织实地年检的通知》（汕民通〔2016〕158号），组织实施实地抽查，并委托会计师事务所对被抽查的社会组织进行财务审计。对抽查中发现问题的2家社会组织予以批评教育，并要求其限期整改。2016年，市级社会组织应参检单位533个，实参检434个，年检报检率81.43%。同时，将全部参检非公募基金会的基本信息（含名称、法人代表姓名、地址等）以及年度财务报告发布"汕头社会组织网"上。此外，对收入超过100万元的社会组织，要求提供年度财务审计报告，对年检中发现数据填报异常的社会组织，纳入实地抽检对象，确保社会组织年检扎实有效。

认真贯彻落实2013年市府办印发的《关于建立加强社会组织监管工作联席会议制度的通知》（汕府办函〔2013〕87号）文件精神，加强与联席会议相关部门的沟通联系，定期通报社会组织发展、社会组织预警、预案监督、执法监督情况。2016年5月，根据上一阶段的执法情况，依法依规对16家被予以撤销登记的社会组织进行结案处理，完成全部行政处罚规程。6月，根据举报对汕头市慈心宝慈善会进行立案调查，并根据初期调查的情况主动与公安机关进行衔接，及时移送属于其管辖范围的案情和线索，有效控制案件的危害面和影响范围。

2016年市财政安排社会组织评估经费14万元。市民政局委托市社会组织总会，依据《汕头市全市性社会组织评估实施办法》的规定，遵循"政府指导，社会参与，独立运作"的社会组织评估机制，分别对市安全生产协会、市交通运输协会、市女企业家协会等13家社会组织进行了实地考评。2016年完成汕头市2015年度12家社会组织等级评估结果：5A级（6家）、4A级（4家）、3A级（1家）、2A级（1家），以及区县3A级（1家）。截至目前，市级5A级23家，4A级21家，3A级12家，2A级2家。

积极响应和参与省社会组织信息网和省社会组织法人单位信息资源库建设，为了加强完善本级社会组织登记管理信息化，汕头市民政局积极利用广东省社会组织信息网和广东省省社会组织法人单位信息资源库，实现了社会组织登记注册、变更、注销网上申报、网上审批，社会团体提前、延期换届网上申办，以及在网上开展了市级社会组织2015年度网上年检等。建立健全社会组织信息公开制度，在汕头社会组织网公开社会组织名录、登记、变更以及注销信息，同时，及时公布社会组织年检公告，提升社会组织运作的公开性和透明度。

此外，为贯彻落实2017年以来国家、省、市出台的最新政策精神，进一步提高网上业务办理的覆盖率和工作效率水平，做好社会组织的信息公开，市民政局结合监管需要和工作实际，对法人库和网站进行功能改造升级，并与广州市简美网络科技有限公司签订了"汕头市社会组织法人单位信息资源库和社会组织信息网功能改造升级项目"技术服务合同，提高信息平台业务网上申办覆盖率，增加完善社会组织信息网功能，为进一步推动社会组织信息化建设夯实基础。

5. 积极培育和促进基层社会组织发展

积极推进镇（街道）基层社会组织总会建设。为强化基层党组织对村（社区）社会组织的领导核心作用，筑牢拓宽密切联系群众"最后一公里"，汕头市民政局率先在全省推动建立镇（街道）级基层社会组织总会枢纽平台及总会党组织建设，同时，为了切实发挥基层党组织的政治功能和领导核心作用，"两委"干部主动介入担任基层社会组织总会领导职务，通过新平台的搭建、保障新渠道的畅通，进一步推进了基层治理创新，稳定社会秩序。建立在辖区社会、经济、政治、文化、民俗等特点的基础上，基层总会将自身职能定位在交流学习、服务群众、承接职能、维护稳定等，并组织举办各类走访座谈、交流互动、扶贫济困等基础性的社团活动，探索总会运作路径，积累办会经验，努力提升总会内在凝聚力和外在影响力，取得初步成效。金平区石炮台街道社会组织总会作为总会平台，在元旦、春节时领导辖区社会组织、企业和乡贤，积极开展各类扶贫济困活动，受到当地群众的好评；澄海区莲下镇社会组织总会，通过走访辖区老年人协会、企业，发挥总会枢纽平台作用，为老年人协会顺利换届提供服务，指导上市企业同步加强党建工作，受到会员单位的认可；潮南区成田镇社会组织总会联合镇慈善会，开展扶贫济困、民俗文化活动，促进了当地的社会和谐；南澳县后宅镇社会组织总会发挥理事会的重大事项协商作用，致力于解决当地矛盾纠纷，维护了社会稳定。

6.注重加强社会组织党建工作

在党员管理方面，除了做好各党支部日常学习、教育工作之外，按照市委组织部《关于认真做好历史文献〈筑梦中国〉学习宣传工作的通知》（汕组通〔2015〕51号）的要求，市社会组织党委根据社会组织的实际情况，组织党员收看《筑梦中国》，并开展座谈讨论、撰写心得体会等活动，使广大党员受到教育。汕头市还按照《关于组织开展"我为书记点赞"活动的通知》的要求，及时部署各社会组织基层党支部根据实际情况和不同行业的特点，迅速开展"我为书记点赞"活动，组织年轻党员撰写心得体会10多篇，积极引导社会组织党员向受表彰的先进典型学习，为促进社会组织健康发展多做贡献。同时注重党建培训工作，先后在汕头经济管理干部学校举办市社会组织党建工作培训班、支部书记述职等活动。组织各市级社会组织基层党组织的支部书记、负责组织工作同志以及部分正在筹建党支部的社团的有关负责人参加党务工作培训，认真学习有关党建理论，特别是《中国共产党发展党员工作细则》，进一步提高社会组织基层党务工作者的理论水平，更好掌握党组织发展党员的程序。

在党建保障方面，认真贯彻落实上级党委关于加强党建工作经费管理的有关要求精神，市社会组织党委制订出台了《汕头市社会组织党建工作经费制度》，明确了党建经费的管理、使用范围、审批原则及责任机制，强化了党建经费的管理，完善了党建工作制度。按照《关于建立汕头市非公有制经济组织和社会组织党建工作经费保障机制的实施意见》通知精神，对25个社会组织党支部（潮阳一中明光学校党支部、市聿怀实验学校党支部两个党支部的组织关系在所在区组织部门）下拨省、市级 2015 年度"两新"组织党建工作经费 448400 元。

（四）汕头市社会组织发展存在的问题

1. 社会组织登记管理机关建设亟须加强

伴随着社会组织的发展，区县社会组织登记管理机关繁重的工作任务与人员编制紧缺问题表现突出，难以承担社会组织管理任务。如金平区有机构，因编制问题未能配备行政人员，只能由该局自行调配 1 名工作人员负责社会组织的登记管理工作，加上购买服务的 2 名工作人员，目前该区仅有 3 名工作人员，难以承担全区 874 个社会组织的登记管理和日常监管工作。目前，在潮南区，只有 1 名工作人员从事社会组织登记管理工作，还需兼顾社会工作业务，管理力量严重不足，仅能应付日常登记工作。南澳县至今尚未设立专门机构，社会组织管理力量非常薄弱，无法适应工作需要。

2. 社会组织综合素质和整体质量有待进一步提升

当前，社会组织的经济来源渠道有限，大部分社会组织主要依靠会费收入；拥有独立产权场所的社会组织极少，小部分社会组织的办公场所是借用业务主管单位的，其余大部分都是租用的；许多社会组织领导机构人员学历偏低、年龄偏大，造成社会组织工作活力不足；符合社会化发展方向的社会服务机构较少，社会组织普遍存在资金匮乏、基础条件薄弱、活动场地缺乏的情况；社会组织数量虽多，但部分组织社会服务意识薄弱，社会组织在结构、规模尤其质量等方面，距离承接政府职能转移的要求尚有较大距离，还需大力加强自身建设、提升自身能力。

3. 社会组织监督管理工作难度大

当下，汕头市社会组织面临着快速增长的数量与整体偏低质量产生的突出矛盾，社会组织违法违规问题和投诉案件越来越多，而市区县社会组织的监管手段主要是靠强化年检制度，通过年检及时发现和纠正社会组织存在的不足和问题。监督渠道单一，监管手段落后，社会组织网上信息化登记管理平台还未使用，无法实现登记信息和日常专项管理的信息化。在行政执法监察管理方面，人员、经费的不足以及执法车辆、照相器材等基本执法装备的缺乏，使管理力度难以跟得上，制约了执法工作的深入开展。此外，由于执法手段落后，

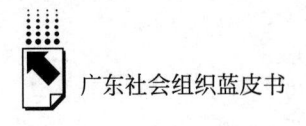

以及目前社会组织执法程序繁杂，国家民政部尚未出台相应的简易执法程序，影响了执法工作的广泛开展。由于以上因素，形成了当前对社会组织违法活动查处难和非法社会组织取缔难的工作局面。

（五）汕头市社会组织发展改革措施

1. 配套完善社会组织法规政策体系

围绕贯彻落实《慈善法》、《两办意见》，根据国家、民政部、省民政厅有关社会团体、社会服务机构、基金会登记管理有关配套法规政策，立足实施新修订的《汕头经济特区社会组织登记管理办法》（市政府第136号令），配套出台"汕头经济特区社会组织登记管理办法实施细则"、"社会组织年度工作报告和财务会计报告报送制度"、"社会组织信息公开制度"等一系列措施，进一步夯实汕头市社会组织登记管理法治建设基础。

2. 依法做好社会组织登记管理工作

按照《慈善法》、《两办意见》和《汕头经济特区社会组织登记管理办法》的规定和要求，依法做好社会团体、社会服务机构、基金会的登记管理工作。重点厘清直接登记和业务主管单位前置审批登记的社会组织种类，制定出台规范、简明的登记程序和登记指引，确保社会组织登记管理工作依法、规范、有序进行。同时，继续抓好社会组织换发新证书工作，2017年已实现所有社会组织"三证合一"。

3. 依法加强社会组织监管工作

按照《慈善法》、《两办意见》和《汕头经济特区社会组织登记管理办法》的规定和要求，依法做好社会团体、社会服务机构、基金会的监管工作。完成省法人库汕头市社会组织信息平台监管模块调试，抓好"社会组织年度工作报告和财务会计报告报送制度"、"社会组织信息公开制度"等一系列监管措施的落实，2017年7月份，根据社会组织年度工作报告和财务会计报告情况，进一步加强了对重点领域社会组织的实地检查。另外，加强管理逾期换届的社会组织，对其开展常规性的清理，开展经常性的清理工作，为了确保社会组织的健康发展，还专门处理了一批僵尸社会组织。

4. 抓好社会组织质量建设

按照《两办意见》要求，推动建立社会组织第三方评估机制，并建立常态化评估制度，有序推进社会组织评估工作。继续推进社会组织评估，启动社会组织评估工作，积极组织社会组织专家组实地初评，再召开市社会组织评估委员会会议，确定评估等级。根据《汕头市具备承接政府职能转移和购买服务资质的社会组织目录管理办法》，编制发布汕头市第五批具备承接政府职能转移和购买服务资质的社会组织目录。

5. 加强社会组织枢纽组织建设

指导市社会组织总会、区（县）镇、街道社会组织联合会加强自身建设。运作好市社会组织培育发展中心、市社会组织智库研究院、市社会组织应急救灾综合救援平台、广东省社会组织总会汕头办事处四个平台。5月份，对各区（县）镇、街道社会组织联合会进行调研，指导基层社会组织联合会提升综合能力，发挥基层社会组织联合会应有的作用，为全省基层社会组织建设现场会顺利召开做出贡献。

6. 继续抓好社会组织党建工作

继续抓好社会组织党组织扩面提质工作，加强社会组织党员摸查、党组织转接、党内统计和档案建设，进一步提升社会组织党建工作规模。同时，把学习贯彻"十八届六中全会"精神作为党建工作的龙头任务，与创建全国文明城市、社会组织党组织换届、扶贫攻坚、加快振兴发展等工作有效结合起来。坚持举办"创建文明城市，党员模范先行"主题活动，举行一到两期培训班，引导社会组织党员共同打好"创文"攻坚战，推动社会组织学习教育活动取得明显成效。

B.6
佛山社会组织发展报告

刘宇明 文 勇*

摘 要: 2016年以来,全市紧紧围绕社会组织制度改革的中心工作,深入贯彻落实中央关于改革社会组织管理制度促进社会组织健康有序发展的意见,以党的建设贯穿社会组织登记管理工作全过程,全面推动社会组织从培育发展和监督管理并重转为监督管理和发挥作用并重,不断强化政策引导、加大政府投入力度、提升能力建设,全市社会组织数量稳步增长、质量整体提升、功能逐步发挥,为民政事业发展"十三五"规划开好局做出积极的贡献。

关键词: 社会组织 培育发展 能力建设 佛山市

佛山市为广东省内第三大城市,位于珠江三角洲腹地河网区,东接省会广州,南邻中山和港澳,地理位置十分优越。现辖五个区,禅城区、南海区、顺德区、高明区和三水区,全市总面积3797.72平方公里,常住人口735.06万人,其中户籍人口385.61万人。佛山是我国重要的制造业基地,国家历史文化名城,珠三角地区西翼经济贸易中心和综合交通枢纽,是我国先进制造业基地、广东省重要的制造业中心。2017年,佛山GDP达到9500亿元,位列广东省第三位,全国第十六位。此外,佛山享有世界美食之都、全国文明城市、品牌之都、最具浪漫城市等美誉。

---

* 作者简介:刘宇明,法学博士,现任佛山市民政局社会组织管理局副局长、佛山市社会组织党委副书记,主要负责社会组织登记管理工作。文勇,大学本科学历,现任佛山市民政局副主任科员、佛山市社会组织党委委员,从事社会组织登记管理工作。

（一）2016~2017年佛山市社会组织发展状况

1. 社会组织总数

2017年全市共有社会组织6335个，增长5.2%，其中经民政部门注册登记的社会组织4739个，备案的1596个。其中社会团体3801个，社会服务机构2522个，基金会12个。

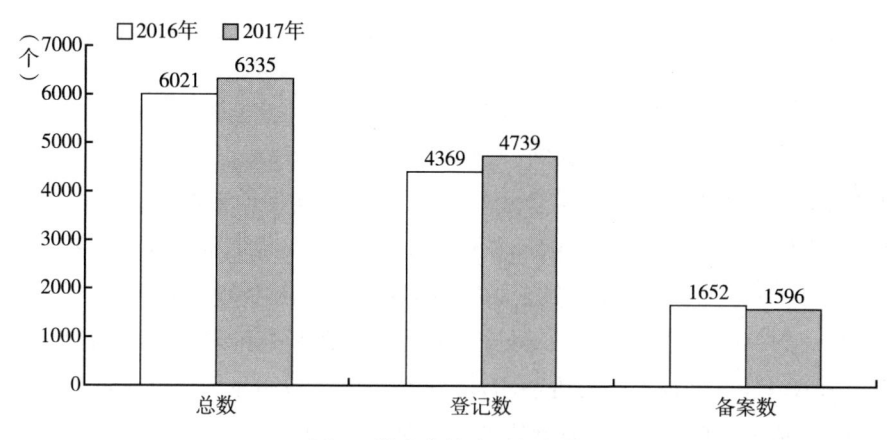

图1 佛山市社会组织数量

2. 2016~2017年各区社会组织数量及增长情况

从佛山市社会组织发展的地域分布情况看，社会组织发展情况与地方经济发展水平成正比，禅城区、南海区、顺德区社会组织发展水平较高，数量比较多，社会组织总数和各类社会组织的增速较快；高明区、三水区的社会组织数量较少，社会组织总数和各类社会组织的增速较慢（见表1、表2）。

表1 2016年佛山市各区社会组织数量及增长率

市区	2016年数量 总数	2016年数量 登记数	2016年数量 备案数	增长率（%）	占比（%）
市级	988	668	320	6.2	16.4
禅城区	759	507	252	4.8	12.6
南海区	1758	1128	630	9.9	29.2
顺德区	1541	1541	0	12.4	25.6
高明区	385	231	154	3.8	6.4
三水区	590	294	296	3.3	9.9

表2 2017年佛山市各区社会组织数量及增长率

市区	2017年数量 总数	2017年数量 登记数	2017年数量 备案数	增长率(%)	占比(%)
市级	1034	714	320	4.6	16.3
禅城区	768	515	253	1.2	12.1
南海区	1807	1234	573	2.8	28.5
顺德区	1726	1726	0	12.0	27.2
高明区	394	246	148	2.3	6.2
三水区	606	304	302	2.7	9.6

3. 社会组织从业人员

2016年，全市社会组织专职工作人员数为68807人，其中，社会团体专职工作人员数为15413人，占22.4%；社会服务机构专职工作人员数为53325人，占77.49%，是工作人员数最多的组织类型；基金会专职工作人员数为69人，占0.1%。如表3所示，社会团体的职工男性比例为59.1%，女性比例为40.9%，男性职工比女性职工人数多。但是，在社会服务机构中，职工男性比例仅为16.0%，女性比例高达84.0%，女性职工人数明显多于男性职工人数，这与社会服务机构主要从事社区服务、心理服务等有关。

表3 2016年三类社会组织职工总数及男女比例

		人数	比例(%)
社会团体	年末工作人员数	15413	
	男性人数	9094	59.1
	女性人数	6319	40.9
社会服务机构	年末工作人员数	53325	
	男性人数	8532	16.0
	女性人数	44793	84.0
基金会	年末工作人员数	69	
	男性人数	44	63.76
	女性人数	25	36.23

2017年，全市社会组织从业人员数为72427人，其中女性从业者占比例为（40.48%）；在年龄结构上，35岁及以下人员总数为39614人，占比为（54.69%），36~45岁人员总数为20948人，占比为（28.92%），46~55岁人

员总数为8330人，占比为（11.5%），56岁及以上人员总数为3535人，占比为（4.88%）。

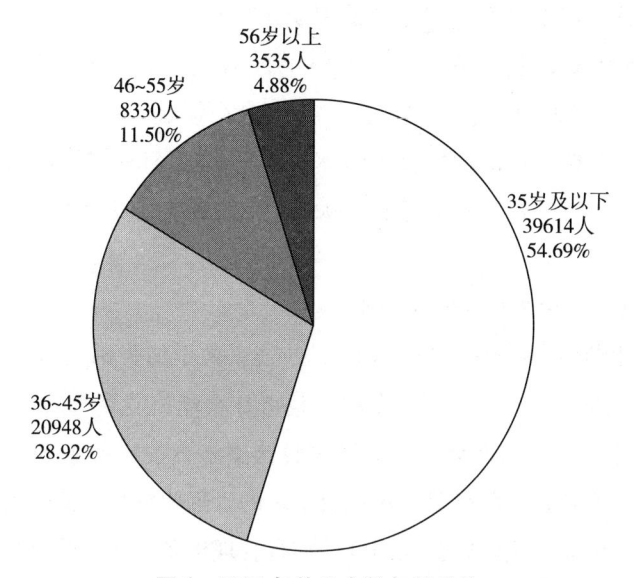

图2　2017年从业人数年龄结构

4. 社会组织党建情况

2013年4月22日成立佛山市社会组织党委，具体负责市民政局主管的市级社会组织与无业务主管单位或业务主管单位不明确的市级社会组织（包含有业务指导单位的市级社会组织）的党建工作。2015年底，设立市"两新"组织党工委委员单位，由民政、工商、教育、卫计、工青妇等部门组成，明确了各成员单位的工作职责，进一步加强对佛山市社会组织党建工作的领导，整合各职能部门的力量和资源。按照分工，市社会组织管理局局长兼任市"两新"组织党工委副书记。2017年，中组部把佛山市确定为社会组织党建工作综合监测区。全市五区分别成立了社会组织党委，配备了工作人员，全市社会组织党建工作一张网格局基本形成。

（二）佛山市社会组织发展特点

1. 社会组织不断发展壮大

佛山市委、市政府高度重视社会组织的培育发展工作，通过建立各级社会组织发展专项扶持资金、设立市区镇（街道）三级社会组织孵化培育基地等，一手抓社会组织培育发展，一手抓社会组织监督管理，促进佛山市社会组织的快速健康发展。截至2017年底，全市社会组织6335个，为"十二五"期间的1.8倍，年均增长率超过10%。全市3A以上社会组织365家，社工机构170家，持证社工9119人，每万人持证社工数达12.9人。全市基本形成了层次有别、门类齐全、覆盖广泛的社会组织体系，涵盖了经济、教育、农业、文化、卫生、科技、体育、社区服务等多个领域，在经济社会发展中发挥的作用越来越大。

2. 社会组织管理体制机制不断创新

佛山市相继出台《佛山市人民政府办公室关于加强佛山市社会组织综合监管工作的意见》、《关于进一步加强我市社会组织党的建设工作的实施意见》、《佛山市行业协会商会与行政机关脱钩实施方案》等系列政策文件，进一步明确市政府各相关职能部门对社会组织的管理职责和对社会组织承担相应的管理责任，建立市级联席会议制度等综合管理机制，建立健全行业自我监管机制，努力推动佛山市上下形成各部门各负其责、各司其职、信息共享、协同监督、齐抓共管的社会组织综合监管工作格局。全面加强社会组织党的建设工作，落实机构和人员力量配置，推动社会组织党建工作水平上新台阶。此外，不断完善社会组织会员（代表）大会、理事会、监事会等制度，落实民主选举、民主决策和民主管理，健全社会组织内部监督机制，全面落实信息公开和抽查审计制度，鼓励社会组织上等级，推动社会组织健康有序发展。

3. 社会组织积极作用日益彰显

社会组织涉及和深入社会生活的每个层面，在繁荣社会事业、促进经济发展、参与公共管理、开展公益活动等方面都显现出越来越重要的作用。"佛山市社会组织为民服务系列活动"连续开展12年，成为社会组织服务品牌活动。主要突出在：一是慈善事业得到快速发展。市政府高度重视慈善事业的发展，大力推动"乐善之城"、"志愿者之城"建设。二是社区社会组织助力打造共建共治共享的社会治理格局。三是社会组织在主动承接政府职能转移、积极向政府建言献策、推动行业发展、充分发挥专业优势、发挥商会桥梁纽带作用等方面也起到积极作用。

4. 社会组织自身建设不断加强

社会组织的法人治理机制不断完善，行业协会商会与行政机关脱钩工作深入推进，社会组织领导班子建设得到逐渐加强，从业人员结构得到不断优化，自律意识和诚信观念得到不断加强，逐步涌现出一批内部治理机制健全、管理运行科学、社会公信力和影响力较高的社会组织。

（三）佛山市社会组织培育发展主要做法和成绩

2016年以来，以中组部把佛山市确定为社会组织党建工作综合监测区为契机，佛山市深入贯彻落实中央《关于改革社会组织管理制度促进社会组织健康有序发展的意见》，将社会组织党建工作上升为佛山市"两新"组织党建工作"亮点项目"，以党的建设贯穿社会组织登记管理工作全过程，全面推动社会组织从培育发展和监督管理并重转为监督管理和发挥作用并重，不断提升能力建设、强化政策引导。佛山市社会组织数量稳步增长、质量得到整体提升、功能得到逐步发挥，为佛山市民政事业发展"十三五"规划做出积极的贡献。

1. 坚持党建引领，保障社会组织发展的正确方向

（1）建立社会组织登记管理和党建工作"五同步"机制。一是推行社会组织登记审批与党组织组建同步，凡符合成立党组织条件的一律同步成立党组织，完成党员信息登记，指导其把党建工作写入社会组织《章程》；二是推行社会组织年度检查与党建工作检查同步，将社会组织党组织建设情况和党组织开展活动情况列为年检必检内容；三是推行社会组织等级评估和党建工作评估同步，把党建工作分值由原来的20分提高到50分，并设定一票否决条件，没有单独设立党组织的，原则上不能评为5A等级，党建工作考核不及格的，不能评为3A以上等级；四是推行社会组织培育与党建人才培养同步，把社会组织中的法定代表人、负责人培养成党员，把党员培养成社会组织中的骨干，加大在社会组织一线员工、专业骨干及管理人员中发展党员的工作力度；五是推行社会组织领导班子换届与党组织班子考察同步，推行社会组织党员管理层人员和党组织班子成员双向进入，交叉任职。

（2）探索推进社会组织负责人审核制度。率先在社会服务机构领域试点探索推进社会组织负责人审核制度，自2016年6月起，在社会服务机构《社

会服务机构单位负责人备案表》中备注一栏修改为"机构所在党组织审查意见",并要求申请人在提交成立资料、变更法人代表或换届改选时,在该处获得相关意见并盖章。在此基础上,将借鉴社会服务机构领域的试点经验,配合党建网格化管理工作的实施进度理顺党组织隶属关系,探索推进不同类型社会组织的负责人审核制度。

(3) 实施党建工作承诺制。从2016年起,凡向登记管理机关提交社会组织申请成立登记材料时,须同步提交《社会组织党员情况调查表》和《社会组织党建工作承诺书》。登记管理机关根据实际情况,由其指导社会组织开展党建工作,将接收的党建材料分别移交以下部门:直接登记的社会组织,移交给市社会组织党委;双重管理的社会组织,移交给对应业务主管单位,确保社会组织党建工作底数清,情况明。

(4) 全面推进社会组织党建综合监测区工作。2017年4月,中组部把佛山市确定为社会组织党建工作综合监测区,市委组织部制定了《2017年社会组织党建工作综合监测区建设实施方案》。为此,市民政局党组、市社会组织党委高度重视,结合佛山市社会组织发展特点构建全市社会组织党建工作格局,探索创建行业协会商会"1+N群组链"党建工作模式,着力推行把党的建设写入社会组织章程,设立市级党建工作项目专项扶持资金,开发建设"佛山市1+N群组链党建"微信公众平台,切实抓好综合监测区建设工作各项重点任务的落实。

2. 深化完善社会组织登记管理改革,激发社会组织发展动力

(1) 深入推进社会组织体制改革。市民政局会同市委政法委制订了《2017年度佛山市推进社会组织体制改革工作方案》,明确了民政、公安等相关部门的职责,建立了社会组织综合监管和联合执法机制,深化了境外非政府组织管理的沟通机制。稳妥推进社会组织直接登记。印发《佛山市民政局关于对社会组织登记管理有关问题的通知》,明确重点培育和优先发展行业协会商会类、科技类、公益慈善类、社区服务类社会组织。成立以上四类社会组织,可按有关规定直接向民政部门依法申请登记。对直接登记范围以外的其他社会组织,继续实行登记管理机关和业务主管单位双重负责的登记管理体制,需取得业务主管单位的前置审批意见。

(2) 深入推进行业协会商会与行政机关脱钩。深入贯彻落实中办国办

《行业协会商会与行政机关脱钩总体方案》要求，一是成立由市领导为组长的联合工作组，对脱钩工作统筹推进。二是印发脱钩试点摸底工作的通知，确定149家市级行业协会商会为脱钩单位。三是下发脱钩试点方案，选取50家市级行业协会商会开展脱钩试点工作。四是以市两办名义出台了《佛山市行业协会商会与行政机关脱钩实施方案》，各职能部门按照职责积极开展。

（3）社会组织登记实施"三证合一"。按照省的统一部署，今年起，佛山市社会组织全面实施统一社会信用代码制度改革，将原来成立社会组织必须办理的法人登记证书、组织机构代码证、税务登记证合并为加载有统一社会信用代码的法人登记证书。到2016年底，佛山市已基本完成了相关换证工作。

3. 坚持培育发展和规范监督相结合，优化社会组织培育发展环境

（1）加强政府购买服务，推动社会组织参与社会治理和公共服务供给。佛山市民政局编制《2016年具备承接政府职能转移和购买服务资质的市级社会组织目录》，继续实施社会组织发展专项扶持资金和社会建设创新专项资金项目，各级政府加大对社工机构等基层社区社会组织购买服务力度。出台《佛山市民政局关于大力发展城乡社区社会组织的实施意见》，大力推进城乡社区社会组织管理体制和培育机制的改革创新，加强扶持力度，以社区为平台、社会组织为载体、社会工作为支撑的"三社联动"机制初步形成。此外，继续举办社会组织为民服务品牌活动，以党建工作为引领，组织社会组织党员举办党员志愿服务活动。2017年，全市政府投入社会工作服务资金超过1.4亿，服务惠及人数超过420万人次。市民政局购买拥军爱国领域的服务资金67.5万元，购买社会组织孵化培育基地管理资金150万元。禅城区举办了第二届"和乐村居"社区服务创投大赛；南海区举办第三届"益动全城 品牌家·南海社会服务洽谈会"，仅涉及社会工作服务项目的金额就超过8千万元。

（2）设立社会组织扶持专项资金。2016年，经过发动宣传，佛山市共有21个社会组织申报2016年中央财政支持社会组织参与社会服务项目；共有161个社会组织向省民政厅和省财政厅申报2016年广东省省级培育发展社会组织专项资金，其中33个社会组织获得合计880万元的省级培育发展社会组织专项资金。审核通过市爱助会等38个社会组织开展的2016年市级社会组织发展专项扶持资金项目，并在年底组织专家对各项目绩效评价结果进行抽查。综上所述，加上区级社会组织扶持资金，本年度各级社会组织登记管理机关共

向社会组织拨付超过3500万元的专项扶持资金。2017年，市民政局共评审通过38个市级社会组织发展专项扶持资金项目，合计540万元；共评审通过35个佛山市社会建设创新专项资金项目，合计350万元。

（3）推动建立综合监管体制，规范社会组织行为。以佛山市人民政府办公室的名义出台《佛山市人民政府办公室关于加强佛山市社会组织综合监管工作的意见》，建立了联席会议制度，按照多职能部门分工，各负其责、各司其职、信息共享、协同监督、齐抓共管，切实加强事中事后监督，确保社会组织健康有序发展。

4. 推进社会组织管理信息化

坚持将信息化作为提升服务效率的有效手段。继续实行社会组织网上业务办理。全面实行行政许可、行政处罚事项"双公示"，加强公众监督，仅2016年，通过网站、媒体向社会公示社会组织成立、变更、注销登记审批事项共66例。建立社会组织"黑名单"，对年检不及格、不参加年检以及存在失信、违法违规等情形的社会组织名单通过佛山市社会组织信息网定期向社会公布，实行信息化动态管理。

5. 鼓励社会组织开展登记评估

结合全市社会组织实际情况，修改完善各类社会组织等级评估评分细则，着重提高党建工作分值，突出党建工作的引领作用。2016年，市本级共评出5A级社会组织4家，4A级社会组织4家，3A级社会组织11家。2017年，市本级共评出5A等级社会组织4家，4A等级社会组织7家，3A等级社会组织5家。目前，全市共有3A以上等级社会组织共365家。

6. 全面推进社会组织行业自律体系建设

2016年，根据《佛山市社会信用体系建设规划（2014~2020年）》的要求，进一步落实社会组织信用评价、失信行为公示和守信奖励与失信惩戒等制度，推动社会组织健全及完善章程，建立本组织预防腐败办法，进一步完善社会组织信息平台建设。推动市级行业性社会组织按照要求完成会员信用信息档案的建设工作。通过登记准入和日常监管，加大对社会组织信用记录的审查力度，严厉查处从事营利性经营性活动等违规行为。继续采取网上年检方式，并在年检指标中增加诚信信用内容，督促社会组织不断健全内部管理制度，诚信服务社会。2017年，按照制定的《2017年佛山市社会组织加强自律与诚信建设工作方案》等工作部署，推荐了佛山市建筑业协会等5个市级行业协会为社会组织行业自律和社会信用建设示范单位，通过示范引领，引导社会组织不断完善治理结构。全面清理规范行业协会商会收费行为，并对市级行业协会商会收费项目和会费标准进行了公示。同时，进一步加强对社会组织的抽查审计。全年，共安排45.5万元对74个市级社会组织进行了财务专项审计，发出整改通知书40份，对发现的问题及时进行了整改。加强社会组织意识形态领域的监督和引导，加强了社会组织进行评比表彰和举办研讨会论坛的报备，市本级全年共排查社会组织评比表彰、举办论坛等情况480多个。

7. 创新社会组织培育发展方式

2017年，不再对社会组织承接政府职能转移和购买服务资质进行评审，改由社会组织对照相关条件自行确认。创新服务形式，打造社会组织"四大云孵化平台"：整合现有的信息化服务，以及法律，心理，财税，党建等常驻服务，打造了"云服务平台"；升级线上物资捐赠平台"民爱坊"，改造了"云资源平台"；与市人社局、市人力资源公共服务中心构建"云招聘服务平台"，166家社会组织注册佛山市人才网，成功对接求职招聘者653人次；成立全市首个孵化基地志愿者总队，搭建了"云志愿服务平台"。"四大孵化平台"协调运作，互促互进，取得良好效果。

8. 树立社会组织典型，加强社会组织正面形象推广

为更好地宣传佛山市社会组织工作，进一步提高社会组织从业人员的荣誉感，连续举办年度社会组织建设成果展示会，推荐评选出规范化建设单位、优秀党建工作项目、社会组织发展专项扶持资金精品项目、十大社会组织"风尚人物"和十大"社工之星"等等，以点带面，带动佛山市社会组织创先争优，不断扩大社会影响。

（四）社会组织发展存在的问题

与国外发达国家和国内先进地区同类社会组织相比较，佛山市社会组织培育发展工作仍存在着一定的问题。

1. 社会组织发展区域不平衡

社会组织的发展与当地经济发展水平成正比。从全市整体上看，各地各领域发展还不够平衡。从总体质量上看，发挥作用突出、具备承接政府职能能力的

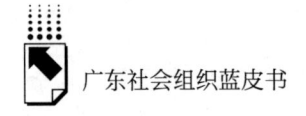

社会组织数量还不够多,目前佛山市获得3A以上等级的社会组织不到400个。从类别上看,社区公益服务型、枢纽型等类别的社会组织还需要进一步发展。

2. 部分社会组织管理不够规范

一些社会组织定位不够明确,服务质量较低;少数社会组织活动不经常、机构不健全、制度不完善,社会公信力不高;缺乏职业化专业人才,资金短缺、筹资渠道单一,相当一部分社会组织忙于维持生存。

3. 社会组织的相关支持政策有待继续加强

社会组织改革还需深化、相关政策还要分类细化。如社会组织工作人员在职称评定、人才培养等方面,还没有很明确的规定。又如政府向社会组织购买服务方面,虽然出台了《佛山市人民政府向社会转移职能工作方案》、《佛山市人民政府向社会组织购买服务实施办法》、《佛山市市级政府向社会组织购买服务绩效评价暂行办法》等一系列配套文件,做到资金和政策双保障,但在服务项目招标、评估、监督等方面尚需进一步细化和完善。

4. 社会组织监管有待进一步提高

一是社会组织管理工作人员数量相对较少,较难适应社会组织发展形势;二是综合监管还有待进一步加强。登记管理部门、业务指导(主管)部门、相关职能部门之间的协调还有很大空间;三是社会监督尚未成熟。社会组织在内部治理、财务管理等方面的信息公开程度不够,给外部监管造成了一定障碍。

5. 社会组织党建工作困难较多

个别社会组织对加强党建工作认识不足,党建与业务结合还不紧密,部分社会组织党组织发挥作用还不充分,社会组织普遍存在党员少、流动性大,经费少、场地不足,党组织负责人党务工作经验不足等。

(五)社会组织发展的措施

1. 全面推进社会组织登记管理体制改革

全面落实中办国办《关于改革社会组织管理制度促进社会组织健康有序发展的意见》精神,一是要稳妥推进直接登记。重点培育、优先发展行业协会商会类、科技类、公益慈善类、城乡社区服务类社会组织。二是要完善业务主管单位前置审查。对直接登记范围之外的其他社会组织,继续实行登记管理机关和业务主管单位双重负责的管理体制。业务主管单位要健全工作程序,完善审查标准，切实加强对社会组织名称、宗旨、业务范围、发起人和拟任负责人的把关，支持符合条件的社会组织依法成立。

2. 建立社会组织综合监管和联合执法协调机制

一是加强综合监管。按照《佛山市人民政府办公室关于加强佛山市社会组织综合监管工作的意见》（佛府办函〔2016〕721号）要求，按照"统一登记、各司其职、协调配合、分级负责、依法监管"的要求，建立健全行业自我监管机制，努力推动全市上下形成各部门各司其职、各负其责、信息共享、协同监督、齐抓共管的社会组织综合监管工作格局。二是建立由政法部门牵头，各相关部门参与的联合执法机制。三是建立社会组织活动"异常名录"和失信"黑名单"管理制度。各级民政部门要通过检查、评估等手段依法监督社会组织负责人、资金、活动、信息公开、章程履行等情况，并加强分类监督，制定社会组织活动"异常名录"和失信"黑名单"管理长效机制。四是建立涉外社会组织登记管理的沟通机制。各相关部门要积极配合公安部门对涉外社会组织的登记管理，加强日常沟通协作，强化对涉外社会组织在本地活动和社会组织涉外活动的管理。主动积极引导社会组织有序开展对外交流，发挥社会组织在对外经济、文化、科技、体育、环保等交流中的辅助配合作用，在民间对外交往中的重要平台作用。

3. 引导社会组织建立健全法人治理结构和运行机制

一是全面推进行业协会商会与行政机关脱钩。严格按照市委办公室市府办公室印发的《佛山市行业协会商会与行政机关脱钩实施方案》的任务分工和各项工作完成的时间节点，全面推进我市行业协会商会与行政机关脱钩工作，确保按时按程序按质完成脱钩任务。认真学习《广东省发展和改革委员会广东省民政厅转发国家发展改革委等10部委关于印发行业协会商会综合监管办法的通知》（粤发改体改〔2017〕87号），切实转变监管理念，并结合自身职能落实相关要求。二是建立和完善社会组织内部运作各项机制。贯彻执行《广东省民政厅关于社会组织法人治理的指导意见》《广东省社会团体法人治理机构与治理规则》《广东省社会服务机构单位法人治理机构与治理规则》等文件。进一步完善会员大会（会员代表大会）、理事会、监事会制度，落实民主选举、民主决策和民主管理，健全内部监督机制。切实发挥好社会组织党组织的政治核心作用，引导社会组织把握正确的政治方向，坚决维护中央权威，

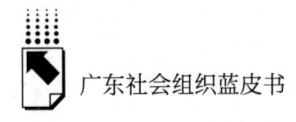

在思想上、行动上同党中央保持高度一致。三是推进行业自律和社会信用体系建设。落实佛山市市场统筹办《2017佛山市市场监管体系建设工作要点》要求，加快制定《2017年佛山市社会组织加强自律与诚信建设工作方案》，重点优化行业协会商会治理结构，推进行业协会商会脱钩后的监管工作；深入推进社会组织登记管理和党建工作同步机制，强化党组织在社会组织法人治理体系中的地位，把社会组织党建工作贯穿于登记成立、年度检查、等级评估等各个环节；推进社会组织信息化管理，推动建立健全会员企业信用档案和全面建立行业公约。

B.7 韶关市社会组织发展报告

白志华 黄远周*

摘 要: 韶关市的社会组织发展无论是从数量上还是从质量上都呈现出良好的发展态势，即社会组织的数量增长迅速，社会组织类型不断丰富，结构进一步优化，党建工作逐步展开。但是，在发展过程中也存在一些问题，制约社会组织的发展。为此，应该进一步从社会组织的内部治理和外部监管方面完善社会组织的监管机制；积极重点培育特色龙头社会组织，依照社会需求扶持一些与民众利益密切相关的社会组织，加强社会组织的自我建设；从政策、财政、资源等多方对社会组织进行扶持，促进社会组织的发展。

关键词: 韶关市 社会组织 监管机制 扶持

韶关地处粤北地区，北江的上游，浈江、武江、北江三水在此交汇，韶关北与湖南省、江西省接壤，西与广西毗邻，素有"三省通衢"之称。下辖浈江区、武江区、曲江区3个市辖区，翁源县、始兴县、仁化县、新丰县和乳源瑶族自治县5个县，代管乐昌市和南雄市2个县级市，全市土地面积1.85万平方公里。2015年，全市地区生产总值达1163亿元，人均生产总值4万元。古代中原文化和南方百越文化在此交汇融合，客家民系也在此聚居。

---

* 白志华，广东外语外贸大学教师，硕士研究生学历。黄远周，韶关市社会组织管理局局长，在职研究生学历。

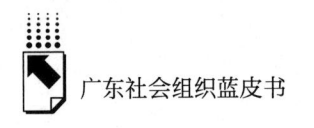

一 韶关市社会组织发展基本情况

1. 社会组织总数增长情况

近年来，韶关市社会组织发展态势良好，社会组织的数量增长迅速、结构不断优化、质量明显提高，门类齐全、层次有别、覆盖广泛的社会组织体系已基本形成。截至2016年12月31日，全市社会组织总数为1734家，比2015年的1568家增加了166家，增长率为10.6%。

截至2017年12月31日，全市社会组织总数为1845家，比2016年的1734家增加了111家，增长率为6.4%。

2. 各类型社会组织发展状况

截至2016年12月31日，全市共有社会团体1007家，占社会组织总数的58.07%；社会服务机构727家，占总数的41.93%，基金会0家。2016年韶关市有市级社会组织487家，占社会组织总数的28.04%；县区社会组织1247家，占社会组织总数的71.91%。2016年市级社会组织比2015年的451家增加36家，增长率为8.0%；各区县社会组织比2015年的1117家增加130家，增长率11.6%。

表1 2016年韶关市社会组织数量及结构情况

指标 地区	社会组织总数	增长率(%)	社会团体	社会服务机构	基金会
全市	1734	10.6	1007	727	0
市级	487	8.0	352	135	0
各县(市、区)	1247	11.6	655	592	0

资料来源：韶关市社会组织管理局提供。

截至2017年12月31日，全市共有社会团体1072家，占社会组织总数的58.10%；社会服务机构772家，占总数的41.84%，基金会1家，占0.05%。2017年韶关市有市级社会组织498家，占社会组织总数的26.99%；县区社会组织1347家，占社会组织总数的73.01%。2017年市级社会组织比2016年的487家增加11家，增长率为2.46%；各区县社会组织比2016年的1247家增加100家，增长率8.02%。

表2 2017年韶关市社会组织数量及结构情况

地区＼指标	社会组织总数	增长率(%)	社会团体	社会服务机构	基金会
全市	1845	6.4	1072	772	1
市级	498	2.46	362	135	1
各县(市、区)	1347	8.02	710	637	0

资料来源：韶关市社会组织管理局提供。

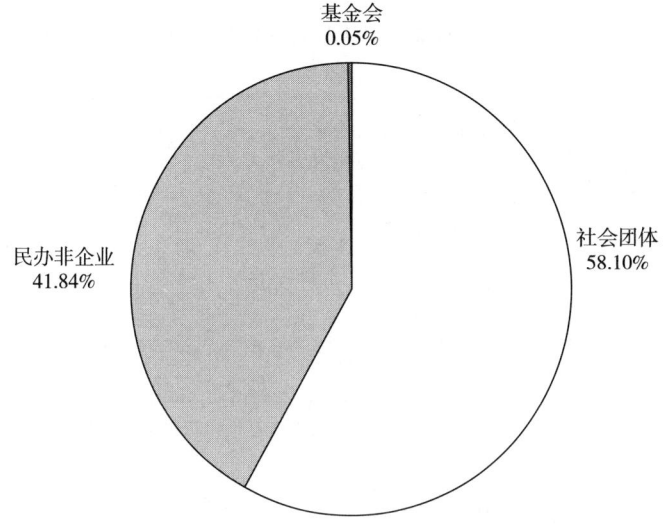

图1 2017年韶关市三类社会组织的比重

3. 社会组织从业人员结构

2016年全市社会组织从业人员总数约为16576人，男性占比约69.43%，女性占比约为30.57%。在年龄结构方面，35岁及以下占30.0%，36~45岁占50.0%，46~55岁占15.0%，56岁及以上占5.0%。在教育程度方面，大专以下学历约14068人，占30.0%；大学专科学历约为595人，占35.0%；大学本科学历人数959人，占5.79%；硕士研究生以上约为85人，占5.0%。

2017年全市社会组织从业人员总数约为24148人，男性占比约79.1%，女性占比约为21.9%。在年龄结构方面，35岁及以下占40.0%，36~45岁占40.36%，46~55岁占28.01%，56岁及以上占10.0%。在教育程度方面，大专以下学历约21502人，占89.04%；大学专科学历约为1624人，占6.73%；

101

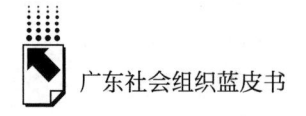

大学本科学历及以上人数1022人，占4.23%。

从社会组织类型看，社会团体从业人员结构为：全市社会团体从业人员性别比例，男性为55.0%，女性为45.0%；全市社会团体从业人员受教育程度为本科以上为35.0%，本科以下为65.0%。社会服务机构从业人员结构为：全市社会服务机构的男性为48.0%，女性为52.0%；社会服务机构的从业人员受教育程度为本科以上为45.0%，本科以下为55.0%。

表3　社会组织从业人员结构分布表

单位：人数

年份	社会组织数	社会组织从业人员数	女性	受教育程度情况		职业资格水平情况		年龄结构情况				志愿服务	
				大学专科	大学本科及以上	助理社会工作师	社会工作师	35岁及以下	36～45岁	46～55岁	56岁及以上	志愿者服务人次数	志愿服务时间
2016	1005	16576	5067	1406	959	1	5	4973	8288	2486	829	0	0.0
2017	1848	24148	5288	1624	1022	14	18	5558	9747	6763	2080	0	0.0

资料来源：2016、2017年广东省民政厅计财年报全省社会组织数据。

表4　各社会组织从业人员情况

单位：人数

社会组织类型	年份	社会组织数	社会组织从业人员数	女性	受教育程度情况		职业资格水平情况		年龄结构情况			
					大学专科	大学本科及以上	助理社会工作师	社会工作师	35岁及以下	36～45岁	46～55岁	56岁及以上
社会团体	2016	1007	9373	730	400	168	1	5	1194	5930	1594	655
	2017	1072	16741	851	631	222	2	5	1656	7309	5867	1914
基金会	2016	0	0	0	0	0	0	0	0	0	0	0
	2017	1	5	0	2	3	0	0	2	2	1	0
民办非企业	2016	728	7203	4337	1006	791	11	11	3779	2358	892	174
	2017	776	7402	4437	993	797	12	13	3902	2438	896	166

资料来源：2016、2017年广东省民政厅计财年报全省社会组织数据。

4. 社会组织党组织建设情况

截至 2016 年 12 月，建立党组织的市级社会组织的数量达 22 个，其中，社会团体 15 个，社会服务机构为 7 个，党员为 299 人。

二　韶关市社会组织发展特点

1. 增速较快

截至 2016 年 12 月 31 日，全市社会组织总数为 1734 家，比 2015 年的 1568 家增加了 166 家，增加率为 10.6%。2016 年市级社会组织总数 487 家，比 451 家增加了 36 家，增加率为 8.0%。各区县社会组织总数 1247 家，比 2015 年增长约 11.6%。

2. 登记改革不断优化

2016 年，韶关市重新编制了社会组织公共服务事项服务手册、办事指南和办事流程，社会组织登记注册工作由法定 60 个工作日提速到 17 个工作日，社会组织各类变更和注销审批，也由法定 30 个工作日提速到 10 个工作日，对社会组织的登记收费实行全免。2011 年起，韶关市就积极探索直接登记和双重管理并存的登记管理制度。对行业协会商会试行直接登记，新成立的行业协会全部实现了社会化、民间化的转变，有力促进了行业协会的发展。

3. 社会组织党建工作取得显著成效

积极鼓励符合条件的社会组织成立党组织，以点带面，促进社会组织党建工作的整体推进，不断提升社会组织党组织组建率。2016 年批准成立社会组织党组织 7 家，预备党员转为正式党员 2 名；发展预备党员 4 名。截至目前，直接隶属市社会组织党委的社会组织党组织共有 22 家，党员 299 人。其中单独建立党组织的 15 家，联合组建的 7 家。党员覆盖率和党组织覆盖率均达 100%，党的工作覆盖率达 100%，有效推动了社会组织党建工作发展。

三　韶关市发展社会组织的做法和成绩

1. 法规与政策体系逐步完善

韶关市在社会组织的党建、政府购买服务两个方面都陆续出台了相关政策法规。在对社会组织党建方面，2016年3月23日，中共韶关市委组织部、中共韶关市非公有制经济组织和社会组织工作委员会联合出台了《关于印发〈全市"两新"组织党组织开展"两服务三推动"活动实施方案〉的通知》（韶组通〔2016〕20号）。7月14日，市委办印发了《中共韶关市委办公室文件印发〈关于加强韶关市社会组织党的建设工作的实施意见〉的通知》（韶办发〔2016〕15号）。在政府购买服务方面，5月23日，韶关市人民政府办公室出台了《韶关市人民政府办公室关于印发政府向社会力量购买服务暂行办法的通知》（韶府办〔2016〕30号）。以上政策法规的创制对社会组织党建工作的推进和政府向社会力量购买服务的规范起了积极作用。

2. 政府购买服务持续增长

2016年，韶关市有85家社会组织参与社会服务供给，有55家社会组织承接政府职能转移提供公共服务。市本级有10余家社会组织收到政府购买服务支持资金，金额超过100万元。如：韶关市海邻社会工作服务中心、市春晖社会工作服务社、市电子商务商会、市安全生产协会、市食品生产加工行业协会、市排舞协会、韶关诗社、市电子商务行业协会等社会组织分别获得了技术、培训、信息、审计等方面的购买资金。从而形成政府向社会组织购买服务的过程，推动了政府职能转变，增加了公共服务供给，提高了公共服务水平和效率，与此同时也支持了社会组织的发展。

3. 信息化建设不断推进

韶关市本级和十个县（市、区）已建立网上业务办理系统，并逐步投入使用。2016年6月，已通过网上业务办理系统完成网上年检工作。年均参检率为60%，合格率为95%。并对未参加年检及连续2年以上年检不合格的社会组织进行网上公布。同时还通过建立社会组织法人资源信息库和社会组织信息网，使得社会组织相关信息和数据能够及时公开与更新。另外还开展了行政许可和行政处罚信用信息"双公示"，并能及时上传数据到省社管局和省信用办。

4. 监督管理制度不断完善

在监督制度方面，加强了旨在实现社会组织内部治理规范化的十项制度建设。他们分别是：建立韶关市行业协会（商会）民主选举、会员大会（会员代表大会）制度、理事会制度、监事会（监事）制度、财务管理制度、印章、文件管理制度、重大活动备案报告制度、信息披露制度、分支（代表）机构管理制度、行业协会（商会）法定代表人述职制度等各项内部治理制度。

5. 等级评估工作逐渐科学化

在社会组织等级评估方面，2016年5月，向全市社会组织下发了《关于开展2016年度全市性社会组织评估工作的通知》，同时委托广东省社会组织评估中心开展第三方评估，以期增强社会组织等级评估的客观性和科学性。通过等级评估，规范社会组织在法人治理、运作发展、财务管理、作用发挥等方面的建设，起到示范引领的作用，提高了社会组织自我建设，促进了社会组织的健康有序发展。目前已有4家社会组织（市江西商会、市四川商会、市海邻社会工作服务中心、市粤北中小企业服务中心）申报参加评估。

6. 党组织建设成效显著

2016年2月3日，经市委组织部《关于成立中共韶关市社会组织委员会的批复》（韶组通〔2016〕5号）批准，撤销原中共韶关市社会组织工作委员会，成立中共韶关市社会组织委员会，并于4月18日落实了党委委员、书记及副书记和委员。同时，市委组织部下拨2016年度市社会组织党委工作经费40万元，用于建设党委组织培训聘请党务专职人员和购买办公设备耗材。到目前为止，现隶属市社会组织管理局管理的社会组织党组织共有22家，党员299人；单独建立党支部的20家，联合组建2家；其中社团15家，民非7家。上半年，新成立社会组织党支部7家（即市粤北中小企业服务中心、市江西商会、市四川商会、市青年文学会、市旅游产业促进会、市环保产业协会、市家居建材装饰行业协会）；广告协会支部委员会2名预备党员转为正式党员；4名建党对象转为预备党员（浙江商会支部委员会3名、大唐源流文化研究会支部委员会1名）。党员覆盖率和党组织覆盖率均达100%，党的工作覆盖率达100%。有效推动社会组织党建工作发展，着力加强了社会组织党的建设，以党的建设保证和促进社会组织的规范化发展。

四 韶关市社会组织发展存在的问题

近年来，韶关市社会组织快速发展，其类别包含了经济、科技、教育、体育、文化、卫生等多个行业和领域。社会组织管理工作在管理体制改革、规范化管理、诚信自律建设、党建工作和发挥社会组织的作用等方面取得了显著成效，但同时也存在不少问题。

表5　社会组织行业结构表

	社会组织按行业分类											
	科技与研究	生态环境	教育	卫生	社会服务	文化	体育	法律	工商业服务	宗教	农业及农村发展	职业及从业组织	国际及涉外组织	其他
2016	29	11	34	13	127	80	112	4	27	9	116	10	0	435
2017	31	13	36	15	124	81	119	4	27	10	126	5	0	481

资料来源：2016、2017年广东省民政厅计财年报全省社会组织数据。

1. 社会组织监管机制不健全

（1）社会组织登记管理能力薄弱。根据规定，社会组织登记管理事权集中在民政部门，近年来由于登记门槛降低，社会组织蜂拥而来。但由于民政部门人手不足，执法所需的经费、设备、手段匮乏，使得市级登记部门只能疲于应付登记（成立、变更、注销）、年检等日常工作，对于执法监察、监督管理则心有余而力不足，如此工作状态难以适应韶关市社会组织管理工作的新形势、新要求。

（2）现行法规对执法工作的内容滞后，可操作性不强。目前涉及社会组织的法规包括《社会团体登记管理条例》《社会服务机构单位登记管理条例》《基金会管理条例》等，然而其内容主要侧重于对社会组织登记管理的程序性规定，缺乏对社会组织执法内容的实体性规范，在实践中缺乏可操作性，甚至出现无法可依的问题。同时，因缺乏相关执法配套设施，比如无专门执法机构，执法人员配备和执法经费，执法工作难度较大。

（3）广东省社会组织实行直接登记以来，门槛虽降低了，但也造成了监管难的问题。由于后续综合监管制度跟不上，社会组织业务指导（主管）部门、相关职能部门的责任界限模糊，各部门依法承担的管理责任未厘清，造成监管缺位和空白。

（4）社会监督处于缺位状态。社会组织在内部管理结构、财务管理等方面的信息公开程度不够，一定程度上阻碍了外部监督，使得公众及新闻媒体对社会组织的监督十分有限。

2. 社会组织数量不足、整体质量不高、结构不合理

（1）绝对数量少。与珠三角发达地市相比，韶关的社会组织数量仍较少，发展的规模也较小。

（2）总体质量偏低。能够承接政府职能的社会组织偏少，且目前获得3A以上等级的社会组织只有10家。

（3）结构不合理。行业协会仅占社会团体总量的10%，而源于官办的社团则达半数之多；社会服务机构中的民办教育类（包括民办学校、幼儿园、托儿所、培训中心）的数量占比过大；社会急需的公益慈善类和社会服务类社会组织偏少。

（4）发展规模不平衡。规模大、实力强、有影响力的社会组织少，而规模小、专职人员少的社会组织多。

3. 政府对社会组织的培育扶持力度不够

（1）政府职能转移进程缓慢，有相当部分社会组织特别是民间草根类组织和异地商会基本没有承接政府职能和购买服务事项。

（2）政府购买社会服务机制待完善。目前韶关市购买服务方式主要采用购买岗位而不是购买项目服务，还是"按人头拨款"，存在"买人头不买组织"、工作经费难解决的问题。在这种形式下，政府购买服务的最大受益者是劳务派遣公司，而非社会组织。

（3）全市社会组织培育孵化平台缺失。相当部分的公益慈善和社会服务类草根社会组织遇到各种困难，不仅办公场所、经费、专业人才等方面捉襟见肘，而且对政策、法律不熟悉，组织发展方向不明确，亟须扶持和指导。

（4）对社会组织购买服务所得税、营业税等无优惠政策，办理非营利组织非税资格认定和公益类捐赠税前扣除资格认定的手续繁杂；社会组织办公场所租金、水电费以及其他各项费用一般都按普通商业企业收取，增加运行成本。扶持社会组织发展的配套举措不全，社会组织发展受到制约。

（5）虽然社会组织作为独立的法人单位，但其在专职工作人员入户、档案管理、工资福利、职称评定等方面却没有明确、具体的政策规定，员工缺乏相应的职业保障，使得社会组织的专职人员队伍不稳定。

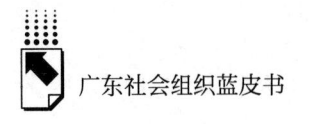

五　韶关市社会组织发展改革措施

1. 完善政府对社会组织的监督管理

一是加强社会组织领域的法制建设，政府对社会组织的监管要有法可依，因此必须加快这一领域的法制建设，整理现有法律法规，制定出一部基本法律，并逐步进行相关配套立法。二是建立动态考评奖惩机制，赏罚分明，对成绩突出且诚信守法的社会组织给予一定奖励，激励其继续保持优良的工作作风和态度；对运作中出现违纪违规的，应视情节轻重给予相应的惩罚，起到一定的震慑作用。在确保年检率达到100%的基础上，与业务主管单位密切配合，重点检查社会组织按照章程开展活动、遵纪守法等方面的情况。对于工作突出的社会组织通报表扬，以激励先进，鞭策后进，充分调动社会组织遵纪守法的自觉性。全面实现社会组织动态管理机制，对年检不合格且不按时整改的社会组织，应一律按照《社会团体登记管理条例》和《社会服务机构单位登记管理条例》有关规定，予以撤销。

2. 积极培育发展特色龙头社会组织，推动社会组织的自身建设

一方面要加快韶关市社会组织的改革与发展，进一步优化社会组织的布局和结构，建立优胜劣汰机制，积极推进社会组织重组与改造，着力培育发展一批符合韶关产业特色，适应市场经济需求的行业协会。根据社会组织不同的性质、类别以及服务对象，分类重点培育。从韶关社会组织目前发展状况来看，不但要降低其成立的门槛，从而盘活存量，解决社会组织量的问题，还要不断优化社会组织的结构，解决社会组织质的问题。重点培育四类社会组织，即以提高农民收入，促进解决"三农问题"为重点的农村专业经济协会；以促进行业发展，推动经济建设为重点的行业协会；以立足社区，着力创建平安和谐社区为重点的社区组织；以发展公益事业，调整利益关系，促进社会公平为重点的慈善会、非公募基金等公益性社会组织。另外，政府更应该支持、鼓励不断涌现的一些有利于社会问题解决的新型社会组织，如在食品卫生安全、生产安全、弱势群体利益等与老百姓生命安全和切身利益直接相关的领域内所产生的社会组织，充分发挥社会组织对行业的第三方督导与行业自律功能，为广大民众的切身利益保驾护航。另一方面要定期或不定期地对协会秘书长及主要领

导进行培训，提高其处理业务和能力依法自治水平，不断强化自我法治化教育；同时，积极联系组织部，加大对社会组织党建指导员的派遣工作，实现社团团体党组织的全覆盖，提高社会组织的政治素质；建立定期学习制度，建立学习型社会组织，充分发挥社会组织在经济社会建设中的桥梁和纽带作用。

3. 加大政府对社会组织扶持力度

一是完善政府购买公共服务的机制。编制并出台政府购买服务的指导目录，加大对社会组织发展的财政投入。依照"替谁办事、由谁买单"的原则，明确市、区、县财政分级分担机制，构建多层次财政经费保障体系，将扶持企事业单位发展优惠政策覆盖到社会组织层面。推进政府向社会组织转移部分职能同时购买其服务，使社会组织能更深入地参与社会管理，增强社会组织积极性，弥补政府在公共服务上的不足，充分发挥社会组织对政府公共服务的补充作用。二是搭建平台，构建社会组织培育孵化网络。按照"政府扶持、社会参与、专业运行、项目合作"的模式，搭建市、镇（街道）、社区三级社会组织服务平台。市级社会组织培育中心为初创期社会组织提供办公场地、办公设备、咨询诊断、注册协助、孵化培育、能力建设、人才培育、项目研发、资源对接、展示交流、宣传推广等服务，提供能力建设培训和专业指导，搭建社会组织交流合作和志愿者资源平台，进行组织协调、信息交流和共享资源，定期开展沙龙、论坛等交流活动，助力社会组织规范化建设；各镇（街道）社会组织服务中心侧重于对专业服务、公益类社会组织的引进和培育；在社区建立"社区公益坊"，以培育扶持草根的社会组织为主，依托社区平台，以社区社会组织为载体，汇聚社区社工人才，挖掘并培育社区内公益项目。

B.8
河源社会组织发展报告

陈凯 涂斌*

摘 要： 河源市社会组织具有数量增长较快、社会组织行业分布以教育、文化、社会服务为主、社会组织类型以社会团体和社会服务机构为主、社会组织从业人员年龄结构呈现年轻化等特点。河源市社会组织在扶持发展、行业协会商会与行政机关脱钩试点、党建工作、社会组织信息化建设等方面取得了不少成绩，但是也存在着登记管理人员数量不足、社会组织自我管理不够规范、资金来源单一等问题。河源市可在完善登记管理制度、落实扶持政策、完善社会组织诚信体系建设、规范社会组织监督管理等方面进行改进。

关键词： 河源市 社会组织 监管 信息化 党建

河源市位于广东省东北部，东江中上游，1988年撤县建市，下辖东源县、和平县、龙川县、紫金县、连平县和源城区，总面积1.56万平方公里，户籍总人口366.78万。河源具有独特的区位优势、资源优势、生态优势、人文优势和后发优势，被称为"粤东宝库"，全市人均矿产、森林、水、土地资源均居全省第一；河源是广东省重要的饮用水源地和生态屏障，全市江河水质常年保持国家地表水一、二类标准，森林覆盖率达71.7%，

---

* 陈凯，大学本科，河源市民政局，社会组织管理局局长，研究方向：社会组织管理。涂斌，博士，广东外语外贸大学教授，广东省社会组织研究中心副主任，硕士生导师。研究方向：社会组织评估、社会组织资金筹措、社区治理、财政支出绩效评价。

是广东省"环境保护教育基地";有世界罕见的集恐龙蛋化石、恐龙足迹化石和恐龙骨骼化石"三位一体"的恐龙遗迹,馆藏恐龙蛋化石15000多枚,被载入"吉尼斯世界纪录",是名副其实的"恐龙之乡"。河源是岭南文化发祥地之一和中国革命策源地之一,是客家先民最早大规模南迁的聚居地,河源的城市形象定位是"客家古邑"。2016年1~10月,全市经济社会继续保持平稳运行,实现规模以上工业增加值290.74亿元,同比增长9.3%;完成固定资产投资468.74亿元,增长19.6%;实现地方一般公共预算财政收入52.90亿元,增长2.9%;实现社会消费品零售总额4441.37亿元,增长11.8%。

(一)河源市社会组织发展状况

1. 社会组织总量增长较快

2017年,河源市社会组织总量相较于2016年有所增加:截至2016年12月31日,全市注册登记的社会组织有1564家;截至2017年12月31日,全市注册登记的社会组织有1669家,比2016年社会组织总量增长了6.71%(见表1)。

2. 社会组织类型以社会团体和社会服务机构为主

从社会组织类型来看,2016年和2017年三类社会组织占社会组织总量比值变化不大。从图1可见,2016年社会团体661家,占42.26%;社会服务机构单位902家,占57.67%;基金会1家,占0.06%。2017年社会团体714家,占42.78%;社会服务机构单位952家,占57.04%;基金会3家,占0.18%(见图2)。

表1 2016~2017年河源市社会组织增长情况

年度	社会团体数量	社会服务机构数量	基金会数量	合计	增长率(%)
2016	661	902	1	1564	—
2017	714	952	3	1669	6.71

资料来源:2016、2017年广东省民政厅计财年报全省社会组织数据。

通过对比2016和2017年的全市社会团体、社会服务机构和基金会的数量,可发现三者均处于增长态势当中。从表2可看到,增长最快的是基金会,

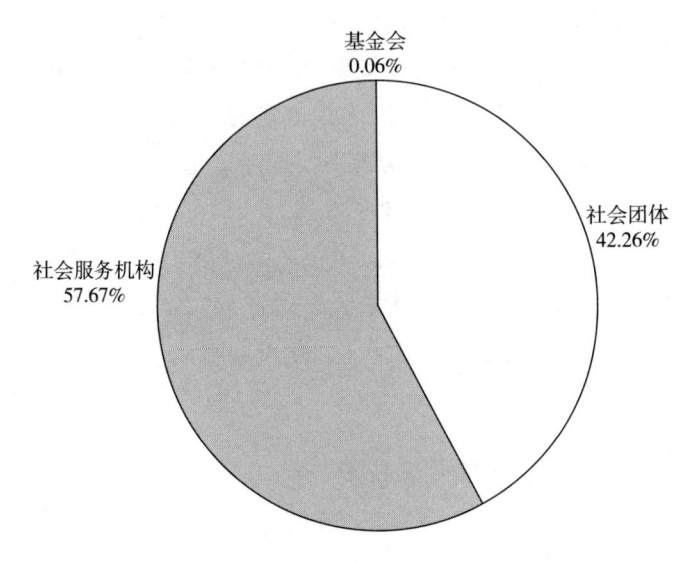

图 1 2016 年河源市三类社会组织比重

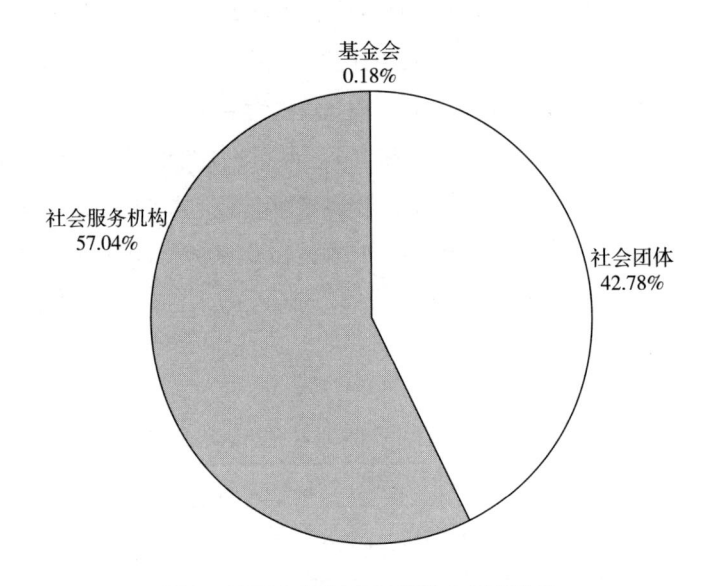

图 2 2017 年河源市三类社会组织比重

从 2016 年的 1 家增长到 2017 年的 3 家,增长率为 200%;社会团体的增长速度次之,从 2016 年的 661 家增长到 2017 年的 714 家,增长率为 8.02%;社会服务机构的增长速度最慢，从2016年的902家增长到2017年的952家，增长率为5.54%。

表2 2016~2017年河源市各类社会组织增长状况

年份	社会团体 数量	社会团体 比重	社会团体 增长率	社会服务机构 数量	社会服务机构 比重	社会服务机构 增长率	基金会 数量	基金会 比重	基金会 增长率	合计
2016	661	42.26%	—	902	57.67%	—	1	0.06%	—	1564
2017	714	42.78%	8.02%	952	57.04%	5.54%	3	0.18%	200.00%	1669

资料来源：2016、2017年广东省民政厅计财年报全省社会组织数据。

3. 社会组织行业分布以教育、文化、社会服务为主

从表3可知：河源市社会团体主要集中在职业及从业组织、文化、体育等领域，其中体育类社会团体由2016年的47家增加到2017年的59家，增长率为25.53%。全市基金会数量较少，2017年教育领域和其他领域的基金会均增加1家。社会服务机构集中在教育、文化、社会服务等领域，与2016年相比，科技类社会服务机增长率最高，为22.5%，教育类社会服务机构增加22家，增长率为3.66%。

表3 社会组织行业结构

社会组织类型	年份	科技与研究	生态环境	教育	卫生	社会服务	文化	体育	法律	工商业服务	宗教	农业及农村发展	职业及从业组织	国际及涉外组织	其他	合计
社会团体	2016	7	4	47	4	56	79	69	1	67	11	56	76	1	183	661
社会团体	2017	9	3	59	3	53	88	82	1	68	11	61	79	1	196	714
基金会	2016	0	0	0	0	0	0	0	0	0	0	0	0	0	1	1
基金会	2017	0	0	1	0	0	0	0	0	0	0	0	0	0	2	3
社会服务机构	2016	40	1	601	22	71	83	29	0	8	0	1	0	0	46	902
社会服务机构	2017	49	1	623	25	74	85	29	0	8	0	1	0	0	57	952

资料来源：2016、2017年广东省民政厅计财年报全省社会组织数据。

4. 社会组织从业人员受教育程度较低

河源市社会组织从业人员性别结构上男性比重高于女性，从表4可见。

2016、2017年河源市社会组织从业人员总数分别为23858人、24910人，其中，女性为5245人和5601人，占比分别为22.0%和22.5%，2017年相较于2016年在女性从业人员比重方面略有上升。从业人员受教育程度相对较低，2016年、2017从业人员中大学本科人数分别为759人和749人，仅占总人数的3.2%和3.0%。社会组织从业人员年龄结构相对较年轻，根据表5，2016年和2017年36~45岁和35岁以下的人员加总后为16835和17624人，占了总人数的70.1%和70.8%。

表4 社会组织从业人员性别结构、受教育程度结构、职称结构

单位：人数

	单位数	年末职工人数	受教育程度情况			职业资格水平情况	
			女性	大学专科	大学本科及以上	助理社会工作师	社会工作师
2016	1564	23858	5245	1743	759	11	68
2017	1669	24910	5601	1915	749	14	69

资料来源：2016、2017年广东省民政厅计财年报全省社会组织数据。

表5 社会组织从业人员年龄结构

单位：人数

	35岁及以下	36~45岁	46~55岁	56岁及以上
2016	9580	7255	4137	2886
2017	10029	7595	4379	2907

资料来源：2016、2017年广东省民政厅计财年报全省社会组织数据。

从表6可见，河源市社会组织三种类型从业人员的从业人员数及性别结构、学历结构、职业资格结构和年龄结构。社会团体从业人数占较大比重，2016年占全市社会组织从业人员的56.7%，2017年为57.1%。学历结构上，社会服务机构大专以上学历从业人员比重最高，2016、2017年基金会大学专科以上的从业人数分别占总人数的14.3%和15.1%；社会团体大专以上学历从业人员比重次之，2016、2017年社会团体大学专科以上的从业人数分别占总人数的7.6%和7.4%；基金会大专以上学历从业人员比重最低，2016和2017年均为0人。

表6 各类型社会组织从业人员状况

单位：人数

社会组织类型	年份	社会组织数	从业人员数	女性从业人员数	大学专科	大学本科及以上	职业资格水平情况 助理社会工作师	职业资格水平情况 社会工作师	年龄结构情况 35岁及以下	年龄结构情况 36~45岁	年龄结构情况 46~55岁	年龄结构情况 56岁及以上
社会团体	2016	661	13530	463	734	290	1	36	3155	4282	3547	2546
社会团体	2017	714	14236	601	760	296	1	36	3366	4546	3751	2573
基金会	2016	1	3	1	0	0	0	0	2	0	0	1
基金会	2017	3	3	1	0	0	0	0	2	0	0	1
社会服务机构	2016	902	10325	4781	1009	469	10	32	6423	2973	590	339
社会服务机构	2017	952	10671	4999	1155	453	13	33	6661	3049	628	333

资料来源：2016、2017年广东省民政厅计财年报全省社会组织数据。

5. 社会组织党建状况

截至2016年12月31日，河源市建立党组织的社会组织共有77个，其中社会团体58个，社会服务机构19个，基金会0个；社会组织中中共党员人数为1147人，其中社会团体509人，社会服务机构638人，基金会0人。

与2016年相比，河源市建立党组织的社会组织个数减少了7个，社会组织党员人数也略有减少。截至2017年12月31日，河源市建立党组织的社会组织共有70个，其中社会团体62个，社会服务机构7个，基金会1个；社会组织中中共党员人数为1137人，其中社会团体515人，社会服务机构619人，基金会3人①。

（二）河源市社会组织发展特点

1. 科技类社会组织增幅大

在中央有关"大众创业万众创新"的政策鼓动下，科技类社会组织增幅大，2016年共登记12家，比2015年增长近70%。

2. 慈善组织更加规范

2016年9月1日，《中华人民共和国慈善法》正式实施，市民政局根据要

---

① 资料来源：2016、2017年广东省民政厅计财年报全省社会组织数据。

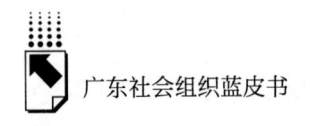

求对已经设立的带有慈善属性的社会组织相关材料和慈善活动费用支出、管理费用支出进行严格审核，符合要求的认定为慈善组织；对申请设立的慈善组织在章程、项目管理制度等内容进行严格把关，符合要求的准予成立登记。

（三）促进河源市社会组织发展举措和成效

1. 推进社会组织"三证合一"

联合市地税局、市国税局、市质监局印发了《关于我市实施社会组织统一社会信用代码事项的通知》，对我市2016年1月1日后新成立的社会组织发放以统一社会信用代码为编码的新登记证书，对2016年1月1日前成立的社会组织，利用办理年度检查、变更换证、遗失补证等业务为近200个社会组织换发新登记证书。

2. 开展行业协会商会与行政机关脱钩试点工作

（1）根据广东省民政厅、广东省发展和改革委员会印发的《广东省深化全省性行业协会商会与行政机关脱钩试点工作方案》精神和要求，与市发改局联合制定了《河源市深化全市性行业协会商会与行政机关脱钩试点工作方案》，完成了13家行业协会进行脱钩试点工作。并顺利通过了省"两建"考核组的现场考核。

（2）会同市发改局结合我市实际起草《河源市行业协会商会与行政机关脱钩实施方案》，于2016年12月下发向各县区人民政府、市直有关单位征求意见。同时向社会组织公开征求意见，后上报市委、市政府。市委办公室、市府办公室已于2017年5月11日以河委办〔2017〕26号文件正式印发实施。

（3）根据《市委办市政府办关于印发〈河源市行业协会商会与行政机关脱钩的实施方案〉的通知》（河委办发〔2017〕26号）精神，经过摸底，初步拟定了7家市直行业协会商会脱钩名单，在向各业务主管单位征求意见后，于2017年7月31日下发《河源市民政局关于做好全市性行业协会商会与行政机关脱钩工作的通知》，对6家行业协会正式开展脱钩工作。截止到9月底已全部完成脱钩。

3. 积极扶持社会组织发展

（1）开展社会组织培训工作

2016年，在市科协举办的学会工作业务知识培训班上为70名社会组织负责人讲授社会团体登记管理政策及实务操作内容，对社会组织在合法办会、社团日常管理等工作具有很强的指导性。2017年3月上旬，举办行业协会商会负责人培训暨"两建"迎检工作动员会，部分行业协会商会负责人及管理人员参加了会议，社会组织管理局相关负责人对《广东省市场监管条例》的制订背景做了介绍，还对涉及行业协会商会的条款进行了解读。

（2）择优推荐全市社会组织竞争上级培育发展社会组织专项资金

2016年，全市有10家社会组织共获得220万元省级财政扶持资金；市现代妇医慈善志愿者中心开展的"关爱农村妇女健康"项目获得了中央财政50万元资金支持。

（3）政府向社会组织购买服务数量种类及资金支出

2016年，政府向社会组织购买服务资金支出250.5万元，与2015年相比增长25%，购买服务项目包括：6家残疾人康复机构承接市残联残疾人医疗康复项目，资金共计200万元，有力地推动社会组织参与残疾人救助工作。河源东江眼科疾病防治所承接市县残联白内障复明手术项目，资金30万元。让河源市积存和新增的白内障患者得到及时复明以及手术治疗。河源市心理健康服务协会承接河源市政法委"河源市精神病预防界定与监护人培训社会服务项目"，购买服务资金7万元。承接共青团河源市委员会"河源市未成年人心理健康辅导站服务项目"，购买服务资金6万元。帮助更多孩子健康成长。河源市社会体育指导员协会承接篮球赛服务项目，资金7.5万元。为河源市篮球运动健康发展创造良好的社会环境。

2017年，政府向社会组织购买服务资金支出290.375万元，具体包括：6家残疾人康复机构承接市残联残疾人医疗康复项目，资金共计200万元，更好地推动了社会力量参与残疾人救助工作。河源市对外贸易经济企业协会承接市商务局项目，资金28.225万元。河源市家政服务网络中心承接市商务局项目，资金20万元。河源市心理咨询师协会承接团市委、市公安局、市戒毒所项目，资金12.5万元。河源市亮点志愿者服务中心承接社会服务项目，资金17万元。河源市红丝带社会服务中心承接社会服务项目，资金11.75万元。河源市众爱志愿者服务中心承接社会服务项目，资金0.9万元。

4. 社会组织信息化建设情况

一是启用河源市社会组织公共服务信息平台，网上办理社会组织成立、变更、注销以及年检工作。二是建立了社会组织登记管理机关，社会组织与社会公众共同参与、共同使用、共同分享、互动交流的河源市社会组织信息网。三是开通社会组织QQ群，开辟社会组织业务在线交流渠道。四是建立信息即时传达系统，建立了政策信息的快速传递渠道。

5. 社会组织的监督情况

（1）规范社会团体涉企收费等行为，切实减轻企业负担。一是会同市发改局转发《广东省发展和改革委员会 广东省民政厅转发国家发展改革委等10部委关于印发行业协会商会综合监管办法的通知》，结合社会组织年度检查等工作，对全市行业协会商会收费进行排查，涉及的行业协会39家、商会12家，发放统计表51份，收回统计表51份，了解掌握各社会团体的收费项目、收费标准、收费性质、文件依据、收费总额、处理意见等情况。二是印发《清理规范市级社会团体收费行为降低企业负担工作方案的通知》（河民〔2017〕105号），要求社会团体会费缴费档次较多、标准过高的，要调整缴费档次、降低会费标准，会长单位、副会长单位的会费标准在1万元以上的，原则上按现有标准降低50%；对于会费结余较多的，鼓励主动减免会员企业会费，切实减轻会员负担。

（2）于2017年2月28日下发了《关于开展2016年度市级社会组织年检工作的通知》。截止到11月底，公告了329家社会组织的年检结果，年检合格率达95%以上。

（3）建立社会组织异常名录，加强与有关部门的协调联动，将社会组织的实际表现情况与社会组织享受税收优惠、承接政府转移职能和购买服务等挂钩。

6. 社会组织党建工作情况

（1）认真组织学习宣传贯彻习近平新时代中国特色社会主义思想和党的十九大精神。牢固树立"四个意识"，坚决维护习近平同志为核心的党中央权威和集中统一领导，突出抓好社会组织党委班子思想政治建设，深入推进学习习近平总书记系列重要讲话精神和习近平新时代中国特色社会主义思想，把学习贯彻十九大精神作为全市各社会组织政治生活中的头等大事和首要任务。2017年11月2日，召开市社会组织党委学习宣传贯彻十九大精神动员部署会，为65名市直社会组织党组织负责人上辅导课，并对社会组织学习宣传贯彻十九大精神做出部署。由市社会组织党委统一出资为所属党组织征订学习辅导资料1052册。各党组织严格按照部署，采取集中宣讲、专题学习、交流心得等多种形式，深入开展学习宣传十九大精神活动，举办各种学习会163场次，掀起学习贯彻十九大精神的热潮。在此基础上，组织全体党员开展"学省党代会精神　迎党的十九大召开"和"学报告　学党章"考学活动，参考率和合格率均为100%。

（2）开展党建调研工作，采集调研统计表101份，实地走访调研社会组织党组织25个，摸查社会组织基层党建情况。与市委组织部联合印发了《进一步加强社会组织党建工作方案》。

（3）扎实推进"两学一做"学习教育常态化制度化。一是规范组织生活。指导市直社会组织党组织进一步健全和规范"三会一课"制度，"两学一做"学习教育常态化、制度化。规范流动党员管理工作，深入查找"口袋"党员，理顺党员归属关系。2017年，转入正式党员47人，转出正式党员10人，按期转正预备党员26人，接收预备党员12人。二是抓好集中学习教育。2017年6月23日，举办党务业务骨干培训班，市直社会组织党组织65名党务工作者参加培训。通过加强党的理论和路线方针政策、党务知识等方面的教育培训，引领社会组织党组织不断增强"四个意识"，在思想上、政治上、行动上坚决同以习近平同志为核心的党中央保持高度一致。三是抓好教育管理平台建设。建立市直社会组织党建工作QQ群及微信群，打造联系服务党员和开展党员教育管理的党建工作平台，经常性地对党员进行政治理论教育。安排专人负责信息采集、编辑和发布工作，推送十九大报告精神、"两学一做"学习教育知识、党务知识、政策法规和先进典型等党建信息27篇。四是创新活动载体。发动社会组织党组织围绕市委、市政府中心工作，积极开展"为民服务做表率"和"文明交通劝导"等形式多样的志愿服务活动。

（4）大力加强社会组织基层党建工作。一是健全机构。于2017年8月31日召开中共河源市社会组织委员会第一次党员代表大会，选举产生首届中共河源市社会组织委员会委员。二是建立台账。对社会组织党组织党建工作开展调研，建立市直社会组织党建工作台账。三是完善机制。对48个新成立的社会组织，在注册登记时全部同步完成社会组织党员信息登记，对符合成立党组织条件的签订党建承诺书，同步指导成立党组织，同步将党建工作写入《社会组织章程》。对 328 个社会组织进行年检时，全部将党组织建立情况和党组织活动情况列为必检的内容，纳入社会组织评估重要指标。根据年检报告书中党员情况，督促已经注册的社会组织积极筹建党支部。对 13 个已成立党组织的社会组织，在换届同时检查党组织作用发挥、党员管理教育等情况。通过抓党建促进社会组织健康发展，更好地发挥服务社会作用。四是扩大覆盖率。按照"先易后难、分类指导、有序推进、全面覆盖"的原则，采取单独组建、联合组建等方式新成立 6 个党组织，做到应建尽建。截至 2017 年底，成立党组织 69 个（1 个党委，3 个党总支，65 个党支部），正式党员 475 人。五是完善信息系统数据。深入开展市直社会组织党组织和党员信息采集入库工作，对 69 个党组织和 475 名党员的 41 项基本信息进行采集入库，完善了网上党员信息系统数据，有效推动了党员信息化工程建设。

（四）社会组织发挥作用

一是全市社会组织发扬团结互助、乐善好施的传统美德，采取多种形式开展募捐活动，共捐款近 40 万元。为帮助贫困群众脱贫致富、推动我市扶贫济困工作深入开展做出了重要贡献。

二是河源市现代妇医慈善志愿者中心在全市五县两区范围内开展实施民政部中央财政支持社会组织示范项目"白衣守护天使·关爱农村妇女健康"活动，服务超过 7000 人。

三是河源市众爱志愿者服务中心开展敬老、助残、助幼、文明引导等多项公益活动，共投入资金 22 万余元，受助者达到 15000 余人。

四是河源市积善之家公益服务中心为 150 名戒毒人员开设"文化戒毒"课程。通过营造全新、轻松、活泼的戒毒环境，在药物戒毒的基础上，加强思想教育、灌输经典国学文化精髓以及运用现代心理学知识辅导双管齐下感化学员，帮助学员重新树立戒除毒瘾和重新做人的信心。同时，通过开展丰富的文娱活动，让戒毒学员从"要我戒毒"向"我要戒毒"转变，取得了良好的效果，提高了戒毒成功率，从原来的复吸率高达 97% 下降至 54.8%。受到公安部、省公安厅的好评，并代表河源公安在今年举办的全省首届"平安广东杯"粤警创新大赛中成功进入复赛。

（五）河源市社会组织发展中存在的问题

1. 登记管理问题

社会组织以较快的速度发展起来，使登记管理工作量不断增加，难度增大，但登记管理部门的机构编制、经费装备、队伍素质还无法满足现行需求。市、县区未能按工作需要配备、配足社会组织登记专职工作人员，也未配备执法人员，同时，没有执法经费和执法车辆。

2. 社会组织资金来源

经费不足是导致社会组织活动难以有效开展的关键因素，这对于经济发展水平较低的河源市而言，也是当前面临的一个棘手问题，很多社会组织处于尴尬境地，而少数社会组织因经费不足而陷入了进退两难的困境。一般来讲，社区组织主要是通过自行筹集资金的方式开展相关活动。而导致社区组织资金严重不足的原因有两点，一是内部原因，二是外部原因。就组织内部这方面原因来看，截止到当前，社区组织并没有受到社会广大民众的认可与肯定，而且从业人员缺乏归属感，这样就导致捐助数额不断减少，而个人捐赠则是社会组织获取经费的主要来源，又因自身筹款途径比较单一，难以在短时间内筹集到大量资金，从而出现了经费严重不足的现象。就组织外部原因来看，关键在于民间筹资现状不理想，广大民众并未树立慈善、公益观念；扶持社会组织的政策法规比较少，补贴待遇没有落实到实际。由于经费严重不足，社会组织工作难以正常有序开展，最终形成无经费、无作为、无动力的恶性循环。

3. 社会组织自我管理不够规范

当前，全市大部分社会组织并未建立相对完善的内控管理制度，存在管理无序、流程繁杂、工作效率低的问题，也就难以承担起政府购买服务和转移职能的重任。社会组织内部也没能建立起切实可行的监督机制，活动的公开性与透明度还不够，导致社会组织的公信力严重缺失。尽管大部分社会组织制定了相对完善的组织结构，不过在具体实际运行中却处于零散状态。而有些社会组织即便设立了内部规章制度，也只是流于形式而没有落实到实处。而这些组织架构也只是一种形式体现，又没有全面落实民主管理原则和自律机制。由于这种毫无生气的运作方式的存在，无法对社会组织形成强有力的监督与管理，造成操作水平过于低下，从而致使行业管理欠缺规范与标准。

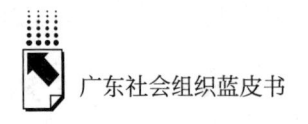

4. 社会组织作用发挥不充分

现阶段，河源市社会组织功能作用并未实现全面发挥，只是作为政府的附属机构发挥了一定的职能作用，而大部分社会组织的前身是政府某个部门，这在某种程度上使其带有强烈的行政色彩。受传统行政体制的影响，很多政府并没有将职能完全转移给行业协会，而是将其附属单位所具备的一些职能转移给市行业协会，实际上，政府职能部门与行业协会并没有实现真正分离，造成政会不分，使得行业协会变成了"二政府"。在此背景下，社会组织的宗旨与理念就会与初衷发生严重相违背，导致行业协会的职能发挥受到政府部门的严格管控，也就弱化了行业协会的地位与作用。

（六）河源市社会组织发展改革措施

1. 落实扶持政策

建立扶持社会组织发展专项资金。政府主要是通过以公共财政为主导的多元化机制为社会组织提供的资金支持，在公共财政专项资金以外，还通过福彩、公益募捐的方式来筹集扶持资金。目前，扶持的方式呈现出多样化，而最常见的有政府补贴、工作经费等。

2. 实行购买服务　实现政府购买服务项目的精准化

设立政府转移职能制度，加快政府职能转变进程，在短时间内快速将应有职能转移给社会组织，尤其是要严格按照国家出台并实施的相关条例规定，把应该转移出去的职能全部转交给行业协会，使其在推动社会经济发展方面提供强大功能服务。早日设立政府购买公共服务机制，通过一系列办法及措施的有效推行与实施，明确政府购买服务的重点范围，确保为广大民众提供实际所需的公共服务，比如教育、科技、文化、卫生、体育、社会福利、社会保障、社区服务等。对于一些事务性工作，需政府相关部门向社会组织购买，以促使社会组织主动参与到社会管理及公共服务中去。

3. 完善社会组织诚信体系建设　提高完善社会组织公信力建设

建立并完善社会团体和社会服务机构单位的信用信息数据库，创建并完善社会组织信用档案，结合自身运营发展实际，积极构建自律运行、守信鼓励、失信惩戒、竞争淘汰等相关机制，与此同时，加大对社会组织信用建设的力度。一是健全自律体系。引导并促使社会组织积极改进并完善与法文条例相适应的自律体系。旨在为不同类型的社会组织依据现行政策规定积极开展活动提供有力指导。二是增强社会责任意识。构建与自身发展实际相适应的公共责任体系，基于全国范围内大力推行服务承诺制，确保社会组织能够更好地承接政府购买服务。三是创建信息公开制度。建立并健全信息披露制度。促使不同类型的社会组织定期公示年度工作报告，同时要求社会组织将开展的大型活动、财务情况等重大信息及时披露于广大民众，自觉接受人民群众的监督，旨在实现制度化、程序化的信用信息建设。四是完善财务制度。社会组织务必要严格按照现行制度及政策开展财务工作，保证及开展的相关财务活动具有非营利性。五是规范行为。建立与之相匹配的信用信息公开制度和信用评估制度，与此同时，设立诚信档案。六是建立监督制度。对社会组织信用进行分类监督与管理，对涉信单位和人群的信用加大监管力度，并积极改进与健全信用公示和警示制度。切实发挥新媒体监督作用，以不断增强社会组织的公信力。

4. 规范社会组织监督管理

一是将年检工作视为规范社会组织监督管理的必要手段之一，根据现行法律规定，积极开展年检工作，在提高法治意识的基础上，充分调动与激发主动开展相关活动的积极性，推动社会组织稳健持续高效发展。二是加强社会组织行政执法工作，对非法社会组织和社会组织违法违规行为加以及时查处，坚决纠正部分行业协会利用手中权力强制入会、摊派会费、搭车收费、指定服务、擅自制定应由政府定价的收费项目和标准、违规收费以及设立"小金库"、乱收乱支、坐收坐支等问题，旨在为社区组织良好发展营造一个和谐的社会环境。三是定期进行等级评估，实现政府购买服务资质评估的规范化。严格按照国家出台并实施的相关条例法规，大力开展等级评估工作，同时将其视为政府部门职能转移与购买服务、社会公益性活动开展与评比等工作成果的重要判定指标，四是积极设立重大活动报告制度和现场监督制度，通过实时性监督与管理，以便早日发现问题，并采取有效措施进行妥善处理。

5. 进一步加大社会组织去行政化、去垄断化改革力度

根据《国务院机构改革与职能转变方案》，提出行业协会、商会与行政机关脱钩方案，对于达到条件的社会组织可优先试点，循序渐进地推进脱钩，积极探索一业多会，引入竞争机制，在较短时间内得到政社分开、权责明确、依法自治的现代社会组织体制。

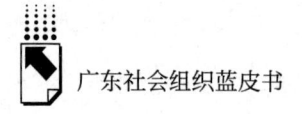

6. 加强登记管理机构建设

积极改进并完善登记管理体制后，无论是日常开展的工作还是担负的责任都显著增加，而现行登记管理机关的体制结构、专业队伍等却无法很好适应新要求。对此，要加强登记管理建设，提高它的权威性，增强执法和监管力量，设立相对独立、统一协调、力量匹配的市、县区社会组织登记管理机关。

B.9
梅州社会组织发展报告

李国平 涂 斌[*]

摘 要： 梅州市社会组织具有数量增长较快，社会组织行业分布以教育、社会服务、农业及农村发展为主，市级社会组织数量占比较大，区县分布欠缺均衡，社会服务机构从业人数占较大比重等特点。梅州市社会组织在扶持发展、规范法人治理结构、完善监管体系等方面取得了不少成绩，但是也存在着社会组织发展不平衡、结构不合理、资金来源单一等问题。梅州市需在完善登记管理制度，推进行业协会脱钩工作，加强党建工作和加强监管能力建设等方面进一步努力。

关键词： 梅州市 社会组织 监管 规范发展

作为广东省的重要枢纽，梅州市分布在闽、粤、赣三省交界处，其东部与福建省龙岩市以及漳州市相连接，南部和潮州、揭阳、汕尾三市接壤，西部和河源市相连接，北部则和江西省赣州市毗邻。梅州不仅是全国生态文明建设试验区，也是粤闽赣边区域性中心城市，是广东省重要电力基地和文化旅游特色区。从地形方面来讲，梅州呈典型的北高南低状，地貌类型相对较为多样化，主要有平原、台地、丘陵等，其占地面积为15876.06平方千米，下辖两区一市五县，其中两区指的是梅县区和梅江区，一市指的是兴宁市，五县指的是平远县、大埔县、丰顺县、五华县以及蕉岭县。2017年底，梅州市户籍人口为

---

[*] 李国平，大学本科，梅州市社会组织管理办公室，副主任科员，研究方向：社会组织管理。涂斌，博士，广东外语外贸大学教授，广东省社会组织研究中心副主任，硕士生导师。研究方向：社会组织评估、社会组织资金筹措、社区治理、财政支出绩效评价。

550.11万人；2017年全市实现地区生产总值（GDP）1125.82亿元，比上年增长6.8%。作为全国规模较大的一个重要侨乡，梅州市华侨人数多达700余万，是港澳台同胞的主要祖籍地之一，在台湾每500万客家人中，祖籍在梅州的人就多达180万。梅州被人们亲切地称为"世界客都"，现在梅州市被授予中国十佳绿色环保标志城市、国家卫生城市、中国自驾游最佳目的地等一系列称号。除此之外，梅州市还被人们称作为"广东汉剧之乡、广东汉乐之乡、金柚之乡、单丛茶之乡、温泉之乡、长寿之乡"。

（一）梅州市社会组织发展基本情况

1. 社会组织总量增长较快

2017年梅州市社会组织总量相较于2016年有所增加：截至2016年12月31日，全市注册登记的社会组织有2007家；截至2017年12月31日，全市注册登记的社会组织有2078家，比2016年社会组织总量增长了3.54%（见表1）。

2. 社会组织类型以社会团体和社会服务机构为主

社会组织类型中，社会服务机构和社会团体之和占比超过99%，基金会仅占约0.5%左右，社会团体占比从2016年的65.97%下降到2017年的61.5%，社会服务机构占比从2016年的33.58%上升到2017年的37.87%，基金会占比从2016年的0.45%上升到2017年的0.63%。从图1可见，2016年社会团体1324家，占65.97%；社会服务机构单位674家，占33.58%；基金会9家，占0.45%。2017年社会团体1278家，占61.5%；社会服务机构单位787家，占37.87%；基金会13家，占0.63%（见图2）。

表1 2016~2017年梅州市社会组织增长情况

年度	社会团体数量	社会服务机构数量	基金会数量	合计	增长率(%)
2016	1324	674	9	2007	—
2017	1278	787	13	2078	3.54

资料来源：2016、2017年广东省民政厅计财年报全省社会组织数据。

通过对比2016和2017年的全市社会团体、社会服务机构和基金会的数量，可知社会服务机构和基金会处于增长状态，社会团体处于负增长状态。从

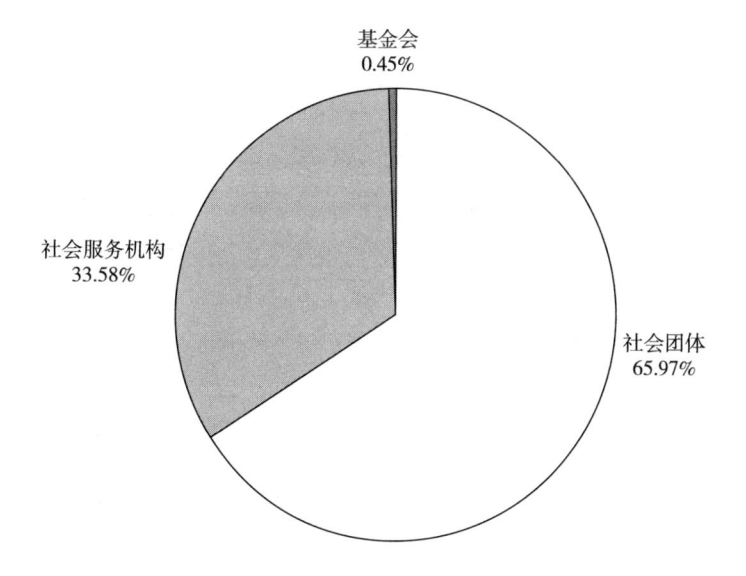

图1 2016年梅州市三类社会组织比重

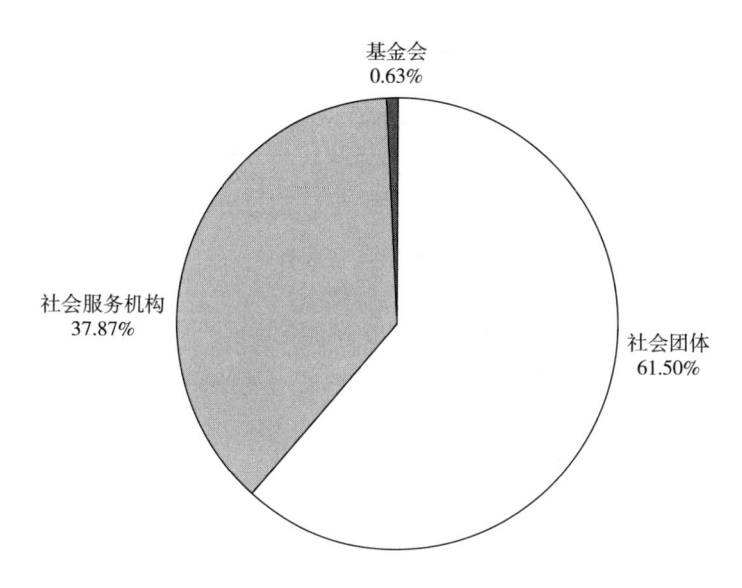

图2 2017年梅州市三类社会组织比重

表2可看到，增长最快的是基金会，从2016年的9家增长到2017年的13家，增长率为44.44%；社会服务机构的增长速度次之，从2016年的674家增长到

2017年的787家，增长率为16.77%；社会团体的增长速度最慢，从2016年的1324家减少至2017年的1278家，增长率为-3.47%。

表2 2016~2017年梅州市各类社会组织增长状况

	社会团体			社会服务机构			基金会			合计
	数量	比重(%)	增长率(%)	数量	比重(%)	增长率(%)	数量	比重(%)	增长率(%)	
2016	1324	65.97	—	674	33.58	—	9	0.45	—	2007
2017	1278	61.50	-3.47	787	37.87	16.77	13	0.63	44.44	2078

资料来源：2016、2017年广东省民政厅计财年报全省社会组织数据。

2. 各区县社会组织发展状况

梅州市共设立8个县区，市级设立市级社会组织管理办公室，区县设立县级社会组织管理办公室。2016年，梅州市市级社会组织402家，占20.17%；县区社会组织1591家，占79.82%，其中，梅县区358家，占17.96；梅江区179家，占8.89%；五华县149家，占7.48%（见表3）。从梅州市社会组织地域分布情况来看，社会组织发展与地方经济发展水平成正比。

表3 梅州市各县区社会组织分布情况

地区	社会组织数量(家)	比重(%)	地区	社会组织数量(家)	比重(%)
市级	402	20.17	大埔县	152	7.63
梅江区	179	8.89	平远县	186	9.33
梅县区	358	17.96	蕉岭县	220	11.04
兴宁市	172	8.63	丰顺县	175	8.78
五华县	149	7.48			

资料来源：梅州市社会组织管理局提供。

3. 社会组织行业分布以教育、社会服务、农业及农村发展为主

从表4可知：梅州市社会团体主要集中在农业及农村发展、社会服务、文化、体育等领域，其中国际及涉外组织类社会团体发展增速最快，由2016年的1家增加到2017年的13家，增长率为1200%。本市基金会集中在其他类别，从2016年的9家增加到2017年的13家，增长率为44.44%。社会服务机构集中在教育、社会服务、体育等领域，与2016年相比，2017年社会服务类

社会服务机构增加34家，增长率为43.04%，教育类社会服务机构增加80家，增长率为16.49%。

表4 社会组织行业分布表

社会组织类型	年份	科技与研究	生态环境	教育	卫生	社会服务	文化	体育	法律	工商业服务	宗教	农业及农村发展	职业及从业组织	国际及涉外组织	其他	合计
社会团体	2016	38	60	36	47	119	106	92	0	48	22	195	25	1	535	1324
	2017	37	5	34	48	94	105	95	0	47	23	168	22	13	587	1278
基金会	2016	0	0	0	0	0	0	0	0	0	0	0	0	0	9	9
	2017	0	0	0	0	0	0	0	0	0	0	0	0	0	13	13
社会服务机构	2016	7	0	485	17	79	23	45	0	0	0	0	0	0	18	674
	2017	4	0	565	19	113	20	49	0	0	0	0	0	0	17	787

资料来源：2016、2017年广东省民政厅计财年报全省社会组织数据。

4. 社会组织从业人员状况

梅州市社会组织从业人员性别结构上男性比重高于女性，从表5可见。2016、2017年梅州市社会组织从业人员总数分别为14042人、14168人，其中，女性为6185人和5096人，占比分别为44.0%和36.0%，社会组织从业人员大部分为男性，2017年相较于2016年在女性从业人员比重方面有所下降；从业人员受教育程度相对较低，2016年、2017从业人员中大学本科人数分别为1027人和1023人，仅占总人数的7.3%和7.2%。社会组织从业人员年龄结构相对年轻化，根据表6，2016年和2017年36~45岁和35岁以下的人员加总后为10642和10910人，占了总人数的75.8%和77.0%。

表5 社会组织从业人员性别结构、受教育程度结构、职称结构

单位：人数

年份	社会组织数	从业人员数	女性	受教育程度情况		职业资格水平情况	
				大学专科	大学本科及以上	助理社会工作师	社会工作师
2016	2007	14042	6185	2309	1027	1	0
2017	2078	14168	5096	2343	1023	1	0

资料来源：2016、2017年广东省民政厅计财年报全省社会组织数据。

表6　社会组织从业人员年龄结构

单位：人数

年份	35岁及以下	36~45岁	46~55岁	56岁及以上
2016	6060	4582	2725	675
2017	6482	4428	2589	669

资料来源：2016、2017年广东省民政厅计财年报全省社会组织数据。

从表7可见，梅州市社会组织三种类型从业人员的从业人员数及性别结构、学历结构、职业资格结构和年龄结构。社会团体从业人数占较大比重，2016年占全市社会组织从业人员的54.9%，2017年为51.1%。学历结构上，社会服务机构大专以上学历从业人员比重最高，2016、2017年社会服务机构大学专科以上的从业人数分别占总人数的37.6%和35.8%；基金会大专以上学历从业人员比重次之，2016、2017年基金会大学专科以上的从业人数均占总人数的33.3%；社会团体大专以上学历从业人员比重最低，2016年从业人员中12.4%为大专以上学历，2017年该数据为12.3%。

表7　各类型社会组织从业人员状况

单位：人数

社会组织类型	年份	社会组织数	从业人员数	女性从业人员数	大学专科	大学本科及以上	助理社会工作师	社会工作师	35岁及以下	36岁至45岁	46岁至55岁	56岁及以上
社会团体	2016	1324	7705	2323	658	295	0	0	2636	2922	1783	364
	2017	1278	7239	1224	613	275	0	0	2390	2842	1657	350
基金会	2016	9	27	11	9	0	0	0	4	10	6	7
	2017	13	27	11	9	0	0	0	4	10	6	7
社会服务机构	2016	674	6310	3851	1642	732	1	0	3420	1650	936	304
	2017	787	6902	3861	1721	748	1	0	4088	1576	926	312

资料来源：2016、2017年广东省民政厅计财年报全省社会组织数据。

5.社会组织党建状况

截至2016年，梅州市建立党组织的社会组织共有15个，其中社会团体1

个,社会服务机构14个,基金会0个;社会组织中中共党员人数为612人,其中社会团体242人,社会服务机构370人,基金会0人。

与2016年相比,梅州市社会组织在党组织数量和党员数量上有所减少。2017年,梅州市建立党组织的社会组织共有6个,其中社会团体0个,社会服务机构6个,基金会0个;社会组织中中共党员人数为504人,其中社会团体142人,社会服务机构362人,基金会0人。

表8　2017年梅州市各县区社会组织党建情况

地区	建立党组织总数	社会组织类型			人数
		社会团体	社会服务机构单位	基金会	
市直	14	13	1	0	109
梅江区	8	0	8	0	146
梅县区	2	2	0	0	12
兴宁市	12	9	3	0	88
五华县	5	3	2	0	22
平远县	4	3	1	0	58
大埔县	2	2	0	0	23
蕉岭县	3	2	1	0	35
丰顺县	3	2	1	0	11
合计	53	36	17	0	504

资料来源:梅州市社会组织管理局提供。

(二)梅州市社会组织发展特点

1. 社会组织不断发展壮大,数量增多、覆盖面广

梅州市社会组织在党与政府的大力支持下,数量日益增多,发展规模也持续扩大,2010年到2016年之间,梅州市社会组织登记数量从1054家增加到1993家,年均增速4.2%。初步建立了类型齐全、涵盖面广的社会组织体系,涉及经济、科技、卫生、体育、教育、文化等多个方面。以梅州市行业协会为例,已登记在册的行业协会为124家,其服务领域相对较为广泛,几乎涵盖了当地所有特色产业和核心支柱产业。

2. 社会组织监管工作稳步推进

逐步建立起一套登记管理部门与业务主管机构发挥主导作用、其他相关部

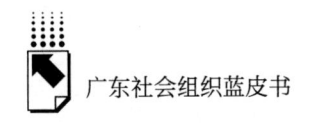

门协同合作的管理体系。行业协会商会逐步从行政单位中脱离出来，社会服务机构登记管理工作规范有序，基金会的监管工作进一步得到优化完善。对社会组织依法监管工作取得长足发展，年度检查、财务审计、信息公开以及社会评估等相关工作均有条不紊地开展。

3. 社会组织积极作用日益彰显

社会组织渗透于社会生活的方方面面，在推动经济发展、维护社会稳定、提供社会服务、参与社会治理、促进公益活动等方面发挥着极为重要的作用。例如，梅州市124家行业协会商会在开展行业自律、倡导诚信经营等方面开展了大量工作，积极协助政府开展市场监管工作，较好地维护了梅州市的市场秩序和社会和谐稳定。

4. 促进社会组织内部治理机制不断完善

以章程为核心的完善法人治理结构，社会组织权力机构、决策机构、监督机构、执行机构间能形成权责明确、相互制约、运转协调和决策科学的统一机制，是依法规范社会组织依法自治的关键前提。在推进社会组织法人治理机制的制度要求背景下引导推动社会组织的法人治理机制不断完善，社会组织的组织机构设置及运行基本规范，内部工作人员年龄知识结构日趋合理，非营利组织会计制度被有效推行，诚信观念以及自律意识也不断得到有效树立和积极弘扬，相继涌现出不少自律机制健全、管理运行科学、社会公信力和影响力高的社会组织。

（三）促进梅州市社会组织发展举措和成效

近年来，梅州市社会组织发展迅速，截至2017年末，梅州市社会组织总数为2078家，较上年增长4.1%。梅州市社会组织在公共服务供给、维护社会稳定、推动经济稳步发展、促进政府职能转变等相关方面发挥着不可或缺的重要作用，成为参与社会治理的一支有生力量。

1. 逐步完善政策法规体系

梅州市民政局结合梅州市社会组织管理实际情况，出台了《关于进一步培育发展和规范管理社会组织的方案》、《梅州市社会组织孵化基地暂行管理办法》、《梅州市扶持社会组织发展专项资金管理办法（试行）》、《梅州市民政局社会组织评估实施办法》等规章制度，实施政府购买服务，设立社会组织发展的财政专项资金、切实落实及推行税收优惠政策等一系列方式扶持社会组织发展。

2.积极扶持社会组织发展

（1）建立社会组织孵化基地。2014年6月，梅州市社会组织孵化基地已建成并投入使用。梅州市民政局委托梅州市嘉应社会组织服务中心开展培育发展社会组织工作，为初创期符合社会需求、具有发展潜力的公益性社会组织，提供办公场地、小额补贴、人员培训等孵化服务，为梅州市培育出更多示范性、榜样性社会组织提供所需服务。到目前为止，共有28家社会组织直接受益。

（2）争取社会组织扶持资金。鼓励骨干型社会组织积极申请中央及省级财政的专项资金，给培育和发展社会组织提供更多资金方面的保障。2015年梅州市共有12家社会组织获得省级培育发展社会组织专项资金共计310万元。同时，多家社会组织承接政府购买服务，累计金额达2000多万元，为推动社会组织健康、有序、规范发展提供了物质保证。

（3）推动四类组织直接登记。梅州市坚持以科学发展、解放思想为指导，以原则性与灵活性相结合的方法，放宽条件、降低门槛、简化程序，推行并实施行业协会商会类、科技类、社区服务类、公益慈善类等各相关社会组织直接登记。目前共有70多家梅州市市属社会组织直接登记。

（4）组织社会组织人员培训。在《慈善法》颁布之际，梅州市民政局组织市属社会组织负责人、秘书长等共200多人参加《慈善法》、社会组织管理体制改革文件学习，就《慈善法》、社会组织财务制度和社会组织涉法等问题展开授课。通过集中组织培训，提升了社会组织负责人业务水平。

（5）建立承接政府职能转移和购买服务资质目录。根据《关于申报第三批具备承接政府职能转移和购买服务资质的通知》精神，梅州市民政局启动了第三批具备承接政府职能转移和购买服务资质认定申报工作。不少社会组织承接了政府的购买服务，如2016年10个市级民办学校承接梅州市人力资源和社会保障局农村劳动力技能培训的政府购买服务，承接政府职能转移和购买服务资金达3000多万元。2016梅州市嘉应社会组织服务中心承接了市民政局2016年梅州市社会组织《慈善法》宣传和培训工作，费用23029.32元；承接了梅江区食药局食用农产品质量安全宣传工作，费用9000元；承接了梅州市应急办梅州市应急管理社会化联动相关工作，无费用；承接了梅州市"两学一做"学习教育社会组织党务工作培训工作，费用28800元；承接了梅州市"专业社工、全民义工"试点工作，费用10万元。梅州市节能低碳发展促进会承接梅州市经信局梅州市数据中心发展概况报告和2015~2016年梅州市减轻企业负担调研报告工作，费用11万、承接梅州市中小企业局广东省梅州市小微企业创业创新基地城市示范实施方案，费用9.8万元。

3. 加强社会组织内部治理

（1）积极开展社会组织统一社会信用代码转换工作。为做好梅州市社会组织统一社会信用代码工作，对2016年以前存量社会组织数据进行了进一步的核实，2016年2月29日，市民政局与市国税局、市地税局以及市质监局联合发布了《转发广东省民政厅等四部门关于广东省实施社会组织统一社会信用代码事项的通知》，并制定了《关于社会组织实施统一社会信用代码及网站办理业务的通知》，正式启动了换证赋码工作。通过网站、社会组织QQ群等多种方式，向社会组织宣传"三证合一"新政策，通知社会组织尽快办理换证手续。目前，2016年之前登记的存量社会组织的统一社会信用代码赋码工作已全部完成，赋码完成率100%。截至12月16日，共有707家社会组织完成换发新的"三证合一"法人证书。

（2）推进法人治理结构建设。为贯彻落实《广东省民政厅关于社会组织法人治理的指导意见等四个文件的通知》文件精神，梅州市民政局发动各县（市、区）和市直社会组织学习文件的主要内容，明确基本规则，掌握基本要求。目前，梅州市大多数社会组织建立结构合理、制度完善、运转协调的现代社会组织法人治理体系，对增强社会组织自治功能，激发社会组织活力，起到非常积极的促进作用。

（3）积极推进脱钩工作。结合正在进行的梅州市行业协会商会与行政机关脱钩工作，梅州市积极推进行业协会商会在职能、资产、人事、财务关系等方面与政府部门脱钩，优化发展环境，推进去行政化，实现行业协会商会自主办会、自我管理、自律发展。

4. 推进社会组织信息化建设

（1）建成社会组织信息网。按省厅要求，梅州市于2015年下半年建成社会组织信息网，进一步完善梅州市社会组织登记管理信息化，实现省、市、县社会组织相关数据互联互通。目前，市、县（区）两级均已实现社会组织成立、变更、注销登记网上申报、网上审批和网上年检业务。

（2）推动社会组织信息公开。现在梅州市大多数社会组织建立了网站，无论是社会组织法人情况、政府专项资金应用情况，还是公益项目具体开展过程等均予以全面公示，确保民众及时了解社会组织的运作流程及具体情况，真正实现社会组织的持续化、全面化监督，使社会组织公信力得到进一步提升。

（3）按社会信用体系建设统筹协调小组办公室的要求，做好"双公示"信息数据报送工作，将行政许可和行政处罚等信用信息按要求报送到市政府门户网站公示。

（4）面向社会组织创建专门的QQ群以及党务QQ群，形成沟通及时、互动良好的社会组织协同平台以及同行帮平台，可实现信息发布、资源整合、日常管理和党务工作等功能。

5. 加强社会组织监督检查

（1）实现业务网上办理。梅州市于2015年下半年开通"梅州市社会组织信息网"，市、县（区）两级均已实现社会组织成立、变更、注销登记网上申报、审批和网上年检业务，统一组织实施社会组织信用代码，全面实现省、市、县三级社会组织数据共享，促进当地社会组织信息管理信息化发展。

（2）认真组织年度检查。在2015年度年检期间，通过邮寄送达、电话告知、QQ群公告等手段，共邮寄送达300余份，电话通知100余次，确保年检通知发放到位，使年检参检率大幅提高。同时，严格按照《社会团体登记管理条例》的要求，对社会组织的遵纪守法、活动开展和财务管理等情况严格把关，边年检、边整改、边规范，并将年检结果在梅州市社会组织信息网上公布。

（3）推动社会组织信息公开。进一步促进社会组织行业自律体系及信用体系建设，健全并优化包括内部管理制度、信息公开制度、诚信自律制度等在内的六项制度，将行政许可和行政处罚等信用信息按要求报送到市政府门户网站公示。现已有60余家社会组织建立了专门的网站，以此为媒介向社会民众积极公开社会组织基本运作情况，社会组织运作变得更加公开化和透明化，加强对社会监督制度的完善与贯彻，使得社会组织公信力得以提升。

（4）开展社会组织等级评估。2016年，梅州市民政局委托梅州市嘉应社会组织服务中心联合嘉应学院广东省地方立法研究评估与咨询服务基地起草制定《梅州市社会组织等级评估评分细则》，现已通过审议并实施，全面实施评估工作，不断调整和完善"年度检查、日常监督、执法监察以及评估机制"四位一体的监督管理体系。

6. 加强社会组织党建工作

（1）建立健全党的组织和管理体系。2010年，梅州市民政局依托社会组织管理办公室成立了中共梅州市社会组织委员会，建立以社会组织党委为核心，以相关的业务主管部门和单位为纽带，以社会组织党支部为基点的管理体系。通过单独组建、联合组建等形式，梅州市共建立53个社会组织党支部（总支），党员503名，推动了社会组织党建工作的发展。

（2）抓好党组织自身建设。建立党建工作例会制度，研究解决党建工作遇到的问题。对所属党支部进行走访调研，围绕"两学一做"、支部班子建设、台账资料等方面的内容进行检查，对年度考核成绩优异的两个支部上报市委组织部进行表彰，对作用发挥不明显、活动组织不经常、组织涣散的两个支部予以撤销。

（3）抓好党务工作者队伍建设。通过选强配齐党支部书记、聘请党建工作指导员和组织党务工作培训等方式，从建立组织、发展党员、开展活动等方面进行指导。目前，现有党组织中，均已配备专职或兼职书记，主要由社会组织负责人或业务骨干担任。梅州市财政局对新成立的社会组织党支部给予3000元党建经费支持，每个专职书记每月2000元、兼职书记每月300元、党员每年300元补助。

（4）做好党员管理、教育发展和党费收缴工作。通过开展党员组织关系集中排查，共清查党籍材料有问题党员41名。根据社会组织的特点，坚持"小型、业余、分散、务实"的原则，采取自学与集中学习研讨、参观考察、学习交流等形式组织党员认真学习党的理论知识。引导广大社会组织从业人员积极向党组织靠拢，加大对入党积极分子的培养、教育和考察工作，全年共确定2名党员发展对象和20名入党积极分子。

（四）发挥社会组织在社会治理中的作用

1. 开展献爱心活动。动员各社会组织慷慨解囊，回报社会。梅州市社会组织积极响应市委市政府"精准扶贫"的号召,如梅州市青年志愿者协会助学分会筹集600多万元,资助547名贫困学子上大学,梅州市慈善会在2016年广东省扶贫济困日活动中开展募捐工作,募集资金600多万元,梅州市装饰行业协会为20名即将进入大学校门的寒门学子筹得爱心助学款12万多元,帮助孩子们一圆大学梦,为社会组织树立了健康向上的良好社会形象。

2. 积极化解社会矛盾。梅州市社会组织很好地担负起代表和反映社会群体的利益诉求的职责,部分社会组织在保障广大民众正当权益方面取得了一系列令人瞩目的成绩,不仅获得了社会民众的支持与信任,还在协助党及政府的科学、民主决策的制定等方面发挥了重要作用。其中社会组织反映群众诉求40宗,调解纠纷19宗,有力地促进了社会的和谐发展。如梅州市装饰行业协会与梅州市消委会正式签订了梅州市首个行业协会《消费纠纷联合解决机制合作协议书》,挂牌成立《梅州市装饰行业协会消费者维权服务站》,并成立了梅州市装饰行业协会施工专业委员会,聘请会员单位中资深、专业人士任职,协助解决由市消费委会转发的各类行业投诉问题。

3. 增强社会组织活力。在开展工作时,采取有效措施调动社会民众的参与热情,提升社会的自我组织能力和每个社会成员全面发展的能力。像梅州市装饰行业协会先后组织开展了"设计精英"、"优秀施工单位"评选活动,广大党员提出革新技术、改进管理、挖潜增效等方面的合理化意见和建议20余条,通过举办家居展销会,促进经贸交易达4500多万元,有力地促进了社会经济的发展。

(五)梅州市社会组织发展存在问题

经过数年的努力建设,梅州市社会组织取得了长足发展,逐步成为社会治理的中坚力量。整体来讲,梅州市社会组织保持稳步发展的良好势态,由于发展时间较晚、发展经验不足,依旧面临着许多亟待解决的问题。

1. 登记管理机关力量相对薄弱,与业务指导单位分工协调顺畅性不足

梅州市民政局下设的社会组织管理办公室负责梅州市社会组织的登记管理、监督检查和社会组织党建等工作。但是,长期以来,社会组织管理机构级别低、人员少、经费不足,没有专门的执法人员和党务工作人员,常常是一人多岗、一岗多职,管理力量与管理任务严重失衡,疲于应付日常事务,对社会

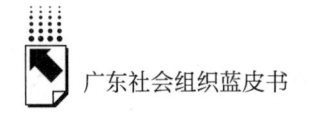

组织培育、指导和执法检查难以到位。

在双重管理的格局下，业务主管单位和登记机关对有些管理权限不明确，这就造成两个部门间职权不清、责任不明，常常出现多头管理以及管理缺位的情况。

2. 社会组织发展不均衡、部分社会组织自身建设有待进一步加强

梅州市社会组织数量多且规模小，组织活动能力弱。从数量看，每万人拥有社会组织数，梅州市不到4个。从构成看，社会团体数量多，占梅州市总数的67.8%，社会服务机构数量比较少，占梅州市总数31.7%（其中幼儿园最多）。从组织人员建设上看，部分社会组织人才流失率高，专业管理人才不足，不少工作人员均是退休人员志愿参与管理工作，存在专业人才短缺、专业化水平较低等问题，使得这些社会组织缺乏承接的资质，也导致承接政府服务作用发挥不够理想；还有部分社会组织资金匮乏，对政府形成了较强的依赖，部分社会组织没能按章程足额收取会费，有的仅依靠政府和有关单位的扶持获取运转资金，甚至个别社会组织成立之初即把争取政府和相关部门资金，作为经费的主要来源，在得不到资金扶持的情况下便进入"休眠状态"，加之不能拓展服务性收费业务，导致社会组织走入发展困境，主动自我发展意识亟须增强；部分社会组织机构设置不够完善，内部治理成效不佳，民主管理没有得到有效落实、活动开展规范性不足，社会公信力不强等，如个别社会组织内部对资金的使用是否合理、是否经过了广大会员的同意、是否有完善的财务等方面，既没有明确的内部监管机构也缺乏公开透明的信息公开制度，导致社会公信力较差，造成了"政府管不上，自身管不好"的不良局面，制约社会组织的长远发展。

3. 党组织及党员发挥作用有待加强

社会组织党员数量不足是社会组织党建工作滞后不可忽略的一个重要因素，大多数社会组织专职工作者里党员数量一般都在3人以内。许多会员的党组织关系没有转到其从业的社会组织，组织生活隶属原单位，但基本不参与党组织活动。部分未设立单独党组织的社会组织未能自主进行党的活动，不能定期召开党员教育，也就无法很好地将党的活动与日常工作结合，进而从源头上弱化了党的能动性，党组织功能作用无法充分发挥出来。

（六）梅州市社会组织发展前瞻

贯彻落实《关于改革社会组织管理制度促进社会组织健康有序发展的意见》等中央、省委意见精神，依据建立了"统一登记、各司其职、协调配合、分级负责、依法监管"的社会组织登记管理体制要求，坚持培育发展与监督管理的同步进行，充分发挥社会组织有效参与社会治理过程的作用。

1. 健全培育扶持体系

一是开展社会组织孵化工作。完善梅州市社会组织孵化基地建设，委托梅州市嘉应社会组织服务中心团队管理，依据"申请—筛选—入壳—孵化—出壳—跟踪"的孵化流程，在2年内实现孵化28家社会组织的工作。二是推进政府购买服务进程。争取获得市政府的政策支持和财政资金扶持，利用招投标、财政补贴以及委托服务等多种有效途径，开展公益创投招投标活动，并优先考虑3A及以上社会组织承接政府购买服务。三是推动直接登记。积极加快并完善四类社会组织直接登记，并采取有效措施及方法加强统一监管。

2. 完善监督管理体系

一是扎实开展年度检查。明确并掌握社会组织实际财务运行情况，将年检工作、诚信机制建设、社会组织评估、小金库治理以及执法监察等多项工作进行有效衔接，以此形成综合管理合力。二是加大执法监察力度。建立由多部门组成的服务联动体系，改进定期情况通报、联席会议、监管协作、联合执法等相关制度，旨在实现对社会组织的规范化、高效化监管。三是建立奖惩鼓励机制。对于获得3A以上评估等级的社会组织优先考虑承接政府的购买服务、税收优惠、评选先进等。四是完善退出机制。对于长期不参与活动、不履行章程、财务混乱、违规赢利、不接受监督以及评估等级低于1A的社会组织，将按规程实施注销制度。

3. 构建社会组织能力建设体系

一是构建分类管理制度。按照社会组织的类别、特征及作用，设立相匹配的导向目录，实施分类指导与监管。针对优先发展领域，给予重点支持，并对界定难、业务过于宽泛的社会组织进行严控。二是加强社会组织党建工作。在各方力量的支持下，早日建立社会组织党工委，积极探索社会组织党建工作和登记管理、年检等工作"同登记、同台账、同年检、同换届、同考核"有效

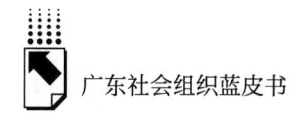

关联的"五同"模式，凡是与规定相符的社会组织务必要设立党组织，旨在全面落实好社会组织党的工作和党的建设。三是进一步加强专职人员业务培训。对社会组织登记管理者和业务单位联络员进行业务培训，开设社会组织负责人研讨班，旨在打造一支专业的高素质的社会组织人才队伍。

4. 推进社会组织管理信息化建设

一是健全社会组织网上业务办理软件。加强电子政务，切实发挥服务管理职能，并对相关业务作进一步改进与优化。二是健全法人数据库。准确登记、录入法人信息，并定期更新与维护，围绕不同群体提供相应信息，为公众及时查询、了解组织信息提供诸多便利，并在此基础上，加强社会监督。三是加强宣传报道力度。依托现代媒体，通过多渠道宣传社会组织政策，促使社会各界人士积极参与、理解和支持社会组织发展，旨在营造一个良好的舆论环境。四是完善内部管理制度。在全面贯彻与落实社会组织"十项内部管理制度"的基础上，重点加强社会组织信息公开制度建设，社会组织服务项目、服务标准、收费情况等需要及时向社会公开，自觉接受社会各界人士的监督。

B.10
惠州市社会组织发展报告

涂斌 柳春慈 温智*

摘 要： 本文在梳理惠州市社会组织发展现状的基础上，认为惠州市社会组织具有数量增长较快、社会组织行业分布以教育、社会服务、文化及工商业服务业为主、社会组织从业人员年龄结构年轻化等特点。惠州市社会组织在扶持发展、加强信息化建设、完善监管体系等方面取得了不少成绩，但是也存在着社会组织登记管理人员编制不足、培育扶持措施未能制度化、内部建设能力有待提升等问题。惠州市需在完善登记管理制度、加强监管、推进行业协会脱钩工作、加强党建工作和加强监管能力建设等方面进一步努力。

关键词： 惠州市社会组织 培育扶持 监管

惠州市是位于广东省中南部东江之滨，珠江三角洲东北端，陆地面积1.13万平方公里，人口470万，辖惠城区、惠阳区、惠东县、博罗县、龙门县等2区3县，设有大亚湾经济技术开发区和仲恺高新技术开发区等两个国家级开发区。惠州是广东省历史文化名城，全国文明城市。2015年被列为国家历史文化名城。2017年惠州市实现生产总值3830.58亿元，增长7.6%，人均GDP为8.02万元。全市综合实力进一步壮大，发展动力进一步增强，发展合力进一步凝聚，城市品牌进一步擦亮，生态环境进一步优化，民生福祉进一步

---

* 涂斌，博士，广东外语外贸大学教授，广东省社会组织研究中心副主任，硕士生导师，研究方向是社会组织评估、社会组织资金筹措、社区治理、财政支出绩效评价。柳春慈，惠州学院副教授。温智，惠州学院教师。本文感谢惠州市社会组织管理局提供的数据和资料。

改善；再次成功入列中国百强城市榜；空气质量排名居74个重点城市第三，"惠州蓝"享誉全国；荣获2016年度"中国十佳绿色城市"称号，绿色发展指数全省第一；被评为全国"六五"普法先进城市；荣获全国双拥模范城"五连冠"等。

（一）惠州市社会组织发展特点

1. 社会组织总量增长较快

2017年惠州市社会组织总量相较于2016年有所增加：截至2016年12月31日，全市注册登记的社会组织有2692家；截至2017年12月31日，全市注册登记的社会组织有2759家，比2016年社会组织总量增长了2.49%（见表1）。

表1 2016~2017年惠州市社会组织增长情况

年度	社会团体数量	社会服务机构数量	基金会数量	合计	增长率(%)
2016	1151	1533	8	2692	—
2017	1194	1557	8	2759	2.49

资料来源：2016、2017年广东省民政厅计财年报全省社会组织数据。

2. 社会组织类型结构以社会团体和社会服务机构为主

从社会组织类型来看，2016年和2017年三类社会组织占社会组织总量比值变化不大。从图1可见，2016年社会团体1151家，占42.75%；社会服务机构单位1533家，占56.95%；基金会8家，占0.3%。2017年社会团体1194家，占43.28%；社会服务机构单位1557家，占56.43%；基金会8家，占0.29%（见图2）。

通过对比2016年和2017年的全市社会团体、社会服务机构和基金会的数量，可发现三者均处于增长状态。从表2可见，增长最快的是社会团体，从2016年的1151家增长到2017年的1194家，增长率为3.74%；社会服务机构的增长速度次之，从2016年的1533家增长到2017年的1557家，增长率为1.57%；基金会在2016年和2017年均为8家，增长率从为0。

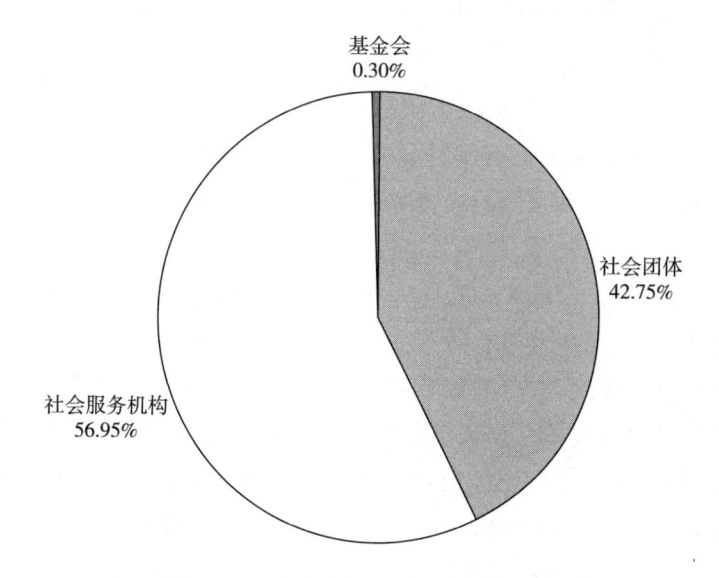

图 1　2016 年惠州市三类社会组织比重

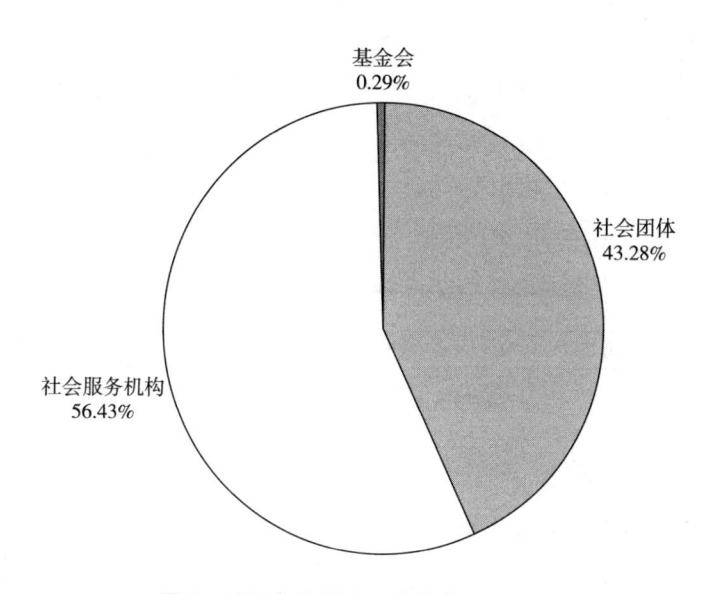

图 2　2017 年惠州市三类社会组织比重

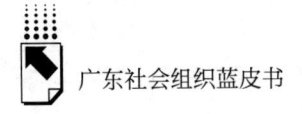

表2　2016～2017年惠州市各类社会组织增长状况

	社会团体			社会服务机构			基金会			合计
	数量	比重(%)	增长率(%)	数量	比重(%)	增长率(%)	数量	比重(%)	增长率(%)	
2016	1151	42.76	—	1533	56.95	—	8	0.30	—	2692
2017	1194	43.28	3.74	1557	56.43	1.57	8	0.29	0.00	2759

资料来源：2016、2017年广东省民政厅计财年报全省社会组织数据。

3. 社会组织行业分布以教育、社会服务、文化及工商业服务业为主

从表3可知，惠州市社会团体主要集中在工商业服务、文化、体育、职业及社会服务等领域，其中体育类社会团体发展增速最快，由2016年的120家增加到2017年的142家，增长率为18.33%。基金会主要集中在其他领域，在2016年和2017年均为8家。社会服务机构集中在教育、社会服务、卫生以及体育等领域，与2016年相比，2017年社会服务类社会服务机构增速最快，增长率为9.57%，体育类社会服务机构增长率为8.45%（见图3、图4）。

表3　社会组织行业结构

社会组织类型	年份	科技与研究	生态环境	教育	卫生	社会服务	文化	体育	法律	工商业服务	宗教	农业及农村发展	职业及从业组织	国际及涉外组织	其他	合计
社会团体	2016	50	19	31	18	109	138	120	8	174	15	58	45	0	366	1151
	2017	45	17	29	19	108	133	142	6	174	16	56	46	0	403	1194
基金会	2016	0	0	0	0	0	0	0	0	0	0	0	0	0	8	8
	2017	0	0	0	0	0	0	0	0	0	0	0	0	0	8	8
社会服务机构	2016	52	0	1107	79	115	48	71	9	0	0	0	0	0	52	1533
	2017	47	0	1112	79	126	49	77	6	0	0	0	0	0	61	1557

资料来源：2016、2017年广东省民政厅计财年报全省社会组织数据。

4. 社会组织从业人员状况

惠州市社会组织从业人员性别结构上男性比重高于女性，从表4可见。2016、2017年惠州市社会组织从业人员总数分别为29894人、36312人，其中，女性为7473人和10976人，占比分别为25.0%和30.2%，社会组织从业人员大部分为男性，2017年相较于2016年在女性从业人员比重方面有所上升；

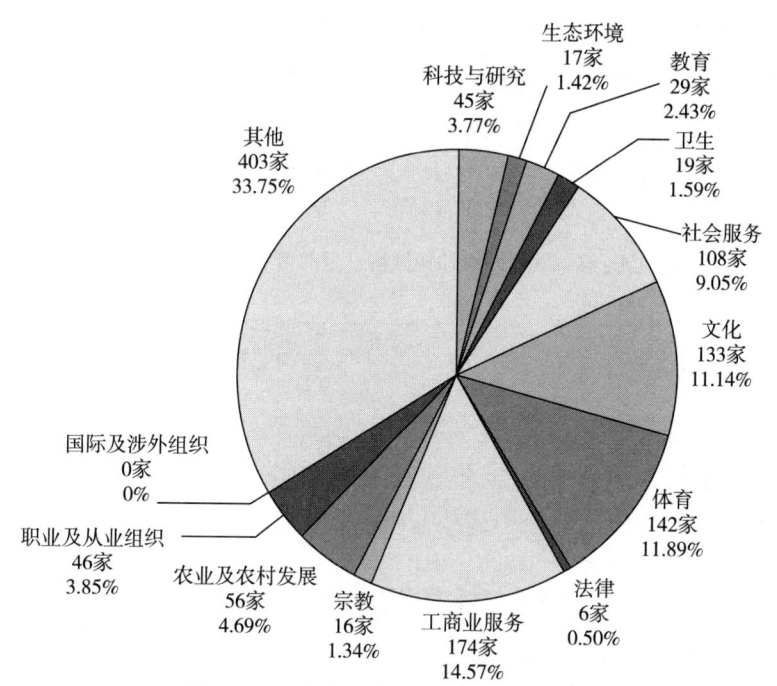

图3　2017年惠州市社会团体行业分布

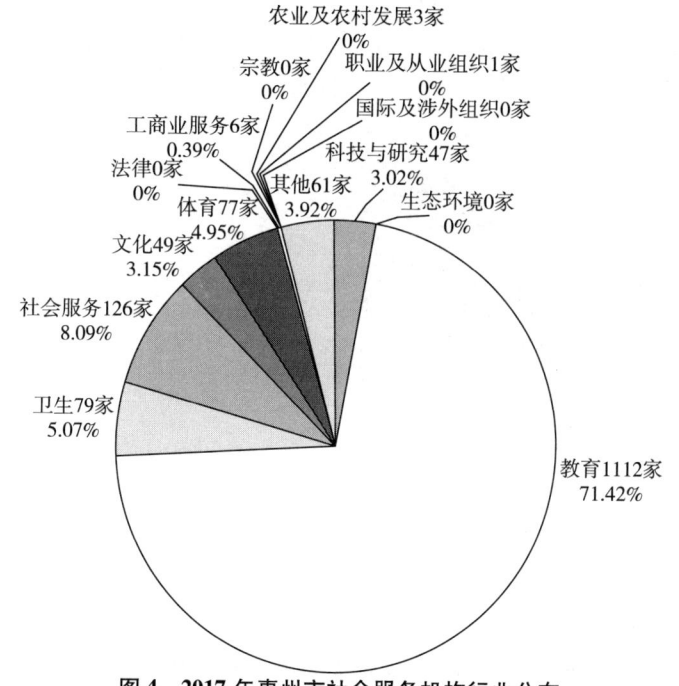

图4　2017年惠州市社会服务机构行业分布

从业人员受教育程度相对较低，2016年、2017年从业人员中大学本科人数分别为3203人和4188人，仅占总人数的10.7%和11.5%。社会组织从业人员年龄结构年轻化，根据表5，2016年和2017年36~45岁和35岁以下的人员加总后为25256和27924人，占了总人数的84.5%和76.9%（见图5）。

表4 社会组织从业人员性别结构、受教育程度结构、职称结构

单位：人数

	社会组织数	从业人员数	女性	大学专科	大学本科及以上	助理社会工作师	社会工作师
2016	2692	29894	7473	3086	3203	15	6
2017	2759	36312	10976	4880	4188	14	7

资料来源：2016、2017年广东省民政厅计财年报全省社会组织数据。

表5 社会组织从业人员年龄结构

单位：人数

	35岁及以下	36~45岁	46~55岁	56岁及以上
2016	18490	6766	4184	454
2017	20732	7192	4400	3988

资料来源：2016、2017年广东省民政厅计财年报全省社会组织数据。

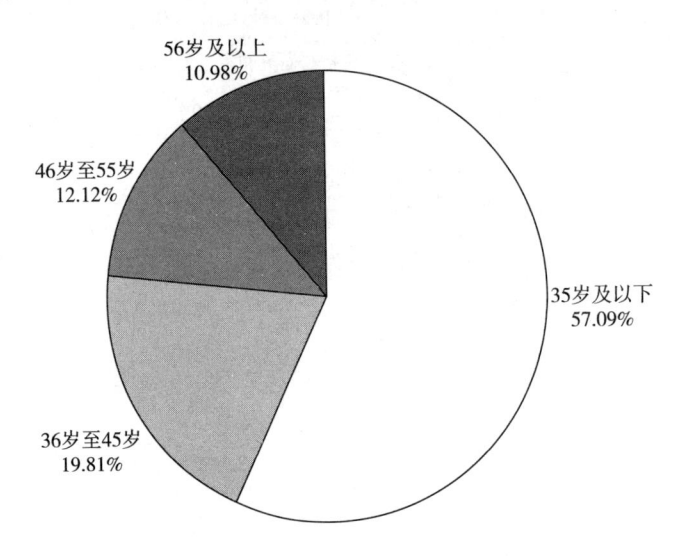

图5 2017年惠州市社会组织从业人员年龄结构

从表6可见，惠州市社会组织三种类型从业人员的从业人员数及性别结构、学历结构、职业资格结构和年龄结构。社会服务机构从业人数占较大比重，2016年占全市社会组织从业人员的73.6%，2017年为78.6%。学历结构上，社会团体大专以上学历从业人员比重最高，2016、2017年社会团体大学专科以上的从业人数分别占总人数的29.8%和27.3%；2016、2017年基金会大学专科以上的从业人数分别占总人数的21.2%和24.1%；社会服务机构2016年从业人员中17.9%为大专以上学历，2017年该数据为24.3%。

表6 各类型社会组织从业人员状况

单位：人数

社会组织类型	年份	社会组织数	从业人员数	女性从业人员数	大学专科	大学本科及以上	职业资格水平情况 助理社会工作师	职业资格水平情况 社会工作师	年龄结构情况 35岁及以下	年龄结构情况 36~45岁	年龄结构情况 46~55岁	年龄结构情况 56岁及以上
社会团体	2016	1151	7860	1328	931	1408	4	2	2674	3018	1769	399
社会团体	2017	1194	7737	1451	839	1269	3	0	2538	3048	1744	407
基金会	2016	8	33	8	3	4	1	1	9	13	10	1
基金会	2017	8	29	7	3	4	1	1	8	10	10	1
社会服务机构	2016	1533	22001	6137	2152	1791	10	3	15807	3735	2405	54
社会服务机构	2017	1557	28546	9518	4038	2915	10	6	18186	4134	2646	3580

资料来源：2016、2017年广东省民政厅计财年报全省社会组织数据。

5. 社会组织党建状况

截至2016年12月31日，惠州市建立党组织的社会组织共有163个，其中社会团体103个，社会服务机构60个，基金会0个；社会组织中中共党员人数为2050人，其中社会团体1359人，社会服务机构690人，基金会1人。

与2016年相比，惠州市社会组织在党组织建立个数上有所减少，党员数量有所增加。截至2017年12月31日，惠州市建立党组织的社会组织共有139个，其中社会团体88个，社会服务机构51个，基金会0个；社会组织中中共党员人数为2347人，其中社会团体1219人，社会服务机构1127人，基金会1人[1]。

---

[1] 资料来源：2016、2017年广东省民政厅计财年报全省社会组织数据。

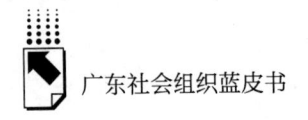

（二）惠州市社会组织发展举措和成效

1. 积极扶持社会组织发展

（1）落实社会组织扶持发展专项资金。2016年市级财政落实社会组织扶持发展专项资金474万元，按照发布《扶持资金申报指南》，通过委托第三方机构对受理社会组织进行申报和初审、评审和评审委员会审核、公示的环节，扶持25家社会组织（运营资助类17家，项目资助类8家）。2017年投入社会组织扶持发展专项资金490万，扶持29家市级社会组织。

（2）完善社会组织创新服务基地孵化培育功能。社会组织创新服务基金自投入运营以来，完成了招投标及孵化协议的签订，确定广东省扬善公益事业促进会为专业孵化机构，首批和第二批遴选26家社会组织入驻基地接受孵化培育，下拨种子基金37万元，制定了相关配套制度和建立了公众微信号，开展成长沙龙、督导陪伴、接待参访团、大型业务培训等活动28次，服务人次达800多人次。针对入驻基地的社会组织，开展多次诊断评估，由专家给出明确而丰富的对策建议，进一步推动社会组织走向规范化发展，逐步把基地打造成社会组织资源整合、信息共享、相互合作，共促发展的平台。

（3）加强社会组织人才队伍建设。先后组织评估专家、免税资格认定、社会组织秘书长、党组织书记等多种形式培训班（会）；社会组织管理局组织全市社会组织登记管理科（股）室负责人及工作人员学习中共中央办公厅、国务院办公厅印发《关于改革社会组织管理制度促进社会组织健康有序发展的意见》（以下简称《意见》）内容，并全面贯彻《意见》精神，依法做好社会组织登记审查工作。社会组织管理局积极组织工作人员参加省、市民政系统组织开展的《慈善法》培训。

（4）明确政府向社会组织购买服务数量种类

2012年惠州市就出台《政府向社会组织购买服务工作方案》（以下简称《方案》）、《政府向社会组织购买服务目录（第一批）》（以下简称《目录》）及《2012年度政府向社会组织购买服务项目实施计划》。《方案》对购买服务的购买范围、程序与方式、资金安排与支付，以及组织保障等方面作了具体规定。《目录》将购买服务分为基本公共服务事项、社会事务服务事项、行业管理与协调事项、技术服务事项以及政府履职所需辅助性和技术性事务五大部分,并细分为49类共262项。2016年政府向社会组织购买服务项目27项,金额为2964.71万元。

2. 加强社会组织信息化建设

(1) 实施社会组织统一社会信用代码工作。2016年全面启用广东社会组织公共信息服务平台,实现"网上申报、网上审批、省市县三地互联"的格局。为新登记社会组织颁发加载统一社会信用代码的新版登记证书,对存量社会组织正逐步完成码证转换工作。

(2) 做好"双公示"工作。根据市信用办《关于印发惠州市"双公示"事项目录和填报"双公示"信用信息的通知》(惠信用办函〔2016〕20号)的要求,安排专人负责,认真梳理行政许可和行政处罚信息等事项目录,实施惠州市信息资源共享与交换平台报送"双公示"工作,并可在市信用惠州、政府门户网站及惠州市社会组织信息网查看"双公示"相关内容。

(3) 建立并逐渐完善社会组织法人单位信息资源库。按照省民政厅《加快广东省社会组织信息网和社会组织法人单位信息资源库项目建设实施方案》执行,规范归集社会组织法人单位信息,实现对全市各社会组织的分类管理,并提供评估、公告、咨询和各级登记管理机关之间、社会组织与会员之间协同互动等公众服务。

(4) 全面启用社会组织公用信息平台。要求社会组织的事务,涉及公众利益的,要在新闻媒体公告;其他重要事务,要在登记管理部门指定的网站公开;内部事务,要在社会组织内部公开;建立公众监督机制,强化新闻媒体的舆论监督作用,规范社会组织的行为。

3. 进一步加强社会组织的监督

(1) 年检工作有序开展。2016年应列入年检范围的社会组织665个(其中社团405个,社会服务机构253个,基金会7个),已参加年检的社会组织438个(社会团体年检合格271个,社会服务机构年检合格160个,基金会4个),年检率65.9%,年检合格率99.3%。发布《惠州市社会组织管理局关于市级社会组织2015年度检查工作情况的公告》,将未参加年检的社会组织向社会公布,接受社会监督。

(2) 加强社会组织法规政策创新与制定。

联合市政法委出台了《惠州市社会组织综合监管实施意见》。进一步以政府文件的形式明确了政府对社会组织的监管职责和措施，为社会组织综合监管提供了政策基础。联合市政法委制定《惠州市社会组织监管联系会议制度》。联席会议办公室设在社会组织管理局，承担联席会议的日常工作。建立党委、政府部门按照各自职能对社会组织进行监督管理，形成各司其职、各负其责、协同监督、齐抓共管的联合监管机制。严厉打击社会组织的违法违规行为，建立由相关部门组成的工作组开展联合执法行动。

（3）加大社会组织执法监察。去年对23家社会组织在使用专项扶持资金的过程中存在的违规行为做出了行政处罚；拟撤销125家连续两年年检不合格或连续三年年检基本合格的社会组织。

（4）推进社会组织等级评估工作。为提高社会组织公信力、促进社会组织规范化建设、推动社会组织健康有序发展，3月份下发了《关于开展2016年社会组织等级评估工作的通知》，进一步明确了2016年社会组织评估工作的相关要求。4月份，举行了社会组织等级评估授牌仪式。全年，共完成205家社会组织等级评估。其中3A级94家（8家未通过），4A级16家（4家未通过），5A级1家（未通过）。

4. 社会组织党建工作情况

惠州市社会组织党建工作，按照中共中央办公厅《关于加强社会组织党的建设工作的意见（试行）》和省委办公厅《关于加强广东省社会组织党的建设工作的意见（试行）》和全市社会组织党建工作座谈会的有关精神，重点围绕开展"两学一做"学习教育和《惠州市社会组织党建"六大行动"计划》，狠抓工作落实，各项工作有序开展。

一方面，注重基层党建工作重点任务落实。要求社会组织专职工作人员和长期从业人员转入组织关系，对失联党员采取了组织处理，有效理顺了党员组织关系。分层分类扎实推进基层党组织换届工作，梳理出需要进行换届的38个党组织名单，召开专题工作会议，督促其按期进行换届。

另一方面，推进社会组织党建工作"六大行动"。在全市社会组织党建工作座谈会后，出台了《惠州市社会组织党建工作"六大行动"计划》。在社会组织年检时，将党建工作情况和党组织活动情况，纳入年检内容。挑选了40名优秀党组织书记担任党建工作指导员，对暂不具备条件建立党组织的社会组织实行对口联系指导。按计划发展党员，全部为社会组织的业务骨干和一线优秀员工。着重加强了市社工协会的党建工作，使之成为可看、可学、可推广的示范典型。先行试点，引导惠州市惠来商会在章程中写入党建工作内容。推荐的6名"两代表一委员"，全部为具有一定社会影响力的各级党组织书记。积极开展扶贫慰问和志愿服务活动。为所属党组织统一制作了牌匾、印制下发了日常工作资料。建立了社会组织信息员队伍，社会组织党建工作的成果被新华网、南方日报、惠州日报、东江时报、惠州电视台等媒体进行了报道。

（三）社会组织在社会服务供给和社会治理中的作用

1. 经济社会发展的重要推动者

社会组织积极参与惠州市政治、经济、文化、社会和生态文明等"五位一体"发展建设，有力地推动惠州市经济社会发展。市民营企业家联合会积极组织发动企业参加展销会、广交会、珠洽会、中博会、云博会等经贸交流活动，创造条件引导民营企业"走出去"，为民营企业搭建对外交流合作平台；市外商投资企业协会充分发挥政府与企业的"桥梁""纽带"作用，组织企业参加"中国加工贸易企业产品展览会"、"广货（惠州）网上行活动"、"惠货全球行—南非展览会"等各类经贸交流活动。

2. 市场秩序的重要维护者

各类行业协会、商会通过开展行业自律，在规范市场行为、维护市场秩序、完善市场管理体制等方面发挥了不可替代的作用。市粮油协会牵头加强行业自律，在全省率先开发使用粮油"二维码"溯源系统，全市已有26家惠州粮油龙头企业推出了85个质量可溯源的粮油产品，确保了群众"舌尖上"的安全；市肉类协会出台"六个机制"，将违反行业诚信自律公约情节严重的企业"拉黑"，统一进行发布；市汽车维修与配件行业协会、市酒业协会开展"诚信企业"授牌活动。为维护市场经济秩序做出了积极贡献。

3. 基层社会治理的重要建设者

各类基层社会组织植根于群众，了解群众需要，工作方式灵活，在基层社会治理服务中发挥了重要作用。如2016年由市社工协会组织实施的"党员社工，服务社群"——项目落地惠城区飞鹅岭社区，拉开了党员社工服务队进社区服务群众的序幕。惠州市有20家专业社工机构进驻40个社区服务于基层

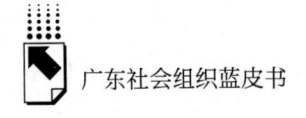

群众，提供"量体裁衣"式的个性化服务，构建了以社区为平台、以社会组织为载体、以社会工作专业人才为支撑的"三社联动"社区服务机制。为社区群众提供规范化、全方位、有特色的服务，深受社区群众的欢迎。

（四）惠州市社会组织发展存在的问题

1. 社会组织登记管理力量有待全面加强

各级社会组织登记管理机关人员编制不足、经费相对短缺，难以满足推动工作的需要；缺乏专职执法队伍、执法资格、执法设备，综合执法工作不能全面落实；部门间各负其责的综合监管体系尚未形成，运行机制不健全，依法实施监管的难度很大。

2. 政府培育扶持措施未能够制度化

政府职能转移工作推进难度大、进度慢，政府购买社会组织服务的年度财政经费预算还存在很大程度的不确定性，在经费的预算、拨付、额度、使用等环节上，还没有建立起一整套标准。政府扶持措施不够多，对社会组织的税收优惠、政府资助和保障尚未制度化。

3. 社会组织内部建设能力有待逐步提升

有些社会组织没有建立起正常的工作规范，内部民主选举、监督和正常运作的机制，难以实现自立与自治。社会组织的服务能力和公信力亟待提高，整体上与经济社会发展，有效承接政府职能转移还有差距。

4. 社会组织党建工作管理体制不够顺畅

目前还有相当数量的党务工作者和长期在社会组织工作的党员组织关系没有转入社会组织，导致党员多头挂靠，难以集中实施有效管理。市社会组织党委和部分县（区）社会组织党委也基本上都是加挂一块牌子，没有设立具体办事机构，没有专职的党建工作人员。部分党组织在管理体制上存在多头管理、交叉管理，责任主体不清，管理混乱，运行不畅。

5. 社会组织党建工作作用发挥不够突出

日常党务工作者中大部分为兼职，未经过系统理论学习和业务培训，超过一半是以前没有从事过党务工作，缺少党务工作经验，缺乏有效地抓党建工作手段和方法。目前大部分社会组织章程没有写入党建内容，社会组织党组织难以参与社会组织重大问题决策，尤其是党组织负责人不是社会组织负责人时，党组织的政治核心作用更加难以发挥。部分社会组织仅限于把党组织牌子挂起来，人员、场所、经费均没有落实，部分社会组织从业人员对党建工作不理解、不支持的现象仍不同程度地存在；一些党员党性不强、观念淡化，先进性没有充分体现，在群众中没有威信，发挥作用不明显。

（五）惠州市社会组织的发展前瞻

当前，正处在全面落实"十三五"规划，全面建设法治国家，努力构建和谐社会的新的历史时期，新的形势对社会组织的工作提出更高要求。惠州市社会组织发展后续发展重点可放在如下几个方面。

第一，继续加强社会组织党建工作。包括开展社会组织党建品牌建设，以有力的举措和扎实的工作切实开展党建工作，确保党建工作到位有效。

第二，不断加强社会组织规范化建设。强化社会组织负责人的管理责任，进一步完善有关制度及机制。同时，加强社会组织职业道德建设和业务能力建设，始终将依法、诚信、守规作为执业的底线，引领建设一支政治坚定、信仰法律、诚实守信、业务精良的社会组织队伍。

第三，进一步加强社会组织自身建设。通过加强社会组织自身建设和制度建设，充分发挥秘书处的作用，调动社会组织全体人员的工作积极性，齐心协力做好社会组织工作，发挥社会组织的作用。

B.11
汕尾市社会组织发展报告

庄木松 杨美芬*

摘 要： 2016～2017年间，汕尾市通过推进社会组织管理制度改革，积极开展行业协会商会脱钩工作，强化社会组织监管，推进社会组织信息化建设，进一步抓好社会组织党建各项工作等措施，进一步优化了社会组织发展环境，有力促进了社会组织的发展，但实践中还存在着不足，主要体现在各级登记管理机关人员少、社会组织发展不平衡以及政府向社会组织购买服务力度不大等方面。为了进一步完善社会组织管理工作，促进社会组织健康持续发展，汕尾市采取了一系列改革举措，包括激发社会组织活力、继续强化社会组织综合监管和继续深化社会组织管理体制改革等。

关键词： 汕尾市 社会组织 改革措施 综合监管

汕尾市位于广东省东南部沿海，莲花山南麓，东临揭阳市，南濒南海，西连惠州市，北接梅州市和河源市。辖区陆域界线东西最大距离132千米，南北最大距离90千米，总面积5271平方千米，占全省总面积2.93%。海洋国土面积2.38万平方千米，占全省海洋国土面积的14%；海岸线长达455.2千米，占全省岸线长度11.06%；辖内海域有93个岛屿，12个港口和3个海湖。汕尾港是天然深水良港，是全国沿海开放第一类口岸。辖区内北部高丘山地，山

---

* 庄木松，大学学历，现任汕尾市民政局副主任科员；杨美芬，广东外语外贸大学政治与公共管理学院讲师，广东省社会组织研究中心兼职研究员，管理学博士，主要研究领域为政府治理与社会组织。

峦重叠，千米以上的高山有23座，最高峰为莲花山，海拔1337.3米，位于海丰县西北境内；中部多丘陵、台地；南部沿海多为台地、平原。全市境内山地、丘陵面积比例大，约占总面积的43.7%。汕尾市下辖城区、陆丰市、海丰县、陆河县4个县级行政区，有华侨管理区、红海湾开发区两个开发区和深汕特别合作区。2015年末，户籍人口总户数76.10万户，总人口358.96万人；地区生产总值775亿元，规模以上工业增加值256.03亿元，一般公共预算收入28.82亿元，固定资产投资585.2亿元。汕尾市是中国第一个苏维埃政权建立地，是全国著名的老苏区、全国十三块革命根据地之一；是全国首个被授予"中国民间文化艺术之乡"的地级市；是"全国文明渔港"、"我最喜爱的休闲城市"。

（一）2016、2017年汕尾市社会组织发展现状

1.社会组织总数增长情况

截至2016年12月31日，汕尾市各级民政部门登记在册的社会组织857家，比2015年增长10.58%。截至2017年12月31日，汕尾市各级民政部门登记在册的社会组织923家，比2016年增长7.70%。

表1 2015~2017年汕尾市社会组织增长情况

年度	合计	增长率(%)
2015	775	—
2016	857	10.58
2017	923	7.70

资料来源：汕尾市社管局提供数据资料。

2.各区县社会组织发展状况

2016年汕尾市本级社会组织总数233家，比2015年增长7.37%，占社会组织总数27.19%。城区社会组织总数99家，比2015年增长4.21%，占社会组织总数11.55%；陆丰市社会组织总数306家，比2015年增长13.75%，占社会组织总数35.71%；海丰县社会组织总数129家，比2015年增长16.22%，占社会组织总数15.05%；陆河县社会组织总数90家，比2015年增长8.43%，占社会组织总数10.5%。

2017年汕尾市本级社会组织总数248家，比2016年增长6.44%，占社会组织总数26.87%。城区社会组织总数89家，比2016年增长-10.1%，占社会组织总数9.64%；陆丰市社会组织总数338家，比2016年增长10.46%，占社会组织总数36.62%；海丰县社会组织总数149家，比2016年增长15.50%，占社会组织总数16.14%；陆河县社会组织总数99家，比2016增长10%，占社会组织总数10.73%。

表2 2015~2017年汕尾市各区县社会组织增长状况

区域	社会组织数量					
	2015年	2016年	增长率(%)	2016年	2017年	增长率(%)
市本级	217	233	7.37	233	248	6.44
城区	95	99	4.21	99	89	-10.1
陆丰市	269	306	13.75	306	338	10.46
海丰县	111	129	16.22	129	149	15.50
陆河县	83	90	8.43	90	99	10
全市	775	857	10.58	857	923	7.70

资料来源：汕尾市社管局提供数据资料。

3. 各类社会组织发展状况

2016年汕尾全市有社会团体464家，比2015年增长4.27%，占全市社会组织总数54.14%；社会服务机构392家，比2015年增长18.79%，占全市社会组织总数45.74%；基金会1家，比2015年增长100%，占全市社会组织总数0.12%。

2016年，汕尾市本级社会团体166家，比2015年增长5.06%；社会服务机构66家，比2015年增长11.86%；非公募基金会1家，比2015年增长100%。城区社会团体41家，比2015年增长2.5%；社会服务机构58家，比2015年增长5.45%。陆丰市社会团体147家，比2015年增长2.08%；社会服务机构159家，比2015年增长27.2%。海丰县社会团体50家，比2015年增长8.69%；社会服务机构79家，比2015年增长21.54%。陆河县社会团体60家，比2015年增长5.26%；社会服务机构30家，比2015年增长15.38%。

2017年汕尾全市有社会团体490家,比2016年增长5.60%,占全市社会组织总数53.09%;社会服务机构431家,比2016年增长9.95%,占全市社会组织总数46.70%;基金会2家,比2016年增长100%,占全市社会组织总数0.22%。

表3 2015~2017年汕尾市各类社会组织增长状况

年份	社会团体 数量	比重(%)	增长率(%)	社会服务机构 数量	比重(%)	增长率(%)	基金会 数量	比重(%)	增长率(%)	合计
2015	445	57.42	—	330	42.58	—	0	0.00	—	775
2016	464	54.14	4.27	392	45.74	18.79	1	0.12	100	857
2017	490	53.09	5.60	431	46.70	9.95	2	0.22	100	923

资料来源:汕尾市社管局提供数据资料。

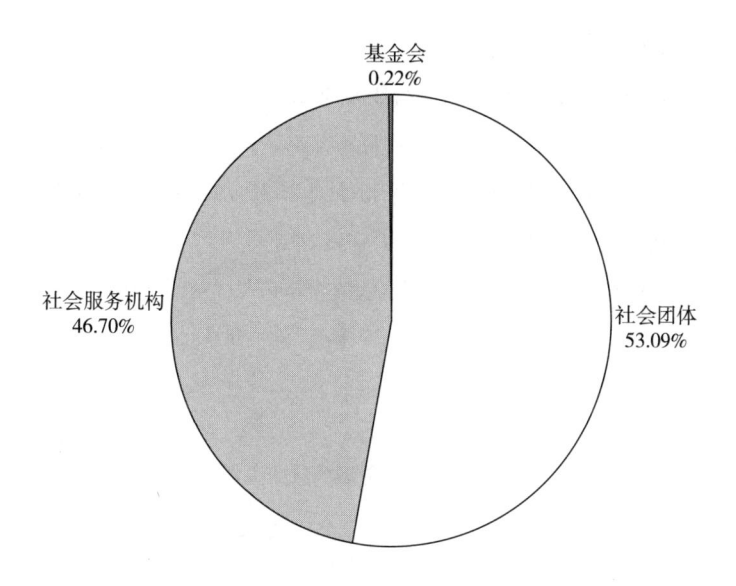

图1 2017年汕尾市三类社会组织的比重

2017年,汕尾市本级社会团体177家,比2016年增长6.63%;社会服务机构69家,比2016年增长4.55%;非公募基金会2家,比2016年增长100%。城区社会团体42家,比2016年增长2.44%;社会服务机构47家,比2016年减少18.97%。陆丰市社会团体152家,比2016年增长3.40%;社会服务机构186家,比2016年增长16.98%。海丰县社会团体57家，比2016年增长14%；社会服务机构92家，比2016年增长16.46%。陆河县社会团体62家，比2016年增长3.33%；社会服务机构37家，比2016年增长23.33%（见表4）。

表4　2016~2017年汕尾市各区县各类社会组织增长状况

年份	社会团体数量			社会服务机构数量			基金会数量		
	2016	2017	增长率(%)	2016	2017	增长率(%)	2016	2017	增长率(%)
市　级	166	177	6.63	66	69	4.55	1	2	100.00
城　区	41	42	2.44	58	47	-18.97	0	0	0.0
陆丰市	147	152	3.40	159	186	16.98	0	0	0.0
海丰县	50	57	14	79	92	16.46	0	0	0.0
陆河县	60	62	3.33	30	37	23.33	0	0	0.0

资料来源：汕尾市社管局提供数据资料。

4. 社会组织从业人员结构

（1）2016、2017年汕尾市社会组织从业人员总体情况

2016年汕尾市社会组织从业人员总数8734人，比2015年增长20.65%。其中男性5229人，占比59.87%，比2015年增长19.93%；女性3505人，占比40.13%，比2015年增长21.74%（见表5）。

2017年汕尾市社会组织从业人员总数9934人，比2016年增长13.74%。其中男性6126人，占比61.67%，比2016年增长17.15%；女性3808人，占比38.33%，比2016年增长8.64%（见表5）。

表5　2016~2017年汕尾市社会组织从业人员总数及性别结构

单位：人数

年份	总人数	男性数量	增长率(%)	女性数量	增长率(%)
2016	8734	5229	19.93	3505	21.74
2017	9934	6126	13.74	3808	8.64

资料来源：汕尾市社管局提供数据资料。

2016年汕尾市社会组织从业人员受教育程度为：大学专科以下1528人，占比17.5%，比2015年增长45.9%；大学专科3729人，占比42.7%，比

2015年增长18.8%；大学本科3402人，占比39%，比2015年增长14.9%；硕士研究生以上75人，占比0.9%，比2015年增长10.3%。

2017年汕尾市社会组织从业人员受教育程度为：大学专科以下2560人，占比25.77%，比2016年增长67.54%；大学专科3782人，占比38.07%，比2016年增长1.42%；大学本科3508人，占比35.31%，比2016年增长3.12%；硕士研究生以上84人，占比0.85%，比2015年增长12%。

表6　2016~2017年汕尾市社会组织从业人员受教育程度情况

单位：人数

年份	大学专科以下	增长率（%）	大学专科	增长率（%）	大学本科	增长率（%）	硕士研究生以上	增长率（%）
2016	1528	45.9	3729	18.8	3402	14.9	75	10.3
2017	2560	67.54	3782	1.42	3508	3.12	84	12

资料来源：汕尾市社管局提供数据资料。

2016年汕尾市社会组织从业人员职业资格水平情况：持有助理社会工作师职业资格证书的52人，占职工比例0.6%，比2015年增长36.9%；社会工作师职业资格证书的7人，占职工比例0.08%，比2015年增长0.4%（见表7）。

表7　2016年汕尾市社会组织从业人员职业资格水平情况

助理社会工作师	占职工比例	增长率（%）	社会工作师	占职工比例	增长率（%）	合计	占职工比例	增长率（%）
52	0.6	36.9	7	0.08	0.4	59	0.68	37.2

资料来源：汕尾市社管局提供数据资料。

2016年汕尾市社会组织从业人员年龄结构情况：35岁及以下4383人，占比50.2%，比2015年增长21.4%；36~45岁2245人，占比25.7%，比2015年增长17.7%；46~55岁1511人，占比17.3%，比2015年增长20.8%；56岁及以上595人，占比6.8%，比2015年增长26.9%（见表8）。

2017年汕尾市社会组织从业人员年龄结构情况：35岁及以下4684人，占比47.15%，比2016年增长6.87%；36~45岁3119人，占比31.40%，比

2016年增长38.93%；46～55岁1525人，占比15.35%，比2016年增长0.93%；56岁及以上606人，占比6.10%，比2016年增长1.85%（见表8）。

表8　2016～2017汕尾市社会组织从业人员年龄结构

年份	35岁及以下 数量	占总人数比例	增长率(%)	36～45岁 数量	占总人数比例	增长率(%)	46～55岁 数量	占总人数比例	增长率(%)	56岁及以上 数量	占总人数比例	增长率(%)
2016年	4383	50.2	21.4	2245	25.7	17.7	1511	17.3	20.8	595	6.8	26.9
2017年	4684	47.15	6.87	3119	31.4	38.93	1525	15.35	0.93	606	6.1	1.85

资料来源：汕尾市社管局提供数据资料。

2016年汕尾市社会组织志愿者服务情况：参加志愿者服务8109人次，比2015年增长11%；志愿服务时间166235小时，比2015年增长11.8%。

（2）2016年汕尾市社会团体从业人员结构

2016年汕尾市社会团体从业人员：总数1531人，比2015年增长6.54%。其中男性1303人，占85.11%，比2015年增长3.66%；女性228人，占比14.89%，比2015年增长26.67%。

2017年汕尾市社会团体从业人员：总数2055人，比2016年增长34.23%。其中男性1735人，占84.43%，比2016年增长33.15%；女性320人，占比15.57%，比2016年增长40.35%（见表9）。

表9　2016～2017年汕尾市社会团体从业人员总数及性别结构

年份	总人数	增长率(%)	男性数量	比例	增长率(%)	女性数量	比例	增长率(%)
2016	1531	6.54	1303	85.11	3.66	228	14.89	26.67
2017	2055	34.23	1735	84.43	33.15	320	15.57	40.35

资料来源：汕尾市社管局提供数据资料。

2016年汕尾市社会团体从业人员受教育程度为：大学专科以下660人，占比43.1%，比2015年增长43.8%；大学专科560人，占比36.6%，比2015年增长27.6%；大学本科298人，占比19.5%，比2015年增长15.1%；硕士研究生以上13人，占比0.8%，比2015年增长18.2%（见表10）。

表10　2016年汕尾市社会团体从业人员受教育程度

大学专科以下	比例	增长率（%）	大学专科	比例	增长率（%）	大学本科	比例	增长率（%）	硕士研究生以上	比例	增长率（%）
660	43.1	43.8	560	36.6	27.6	298	19.5	15.1	13	0.8	18.2

资料来源：汕尾市社管局提供数据资料。

2016年汕尾市社会团体从业人员职业资格水平情况：持有助理社会工作师职业资格证书的12人，占职工比例0.8%，比2015年增长33.3%；社会工作师职业资格证书的2人，占职工比例0.1%，比2015年增长100%（见表11）。

表11　2016年汕尾市社会团体从业人员职业资格水平情况

助理社会工作师	占职工比例	增长率（%）	社会工作师	占职工比例	增长率（%）	合计	占职工比例	增长率（%）
12	0.8	33.3	2	0.1	100	14	0.9	40

资料来源：汕尾市社管局提供数据资料。

2016年汕尾市社会团体从业人员年龄结构情况：35岁及以下283人，占比18.5%，比2015年增长9.7%；36~45岁286人，占比18.7%，比2015年增长7.9%；46~55岁612人，占比39.9%，比2015年增长3.7%；56岁及以上350人，占比22.9%，比2015年增长8%。

2017年汕尾市社会团体从业人员年龄结构情况：35岁及以下384人，占比18.69%，与2016年增长35.69%；36~45岁696人，占比33.87%，比2016年增长143.36%；46~55岁621人，占比30.22%，比2016年增长1.47%；56岁及以上354人，占比17.23%，比2016年增长1.14%（见表12）。

表12　2016~2017年汕尾市社会团体从业人员年龄结构

年份	35岁及以下 数量	占总人数比例	增长率（%）	36~45岁 数量	占总人数比例	增长率（%）	46~55岁 数量	占总人数比例	增长率（%）	56岁及以上 数量	占总人数比例	增长率（%）
2016	283	18.5	9.7	286	18.7	7.9	612	39.9	3.7	350	22.9	8
2017	384	18.69	35.69	696	33.87	143.36	621	30.22	1.47	354	17.23	1.14

资料来源：汕尾市社管局提供数据资料。

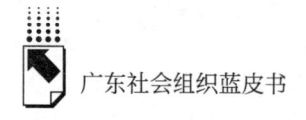

2016年汕尾市社会团体志愿者服务情况：参加志愿者服务6520人次，比2015年增长11%；志愿服务时间133660小时，比2015年增长12.1%。

（3）2016年汕尾市社会服务机构从业人员结构

2016年汕尾市社会服务机构从业人员：总数7203人，比2015年增长24.15%。其中男性3926人，占比54.51%，比2015年增长26.52%；女性3277人，占比45.49%，比2015年增长21.42%。

2017年汕尾市社会服务机构从业人员：总数7879人，比2016年增长9.38%。其中男性4391人，占比55.73%，比2016年增长11.84%；女性3488人，占比44.27%，比2016年增长6.44%（见表13）。

表13 2016~2017年汕尾市社会服务机构从业人员总数及性别结构

年份	总人数	增长率(%)	男性数量	比例	增长率(%)	女性数量	比例	增长率(%)
2016	7203	24.15	3926	54.51	26.52	3277	45.49	21.42
2017	7879	9.38	4391	55.73	11.84	3488	44.27	6.44

资料来源：汕尾市社管局提供数据资料。

2016年汕尾市社会服务机构从业人员受教育程度：大学专科以下868人，占比12.1%，比2015年增长41.1%；大学专科3169人，占比44%，比2015年增长17.4%；大学本科3104人，占比43%，比2015年增长14.9%；硕士研究生以上62人，占比0.9%，比2015年增长8.8%（见表14）。

表14 2016年汕尾市社会服务机构从业人员受教育程度

大学专科以下	比例	增长率(%)	大学专科	比例	增长率(%)	大学本科	比例	增长率(%)	硕士研究生以上	比例	增长率(%)
868	12.1	41.1	3169	44	17.4	3104	43	14.9	62	0.9	8.8

资料来源：汕尾市社管局提供数据资料。

2016年汕尾市社会服务机构从业人员职业资格水平情况：持有助理社会工作师职业资格证书的40人，占职工比例0.6%，比2015年增长37.9%；社会工作师职业资格证书的5人，占职工比例0.07%，比2015年增长25%（见表15）。

表15 2016年汕尾市社会服务机构从业人员职业资格水平情况

助理社会工作师	占职工比例	增长率（%）	社会工作师	占职工比例	比2015年增长%	合计	占职工比例	增长率（%）
40	0.6	37.9	5	0.07	25	45	0.6	36.4

资料来源：汕尾市社管局提供数据资料。

2016年汕尾市社会服务机构从业人员年龄结构情况：35岁及以下4100人，占比56.9%，比2015年增长22.3%；36~45岁1959人，占比27.2%，比2015年增长19.2%；46~55岁899人，占比12.5%，比2015年增长36%；56岁及以上245人，占比3.4%，比2015年增长68.9%。

2017年汕尾市社会服务机构从业人员年龄结构情况：35岁及以下4300人，占比54.58%，比2016增长4.88%；36~45岁2423人，占比30.75%，比2016增长23.69%；46~55岁904人，占比11.47%，比2016增长0.56%；56岁及以上252人，占比3.20%，比2016增长2.86%（见表16）。

表16 2016年汕尾市社会服务机构从业人员年龄结构

年份	35岁及以下 数量	占总人数比例	增长率（%）	36~45岁 数量	占总人数比例	增长率（%）	46~55岁 数量	占总人数比例	增长率（%）	56岁及以上 数量	占总人数比例	增长率（%）
2016	4100	56.9	22.3	1959	27.2	19.2	899	12.5	36	245	3.4	68.9
2017	4300	54.58	4.88	2423	30.75	23.69	904	11.47	0.56	252	3.20	2.86

资料来源：汕尾市社管局提供数据资料。

2016年汕尾市社会服务机构志愿者服务情况：参加志愿者服务1589人次，比2015年增长10.7%；志愿服务时间32575小时，比2015年增长11%。

5. 社会组织党建情况

2016年汕尾市市级和各区县社会组织党建工作情况：已建立党组织的社会组织174家，其中，市本级122家，城区10家，陆丰市19家，海丰县16家，陆河县7家（见表17）。2016年汕尾市各类型社会组织建立党组织的社会组织和党员情况：社会团体已建立党组织的有90家，有党员186人；社会服务机构已建立党组织的有84家，有党员687人（见表18）。

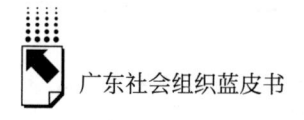

表17 2016年汕尾市全市、各区县社会组织党建情况

地区	已建立党组织的社会组织数	地区	已建立党组织的社会组织数
全市合计	174	陆丰市	19
市本级	122	海丰县	16
城 区	10	陆河县	7

资料来源：汕尾市社管局提供数据资料。

表18 2016年汕尾市各类型社会组织党建情况

社会组织类别	已建立党组织的社会组织数量	党员人数
社会团体	90	186
社会服务机构	84	687
基金会	—	—
合计	174	873

资料来源：汕尾市社管局提供数据资料。

（二）汕尾市社会组织发展做法和成绩

2016年以来，汕尾市认真学习贯彻中办国办《关于改革社会组织管理制度促进社会组织健康有序发展的意见》和省的实施意见，按照加快形成政社分开、权责明确、依法自治的现代社会组织制度要求，积极实施社会组织管理制度改革部署，进一步加大培育扶持力度，优化审批程序，强化服务管理，促进社会组织健康、有序、规范发展，激发社会组织活力，充分发挥社会组织在汕尾市经济社会建设中的积极作用。

1.继续推进社会组织管理制度改革

2016年以来，全市各级民政部门以深化社会组织管理体制改革为契机，认真学习贯彻中办国办《关于改革社会组织管理制度促进社会组织健康有序发展的意见》和省的实施意见，继续完善社会组织登记管理制度，全面实行网上登记，进一步简化和规范了办事流程，压缩办事时限达50%。积极开展慈善组织的登记认定、公开募捐资格办理以及公开募捐活动备案工作。认真贯彻落实汕头会议精神，积极推进社区社会组织管理登记工作。通过成立登记和对社会组织年检，引导社会组织按照《广东省社会组织法人治理指导意见》

及新修订的各类社会组织章程范本，建立完善的法人内部治理机制，加快推进形成政社分开、权责明确、依法自治的现代社会组织体制。继续开展清理整顿社会组织工作，目前已有部分半"休眠"状态的社会组织开始运作，有部分通过引导进行注销登记，通过清理整顿，进一步提高了汕尾市各类社会组织的活动质量，为社会组织健康发展奠定了基础。

2. 积极稳妥开展行业协会商会脱钩工作

为贯彻落实《中共中央办公厅国务院办公厅关于印发〈行业协会商会与行政机关脱钩总体方案〉》和《中共广东省委办公厅广东省人民政府办公厅关于印发〈广东省行业协会商会与行政机关脱钩实施方案〉》（粤委办〔2016〕62号），市委、市政府主要领导高度重视，专门做出部署，成立了市行业协会商会与行政机关脱钩联合工作组，由市委党委、组织部部长任组长，成员包括市委组织部、市直工委、市编办、发改、经信、民政、财政、人社、商务、外事、市国资委和市工商联等12个部门，日常工作由市发改局、市民政局负责。各相关职能部门通力合作，落实责任目标，形成工作合力。市民政局与市发展改革局联合制定了《汕尾市深化全市性行业协会商会与行政机关脱钩试点工作方案》，对试点负责单位、试点单位名单、试点时间、试点任务和组织实施作了安排和规范。参加脱钩第一批试点单位及其业务主管单位也成立了脱钩专门工作组，明确分工，责任到人，按照"五分离、五规范"的要求，逐个制定试点行业协会商会脱钩实施方案，做到"一会一方案"，试点实施方案对脱钩事项、分离措施、时间步骤、责任人员等内容做出具体安排。在脱钩工作中，坚持稳妥审慎的原则，严格按照方案推进脱钩工作。市联合工作组办公室及相关职能部门密切配合，相互支持，形成合力，加强脱钩工作的指导力度，指导和帮助各脱钩负责单位和试点单位吃透"五分离"要求，领会"五规范"精髓，解决试点中出现的新情况、新问题。脱钩后法人登记事项、负责人等发生变动的，按规定程序办理了各项变更登记或备案手续。12月底完成了第一批试点单位的脱钩工作。2017年4月，市行业协会商会与行政机关脱钩联合工作组召开会议，总结了2016年脱钩试点工作，对2017年的脱钩试点工作进行了部署。通过摸底调查和日常管理掌握情况，在征求相关单位意见后，发出《汕尾市民政局汕尾市发展与改革局关于做好第二批全市性行业协会商会与行政机关脱钩试点工作的通知》（汕民发〔2017〕93号），认真开展第二批全市

性行业协会商会与行政机关脱钩试点工作，2017年10月底基本完成第二批脱钩试点工作。

3. 强化社会组织监管

认真贯彻落实《行业协会商会综合监管办法》，把社会组织的监督管理作为一项重要工作来抓。一是认真组织开展社会组织年检工作。认真贯彻执行《广东省民政厅关于做好社会组织年度检查工作的指导意见》，重点监测社会组织法人治理建设、涉企收费、分支机构设立、按章程业务范围开展活动、党建工作等十一个事项，采取了信息公开和抽查审计措施，选择开展活动多、接收捐赠和资助的社会组织进行审计，由有资质的会计师事务所审计并出具审计报告，要求社会服务机构单位都进行财务审计并提供审计报告。汕尾市各级社会组织年检工作统一在社会组织网上业务办理平台上进行，年检结论实时在社会组织信息网上公示。二是建立社会组织联合执法机制。经市政府同意，民政局与市发展和改革局联合转发了国家发展和改革委员会、民政部等10部委《关于印发〈行业协会商会综合监管办法〉的通知》，要求各地各部门切实加强事中事后监管，落实"谁主管、谁负责"原则，各行业管理部门按职能对行业协会商会进行政策和业务指导，并履行相关监管责任。民政局与市教育局建立了联合执法机制，每年开展联合执法，对市级民办学校进行年检。与市财政局、市发展和改革局、市经济和信息化局联合开展涉企收费清理情况专项检查。三是开展收养托养社会服务机构单位的清查规范工作。经清查，汕尾市目前没有此类单位。同时对民政服务类社会服务机构单位进行隐患排查和整治专项行动，效果显著。四是建立信息公开制度。通过汕尾市社会组织信息网和其他媒体公开社会组织的组织章程，向社会披露年度工作报告、财务状况和重大活动等信息，接受社会各界的监督，提升行业组织诚信建设水平。

4. 激发社会组织活力

一是开展登记管理机关和社会组织的规范化建设。优化社会组织申报材料和年检工作程序。制定了申报材料清单，规范了年检材料和工作程序。转发了省厅关于社会组织法人治理建设文件，通过年检、换届等修改社会组织章程，督促社会组织建设网站或通过市社会组织信息网进行信息公开，印发了《汕尾市民政局关于印发全市性社会团体管理制度示范文本的通知》，促进了社会组织规范自身管理，提高了社会组织的公信力。二是开展行业协会行业自律和诚信创建活动。积极开展社会组织自律与诚信建设活动,推行社会组织守信公开承诺制度,提高社会组织守信自律意识,提升行业组织诚信建设水平。各行业协会坚持适时、适度、适量的原则,在法律法规和章程规定的范围内开展和参与评比活动;结合治理和规范涉企收费的工作要求,引导行业协会加强日常管理,搞好清理自查,提高收费透明度。三是积极推进政府向社会组织购买服务。2017年8月,在市级层面出台了《关于印发〈政府向社会力量购买服务指导目录(2017年修订)〉的通知》(汕财文〔2017〕112号)。本年度市级政府部门支持社会组织参与社会服务或加强社会组织能力建设的资金106万元。四是加大宣传力度。在汕尾市社会组织信息网、汕尾市民政局信息网和各社会组织建立的网站以及其他媒体上,积极宣传汕尾市各级社会组织开展公益活动情况,宣传社会组织在相关领域发挥的促进作用,扩大社会组织正能量宣传。

5. 推进社会组织信息化建设

全市开通了社会组织网上业务办理平台,正式投入使用,构建起了涵盖登记管理全过程、信息与相关职能部门对接共享的社会组织管理信息系统体系,系统数据与省社会组织信息网无缝对接,实时传送数据到省厅。建设了汕尾市社会组织信息网,在网上公开社会组织法人情况,公开社会组织重大活动,公开重要公益项目实施过程等。完成了全市社会组织统一社会信用代码实施工作。通过汕尾市社会组织信息网公开"双公示"信息、社会组织法人信息、年检结果,公开社会组织重大活动、重要公益项目实施过程、政府资助资金使用、政府购买服务实施情况等信息,促进社会组织规范运作。积极推进社会组织信用体系建设,通过对社会组织的年度检查,建立社会组织信用异常名录,将年检不合格和不参加年检的社会组织列入社会组织信用异常名录,并做好社会组织异常名录公开工作,引导社会组织提升运作的公开性和透明度,全面提高社会组织的公信力。

6. 进一步抓好社会组织党建各项工作

将认真学习宣传党的十九大精神作为当前和今后一个时期首要的政治任务,通过组织观看实况直播、组织社会组织党组织负责人参加学习贯彻十九大精神培训示范班、开展"学报告学党章"考学活动、通过社会组织微信群等学习宣传十九大精神。贯彻落实中央、省委和市委部署,出台了《中共汕尾市委办公室印发〈关于加强我市社会组织党的建设工作的实施意见〉的通知》

（汕尾办发〔2017〕2号），将社会组织党建工作纳入登记管理全过程，实现了登记、年检、评估、换届改选、评优评先与党建工作"五同步"。完善了市和县（市、区）社会组织党建工作机构。根据市委的部署，开展了党员组织关系的集中排查工作。目前，全市有社会组织党组织72个，市、县两级都设有"两新"组织党工委和社会组织党工委。其中市级社会组织党组织35个，包括党委2个，党支部33个；单独组建的党组织30个，联合组建的党组织5个，党组织书记35人，党建指导员8人，党建工作覆盖率达100%。社会组织专职工作人员中的党员能及时转移正式组织关系，参加党的活动。建立的社会组织党组织，大都由社会组织负责人或中层管理党员担任，普遍达到有党旗、有设施、有标志、有书报、有宣传阵地等规范化建设要求。

（三）汕尾市社会组织发展存在的问题

2016年以来，汕尾市的社会组织发展环境进一步优化，服务管理进一步到位，能力素质进一步提升，作用发挥更加明显。但也存在着一些问题。

1. 汕尾市各级登记管理机关人员少、监督管理工作薄弱

目前，汕尾市民间组织管理办公室只有3名工作人员，县区中只有海丰县设有民间组织管理办公室，其他县区均只有1名工作人员。机构现状与形势的发展不相适应，主要体现在社会组织快速增长，登记管理工作日益繁重，同时还要负担两建、党建等工作，对社会组织缺乏有效的执法、监督、评价、培训指导等机制，监督管理工作薄弱。需加强与政府和有关部门的沟通，增加社会组织登记管理人员编制。

2. 社会组织发展不平衡

尽管社会组织的地位和作用越来越重要，但仍有一些部门对社会组织的重要性还缺乏足够的认识，部分社会组织的业务主管（指导）单位重视不够，对所管辖的社会组织不够重视，还存在一些"半休眠"状态的社会组织；部分社会组织自身建设能力较弱，内部管理不规范，缺乏加强自我发展的能力，服务能力较差、缺乏凝聚力，活力不强；部分社会组织无专职工作人员，兼职较多，影响了正常活动的开展。需通过进一步完善社会组织监督管理机制，加强社会组织管理监督执法力度，促使社会组织发挥其应有的作用。特别要对一些"半休眠"状态的社会组织进行清理整顿。

3. 政府向社会组织购买服务力度不大

由于汕尾市地区经济还不发达、部分社会组织承接能力还有待提高等条件的制约，政府购买社会组织服务力度不大。需要在今后的工作中采取措施，推进政府向社会组织购买服务，加强社会组织的评估工作，加大宣传力度，营造氛围，提高政府购买社会组织服务力度。

（四）汕尾市社会组织发展改革措施

1. 继续深化社会组织管理体制改革

认真贯彻落实《中华人民共和国慈善法》、中办国办《关于改革社会组织管理制度促进社会组织健康有序发展的意见》和省的实施意见以及省政府《关于促进慈善事业健康发展的实施意见》，出台汕尾市关于改革社会组织管理制度促进社会组织健康有序发展的实施意见，继续推进社会组织管理制度改革。进一步细化社会组织登记、管理、执法措施和责任，进一步完善社会组织的登记办法，推进社会组织登记管理规范化、法治化工作。

2. 继续强化社会组织综合监管

开展登记管理机关和社会组织的规范化建设。探索建立联席会议制度和部门协调机制。加强社会组织的行政监管，加大执法查处力度，启动对"休眠"状态社会组织的注销和撤销程序，完善退出机制，推行社会组织抽查审计。强化社会监管，推进信息公开制度和年检报告公开制度，接受社会监督。探索构建以信息归集共享为基础，以信息公示为手段，以信用监管为核心的监管制度。

3. 激发社会组织活力

贯彻落实社会组织税费优惠政策。推进政府职能转移和购买服务，积极扶持社会组织发展，有效激发社会组织发展活力。加强社会组织人才工作，联合相关高校，从学科、专业等方面培养多层次的社会组织研究及应用型人才。加大对社会组织负责人和专职工作人员培训力度。深入开展行业协会自律与诚信创建活动、社会服务机构单位塑造品牌与服务社会活动和社会组织建设创新示范区创建活动。

B.12 东莞市社会组织发展报告

王达梅　叶学斌　邓志江[*]

摘　要： 2016~2017年东莞市社会组织呈现较快发展势头，社会组织数量较多，种类齐全，覆盖较广，社会组织发挥出较大的作用，社会反响良好。东莞市通过采取开展社会组织统一社会信用代码改革，做好社会组织发展扶持专项资金项目管理，开展社会组织政策法规培训，实施行业协会商会与行政机关脱钩等方法和措施推动社会组织的规范化发展。但是东莞市社会组织在发展中仍然存在着一定问题，需要继续加大培育发展社区社会组织的力度，完善社会组织监督管理机制，不断加强社会组织自身建设。

关键词： 社会组织　东莞市　规范化　自身建设

东莞地处广东省中南部，面积为2465平方千米。东莞是广东省文化历史名城，素有粤曲、粤剧之乡的称号，对传统文化艺术保留完整，包括龙舟竞技赛、莞邑醒狮艺术、客家麒麟艺术、中秋灯会、百子论文、重阳登高等。同时，东莞连续三次蝉联为全国文明城市、多次被评为全国科教兴市先进市、全国双拥模范城，还享有"国际花园城市"、"全国文明城市"、"全国篮球城市"、"音乐之城"、"科技之城"、"博物馆之城"、"国家森林城市"等美誉，是广东重要的交通枢纽和外贸口岸，是全国5个不设县的地级市之一。2016

---

[*] 王达梅，博士，广东省社会组织研究中心、广东外语外贸大学政治与公共管理学院副教授，研究方向为社会管理、政府购买社会组织服务、财政绩效评价；叶学斌、邓志江，广东省东莞市社会组织管理局。

年底，全市户籍人口191.39万人，常住人口834.31万人。根据中国社科院发布的《中国城市竞争力报告2016》数据，在全国294个城市中，东莞市全域城市竞争力排名第5位，信息城市竞争力居第8名。

（一）东莞市社会组织发展现状

东莞市深入贯彻落实党的十八大会议精神，加强社会组织建设创新社会管理，推动东莞市社会组织健康有序发展。2016年，全市登记在册的社会组织达4129家，与2015年相比，增加396家，增长率为10.61%。2017年，全市登记在册的社会组织达4424家，比2016年增加295家，增长率为7.15%。

1. 社会组织类型及其比例

（1）2016年东莞市社会组织类型及其比例

2016年，东莞市社会团体共840家，占社会组织总数的20.34%，与2015年相比，增长101家，增长率为13.67%。其中，联合性社团464家、行业性社团136家、学术性社团75家、专业性社团165家。2016年社会服务机构共3266家，占社会组织总数的79.1%，与2015年相比，增长了281家，增长率为9.41%。其中，教育行业类1646家、卫生行业类0家、文化行业类82家、科技行业类

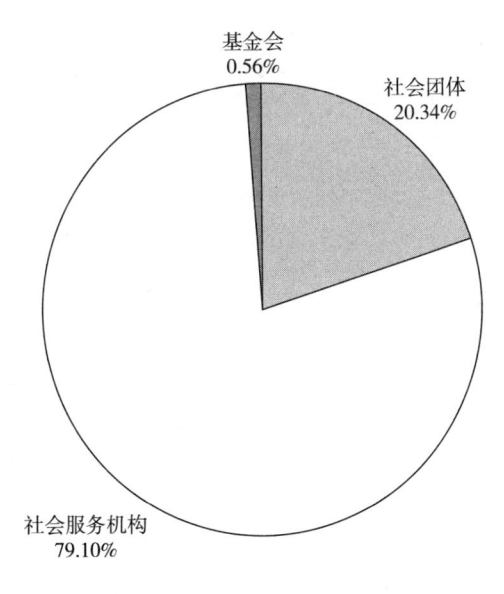

图1 2016年东莞市三类社会组织比重

80家、体育行业类102家、劳动行业类155家、民政行业类946家、社会中介服务类0家、法律服务类4家、其他类251家。非公募基金会共23家，占社会组织总数的0.56%，与2015年相比，增长14家，增长率为155.56%。东莞市非常重视城乡社区服务类社会组织发展，2016年该类社会组织达到3612家（其中，登记的社区社会组织1055家，备案的社区社会组织2557家）。

表1 2016~2017年东莞市社会组织增长情况

年度	社会团体数量	社会服务机构数量	基金会数量	合计	增长率(%)
2016	840	3266	23	4129	10.61
2017	912	3482	30	4424	7.15

资料来源：东莞市社会组织管理局提供。

（2）2017年东莞市社会组织类型及其比例

2017年东莞市社会团体共912家，占社会组织总数的20.61%，与2016年底相比，增长了72家，增长率为8.57%。社会服务机构共3482家，占社会组织总数的78.71%，与2016年底相比，增长了216家，增长率为6.61%。基金会共30家，占社会组织总数的0.68%，与2016年底相比，增加了7家，增长率为30.43%。

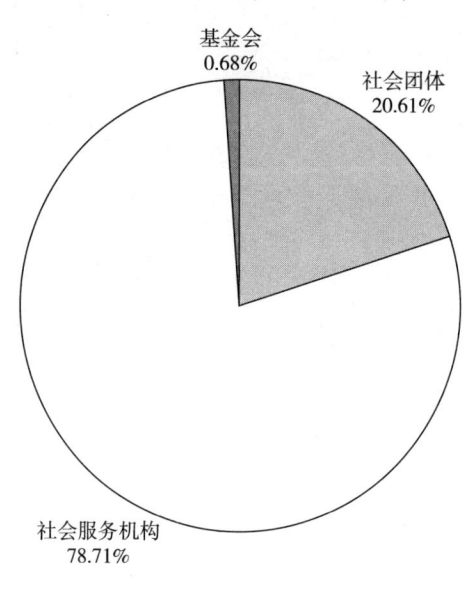

图2 2017年东莞市三类社会组织比重

2. 社会组织地域分布

东莞市是不设县区的地级市，全市设立市级社会组织管理局，不设分局，所有社会组织均在市社会组织管理局登记。各社会组织冠字及服务地域分类如表2所示，南城区563家，占13.63%；东城区453家，占10.97%；莞城区391家，占9.46%。

表2 东莞市社会组织区域分布情况

地域	社会组织数量（家）	占比（%）	地域	社会组织数量（家）	占比（%）
东城区	453	10.97	黄江镇	68	1.65
南城区	563	13.63	寮步镇	159	3.85
莞城区	391	9.46	麻涌镇	56	1.36
万江区	131	3.17	企石镇	69	1.67
茶山镇	75	1.82	桥头镇	58	1.4
常平镇	160	3.88	清溪镇	80	1.94

资料来源：东莞市社会组织管理局提供。

3. 社会组织从业人员结构

（1）2016年东莞市社会组织从业人员结构

2016年东莞市社会组织从业人员总数为64813人，其中，社会服务机构从业人员数量最多，为61370人，占94.6%；社会团体和基金会从业人员3443人，占5.4%。社会团体和基金会从业人员男女性别比例为1.05∶1，社会团体和基金会从业人员的受教育程度：专科以下733人，占总数的21.29%；大学专科1085人，占总数的31.51%；大学本科1452人，占总数的42.17%；硕士研究生及以上173人，占总数的5.03%。社会团体和基金会从业人员年龄结构情况为：35岁及以下1664人，占总数的48.33%；36～45岁1025人，占总数的29.77%；46～55岁580人，占总数的16.85%；56岁及以上174人，占总数的5.05%。

（2）2017年东莞市社会组织从业人员结构

2017年全市社会组织从业人员总数为83044人，其中，社会服务机构从业人员79273人，占95.46%；社会团体从业人员3711人，占4.47%；基金会从业人员60人，所占比重不足1%。在从业人员的男女比例方面，社会服务机构男女性别比例为0.72∶1；社会团体男女性别比例为1.94∶1；基金会男女性别比例为1.07∶1。在从业人员受教育程度方面，社会服务机构从业人员的受教育程度为：专科学历人数26585人，占33.54%；大学本科22570人，占28.47%；硕士生705人，占总数的0.89%；博士生71人，占总数的0.089%。社会团体从业人员中的受教育程度为：专科学历1231人，占33.17%；本科学历1659人，占44.70%；硕士生159人，占4.28%；博士生32人，占0.86%。基金会从业人员的受教育程度为：专科学历20人，占33.33%；本科学历28人，占46.67%；硕士生1人，占1.67%。

（二）东莞市社会组织发展特点

1. 数量多，增速快

2016年东莞市社会组织登记数量4129家，增幅为10.61%；2017年社会组织为4424家，增幅为7.15%。2010~2017年，东莞市社会组织登记数量从1891家增加到4424家，年均增速13.85%，无论是社会组织总数，还是社会组织增长速度，在全省各地级市中均名列前茅。

2. 种类全，覆盖广

东莞市基本形成门类齐全、层次分明、覆盖广泛的社会组织体系，涵盖了经济、农业、教育、卫生、文化、科技、民政等多个领域。以东莞市行业协会为例，目前登记的136家行业协会，服务领域基本覆盖东莞市的支柱产业、特色产业和战略性新兴产业。

3. 作用大，反响好

东莞市社会组织呈现出良性发展态势，2017年共吸纳就业83044人，集聚社会资金约132.14亿元，惠及人群约200万人。社会组织在社会治理上具有明显优势，成为缓解社会矛盾的中坚力量。例如，东莞市136家行业协会和124家异地商会在开展行业自律、倡导诚信经营等方面开展了大量工作，积极协助政府开展市场监管工作，较好地维护了东莞市的市场秩序和社会和谐稳定。东莞市317家公益慈善社会组织和3612家社区社会组织服务本地社区，在参与公共服务，尤其在民生保障、创业就业、社会治安、法律援助、慈善帮扶等方面发挥了积极作用。

（三）东莞市社会组织发展做法和成绩

社会组织数量居广东省前列，成为推动东莞市经济与社会发展的重要力量。东莞市坚持改革创新，探索出一些新的做法，产生了较明显的实际效果。

1. 积极开展社会组织统一社会信用代码改革

为做好东莞市社会组织统一社会信用代码工作，东莞市社会组织管理局2016年1~2月对存量社会组织数据进行了进一步核实，并制定了《东莞市社会组织统一社会信用代码实施方案》。2016年3月8日，市民政局与市国税局、市地税局以及市质监局联合发布了《关于我市实施社会组织统一社会信用代码事项的通知》，正式启动了换证赋码工作。我们通过网站、社会组织QQ群、培训班等多种方式，向社会组织宣传"三证合一"新政策，通知社会组织尽快办理换证手续。截至12月16日，共受理社会组织"三证合一"相关业务3119件（社会团体606件、社会服务机构2506件、非公募基金会7件），目前已办结2838件（社会团体570件、社会服务机构2262件、非公募基金会6件）。目前，2016年之前登记的存量社会组织的统一社会信用代码赋码工作已全部完成，赋码完成率100%。

2. 做好社会组织发展扶持专项资金项目管理

2015年度社会组织发展扶持专项资金资助的33个项目实施时间为2015年10月至2016年6月，根据项目实施计划，东莞市社会组织管理局委托东莞市现代社会组织评估中心对所有资助项目开展绩效评估和跟踪服务。目前已完成项目终期评估，大部分资助项目都能根据项目计划实施服务，财务清晰、专款专用，并获得媒体的正面报道。同时，东莞市社会组织管理局积极开展2017年度专项资金储备项目申报工作。2016年，东莞市社会组织管理局发布了《关于受理2017年东莞市社会组织发展扶持专项资金储备项目申报的通知》，共受理了88家社会组织申报的127个项目，11月，东莞市社会组织管理局完成了专家评审工作，并向全市27个相关政府部门征求意见。经市民政局审定，于12月19日发布《2017年度东莞市社会组织发展扶持专项资金拟资助项目名单公示》，确定2017年东莞市社会组织发展扶持专项资金拟资助32个项目，总资助金额为596.9万元，其中社会组织参与社会治理类资助15个项目，共资助303.32万元；社会组织开展公益性社会公共服务资助13个项目，共资助241.22万元；社会组织开展其他社会公共服务资助4个项目，共资助52.36万元。

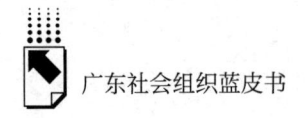

3. 稳妥推进网上业务审批工作

2016年3月,东莞市社会组织管理局向各社会组织发布了《关于开展2015年度社会组织年检和"三证合一"工作的通知》,明确2016年统一实行网上年检,并将网上年检工作流程及办理指南上传到东莞市社会组织管理局官网,正式开展网上业务申报和审批工作。目前,东莞市社会组织管理局所有审批业务均实行网上办理。截至12月16日,东莞市社会组织管理局网上办事系统共办结业务7070件,其中换证2515件,成立登记431件,变更登记313件,注销登记33件,备案40件,延期30件,年检2840件,名称核准832件,补证36件。

4. 开展社会组织政策法规培训

2016年8月30日,东莞市社会组织管理局组织举办"学习贯彻《慈善法》专题讲座",邀请广东省社会组织管理局黎建波副局长为主讲人,72家社会组织的95名工作人员参加讲座。《关于改革社会组织管理制度促进社会组织健康有序发展的意见》颁布之后,2016年9月26日,东莞市社会组织管理局专门举办一期社会组织政策解读培训班,邀请东莞市33个镇街(园区)社会事务局(办)工作人员和全市行业协会商会会长、秘书长近100人参加,大力宣传贯彻中央文件精神,帮助社会组织理解和把握好政策指导方向。此外,东莞市社会组织管理局今年委托市社会组织服务中心组织举办7期社会组织能力建设培训活动,培训内容包括政策法规解读、项目策划、财务管理、诚信体系建设等,共303家社会组织的417人次参加。

5. 出台社会组织资质目录

2016年5月,东莞市社会组织管理局发布了《关于开展东莞市具备承接政府职能转移和购买服务资质的社会组织(第六批)资质申请的通知》,共受理了19家社会组织的承接政府职能转移购买服务资质申请,经汇总审核,初步确定了17家社会组织具备资质条件,并发布《入选第六批具备承接政府职能转移和购买服务资质目录的社会组织名单公示》。10月25日,东莞市社会组织管理局印发了《东莞市市本级具备承接政府职能转移和购买服务资质的社会组织目录(第六批)》,共17家社会组织列入第六批目录。截至目前,六批资质目录共收录199家社会组织。

6. 开展社会组织发展扶持专项资金绩效跟踪和评估工作

2017年东莞市社会组织发展扶持专项资金共资助项目32个，总资助金额为596.9万元，撬动597.2万元社会资源投入社会建设。其中社会组织参与社会治理类资助15个项目，共资助303.32万元；社会组织开展公益性社会公共服务资助13个项目，共资助241.22万元；社会组织开展其他社会公共服务资助4个项目，共资助52.36万元。2017年11月，社会组织管理局对2017年度资助项目进行了末期绩效评估，所有项目共计开展活动1423场，服务33609人次；其中18家社会组织获得媒体的正面报道137次。此外，还有部分项目实施平台搭建、创建公益园、发放资助款、送餐、建立志愿者服务队、出版期刊以及开展培训课程等工作，并具有评估体系/标准、调研报告、社会创新公益园和科研案例等产出。2017年度所有资助项目已经全部顺利结项，社会效益良好。

7. 开展行业协会商会与行政机关脱钩工作

东莞市于2016年上半年起草《东莞市行业协会商会与行政机关脱钩试点工作方案（征求意见稿）》，并于9月发函给各相关单位，就《东莞市行业协会商会与行政机关脱钩试点工作方案（征求意见稿）》和试点单位名单征求各相关部门的意见。同时，东莞市社会组织管理局要求各相关单位报送成员名单，拟参照国家和省厅，成立"东莞市行业协会商会与行政机关脱钩联合工作组"。《中共东莞市委办公室、东莞市人民政府办公室关于成立市行业协会商会与行政机关脱钩联合工作组的通知》已于2016年11月23日正式印发。2017年2月，市民政部门和市发改局联合印发《东莞市深化全市行业协会商会与行政机关脱钩试点工作方案》（东民〔2017〕47号）。根据方案要求，对10家试点行业协会商会进行自查和摸底检查，并对其中发现问题的社会组织进行督促整改。2017年12月11日，中共东莞市委办公室、东莞市人民政府办公室正式印发《东莞市行业协会商会与行政机关脱钩实施方案》。

（四）东莞市社会组织发展存在的问题

虽然东莞市社会组织工作取得较大成绩，但整体而言还处于发展的初级阶段，随着社会治理创新工作的深入推进，出现许多新情况、新问题亟待解决。

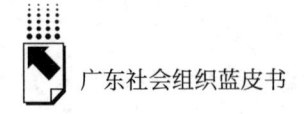

1. 社区社会组织未充分发挥作用

东莞市的社区社会组织虽然数量比较多,但社区社会组织承接政府职能转移比较少,与基层社区结合不够密切,工作经费明显不足,导致社区社会组织未能充分发挥出应有的作用。

2. 社会组织内部管理机制有待规范

部分社会组织在内部制度、民主决策、财务管理等方面存在不规范现象。部分异地商会成立时间不长,商会建设和秘书长工作经验不足,内部机制不完善、自律管理不足,存在招收个人会员,使商会演变成同乡会、老乡会,与当初成立商会的宗旨、业务范围相违背。部分公益组织背景复杂、财务不规范、宗旨导向有问题,甚至有一些别有用心的人打着公益慈善组织的名义,违规获取经济利益和开展违法活动。

3. 社会组织后续监管缺乏统筹

东莞市社会组织登记行政审批改革实施后,除一些特定领域社会组织保留业务主管单位,仍然实行双重管理体制外,大部分社会组织均取消了业务主管单位、改为业务指导单位。"主管"改"指导"后,相关部门虽然不需要对社会组织的登记进行前置审批,但仍然需要根据自身职能,对社会组织的内部治理、业务活动、对外交往实行后续管理。然而在实际工作中,东莞市没有建立起社会组织后续监管的统筹工作机制,导致登记管理机关、各业务主管(指导)单位之间的权责分工不明晰。一部分业务主管单位将社会组织作为部门管理的"编外机构",导致社会组织行政色彩较浓,依照行政要求开展工作,自我管理、自我规范、自我服务意识淡薄,社会组织的自主性、服务性、公益性受到限制。一部分业务主管(指导)单位对社会组织工作仅限于成立之初的审查、未能对所主管(指导)的社会组织思想政治工作、财务管理、对外交往、接收境外捐赠资助、依法开展活动等事项切实负起管理责任,对社会组织放任自流。以目前社会关注较多的学生接送站管理工作为例,截至目前,东莞市共登记学生接送站859家,安置学生28000多人。根据商事登记制度改革的有关精神,学生接送站取消了前置审批,实施后续监管,即民政部门先办理法人登记,消防、城建、食药监等部门后审批。然而,在东莞市社会组织管理局注册登记的859家接送站中,登记手续和后续审批手续全部齐全的仅297家,已取得社会服务机构登记证书但未全部通过后续消防、城建、食药监等审批手续的共562家（未办理齐全后续手续的学生接送站中，通过消防验收的共31家，通过房屋安全验收的共247家，取得餐饮许可的共143家，未取得任何后续审批手续的141家）。由于商事登记制度改革要求各部门根据各自职能实行后续监管，市民政局只能根据社会服务机构登记有关政策法规对学生接送站进行管理，对未办理消防、城建、卫生或违反消防、城建、卫生等有关规定进行运营的学生接送站缺乏执法依据，不具备协调相关职能部门的条件。学生接送站违规成本低、处罚轻，受利益驱使，无牌无证接送站屡有出现，存在较大的安全隐患。

4. 社会组织基层执法管理力量薄弱

由于东莞市市镇两级的特殊行政架构，登记管理机关仅有市一级的社会组织管理局，没有镇街分局，但大部分社会组织分布于32个镇街，日常管理、执法工作都需要镇街具体落实。东莞市社会组织管理局目前在综合科加挂了执法科牌子，但是并没有专门的执法人员编制，工作人员身兼业务办理、工作协调、执法等多个职能，精力分散，社会组织执法监管力量与社会组织发展和社会进步的需求不相适应，亟待加强。

（五）东莞市社会组织发展措施

东莞市认真贯彻落实《关于改革社会组织管理制度促进社会组织健康有序发展的意见》等中央、省委意见精神，建立健全推动社会组织发展的工作机制，切实解决影响和制约社会组织改革发展的突出问题，进一步推动社会组织健康有序发展。

1. 大力培育发展社区社会组织

支持鼓励发展在城乡社区开展为民服务、养老照护、公益慈善、促进和谐、文体娱乐和农村生产技术服务等活动的社区社会组织。加大对社区社会组织扶持力度，采取政府购买服务、设立项目资金、补贴活动经费等措施，支持社区社会组织承接社区公共服务和基层政府委托事项，为社区社会组织提供组织运作、活动场地、活动经费、人才队伍等方面支持。发挥社区社会组织在创新基层社会治理中的积极作用，建立社区社会组织与社区建设、社会工作联动机制，促进资源共享、优势互补，把社区社会组织建设成为增强社区自治和服务功能、吸纳社会工作人才的重要载体。

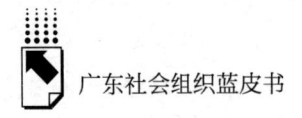

2. 完善社会组织监督管理机制

构建民政、编办、财政、税务、审计、金融、公安、各业务主管（指导）部门信息共享，协同监督，齐抓共管的综合监管体系，按照"谁主管谁负责"的原则，切实加强社会组织事中事后监管，共享执法信息，加强风险评估、预警，严厉查处社会组织违法违规行为。加强对社会组织的日常动态监管。通过年检、评估等手段依法监督社会组织负责人、资金往来、活动开展、信息公开、章程履行等情况，建立社会组织"异常名录"和"黑名单"。健全社会组织退出机制，完善社会组织清算、注销制度，保障社会组织资产不被侵占、私分或者挪用。

3. 推动社会组织加强自身建设

贯彻落实《行业协会商会与行政机关脱钩总体方案》，积极稳妥开展社会团体与行政机关脱钩试点。完善社会组织法人治理结构，指导全市社会组织建立完善以章程为核心的法人治理结构，针对不同类型社会组织特点制定章程示范文本，完善会员大会（会员代表大会）、理事会、监事会制度，落实民主选举、民主决策和民主管理，健全内部监督机制。推动社会组织建立诚信承诺制度，建立行业性诚信激励和惩戒机制。探索建立各领域社会组织行业自律联盟，通过发布公益倡导、制定活动准则、实行声誉评价等形式，引领和规范行业内社会组织的行为。

4. 加强社会组织党建工作力度

加大社会组织党组织组建力度，实现党的组织和工作全覆盖。结合社会组织登记、检查、评估以及日常监管等工作，督促推动社会组织及时成立党组织和开展党的工作。注重在社会组织负责人、管理层和业务骨干中培养和发展党员，积极开展党员先锋岗、党员责任区、党员公开承诺等活动。推动有条件的社会组织建立工会、共青团、妇联等群团组织。

B.13
中山市社会组织发展报告

蔡岚 黄泳珊*

摘　要： 本文在梳理中山市社会组织发展现状的基础上，认为中山市社会组织具有数量增长较为稳定、教育类社会服务机构数量占比大的特点。中山市社会组织在完善制度、等级评估、参与社会治理能力建设等方面取得了不少成绩，但是也存在着数量不足、整体质量不高、结构不合理、监管机制不健全等问题。中山市需在制定社会组织发展的总体规划，明确社会组织发展目标和重点、落实社会组织人才队伍建设措施等方面进一步努力。

关键词： 中山市社会组织　制度建设　政策驱动　治理能力

中山市位于广东省中南部，珠江口西岸，北连广州，毗邻港澳。古称香山，是一代伟人孙中山先生的故乡。它下辖1个国家级火炬高技术产业开发区，5个街道办事处，18个镇，总面积1783.67平方公里，常住人口314.23万，旅居世界各地海外华侨和港澳台同胞80多万人，全市生产总值连续多年保持广东省第五[①]。随着中山市市场经济的不断深入发展和社会转型的加快，尤其在加强和创新社会治理的新形势下，中山市各级政府和相关单位日益认识到社会组织的重要性，逐步建立了大量推动和培育社会组织发展的措施，社会组织的整体发展状况良好。

---

* 蔡岚，博士，教授，广东外语外贸大学政治与公共管理学院，主要从事社会管理、区域公共管理研究。黄泳珊，硕士，广东省中山市民政局，从事社会组织管理实践和研究工作。
① 中国中山政府门户网站（http://www.zs.gov.cn/main/about/）。

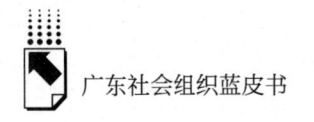

（一）中山市社会组织发展现状

1. 社会组织增长情况

截至2017年12月底，中山市登记在册的各类社会组织达2244家，其中，社会团体661家，占总数的29.46%；社会服务机构1580家，占总数的70.41%；非公募基金会3家，占总数的0.13%（如表1所示）。

与2016年相比，2017年中山市登记在册的各类社会组织增长69家，增长率3.17%；社会团体增长32家，增长率5.09%；社会服务机构增长36家，增长率2.33%；非公募基金会增长1家，增长率50%（如表2所示）。中山市社会组织发展迅速，活跃于经济、社会、教育、文化、公益、生态建设的各个方面，已经基本形成覆盖国民经济各个门类的社会组织体系。

表1 2017年中山市社会组织登记情况

类型	数量（家）	占比	类型	数量（家）	占比
社会团体	661	29.46%	非公募基金会	3	0.13%
社会服务机构	1580	70.41%	合计	2244	100%

表2 2017年中山市社会组织增长情况

类型	数量（家）	比2016年增长数	增长率
社会组织总数	2244	69	3.17%
社会团体	661	32	5.09%
社会服务机构	1580	36	2.33%
非公募基金会	3	1	50%

2. 各区社会组织发展均衡状况

中山市采用社会组织市、镇、村（居）三级管理模式，镇区人民政府（街道办事处）对尚不具备法人登记条件的公益慈善类、社会事务类、社区服务类、文化体育类的社区社会组织实行备案管理，经备案的社区社会组织可以依法开展活动。

截至2017年12月，中山市在镇区备案的社区社会组织超过1000家。其中，沙溪镇、石岐区、坦洲镇等三个镇区备案的社区社会组织数量达到100家以上；古镇镇、石岐区、板芙镇等镇区社区社会组织门类较为齐全均衡。目前，全市有村（居）277个，平均每个社区（村）有接近4个备案的社区社会组织。其中约32%的社区拥有5个及以上社区社会组织，拥有10个及以上社区社会组织的社区约占5%[①]。

3. 社会组织类型发展状况

根据2017年12月统计，在661家社会团体中，包括行业协会商会78家，联合性社团345家，专业性社团171家，学术性社团67家（如表3所示）。在1580家社会服务机构中，包括教育类1187家，体育类73家，科技类54家，文化类33家，劳动类44家，民政类91家，卫生类14家，其他类84家（如表4所示）。非公募基金会数量没有增长，与2016年持平，共3家。

表3 2017年中山市社会团体登记情况

社会团体	2017年数量	占比（%）	比2016年增长数	增长率（%）
行业性	78	11.80	2	2.63
联合性	345	52.19	24	7.48
专业性	171	25.87	7	4.27
学术性	67	10.14	-1	-1.47
合计	661	100	32	5.09

表4 2017年中山市社会服务机构登记情况

社会服务机构	2017年数量	占比（%）	比2016年增长数	增长率（%）
教育类	1187	75.13	34	2.95
体育类	73	4.62	1	1.39
科技类	54	3.42	0	0
文化类	33	2.09	2	6.45
劳动类	44	2.78	-1	-2.33
民政类	91	5.76	-1	-1.11
卫生类	14	0.89	1	7.69
其他类	84	5.31	0	0
合计	1580	100	36	2.33

① http：//www.chinanpo.gov.cn/3501/103060/index.html 中国社会组织网，2017年4月18日。

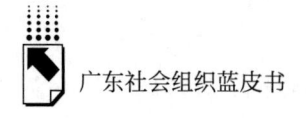

4. 社会组织从业人员结构

2016～2017年全市社会组织从业人员总数约2.7万人，其中，社会服务机构从业人员约2.2万人，社会团体和基金会从业人员约5000人。

第一，性别结构及受教育程度。社会组织从业人员男女性别比例较平衡，约为1∶1，社会团体和基金会从业人员的受教育程度包括，专科以下约300人，占总数的6%；大学专科约3000人，占总数的60%；大学本科约1700人，占总数的34%；硕士研究生及以上0人，占总数的0%。社会服务机构从业人员的受教育程度包括，专科以下约1100人，占总数的5%；大学专科约9900人，占总数的45%；大学本科约10500人，占总数的48%；硕士研究生及以上约450人，占总数的2%。

第二，年龄结构。社会组织业人员年龄结构情况包括：35岁及以下约8900人，占总数的33%；36～45岁约14000人，占总数的52%；46～55岁约3200人，占总数的12%；56岁及以上约800人，占总数的3%。

第三，职业资格水平结构。全市持证社工共3889人，主要从事社工服务行业，其中获得助理社会工作师3234人，中级社会工作师655人。

5. 社会组织党建状况

按照中山市组织部门统计，中山市社会组织共有党员4727名，流动党员423名，已建立党组织的社会组织984家，已建立党组织515个，覆盖879家社会组织，覆盖率89.3%（如表5所示）。

表5　2017年中山市社会组织党建数据

类别	数量	类别	数量
党员	4727	已建立党组织的社会组织数	984
流动党员	423		

（二）中山市社会组织发展特点

1. 社会组织数量增长较为稳定

对比2015年，2016年中山市社会组织数量增长稳定。2016年社会组织总增长数是151家，其中，社会团体61家，社会服务机构增长90家。从近五年中山市社会组织发展数据来看，2015~2016年社会组织增长数量较为相似，增长数量保持在150家左右。相比之下，2013~2014年社会组织增长速度明显比2015~2016年度快，平均增长量为每年187家左右。

表6 近四年中山市社会组织增长情况

年度	比上一年度增长总数	比上一年度社会团体增长数	比上一年度社会服务机构增长数	比上一年度非公募基金会增长数
2017	69	32	36	1
2016	151	61	90	0
2015	147	53	92	2
2014	193	68	125	0
2013	180	66	114	0

2. 教育类社会服务机构数量占比大

中山市教育类社会服务机构增长比较快，教育类社会服务机构包括民办学校、教育培训中心、幼儿园、托儿所、托管中心等类型。2017全年社会组织增长数是69家，社会团体增长32家，社会服务机构增长36家，非公募基金会增长1家，其中教育类社会服务机构增长34家，占2017年社会组织增长总数的49.28%。

从总数看，截至2017年12月底，中山市教育类社会服务机构数量是1187家，中山市登记在册的各类社会组织总数是2244家，教育类社会服务机构在中山市社会组织总数量占比52.90%，教育类民办企业单位占据中山市社会组织总数半壁江山。

（三）中山市社会组织发展做法和成绩

近年来，在市委、市政府的领导下，中山市在创新体制机制，在社会组织法规政策创制、建立培育支持体系、推进社会组织等级评估、加强社会组织制度化规范化的建设、激发和调动社会组织积极性、加强社会组织的信用体系建设等多方面作了积极的探索。

1. 着眼制度完善，注重政策驱动

中山市根据本地社会信用市场状况及现有市场监管体系，制定并完善了相关的法规政策。2016年6月，中山市人民政府办公室印发《中山市中介超市管理暂行办法的通知》（中府办〔2016〕33号）及《中山市中介超市信用管理暂行办法的通知》（中府办〔2016〕34号），进一步加强中介超市中介服务机构管理，规范进驻中介超市的社会组织服务行为，对守信及失信行为制定了相应的激励和惩戒措施，规范了中山市中介组织诚信红黑榜名单的发布管理程序，打造开放、规范、便捷、高效的中介服务市场以及推进中介超市诚信体系建设。

2016年8月，中山市民政局修订印发《中山市社会组织信用信息管理暂行办法》（中民民执字〔2016〕7号）（以下简称新修订《办法》），一是调整了社会组织信息的分类，原来分为三类即良好信用信息、严重失信信息、一般失信信息，修改为四类信息即良好信用信息、严重不良信用信息、中度不良信用信息、一般不良信用信息。二是增加了社会组织诚信红黑榜内容；三是增加并拓宽社会组织申报信用信息的渠道；四是增加异议申诉和信用修复条款[1]；五是完善社会组织守信激励和失信惩戒的具体措施；六是调整信用信息及红黑榜公布期限。中山市民政局会在社会组织诚信红榜和黑榜上公布那些被认定为良好信用信息和不良信用信息的社会组织的名单。新修订《办法》的出台，对建立健全覆盖全市的社会组织信用信息管理系统，推进中山市社会组织自律与诚信建设具有重要意义。

目前，中山市民政局正在组织修订《中山市社会组织扶持发展专项资金管理办法》，通过制度来鼓励镇区建设社会组织孵化基地，鼓励镇区积极培育和发展社区社会组织，大力支持社区社会组织参与社区治理和服务，以及进一步规范和完善社会组织扶持发展专项资金的使用管理，提高资金使用绩效。

2.建立培育支持体系，增强社会组织参与社会治理能力

中山市在2013年首次设置社会组织专项扶持资金，重点扶持一批具有示范导向作用的公益服务性项目和推动经济转型升级项目。中山市建立起财政扶持社会组织发展的长效机制[2]，至今已有140个项目获1290万元专项资金扶

---

[1] http://www.zsnews.cn/ZT/wenmingzs/News/2016/08/18/2885184.shtml《中山市社会组织信用信息管理暂行办法》实施，2016年8月18日。

[2] 中山市民政局政务网（http://www.zs.gov.cn/mzj/zwgk/view/index.action?id=406635）。

持。2016年，中山市开展经济类社会组织主题实践活动，主要围绕中山市委、市政府加快产业转型升级，促进经济发展，实施"十三五"规划的部署，充分发挥中山市商（协）会等经济类社会组织的积极作用，重点资助经济类的社会组织开展的服务经济建设类①、服务会员企业类、服务企业家培育成长类、服务和谐社会建设类等项目。2016年，中山市民政局共接收到69家社会组织申报79个项目，经过初审、项目评审小组评选、公示公告等环节，最终共扶持中山市门业协会"广东省院士专家企业工作站（中山）技术中心"、中山市沙溪服装行业协会"沙溪镇休闲服装产品质量风险监控"、中山市物业管理行业协会"中山市物业服务企业诚信评价体系建设"等31个项目，扶持金额从4万元至50万元不等，共计400万元。

同时，中山市民政局统筹2016年度全市其他部门社会组织专项扶持资金项目，市委宣传部、市委老干局、市教体局、市社科联、市科协、团市委等部门分别在各自的领域对所属行业的社会组织进行资金扶持、孵化培育等，共计510多万元。

获得扶持资金的社会组织项目在多个领域对于中山市经济发展起到较大促进作用，如中山市游戏游艺行业协会承办中国中山国际游戏游艺博览交易会，促进贸易成交额达20多亿元；又如中山市锁业协会构建"中山小榄锁具知名品牌展销中心"，提升"小榄锁具品牌"效益，"小榄锁具品牌"以14.4亿元的品牌价值登上中国品牌价值榜。长期来看，扶持发展资金还帮助一些社会组织解决了在成长期中资金短缺的困难，发挥社会组织自身优势，促进社会组织在维护社会稳定、传播精神文明和区域经济的快速发展中的积极作用。

3. 积极推进社会组织等级评估，促进社会组织规范发展

中山市社会组织等级评估工作的原则是，遵循政府指导、社会参与、分类评定、动态管理、客观公正。登记评估采取社会组织自愿报名、免费评估的方式开展②。2010年起持续开展社会组织等级评估工作，先后为各类社会组织制定了等级评估的打分细则。对社会组织进行等级评估，可以使社会组织由原来那种被动接受管理，转变为自觉接受监督，主动强化自律自治，增强社会公

---

① 中山市民政局政务网（http://www.zs.gov.cn/mzj/zwgk/view/index.action? id = 407185）。
② 中山市民政局政务网（http://www.zs.gov.cn/mzj/zwgk/view/index.action? id = 406635）。

信力。

2016年，社会组织等级评估共有30家单位参评，经过参评单位自评、评估专家组实地考评、市社会组织等级评估工作联席会议审核通过及向社会公示等程序，最终确定4家5A级社会组织，9家4A级社会组织，13家3A级社会组织，3家2A级社会组织以及1家1A级社会组织。截至2016年底，中山市共评估社会组织290家，获评3A及以上等级社会组织共181家，其中有效期内共175家，5A等级社会组织共41家，4A等级社会组织共49家，3A等级社会组织共85家[①]。

中山市在开展对社会组织进行等级评估的基础上，重视社会组织等级评估结果运用，2016年7月，中山市民政局制定《中山市具备承接政府职能转移和购买服务资质的社会组织目录（第五批）》（以下简称《目录》）。2013年至今，中山市共印发《目录》5批，共有168家社会组织收入《目录》，《目录》内全部社会组织均参加了中山市社会组织等级评估并获得3A级及以上评级。该《目录》的编制有效地为政府部门职能转移和购买服务提供基础性条件参考依据，按照公平、公开、公正的原则，逐步将行业管理、行业标准制订和行业规范等职能转移给行业组织。另外，对获得4A及以上评估等级社会组织开辟了简化年检程序的"绿色服务通道"，有利于引导社会组织进一步加强自律与诚信建设[②]。

4. 加快推进社会组织监管制度化建设，加大社会组织监督检查力度

2015年，中山市民政局印发了《中山市社会组织综合监管工作方案》（以下简称《方案》），建立了多部门联合执法机制，由民政部门、公安部门、财政部门、审计部门、国税部门、地税部门等联合执法，引导社会组织建立行业自治机制、完善社会组织信息公开机制，建立公众监督投诉机制等。

2016年，中山市民政局切实落实《方案》精神，查处了一起社会团体骗取登记案件。中山市儿童身心发展促进会于2016年5月30日在中山市民政局登记成立。中山市民政局在办理该社会团体有关行政许可事项时发现，其提交的成立登记材料涉嫌造假，遂对其立案调查。中山市民政局领导高度重视社会

---

① 中山市民政局政务网（http://www.zs.gov.cn/mzj/zwgk/view/index.action?id=406670）。
② 中山市民政局政务网（http://www.zs.gov.cn/mzj/zwgk/view/index.action?id=408298）。

组织违法案件，迅速就本案成立了专案工作组，协调教育、公安、人社等部门配合，为案件办理提供全方位支持。中山市社会组织管理办公室落实具体调查工作，深入走访了解，广泛收集证据材料，多方求证，细心专研案件线索。经查证，中山市儿童身心发展促进会提交的登记材料多处与事实不符。中山市民政局依照《社会团体登记管理条例》第二十九条规定，于10月19日对中山市儿童身心发展促进会做出撤销登记的行政处罚。该案件是中山市社会组织登记管理史上查处的第一例骗取登记案件，案件的调查处理经验对中山市社会组织的行政执法工作具有重要指导意义。

此外，为加大监督检查社会组织的力度，2016年8月，中山市民政局委托会计师事务所开展社会组织财务专项检查工作，对中山市社工机构、公益类民非等共计66家社会组织的财务运作情况进行专项检查，深入了解社会组织资金往来、财务管理、盈利分配等情况并加强监督管理。由此，通过对社会组织进行年检、要求社会组织对重大活动进行报告、对社会组织活动进行现场监督、诫勉谈话以及专项活动治理等常态化监管，做到对社会组织的动态监控和管理。

5. 激发社区社会组织活力，提升社区治理服务水平

从2013年起，中山市对社区社会组织实施登记和备案的双轨管理制度。在社会组织的建立方面，降低社区社会组织登记的条件，对未达到登记条件的社区社会组织可向所在镇区、社区备案。截止到2016年12月，各镇区备案的社区社会组织共1014家。经过培育，中山市沙溪镇圣狮村文体协会等7家社区社会组织顺利进行了法人登记。

中山市持续推动社区社会组织积极参与社区治理和服务，引导社区社会组织凭借贴近群众的天然条件，开展各项有益身心的活动，并大力推动社区建设"2+8+N"模式高标准、广覆盖。一是提供基础支持，广泛培育文化体育类社会组织。近年来，中山市累计投入5000多万元加快体育设施、场地的建设改造，400多个运动健身场所和设施免费开放，推动100所中小学校对外开放体育场馆，成立中山市社会体育指导员协会，培育发展社会体育指导员10892名。通过社区建设图书室、文艺活动室等，引领集结各类文艺爱好者，提供演出排练场所，举办各种比赛活动500多场次，鼓励团体互助、共同进步。目前，中山市基层备案文化体育类社区社会组织700多家，平均每社区（村）

近3家。二是力促三社协同服务，创新社区治理模式。推进社区综合服务大厅规范化建设，累计投入4133.7万元，共建成村（居）社区综合服务大厅286个，面积达2.4万平方米①，为社区社会组织安排标准化窗口，提供"一站式"综合服务。改进村级组织工作方式和服务方式，厘清村居内各种组织的权责边界，建立社区党组织牵头，社区居委会、社区社会组织等多方参与的社区管理协调机制。大力推动博爱行动义工服务，鼓励社工、义工组建或加入社区社会组织，实现社工、义工、社区社会组织互相融合支持。招募博爱行动义工3000多人，累计服务近12万人次，义工服务时数达96000多小时，"情暖夕阳"、"邻里互助"等三社协同服务品牌深入民心。三是深度挖掘公益创投资源，社区公益服务遍地开花。开展"博爱100"、"红色创投"等公益创投活动，有效拉动社会资源、激发社会组织活力，推动社会服务全方位开展。"博爱100"公益创投连续四届共吸引1143个社会组织和草根志愿团队参加，征集了4989个项目和创意，评选市级、镇级和社区优胜项目1493个，投入1541.5万元种子资金②，带动社会投入资金4649.6万元，项目内容涵盖邻里互助、儿童及青少年服务、职工帮扶、助老扶老、环境卫生等等，涉及群众生活的方方面面，共计服务市民超120万人次。四是创设全民公益园，助力社区社会组织植根发芽。全民公益园整合行政辖区内各类社会服务项目，打造服务群众的项目集群，形成社会资源共享、功能设施集中、服务对象互容、信息交流相通的社会服务综合体，为各类社会组织提供了联结和分享的着力点。2015年以来，中山市共建成5个功能各异、各具特色的镇区全民公益园，进驻社会组织近百家，常态化提供贴身的社区服务。特别是小榄镇以全民公益园为主体，将公益平台拓展到社区，2015年已有9个社区相继启动，建成镇、社区两级共建的全民公益园3.5万平方米，2016年底将实现15个社区全覆盖，让居民尽享"家门口"便捷的公益服务③。

6. 完善社会组织自律机制，推进信用体系建设

中山市民政局结合中山市社会信用体系建设的要求，积极推动社会组织信

---

① http：//m. zsda. gov. cn/wap. php？ action = zsnj_ article&year = 2015&typeid = 615 中山年鉴。
② http：//m. zsda. gov. cn/wap. php？ action = zsnj_ article&year = 2015&typeid = 615 中山年鉴。
③ http：//m. zsda. gov. cn/wap. php？ action = zsnj_ article&year = 2015&typeid = 615 中山年鉴。

用体系建设。

第一，推动社会组织进一步加强内部管理制度建设，引导社会组织建立并完善自律机制。近年来，中山市民政局印发《中山市社会团体法人治理指引》、《中山市社会组织信息公开指引》、《中山市社会组织重大事项报告指引》，为社会组织建立内部治理机构及运行机制提供依据，规范社会组织法人治理行为。上述《指引》为社会组织实施法人治理规范运作提供全面的指导意见，推动引导社会组织建立并完善信息公开的内部管理制度以及重大事项报告制度。对社会组织不履行信息公开义务或者公布虚假信息的，由中山市民政局会同相关部门依法予以处理，并将相关情况记入诚信档案。

第二，鼓励社会组织开展诚信建设活动，推进信用体系建设。2016年10月15日，中山市经济促进会携手中山市绿盾征信服务有限公司举办"做诚信企业打造最具公信力商会助力中山经济发展"为主题的商会交流研讨会，中山市家具商会等五家商会代表和20多家经济促进会员企业代表参加了此次交流活动。2016年10月29日，中山市社会诚信建设促进会在中山市文化艺术中心举办《诚信如山》第三届中山诚信文化音乐会。整场音乐会气氛热烈，高潮迭起，来自全市各党政机关、社会组织负责人、企业家、教师、医生、律师等和社会群众1500多人在优美的旋律中接受了诚信的教育和洗礼。2016年10月30日，由中山市社会信用体系建设统筹协调小组办公室主办的"光脚承诺，诚信做人"中山首届光脚丫跑活动在南区树木园顺利举行。活动设置了信任倒、诚信签名、拍照、歌曲演唱等环节。现场市民热情高涨，共500多人次参与活动，完成全程约5公里任务，并领取了完赛证书和诚信勋章。

第三，制定公布社会组织红黑榜名单。2016年7月，经中山市民政局整理审核，162家获得3A以上等级社会组织被纳入第一批诚信红榜，262家社会组织被纳入第一批诚信黑榜[1]（包括261家未参加2014年度检查的社会组织及1家未认真落实约谈要求的社会组织）。建立社会组织诚信红黑榜榜单是深入推进中山市社会组织自律与诚信建设的重要内容之一。此外，中山市民政局还通过对社会组织行政许可和行政处罚信用信息进行公开公示，以进一步加强信用信息资源整合、推动中山市社会信用体系建设具有重大意义。

---

[1] 中山市民政局政务网（http://www.zs.gov.cn/mzj/zwgk/view/index.action?id=406927）。

7. 推进政府职能转移，促进社会组织承接政府购买服务

中山市委、市政府及中山市民政局先后制定相关购买服务政策，如 2015 年 12 月中山市人民政府办公室印发《中山市政府向社会力量购买服务暂行办法》，推动并大力规范政府购买服务。中山市民政局为配合政府职能转移和购买服务工作，对具备承接政府职能转移和购买服务资质的社会组织，中山市从 2013 年 7 月起，开始开展认定和动态管理工作。

2013 年至今，中山市民政局制定了《中山市具备承接政府转移职能和购买服务资质的社会组织目录管理暂行办法》，并先后编制出台 5 批《中山市具备承接政府职能转移和购买服务资质的社会组织目录》，共 168 个 3A 及以上的社会组织优先录入[①]。目录的出台为政府各职能部门选择社会组织进行职能委托、授权、转移和购买服务提供了依据。

在政府购买社会组织服务中，中山市已有 10 多个职能部门将本部门的一些技术性、辅助性、服务性的事项通过委托或购买服务方式转移给社会组织承担（如表 7 所示）。2016 年，中山市开展政府购买社会组织服务，共购买服务或项目为 23 项，投入财政资金 4000 万元。此外，还通过专项资金扶持方式支持社会组织发展，共有 912 个项目，投入财政资金 1523.5 万元。

表 7　中山市社会组织承接的购买服务情况

职能部门	转移的事项	承接的社会组织
中山市信访局	信访接待、个案跟进、信访宣传	中山市博睿社会工作服务中心
中山市住建局	协助评标、培训、信用管理、处理投诉等	中山市房地产行业协会
	协助评优、评审、项目管理、企业资质初审、考核、继续教育、培训	中山市建筑业协会
	建设系统考务工作	中山市工程勘察设计行业协会
中山市财政局	初级会计电算化考试	中山市会计学会
	全国注册会计师考试中山考区的报名与考试	中山市注册会计师协会
中山市残联	残疾人岗前培训和就业指导	中山市现美职业培训学校
中山市审计局	审计、会计项目、研究课题等	中山市内部审计协会

[①] http://www.chinanews.com/gn/2013/11-05/5464520.shtml 中国新闻网 2013 年 11 月 5 日，《广东中山公布政府职能转移和购买服务资质目录》。

续表

职能部门	转移的事项	承接的社会组织
中山市环境保护局	评审、核查、规划编制	中山市环境科学学会
中山市经信局	服务性、事务性、统计类工作	中山市商业联合会、中山市信息产业协会
	通信及信息行业技能鉴定、行业准入初审	中山市信息产业协会
	自备发电机组连锁装置进行审核发证	中山市电力行业协会
中山市卫计局	医学继续教育	中山市医学会
中山市人社局	农村劳动力职业技能培训	中山市艺晋职业培训学校
中山市发改局	全市经济发展重大问题研究、咨询服务、培训、推广活动	中山市经济研究院
中山市交通局	出租车服务质量抽查和信誉考核	中山市交通运输行业协会
	处理维修质量纠纷、投诉、监督维修企业二级维护业务、事故车辆的技术鉴定工作	中山市机动车维修行业协会
中山市版权局	开展古镇版权服务工作	中山市照明电器行业协会
中山市文广新局	《印刷经营许可证》的年审换证	中山市印刷包装行业协会
中山市公安局	代办（换）证照、车辆号牌安装等	中山市机动车驾驶员协会
中山市工商局	省著名商标的认定、商标申报材料审查	中山市商标协会

（四）中山市社会组织发展存在的问题

中山市社会组织发展总体而言具有良好态势，但是由于多种原因和影响因素，社会组织在发展过程中还存在一定问题。

1. 社会组织数量不足、整体质量不高、结构不合理

一是绝对数量少。与周边地市相比，中山市的社会组织在数量上偏少、在规模上偏小。二是中山市社会组织在总体质量上偏低，只有少数社会组织具备承接政府职能能力。目前中山市社会组织获得3A以上等级的社会组织共181家，有效期内175家。三是结构不合理。社会服务机构中的民办教育类（包括民办学校、幼儿园、托儿所、培训中心等）的数量占53%，比重过大；社会急需的公益慈善类和社会服务类社会组织数量偏少。四是中山市社会组织发展水平不均衡。大部分社会组织规模小、专职人员少。

2. 部分社会组织管理不规范、人员素质不高

一是一些社会组织定位不明确，服务意识差，服务质量低，对政府部门有较强的依赖，部分自上而下成立的社会团体没有从根本上摆脱行政化的倾向。二是社会组织内部管理参差不齐，少数社会组织存在活动不够正常、组织机构不健全、制度建设不完善等问题。一些社会组织表面上制定了规章制度，但在实际执行中自行其是，缺乏对领导成员的有效监督，民主决策程序欠缺完善，不认真执行财务会计制度，社会公信力欠缺。三是社会组织筹资渠道单一、人才匮乏。相当一部分中山市社会组织没有其他经费来源，仅靠会费维持生存，从业人员专业化和职业化水平低，发展后劲不足；有些社会服务机构营利化倾向严重。

3. 政府对社会组织的扶持力度仍不够

一是社会组织政府职能转移和购买服务机制尚不完善。目前中山市购买服务方式主要采用购买岗位而不是购买项目服务，还是"按人头拨款"，存在"买人头不买组织"、工作经费难解决的问题。在这种形式下，政府购买服务的最大受益者是劳务派遣公司，而非社会组织。二是全市社会组织培育孵化平台缺失。有相当一部分公益慈善和社会服务类的草根社会组织遇到各种困难，不仅办公场所、经费、专业人才等方面捉襟见肘，而且政策、法律不熟悉，办会、办机构的方向不明确，亟须扶持和指导。三是对社会组织购买服务所得税、营业税等无优惠政策；社会组织办公场所租金、水电费以及其他各项费用一般都按普通商业企业收取，增加运行成本。

4. 社会组织监管机制尚不健全

一是社会组织登记管理力量薄弱。根据规定，中山市社会组织登记管理事权全部集中在市民政局，镇区没有管理权限。面对逐年增长的社会组织，执法人员不足，执法设备、手段缺乏，难以适应全市社会组织管理工作的新形势、新要求。二是监管制度不够完善。现行法规主要以社会组织登记管理的程序性规定为主，缺乏实体性规范（如对民事关系调整、内部制度、财产关系的规定严重缺失），缺乏有效引导和必要保障。三是社会监督处于缺位状态。社会组织信息公开程度不够，尤其是在内部治理结构、财务管理等方面，造成了公众及新闻媒体对社会组织的监督障碍。

（五）中山市社会组织发展的改革措施

1. 制定社会组织发展的总体规划，明确社会组织发展目标和重点

首先要根据经济社会发展需要，对中山市社会组织的总体发展规模和整体布局做出规划。一是着眼中山市经济发展中的重点产业和支柱行业，集中力量发展一批骨干型行业协会商会，充分发挥骨干型行业协会商会在行业自律、行业服务、市场开拓、协调关系等方面的作用。二是加快培育异地务工人员服务组织，引导异地商会、企业等社会力量参与提供公共服务和社会治理，促进新老中山人融合。三是扶持公益慈善类社会组织，强化社会福利、扶贫济困、化解矛盾、公益捐赠等作用。四是培育城乡社区服务类社会组织，扩大社会就业，满足人民群众多样化的公共服务需求。五是统分结合，促进社会组织专业化发展。每年根据市委、市政府的主要工作方向确定扶持重点，引导社会组织积极参与社会治理工作。支持各业务部门在各自领域对所属行业社会组织加强指导，实施资金扶持、专业培训、规划发展、孵化培育等措施，促进社会组织专业化发展。鼓励各镇区制定完善培育发展服务社区的社会组织的资金支持、银行信贷、人才引进等优惠政策。鼓励有条件的镇区建立社会组织孵化机制，依托社区综合服务设施建设社会组织孵化基地，为新成立的社会组织提供组织运作、办公场地、服务场所、启动资金等必要支持，为社会组织发挥作用搭建平台、提供舞台。六是鼓励有条件的企业以设立专项基金会、成立公益服务中心等形式举办专业的公益性社会组织。

2. 落实社会组织人才队伍建设措施

一是贯彻落实《中山市中长期人才发展规划纲要（2011～2020年）》，大力培育社会组织人才队伍。创新社会工作岗位设置和社工人才配置机制，培植能够承载并促进社会工作发展的社会组织，吸纳和培育社会工作人才。同时，加强舆论引导，努力营造有利于社会组织发展和社会工作人才成长的良好氛围。二是提高各级领导干部对社工工作的重视度。在领导干部教育培训课程中加入社会治理内容，举办社会治理领域相关培训，在课程设置上增加社工知识等相关内容，切实增强各级领导干部对推进社工服务、促进社会治理的意识，提高基层社工服务水平。

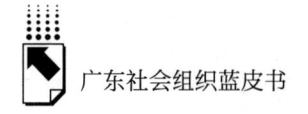

3. 加快推进政府职能转移和购买服务工作

一是加快推进政府职能转移。制定并完善《中山市政府职能向社会组织转移暂行办法》，明确职能转移的总体目标、范围分类、领导职责、转移的内容、承接的主体资格、转移方式和程序、监管评估等，以加强对该项工作的指导和有序推进。二是健全完善政府购买社会组织服务机制。制定《中山市政府购买社会组织服务实施细则》，详细设定购买社会组织服务各个程序和环节，明确指引政府部门和社会组织便捷操作。

4. 完善社会组织综合监管机制

一是进一步明确社会组织登记管理机关、业务主管单位、业务指导单位、相关职能部门的监管职责，建立健全职责明确、分工协作的行政监管机制。二是健全完善部门联动、联合执法的工作机制。健全完善由市政府牵头，民政、公安、财政、审计、国税、地税、外事（港澳办）、台办等相关部门参与的联动监管工作机制和联合执法机制，及时研究解决社会组织监督管理中的重大问题，提高应对重大突发事件的能力。三是加强对境外非政府组织在中山市活动和社会组织涉外活动的管理。通过对境外非政府组织实行分类管理，规范社会组织及其从业人员与境外非政府组织的合作，对其在中山市的活动信息、合作事项、资金、重点人员等关键环节加强监管。规范中山市已登记注册社会组织的涉外活动，积极做好社会组织参与国际交流、接受境外捐赠等相关涉外活动的监管工作。四是建立健全社会组织违法违规案件移送机制。市民政部门、业务主管（指导）部门和相关职能部门在行政执法过程中，发现所查处的社会组织违法违规案件不属于本部门职责范围的，应当依法移送其他行政机关；在查处社会组织违法行为过程中，发现涉嫌构成犯罪的，应当依法移交公安机关、检察院、法院办理。五是建立健全社会组织行政监管信息共享机制。市民政部门定期将社会组织登记信息、年检信息、评估信息、查处违法违规行为信息通报业务主管部门、业务指导部门和其他相关职能部门；各职能部门要及时将对社会组织的行政指导信息和查处违法行为情况通报市民政部门。六是加强社会组织执法队伍建设，加大执法业务培训和岗位锻炼，提高工作人员能力素质，提升依法监管能力，强化有关执法设备、执法经费保障。

B.14 江门市社会组织发展报告

涂 斌 李玉芬 陶 飞*

摘 要： 江门市社会组织类型以社会团体和社会服务机构为主，社会组织行业分布以教育、社会服务、文化为主，市级社会组织数量占比较大，区县分布欠缺均衡，社会组织从业人员年轻化、受教育程度不高。江门市社会组织在推进社会组织参与社会治理、推进政府向社会组织转移职能和购买服务、行业协会商会与行政机关脱钩、扶持社会组织发展、社会组织信息化建设等方面取得了不少成绩，但是也存在着社会组织登记管理机构人员不足、发展不平衡、综合监管未形成合力、资金来源单一等问题。江门市需在完善登记管理制度、健全扶持和培育机制、加大资金支持和投入力度、加大培养和建立专业人才队伍力度、完善监管和评估机制等方面进一步努力。

关键词： 江门市社会组织 扶持 监管 规范发展

江门位于珠江三角洲西岸城市中心，东邻中山、珠海，西连阳江，北接广州、佛山、肇庆、云浮，南濒南海海域，毗邻港澳。江门市总共包含三个区：一是江海区，二是蓬江区，三是新会区，共下辖四个县级市，分别是鹤山市、台山市、开平市以及恩平市。江门地区通常被称为"五邑"。全市总面积9505

---

* 涂斌，博士，广东外语外贸大学教授，广东省社会组织研究中心副主任，硕士生导师，研究方向：社会组织评估、社会组织资金筹措、社区治理、财政支出绩效评价。李玉芬，大学本科，江门市民政局，副调研员，研究方向：社会组织登记管理与社会工作发展；陶飞，大学本科，江门市社会组织管理局，副局长，研究方向：社会组织登记管理。

平方公里，常住人口454.4万人，其中少数民族45个，约占全市总人口2%。江门作为中国侨都，祖籍为江门的华侨、华人和港澳台同胞大约为400万人，广泛分布在全球多个国家和地区。2016年江门市经济总量为2418.78亿元，全省排名第九，在珠三角9个城市中位列第七。

（一）江门市社会组织发展现状

1. 社会组织总量小幅下降

截至2016年年底，江门市全市依法登记的社会组织3820个，相比2015年的3829家减少9家，增长率-0.23%。截至2017年年底，全市依法登记的社会组织3683个，比2016年年末减少137个，增长率为-3.59%（见表1）。

2. 社会组织类型以社会团体和社会服务机构为主

从图1和图2可知，江门市三类社会组织类型中，社会团体和社会服务机构占社会组织总量超过了99%，其中社会团体类所占比例最大，约占72.41%，而基金会占比不足1%。2016年和2017年三类社会组织占社会组织总量比值有所变化，社会团体所占比例小幅下降，社会服务机构数量和比例有所上升。结合表1得知，其中，2016年社会团体2766家，占72.41%；社会服务机构1052家，占27.54%；基金会2家，占0.05%。2017年社会团体2569家，占69.75%；社会服务机构单位1112家，占30.19%；基金会2家（2家均为非公募基金会），占0.05%[1]。

表1　2016年、2017年江门市社会组织发展情况

年度	社会团体数量	社会服务机构数量	基金会数量	社会组织数量合计	社会组织总量增长率(%)
2016	2766	1052	2	3820	-0.23
2017	2569	1112	2	3683	-3.59

资料来源：2016、2017年广东省民政厅计财年报全省社会组织数据。

2017年全市社会团体数量下降幅度较大，社会服务机构数量有所上升，而基金会数量维持不变，从表2可看到，增长最快的是社会服务机构，从

---

[1] 资料来源：2016、2017年广东省民政厅计财年报全省社会组织数据。

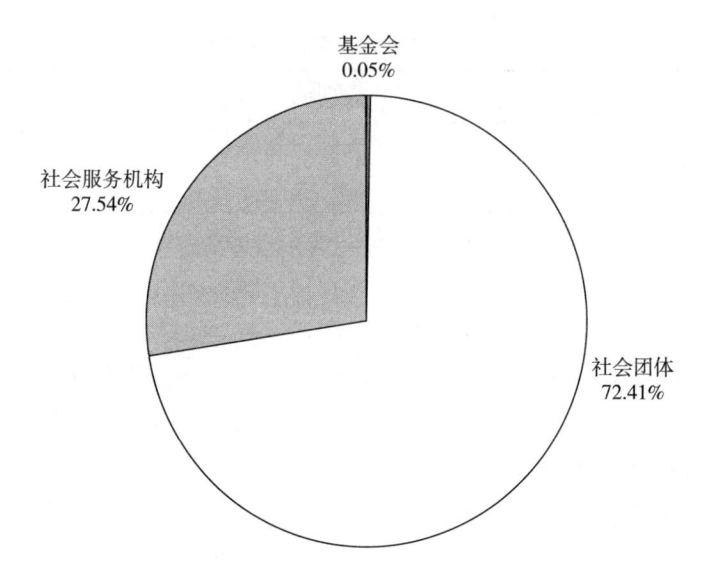

图1　2016年江门市三类社会组织的比重

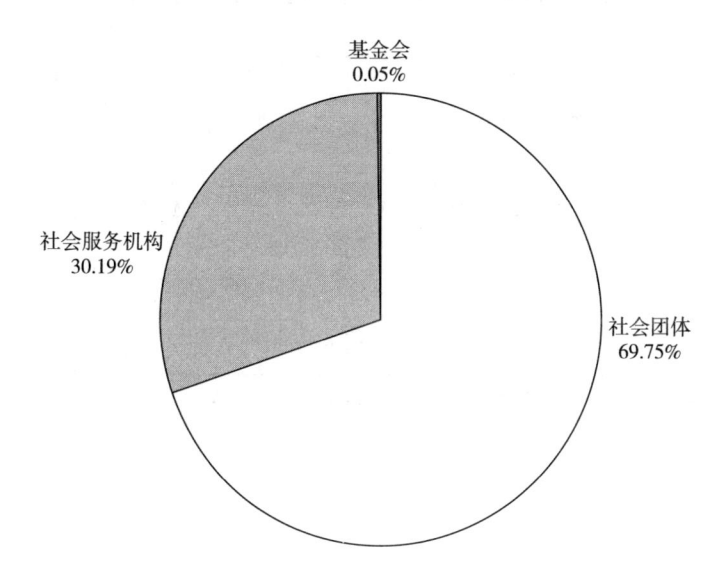

基金会 0.05%
社会服务机构 27.54%
社会团体 72.41%

图2　2017年江门市三类社会组织的比重

基金会 0.05%
社会服务机构 30.19%
社会团体 69.75%

2016年的1052家增长到2017年的1112家，增长率为5.70%，社会团体数量则减少了197个，增长率为-7.12%。

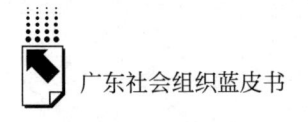

表2 2016~2017年江门市各类社会组织增长状况

年度	社会团体 数量	比重(%)	增长率(%)	社会服务机构 数量	比重(%)	增长率(%)	基金会 数量	比重(%)	增长率(%)	合计
2016	2766	72.41	—	1052	27.54	—	2	0.05	—	3820
2017	2569	69.75	-7.12	1112	30.19	5.70	2	0.05	0	3683

资料来源：2016、2017年广东省民政厅计财年报全省社会组织数据。

3. 社会组织行业结构以教育、社会服务、文化为主

江门市社会团体主要集中在社会服务、卫生、农业及农村发展、体育及其他方面（见表3）。其中除其他方面外，卫生类增速最快，由2016年的85家增加到2017年的338家。基金会主要集中在文化、其他方面的领域。社会服务机构集中在教育、社会服务、文化、体育以及其他方面领域，尤其是教育类社会服务机构已占全市社会组织总量的19.85%（见图3、图4）。

表3 2016年、2017年江门市社会组织行业结构

单位：家

社会组织类型	年份	科技与研究	生态环境	教育	卫生	社会服务	文化	体育	法律	工商业服务	宗教	农业及农村发展	职业及从业组织	国际及涉外组织	其他	合计
社会团体	2016	22	5	50	85	312	118	115	10	124	9	358	97	2	1459	2766
	2017	20	6	77	338	589	140	155	12	150	11	263	102	2	704	2569
基金会	2016	0	0	0	0	0	1	0	0	0	0	0	0	0	1	2
	2017	0	0	0	0	0	1	0	0	0	0	0	0	0	1	2
社会服务机构	2016	35	0	692	7	123	56	40	1	7	0	0	0	0	91	1052
	2017	37	0	731	9	141	56	42	1	5	0	0	0	0	90	1112

资料来源：2016、2017年广东省民政厅计财年报全省社会组织数据。

4. 社会组织市级、县区分布情况

（1）市本级分布情况

截至2016年底，全市社会组织3820家，其中，市本级社会组织526家，占全市社会组织总数的13.77%[①]；各市、区社会组织3294家，相比2015年减

---

① 资料来源：江门市社会组织管理局提供。

江门市社会组织发展报告

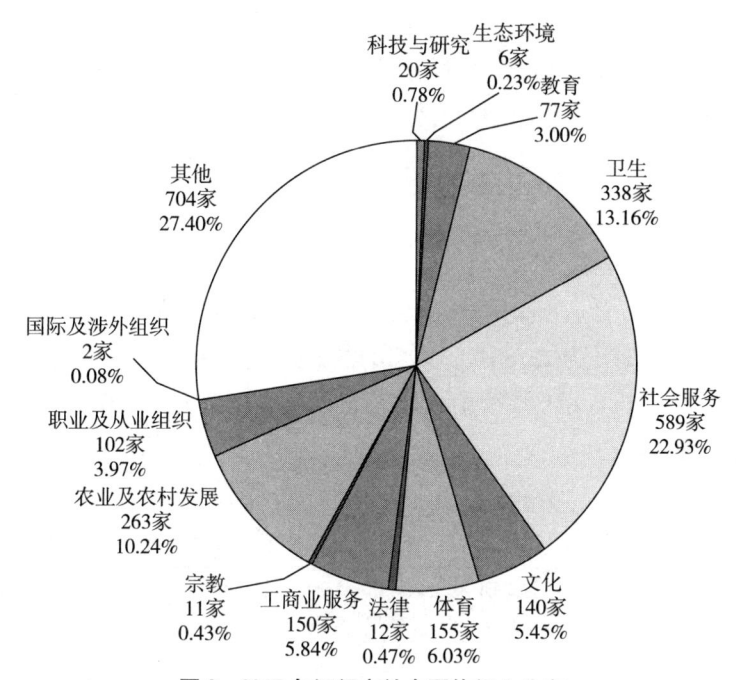

图3 2017年江门市社会团体行业分布

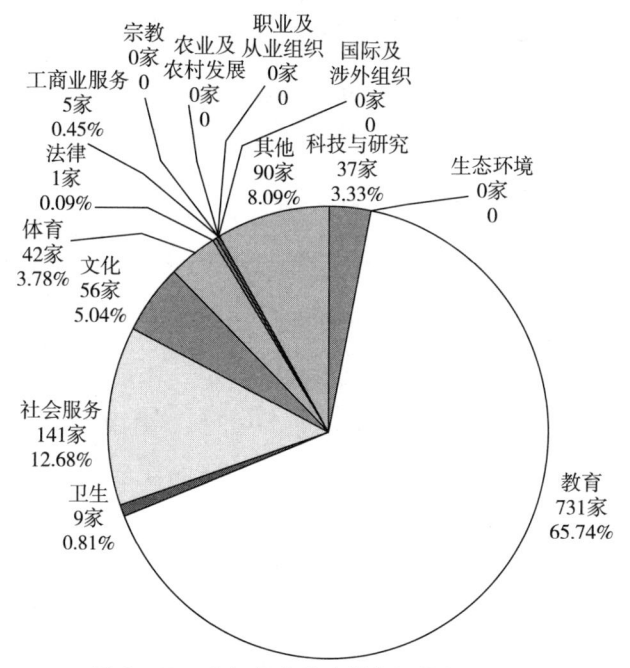

图4 2017年江门市社会服务机构行业分布

少1.61%，占全市社会组织总数的86.23%。在市本级社会组织中，市本级社会团体370个，相比2015年增加5.71%，占全市社会组织总数的9.69%；社会服务机构单位154个，相比2015年增加11.59%，占全市社会组织总数的4.03%；基金会2个，同2015年持平，占全市社会组织总数的0.05%（见表4）。

（2）各县区分布不均衡

从表4可见，江门市市级社会组织占全市比重为13.77%，在区县中，台山市占的比重最高，为22.80%，第二的是新会区为16.2%，而江海区、鹤山区和蓬江区分别为4.61%、8.01%和8.61%，差距较大，存在区县分布不均衡的状态。

表4 2016年江门市各区县社会组织分布情况

县(市、区)	社会组织总数	占全市比重(%)	社会团体数量	社会服务机构单位数量	基金会数量	与2015年相比增长率(%) 社会团体	与2015年相比增长率(%) 社会服务机构	与2015年相比增长率(%) 基金会	备注
市级	526	13.77	370	154	2	5.71	11.59	0	
蓬江区	329	8.61	141	188	0	-14.55	-0.53	0	
江海区	176	4.61	99	77	0	5.32	10	0	
新会区	612	16.02	371	241	0	4.8	0.84	0	
台山市	871	22.80	774	97	0	0.52	12.79	0	
开平市	557	14.58	422	135	0	-21.56	4.65	0	
鹤山市	306	8.01	197	109	0	1.55	7.92	0	
恩平市	443	11.60	392	51	0	3.43	27.5	0	
合计	3820	100	2766	1052	2	—	—	—	

资料来源：江门市社会组织管理局提供。

5.社会组织从业人员年轻化、受教育程度不高

2016年江门市社会组织从业人员总数21913人，其中，男性13089人，占59.73%；女性8824人，占40.27%，可见江门市的社会组织从业人员性别结构上男性比重高于女性。从社会组织分类来看，社会团体从业人员8520人，占38.88%；社会服务机构单位从业人员13391人，占61.11%。在社会组织职员受教育程度方面，江门市社会组织从业人员教育水平相对较低，大学本科及以上3646人，占16.64%；大学专科6601人，占30.12%；高中及以下

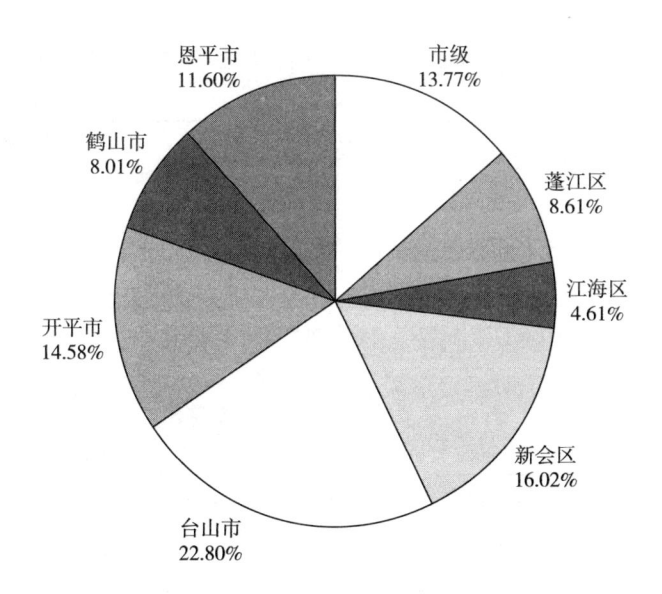

图 5　2016 年江门市市级、各县区社会组织比重

11666 人，占 53.24%。从业人员职业资格水平低，助理社会工作师仅为 67 人，社会工作师仅为 36 人。从年龄结构情况，全市社会组织从业人员中 35 岁及以下有 9151 人，占 41.76%；36~45 岁的有 7167 人，占 32.71%；46 岁至 55 岁的有 4340 人，占 19.81%；56 岁及以上的有 1255 人，占 5.73%。可见江门市从业人员年龄结构分布较年轻。

2017 年全市社会组织从业人员总数 22135 人，其中，男性 12977 人，占 58.62%，女性 9158 人，占 41.37%，男性从业人员比例有所下降，从业男性女性的比例正在缩小。从社会组织分类来看，社会团体从业人员 8403 人，占 37.96%；社会服务机构单位从业人员 13730 人，占 62.03%，两者所占比例差异情况基本不变。在社会组织职员受教育程度方面，2017 年大学本科及以上 3810 人，占 17.21%；大学专科 6857 人，占 30.98%；高中及以下 11468 人，占 51.81%。从业人员职业资格水平低，助理社会工作师仅为 79 人，社会工作师还是仅为 36 人。从年龄结构情况，全市社会组织从业人员中 35 岁及以下有 9450 人，占 42.69%；36~45 岁的有 7261 人，占 32.80%；46~55 岁的有 4333 人，占 19.58%；56 岁及以上的有 1091 人，占 4.93%。可见江门市社会组织从业人员年龄结构在进一步的年轻化。具体情况对比可见以下表 5、表 6。

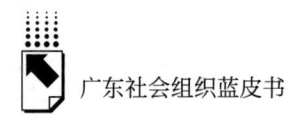

表5　社会组织从业人员性别结构、受教育程度、职业资格

单位：人数

	社会组织总数	从业人员人数	受教育程度情况			职业资格水平情况	
			从业女性	大学专科	大学本科及以上	助理社会工作师	社会工作师
2016	3820	21913	8824	6601	3646	67	36
2017	3683	22135	9158	6857	3810	79	36

资料来源：2016、2017年广东省民政厅计财年报全省社会组织数据。

表6　社会组织从业人员年龄结构

单位：人数

	35岁及以下	36~45岁	46~55岁	56岁及以上
2016	9151	7167	4340	1255
2017	9450	7261	4333	1091

资料来源：2016、2017年广东省民政厅计财年报全省社会组织数据。

从表7可见，江门市三类社会组织从业人员的从业人员数及性别结构、学历结构、职业资格结构和年龄结构。社会服务机构从业人数占较大比重，2016年占全市社会组织从业人员的61.11%，2017年为62.03%。学历结构方面，社会团体和社会服务机构大专以上学历从业人员比重相对高于基金会，2016、2017年社会团体大学专科以上的从业人数分别占社会团体从业人数的39.14%和42.48%。社会服务机构2016年从业人员中51.60%为大专以上学历，2017年该数据为51.68%。职业资格方面，只有社会服务机构唯一拥有资格证书的从业人员，主要是因为以社工机构为主。年龄结构方面，基金会从业人员年龄结构最年轻化。

6.社会组织党建工作情况

江门市本级及各市、区均已建立社会组织党工委。江门市社会组织党工委管理25个社会组织党支部，党员103名，其中市本级社会团体建立21个党支部，社会服务机构单位建立4个党支部[①]。各市、区社会组织党工委尚未批准建立社会组织基层党组织。

---

① 资料来源：江门市社会组织管理局提供。

表7 各类型社会组织从业人员状况

单位：人数

社会组织类型	年份	社会组织数	从业人员数	女性从业人员数	大学专科	大学本科及以上	职业资格水平情况 助理社会工作师	职业资格水平情况 社会工作师	年龄结构情况 35岁及以下	年龄结构情况 36~45岁	年龄结构情况 46~55岁	年龄结构情况 56岁及以上
社会团体	2016	2766	8520	1674	1722	1613	0	0	1938	3056	2549	977
社会团体	2017	2569	8403	1775	1825	1745	0	0	2015	3080	2497	811
基金会	2016	2	2	2	1	1	0	0	2	0	0	0
基金会	2017	2	2	2	1	1	0	0	2	0	0	0
社会服务机构	2016	1052	13391	7148	4878	2032	67	36	7211	4111	1791	278
社会服务机构	2017	1112	13730	7381	5031	2064	79	36	7433	4181	1836	280

资料来源：2016、2017年广东省民政厅计财年报全省社会组织数据。

江门市党建工作的具体方式如下。

（1）加强基层党组织建设。按照党建工作的要求，江门市社会组织党工委对符合条件的社会组织，及时指导其成立党支部。截至2016年底，已成立市本级社会组织党支部25个，2016年度新增了3个社会组织党支部，基层党组织实现了"应建尽建"的目标。与此同时，指导江门市箱包皮具商会党支部等基层党支部按规定开展换届工作。

（2）不断壮大党员队伍。2016年市本级社会组织基层党支部发展预备党员8名。各基层党支部通过新发展或转入党员的方式，使党员人数不断增加，截至2016底，市本级社会组织党员人数发展到103名，比2015年增加了12名党员[①]。

（3）党工委制度建设得到加强。为抓好党工委自身建设，切实加强对基层社会组织党建工作的领导，江门市社会组织党工委建立健全了党工委议事规则、党工委委员岗位职责等制度，使党工委工作进一步规范化、制度化。

---

① 资料来源：江门市社会组织管理局提供。

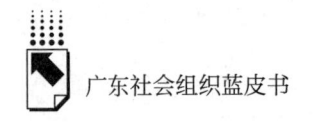

（二）江门市社会组织发展举措和成效

1. 社会组织法规政策创制情况

（1）推进社会组织参与社会治理方面。近年来，江门市根据"大民政"工作部署大力推动社会组织参与社会治理，按照2014年1月江门市人民政府办公室印发的《江门市建立和完善社会组织参与社会管理工作体系实施方案》（江府办〔2014〕1号），提出了全市社会组织参与社会治理的工作目标、主要工作任务及分工、保障措施等，继续加快政府向社会组织转移职能步伐，提升购买服务的力度，积极培育与发展社会组织，逐步健全社会组织参与社会管理工作体系，促进其在江门市社会事务管理方面充分发挥作用。

（2）推进政府向社会组织转移职能和购买服务方面。2016年江门市政府向社会组织购买服务力度进一步加大。按照前几年已经出台的《江门市市直单位向社会组织购买服务实施方案》、《江门市推进政府向社会转移职能工作实施方案》、《政府向社会组织购买服务监督管理暂行办法》，印发《2012年江门市政府向社会组织购买服务目录（第一批）》、《政府向社会力量购买服务指导目录》、《江门市市本级政府向社会组织转移职能事项目录》、《江门市市直单位实施政府购买服务操作指引（暂行）》、《江门市市直单位实施政府购买服务采购操作规程（暂行）》、《江门市政府购买服务电子采购平台操作指南（2014版）》，编制了7批具备承接政府职能转移和购买服务资质的社会组织名单，明确了政府向社会组织转移职能和购买服务的基本原则、工作目标、购买范围、购买主体等内容，形成了一套相对较为完善的政府向社会组织转移职能以及购买服务的长效机制。

（3）行业协会商会与行政机关脱钩方面。印发《江门市深化全市性行业协会商会与行政机关脱钩试点工作方案》，确定了试点行业协会商会名单、试点时间安排、试点任务和组织实施等内容，积极推进行业协会商会与行政机关脱钩试点工作。2016年确定了江门市质量管理协会、石油行业协会、外商投资企业协会、珠算协会、粮食行业协会等5家全市性社会组织为脱钩试点单位，并基本完成了试点工作。

2. 扶持社会组织发展情况

（1）制定扶持措施。对于公益服务类以及社区类等类型社会组织放宽登记限制，如把会员数量由最初的至少50个调整到至少20个，社区社会组织开办资金由最低3万元调整到最低2000元，且可通过银行存款凭证取代先前要求的会计律师事务所验资报告。

（2）建立孵化基地。全市共建立社会组织孵化基地12个，肩负着培育和发展工商经济类、公益慈善类以及群众生活类等社会组织的任务。每个基地为进入的各类社会组织提供专门的办公场地等相关设施等，除此之外，还为各类社会组织提供深层次、全方位的孵化扶持服务，比如人才培训、改善管理水平、激发活力、增强能力等，切实扶持入驻社会组织发展壮大、更好地参与社会管理和建设。

（3）设立社会组织扶持发展专项资金。2016年，江门市社会组织扶持发展专项基金为373.3万元，主要用于扶持公益慈善类、社会服务类、群众生活类等各类社会组织的发展，采取分类扶持方式，对部分社会组织给予支持。其中江门市民政局通过直接资助、项目扶持等方式，支持和鼓励社会组织开展社区公益服务，资助21个社会组织的29个社区公益服务项目，共资助90万元[①]。

此外，据不完全统计，2016年江门全市社会组织接收社会捐赠达1.62亿元，以江门市慈善会及各市、区慈善会为主。

3. 政府向社会组织购买服务情况

据不完全统计，2016年，江门市本级政府部门向社会组织购买服务资金达1805.6万元，其中江门市民政局向5个社会组织购买服务，资金达229.5万元，江门市开展第三届养老助残公益创投活动，向10个社会组织购买服务，资金达1300万元，市司法局、市住建局、团市委、市残联等部门共向31个社会组织购买服务，支出资金276.1万元[②]。

4. 社会组织信息化建设情况

江门市全面启用广东省民政厅统一建设的社会组织网上业务办理系统（广东省社会组织公共服务信息平台），目前系统使用情况良好，已将存量社会组织基本信息全部导入系统，内容包括单位名称、登记时间、法定代表人、

---

① 资料来源：江门市社会组织管理局提供。
② 资料来源：江门市社会组织管理局提供。

住所地址、注册资金、业务范围等信息,并实现社会组织成立、变更、注销、年检等登记管理业务全程网上办理。

5. 社会组织的监督情况

(1) 监督制度情况。一是实行新任社会组织法人约谈制度和重要事项告知制度。2016年江门市民政局制定《江门市社会组织法定代表人诚信自律承诺书》、《社会组织管理重要事项告知书》,实行新任社会组织法定代表人约谈制度,签署诚信自律承诺书并告知重要事项,督促其加强社会组织诚信自律建设和规范运作。共与60个社会组织的法定代表人进行了约谈。二是贯彻落实社会组织重大活动备案制度。要求各社会组织在开展评优、评先、接受境外的捐赠和资助、举办会展、产品展、成果展览等重大活动前10个工作日内,书面报业务主管(指导)单位审查,然后报民政部门备案,并在活动结束后1个月内以书面形式向民政部门报送活动情况总结。市本级社会组织主动到江门市民政局备案的重大活动共有158项,尚未发现违法违规开展活动的现象。

(2) 评估工作开展情况。江门市各级民政部门均通过购买服务的方式,委托第三方组织实施社会组织等级评估工作,评估结果报民政局确认。2016年全市共安排社会组织等级评估经费28.6万〔其中市本级10万元、各市(区)18.6万元〕,对23个社会组织认定了评估等级〔其中市本级3个、各市(区)20个〕①。

(3) 年检工作情况。江门市民政局探索采取抽查审计的方式加强社会组织年检,通过购买服务,委托第三方专业会计师事务所随机对市本级社会组织进行财务审计检查,抽取5家市本级社会组织进行检查。

(三)社会组织在社会服务供给和社会治理中的作用

1. 促进行业经济发展。江门市现有行业协会商会118家,他们举办各类产品展、推介会,加强市场交流,通过行业管理、行业维权,健全行业自律体系,并积极向政府和相关部门及时反映企业的合理诉求,有力地促进了江门经济又好又快发展。如江门市房地产行业协会坚持独立、民主、规范办会,一方面着力打造行业诚信自律组织体系,树立了良好的社会形象,另一方面创新服

---

① 资料来源:江门市社会组织管理局提供。

务会员方式,积极反映行业诉求,较好地发挥了桥梁纽带作用。

2. 承担社会责任。江门市各级公益慈善社会组织积极开展扶贫济困、救助灾害、助残助学等慈善活动,缓解社会矛盾,促进社会公平。如江门市维达慈善基金会积极开展安老、扶幼、助残、救危、助学、济困等公益活动,帮助我市弱势群体,自2013年6月成立以来用于公益事业的支出已达667.21万元,推动了江门民生事业发展。

3. 维护社会稳定。目前,江门市部分社会组织主动为政府排忧解难,积极参与一些社会矛盾的调解,维护了社会稳定。如江门市保险行业协会内设调解委员会,专门负责受理并调解我市保险纠纷案件,化解矛盾,维护了社会稳定,仅2016年就调解了近2万宗案件。

4. 提供社会服务。社会组织在各自的业务范围内服务着相关的群体,发挥了积极作用。如,江门市现有民办社会工作机构117家,为群众提供专业的社会工作服务,领域涵盖扶老助老、残障康复、青少年成长、社会福利、社会救助、慈善事业、防灾减灾、社区建设、婚姻家庭、精神卫生、教育辅导、就业援助、职工帮扶、预防犯罪、禁毒戒毒、矫治帮教等20多个领域,尤其在独具江门特色的"邑家园"社区服务中发挥了积极作用。民办教育类社会组织在很大程度上缓解了目前教育资源匮乏的现状,职业技能培训类组织为社会青年和就业者提供了大量的技能培训。

(四)江门市社会组织发展存在的问题

1. 社会组织登记管理机构不健全,人员不足问题突出

我市除台山市外,其他各市、区均没有设置行政性质的社会组织登记管理机构、编制并配备专职工作人员,其登记管理工作均由当地民政部门其他业务股室的同志兼管。当前社会组织管理机构的任务越来越重,集咨询、登记、管理、监督、执法、党建等工作于一体,工作人员往往忙于应对社会组织咨询、登记工作,因而对社会组织的监管、执法等工作还存在薄弱环节。

2. 社会组织综合监管尚未真正形成合力

提升社会组织素质、激发社会组织活力,需要多方分工协作,才能行之有效。但登记管理机关与业务主管(指导)单位及有关职能部门综合监管机制如何建立目前没有相关指引,致社会组织监管尚未真正形成合力。

3. 社会组织发展欠缺均衡

一是各市、区社会服务机构单位中民办学校（含幼儿园）、民办教育机构占比较高，达68%。二是社会团体、社会服务机构单位比例不均衡，其中台山市社会团体与社会服务机构单位比例最高，为8:1，蓬江区最低，为0.75:1。三是服务于弱势群体、困难群体的公益慈善社会组织偏少。

4. 社会组织资金来源不足

江门市大多数社会团体的资金来源主要是会员交纳的会费，社会服务机构单位的资金来源主要是其开展服务活动的收入，基金会的资金来源主要是原始基金、理事会成员或社会捐赠，收入来源较为单一，因此社会组织普遍处于资金紧张的状态。由于资金缺乏，一些工作开展不起来，作用无法体现。

5. 政府向社会组织购买服务存在的问题

政府需要持续加大向社会组织购买服务的力度。江门市各级政府部门购买社会组织服务的项目每年有所不同、资金数额不一；部分部门在编制财政预算时并未考虑政府购买公共服务费，由此可见，还需要进一步强化购买服务意识。

此外，社会组织缺乏专业人才。大多数社会组织尚未配备专职工作者，在其成员中，精通并了解组织运作流程的人非常少，组织机构专职工作人员流动较大。

（五）江门市社会组织发展改革措施

1. 进一步建立健全扶持和培育机制

一是进一步完善政策配套，健全社会组织发展的组织领导机制，加大扶持力度，从顶层设计助推社会组织快速发展。二是降低准入门槛。按照"放宽审批、严格监管"的原则，对经济类社会组织实行无主管部门登记审批，简化社区社会组织登记程序实行备案制，降低公益类、慈善类、服务类社会组织准入门槛，在资金额度、会员人数、登记程序、审批时间等方面降低社会组织的准入门槛。同时可实行社会组织登记备案双轨制，对符合登记条件的社会组织，依照有关法律法规的规定进行登记。对尚未达到登记条件，但社会发展又迫切需要的社会组织，可降低登记门槛实行登记，降低门槛尚不够条件的社会组织还可实行备案制度。三是强化协调联动。建立由社工委、市民政局牵头，财政、税收、工会、团委、妇联等职能部门、群团组织共同参与的社会组织管理工作协调机制，健全市、镇街、社区社会组织工作网络，为社会组织在培育孵化、资金补助、监督管理等方面提供"一条龙"服务，加快建立统一登记、各司其职、协调配合、分级负责、依法监管的现代社会组织管理体制。

2. 加大资金支持和投入力度

一是设立社会组织发展专项资金。要通过财政划拨和福彩公益金的方式筹集发展专项资金，用于扶持社会组织、政府购买服务以及市社会组织孵化基地的日常运作，并将专项资金列入每年的财政预算，形成长效机制。二是探索建立社会组织发展基金。要充分发挥市慈善会的作用，鼓励和争取社会和企业积极捐助，吸引民间资本和境外资本的支持和投入，建立社会组织发展基金，对重点培育和扶持的社会组织给予支持。三是成立社会组织奖励资金。从社会组织发展专项资金中划出一小部分，作为对社会组织的奖励资金。重点支持满足广大群众最迫切、最急需的公共服务需求的社会组织，并对先进社会组织和优秀社工人才进行嘉奖。四是落实帮扶政策。认真落实公益组织捐赠税前扣除资格认定和监管制度，完善社会组织税收优惠政策，对重点培育的社会组织给予减免税。加强与金融机构的沟通联系，对一些发展前景好，暂时出现资金困难的社会组织，政府和银行视情为其提供贷款贴息或贷款担保。

3. 加快政府职能转移，推进政府购买社会组织服务发展

一是转变政府职能。要发动各职能部门积极参与社会建设，按照"政社分开、管办分离"原则，推进政府向社会组织转移职能，特别是将部分涉及社会管理和公共服务的职能以项目形式转移、授权或委托给有专业资质的社会组织承担，为社会组织的发展腾出空间，同时实现政府"瘦身"。二是打造标杆项目。对政府部门转移出来的职能，选取一批市民认可度高、节约成本且社会效益好的项目（如公益慈善项目、社区服务项目），给予资金、场地、政策等支持，通过竞争选拔鼓励扶持该类社会组织发展壮大，在全市打造一批标杆项目，发挥示范效应，营造良好氛围。三是规范政府购买服务。建立市级社会服务招投标平台，规范政府购买服务。推动相关部门在需求大、多样性的公共服务领域，以公开招标、公开竞投、合同管理等方式，向社会组织购买服务，将政府购买服务纳入公共财政体系，并建立和落实引入购买服务的评估机制和监管机制。

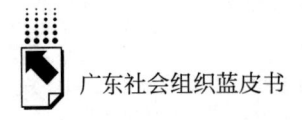

4. 加大培养和建立专业人才队伍力度

一是开展社工业务培训。依托高校、社会组织培训机构，大力培养有专业素质和服务意识的社工队伍和管理人员，聘请香港督导、顾问为社工提供专业培训和督导，全面提高专业服务水准。二是充分利用现有的义工体系。江门市已经拥有体系健全、管理有效、覆盖全市的义工队伍，在专业人才匮乏的阶段，可推广实施"社工＋义工"社区服务模式，利用好义工资源，由专业人才带领志愿者开展社会服务，可以有效促进社会组织的发展并且节约社会成本。三是吸引专业人才落户。健全社会组织专职工作人员工资、保险、福利等政策，打造社会组织适宜生长、集聚发展的洼地，吸引社工专业学生以及周边优秀社工人才落户江门。

5. 完善监管和评估机制

一是建立绩效评估制度。参考财政绩效考核评价做法，对社会组织实行绩效管理，建立绩效评估制度。通过科学设置考评指标，全面开展等级评估，将评估结果与享受补助政策、承接政府购买服务挂钩，充分发挥评估的导向、约束和激励作用。二是建立信息公开平台。推动社会组织在公开、透明的环境下运作，有助于规范社会组织的行为，提高公信力。为此，可利用公开栏、报纸、电视、网络等平台，开设社会组织活动专栏，把社会组织重大活动情况、政府资助情况、资金使用情况以及活动取得的成效等信息及时向市民公开，接受社会监督。

B.15
阳江市社会组织发展报告

杜琦琦 王达梅*

摘　要： 2016~2017年阳江市社会组织呈现出稳定发展势头，社会组织的行业分布较为广泛，逐步发挥出应有作用。阳江市不断创新社会组织法规政策，既注重鼓励和扶持社会组织发展，又加强社会组织自律建设与监管，促进社会组织规范化发展。目前，阳江市社会组织发展中存在社会组织发展能力不足、社会组织独立性和自主性不够强等问题。今后应注重提升社会组织的发展能力，积极推进社会组织的改革和创新，为社会组织发展创造更优越的环境。

关键词： 社会组织　阳江市　社会组织能力　自律建设

阳江市地处广东省西南沿海，紧邻珠三角，扼粤西要冲。南临南海，北接云浮，东临江门，西通茂名，2016年常住人口为252.84万人。阳江市于1988年2月经国务院批准设立，为地级市建制。全市设2个市辖区（江城区、阳东区），1个县级市（阳春市），1个县（阳西县），38个镇、10个街道办事处，710个村委会，117个居委会，户籍总人口296.06万人。经省政府批准，还设置3个区，即海陵岛经济开发试验区、阳江高新技术产业开发区、阳江滨海新区。2016年阳江市经济总体保持平稳态势，全市实现地区生产总值（GDP）1319.33亿元，同比增长6.7%。全市有少数民族人口1.9万多人，少数民族

---

* 王达梅，博士，广东省社会组织研究中心、广东外语外贸大学政治与公共管理学院副教授，研究方向为社会管理，政府购买社会组织服务，财政绩效评价；杜琦琦，广东省阳江市民政局民间组织管理科。

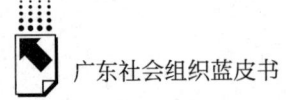

主要散居在阳春市,以春湾镇、河朗镇、永宁镇、松柏镇、圭岗镇、三甲镇、合水镇、岗美镇、石望镇等为主。

(一)2016年阳江市社会组织发展现状

近年来,阳江市社会组织的登记管理工作坚持"培育发展"和"监督管理"双重方针,围绕服务中心,突出培育重点,社会组织健康快速发展,初步形成覆盖城乡、门类齐全、层次有别、功能互补的门类体系。社会组织在反映居民诉求,促进行业自律,化解社会矛盾等方面发挥积极作用。阳江市社会组织呈现出多元化、规范化的发展趋势。

1. 阳江市社会组织增长情况

截至2016年底,全市各类社会组织1673家(其中,注册登记1227家,备案446家),与2015年相比,增长7.87%。其中,社会团体1008家(登记575家,备案登记433家),占60.25%,与2015年相比,增长8.73%;社会服务机构663家(登记650家,备案登记13家),占39.62%,与2015年相比,增长6.42%;基金会2家,占0.13%。

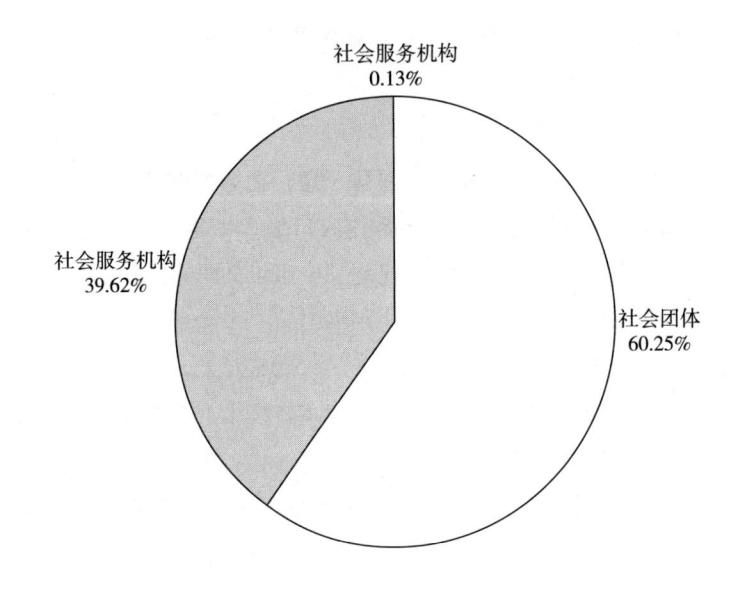

图1 2016年阳江市三类社会组织比重

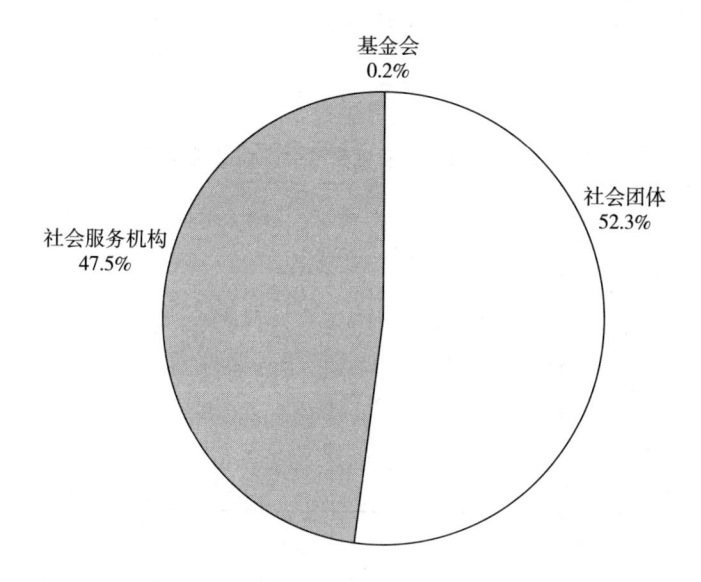

图 2　2017 年阳江市三类社会组织比重

表 1　2016～2017 年阳江市社会组织增长情况

年度	社会团体数量	社会服务机构数量	基金会数量	合计	增长率(%)
2016	1008	663	2	1673	10.61
2017	932	847	3	1782	6.5

资料来源：2016、2017 年广东省民政厅计财年报全省社会组织数据

截至 2017 年底，全市登记各类社会组织 1782 家（注册登记 1332 家，备案 450 家），与 2016 年相比，增长 6.5%。其中，社会团体 932 家（登记 590 家，备案登记 342 家），占 52.3%；社会服务机构 847 家（登记 753 家，备案登记 94 家），占 47.5%；基金会 3 家，占 0.17%。

2. 社会组织的区县分布情况

2016 年市本级登记的社会组织 355 家，占总数 21.2%，其中，社会团体有 283 家，社会服务机构 70 家，基金会 2 家。各县（市、区）登记各类社会组织 1318 家，占总数 78.8%，其中，社会团体 292 家，社会服务机构 580 家。2017 年市本级登记的社会组织 379 家，占总数 21.3%，其中，社会团体有 274 家，社会服务机构 102 家，基金会 3 家。各县（市、区）登记各类社会组织 1403 家，占总数 78.7%，其中，社会团体 316 家，社会服务机构 651 家。

表2 2016年阳江市各区县社会组织数量及其占比

地区	总数	社会团体	社会服务机构	基金会	社团备案登记	社会服务机构备案登记	占比(%)
市直	355	283	70	2	0	0	21.2
江城区	275	46	229	0	0	0	16.4
阳东区	338	81	104	0	140	13	20.2
阳春市	389	92	181	0	116	0	23.3
阳西县	316	73	66	0	177	0	18.9
合计	1673	575	650	2	433	13	100

资料来源：阳江市民政局提供。

3. 社会组织的行业分布情况

社会组织在工农业、交通运输、建筑房产、电力通信、文化教育、卫生医疗、文物旅游、商贸流通、公益慈善等行业及社会服务领域初步形成了完整的体系。社会服务机构在就业培训、教育、科技、文化、体育、卫生、社会福利等方面发挥着积极的促进作用。从社会组织构成来看，在社会团体中，行业协会约占总数的24%，学术类社团约占33%，专业类社团约占18%，公益慈善、宗教类社团约占5%，其他协会约占20%（见图3）。在社会服务机构中，劳动技能培训类民办学校及幼儿园约占总数的70%，学历教育类民办学校约占10%，科技研究类民办研究所约占12%，医疗卫生、文化体育等领域内的社会服务机构约占8%（见图4）。

4. 社会组织从业人员情况

截至2016年底，社会组织从业人员9667人。在从业人员中，女性3401人，占35.18%；男性6266人，占64.82%。从受教育程度来看，从业人员的教育水平比较低，大学专科以下7867人，占81.38%；大学专科1633人，占16.89%；大学本科及以上167人，占1.72%。从年龄结构情况看，35岁及以下6017人，占62.24%；36~45岁2138人，占22.11%；46~55岁1005人，占10.39%；56岁以上507人，占5.25%。助理社会工作师0人，社会工作

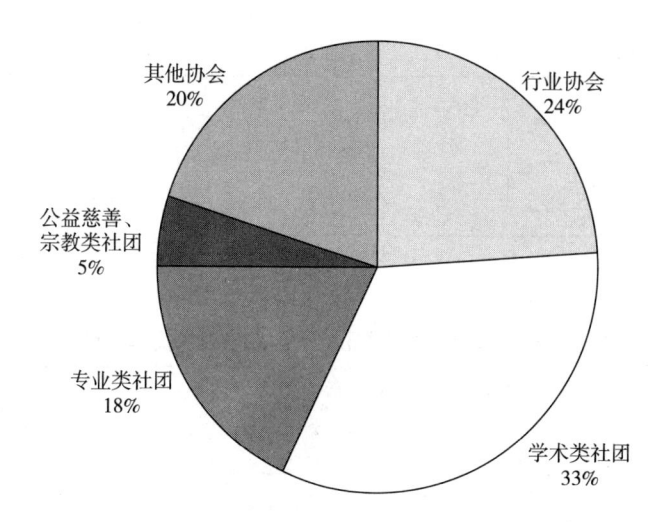

图3 阳江市社会团体的构成比例

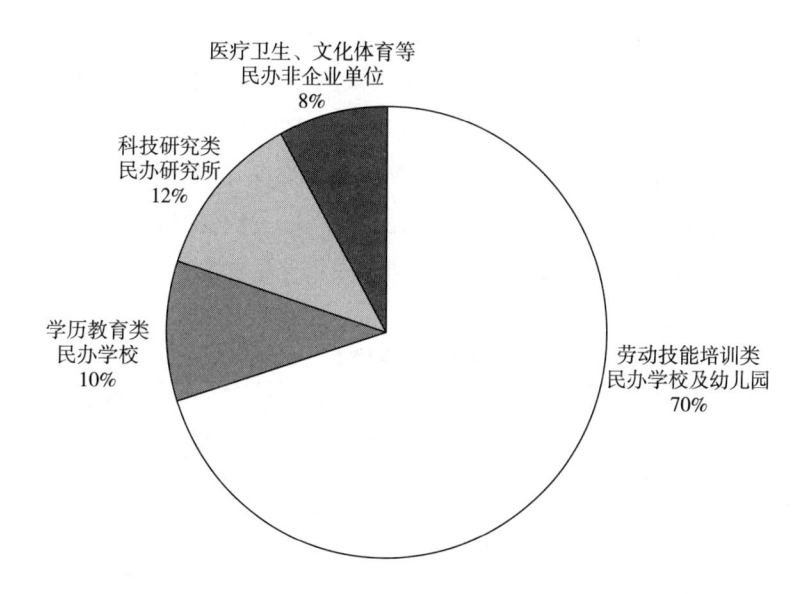

其他协会 20%
行业协会 24%
公益慈善、宗教类社团 5%
专业类社团 18%
学术类社团 33%

图4 阳江市社会服务机构的构成比例

医疗卫生、文化体育等民办非企业单位 8%
科技研究类民办研究所 12%
学历教育类民办学校 10%
劳动技能培训类民办学校及幼儿园 70%

师62人。2016年三类社会组织的从业人员情况见表5。在从业人员中,志愿者服务人次数和志愿服务时间分别为:3000人次和10000小时,较上一年增长了22%。

表 3　2016~2017 年阳江市社会组织从业人员受教育程度和职业资格水平

年份	年末职工人数	女性	受教育程度情况		职业资格水平情况	
			大学专科	大学本科及以上	助理社会工作师	社会工作师
2016	9667	3401	1633	167	0	62
2017	12852	4965	2462	180	0	75

资料来源：2016、2017 年广东省民政厅计财年报全省社会组织数据。

表 4　2016~2017 年阳江市社会组织从业人员年龄结构

年份	35 岁及以下	36 岁至 45 岁	46 岁至 55 岁	56 岁及以上
2016	6017	2138	1005	507
2017	7702	2978	1351	821

资料来源：2016、2017 年广东省民政厅计财年报全省社会组织数据。

截至 2017 年底，社会组织从业人员 12852 人，较 2016 年增长 32.95%。在从业人员中，女性 4965 人，占 38.63%；男性 7887 人，占 61.37%。从受教育程度来看，大学专科以下 10210 人，占 79.45%；大学专科 2462 人，占 19.15%；大学本科及以上 180 人，占 1.40%。从年龄结构情况看，35 岁及以下 7702 人，占 59.93%；36~45 岁 2978 人，占 23.17%；46~55 岁 1351 人，占 10.51%；56 岁及以上 821 人，占 6.38%。助理社会工作师 0 人，社会工作师 75 人，较 2016 年增加 13 人。2017 年三类社会组织的从业人员情况见表 5。

表 5　阳江市各类型社会组织从业人员状况

社会组织类型	年份	社会组织数	从业人员数	性别	受教育程度		职业资格水平		年龄结构			
				女性	大学专科	大学本科及以上	助理社会工作师	社会工作师	35 岁及以下	36~45 岁	46~55 岁	56 岁及以上
社会团体	2016	546	2571	672	427	56	0	0	975	646	529	421
	2017	575	3429	715	619	43	0	0	917	1060	750	702
基金会	2016	2	6	0	4	0	0	0	0	0	6	0
	2017	3	9	0	5	2	0	1	0	0	6	2
社会服务机构	2016	652	7090	2729	1202	111	0	62	5042	1492	470	86
	2017	754	9414	4250	1838	135	0	75	6784	1918	595	117

注：表中仅统计注册登记社会组织的情况，不统计备案的社会组织情况。

资料来源：2016、2017 年广东省民政厅计财年报全省社会组织数据。

（二）阳江市社会组织发展的做法和成绩

1. 社会组织法规政策创制

2016年，市民政局相继出台《阳江市社会服务机构法人治理结构与治理规则》（阳民〔2016〕35号）、《阳江市社会团体法人治理结构与治理规则》（阳民〔2016〕36号）、《阳江市民政局关于社会组织法人治理的指导意见》（阳民〔2016〕37号）3份文件，为进一步完善社会组织法人治理制度，加强对社会组织的机构设置、会议规则、财务管理、信息公开、党的工作等方面建设做出具体规范，引导社会组织建立和完善以章程为核心，以机构建设和制度建设为基础，以信息公开和综合监管为保障，以公信力建设为目标的法人治理机制，确保社会组织的决策、执行、监督各个环节规范运作。

2. 扶持社会组织发展工作

为贯彻落实党的十八大关于"加快形成政社分开、权责明确、依法自治的现代社会组织体系"的要求，推动阳江市社会组织管理工作规范、可持续发展，充分发挥其在加强社会建设、创新社会管理中的积极作用。2015年结合阳江市实际，建立市社会组织培育发展中心，同时，通过组建阳江市社会组织联合会，目前，委托其负责市社会组织培育发展中心运营服务工作。市社工委、市民政局、市财政局发出关于印发《2016年度阳江市市级培育发展社会组织专项资金申报工作方案的通知》（阳社委〔2016〕29号），共有40家社会组织获得2016年市级培育发展社会组织专项资金扶持。2016年阳江市有6家社会组织获得2016年广东省社会组织发展专项资金扶持，专项资金400万元。2017年，市民政局和有关部门联合出台《关于印发2017年度阳江市市级培育发展社会组织专项资金申报工作方案》（阳社委〔2017〕14号），继续扶持社会组织发展，专项资金150万元。

表6 2013~2017年阳江市财政扶持社会组织发展专项资金数量

年份	专项资金（万元）	年份	专项资金（万元）
2013	200	2016	400
2014	250	2017	150
2015	350	合计	1350

3. 政府向社会组织购买服务数量种类及资金支出

2016年阳江市市直单位政府向社会组织购买服务数为29项，资金220万元。2017年，阳江市财政局、阳江市民政局转发《关于通过政府购买服务支持社会组织培育发展指导意见的通知》（阳财行〔2017〕51号），继续通过政府购买服务方式支持社会组织培育发展，通过第三方以购买服务的形式承接社会组织等级评估项目。根据《关于安排2017年度政府向社会力量购买服务项目的函》（阳财行函〔2017〕8号），市财政局批准政府购买社会组织服务项目有32项，2017年市直单位政府向社会组织购买服务资金220万元。

表7　2013~2017年阳江市市直单位政府向社会组织购买服务及资金数

年份	向社会组织购买服务数量	预算资金（万元）
2013	17	125
2014	15	148
2015	18	199
2016	29	220
2017	32	220
合计	111	912

4. 行业协会商会与行政机关脱钩工作

近年来，市民政局联合市委组织部等部门，继续深入推进行业协会商会与行政机关脱钩，脱钩工作包括机构分离、职能分离、资产财产分离、人员分离、党建外事分离五项内容。2016年4月，为进一步开展行业协会商会的脱钩工作，经市委、市政府领导同意，成立阳江市行业协会商会与行政机关脱钩联合工作组，该工作组由市委常委、组织部部长黎泽林同志担任组长。2017年2月，中共阳江市委办公室、中共阳江市人民政府办公室印发《阳江市行业协会商会与行政机关脱钩实施方案》（阳办〔2017〕4号），明确厘清行政机关与行业协会商会的职能边界，以推动行业协会商会成为依法设立、自主办会、服务为本、治理规范、行为自律的社会组织为目的，稳妥推进脱钩行业协会商会与行政机关脱钩工作。2017年上半年，召开全市行业协会商会与行政机关脱钩工作推进会，2017年底，基本完成行业协会商会与行政机关脱钩工作。

5. 社会组织自律建设与监管

一方面，积极推动阳江市社会组织诚信自律建设。积极引导行业组织根据本行业发展要求，制定完善的行规行约并组织实施，进一步规范行业产品和服务质量，维护公平竞争的市场秩序。指导行业组织完善内部管理制度，积极协调同会员企业之间的运作行为，建立健全社会评价、失信惩戒等信用管理制度，共同增强企业诚信和守法意识。2016年7月，市民政局制定《关于进一步整治社会组织乱摊派的实施方案》，进一步规范社会组织的收费行为，避免社会组织乱收费。

另一方面，加强对社会组织各种行为进行监管。社会组织监管主要以事项区别，重点加强与市公安局、市国安局、市旅游和外事侨务局等部门的信息沟通，加强对社会组织和社会组织负责人（法人）监督管理，建立相关档案和预防机制，定期对社会组织开展日常巡查监督，强化社会组织执法监察力度和效能。2014年9月，市社工委正式出台《阳江市构建社会组织综合监管体制工作方案》（阳社委〔2014〕52号），进一步明确社会组织登记管理部门、行业主管（指导）部门和其他职能部门的职责，初步形成任务分工清晰、信息沟通顺畅、协调配合紧密的管理体系。同时，注重加强执法机构建设，近年来，阳江市民政局组织4名登记管理工作人员参加省、市统一组织的行政执法培训，取得统一颁发的行政执法证。

6. 社会组织信息化建设

2016年，依托省社会组织信息网，已建立阳江市社会组织信息网和市社会组织法人单位信息资源库，并已组织相关人员参加了省社会组织信息化建设培训班。目前，市社会组织信息平台数据已完成，并提供各类公众信息公开服务，实行平台网上申报、网上审批。2015年6月，阳江市民政局制定《阳江市2015年社会组织信用体系建设工作方案》，积极推动社会组织日常规范化运作，引导社会组织建立健全信用体系。2016年，转发《关于广东省实施社会组织统一社会信用代码事项的通知》（粤民函〔2016〕153号），认真做好实施社会组织统一社会信用代码事项的工作。

7. 社会组织评估工作

2016年社会组织等级评估由第三方阳江市社会组织联合会开展。阳江市民政局通过招标的形式确定阳江市社会组织联合会为第三方评估机构。评估经费由政府通过购买服务的方式由财政支付，评估经费一共17.9万元，现已经有19家社会组织参加了社会组织等级评估。其中获得5A的有4家，4A的有6

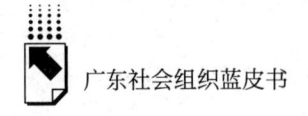

家，3A 的有 9 家。至目前，阳江市共有 50 多家社会组织进行了等级评估。

8. 社会组织党建工作

通过深入社会组织开展调查研究，深入了解社会组织现状和运行情况，开展党建工作、在专职人员中摸查党员、在条件成熟的社会组织组建党组织，以推动党的组织和党的工作全覆盖。

突出抓好党员教育管理。在抓党员学习教育中，我们坚持把党员教育与党的群众路线教育实践活动相结合、与开展服务公益民生活动相结合、与"三服务一促进"活动相结合，组织各种技能培训、到社区开展困难家庭探访及社区宣传等主题活动，社会组织党组织服务群众的本领和水平进一步提升。省委组织部自 2016 年 6 月 20 日起，面向全省党员组织开展"两学一做"学习教育考学工作。考学启动后，阳江市各地社会组织党组织迅速行动，采取多种手段组织广大党员参加考学，取得了较好的效果。2016 年 8 月，转发《关于在"两学一做"学习教育中开展党费收缴工作专项检查的通知》的通知（阳社党字〔2016〕5 号）和《关于抓好当前党员组织关系集中排查有关事项的通知》（阳社党字〔2016〕6 号）。

积极创新社会组织党建工作。一是加强党建工作调研，通过深入社会组织开展调查研究，深入了解社会组织现状和运行情况，开展党建工作、在专职人员中摸查党员、在条件成熟的社会组织组建党组织，以推动党的组织和党的工作全覆盖。二是因地制宜，把社会组织的规范发展和作用发挥与党的建设统一起来，采取"业余、小型、分散、灵活、务实、高效"、组织参观、考察、交流等多种形式以及开展对困难党员的慰问工作，增强党的凝聚力和影响力。同时，坚持将"建章立制"作为社会组织党建工作的重要内容，建立社会组织党建工作长效机制，同步推进社会组织"登记管理工作"和"党建工作"。

（三）阳江市社会组织发展存在的问题

1. 社会组织发展能力仍然不足

一方面是社会组织的发展资金不到位。阳江市大部分社会组织依靠收取会费来维持运转，部分社会组织仅是依靠政府和有关单位的扶持获取资金运转，此外由于受非盈利特性的约束不能积极拓展服务性收费业务，导致多数社会组织资金不足。另一方面是社会组织专业人才匮乏。阳江市社会组织规模小，绝大多数社会组织缺乏具有专业资格能力的专职人员。阳江市社会组织的专职工作人员平均仅有4人，而且社会组织待遇普遍较低，难以留住人才。

2. 登记管理法规政策滞后

现行的《社会团体登记管理条例》和《社会服务机构登记管理暂行条例》颁布较早，在很多地方已无法满足当前社会组织的发展需要。在实际的社会组织登记与管理过程中，存在不少漏洞，导致一些社会组织无法正常登记注册；一些创新性的做法由于缺乏法规和政策的支持，而不敢实施。另外，在原有的登记管理法规政策下，社会组织登记管理的工作量比较少，所需工作人员不多，但是，在当前社会组织快速发展的情况下，社会组织登记和管理的工作量日益增大，而现有的登记管理机关专职人员较少，难以应付和处理各种复杂事务。

3. 社会组织官办色彩较浓，独立性和自主性不够

一些社会组织尤其是社会团体仍具有浓厚的官方色彩，社会组织在运行过程中行政化现象依然存在，导致这些社会组织缺乏应有的独立性和自主性。

4. 政府购买社会组织服务的发展还有很大的提升空间

由于政府财力有限，阳江市各级政府公共财政对社会组织发展的支持力度较低，政府向社会组织购买服务、税收优惠、财政资金支持等方面，还有很大的潜力和空间可挖。尤其是互助性、慈善和公益类社会组织的发展，更需要政府支持，需要政府提供更多的政府购买服务资金。

5. 社会组织对自我角色缺乏清晰认识

社会组织普遍对如何发挥其作用缺乏正确认识，有的社会组织过度依赖于政府的扶持，忽略自身建设和能力提升，导致难以有效承接公共管理事务和服务经济社会发展的事项。一些社会组织中的部分成员对社会组织的作用和定位认识不到位，导致难以有效地开展工作；社会组织的部分会员对其在社会组织中的角色和定位认识不清，往往只是挂个名，没有在社会组织中开展和从事实质工作。

（四）阳江市社会组织发展的对策

党的十八大报告指出"引导社会组织健康有序发展，充分发挥群众参与社会管理的基础作用。"随着社会组织在经济、社会和文化各种领域发挥出越

来越重要的作用，根据当前阳江市社会组织发展现状和问题，应从以下几个方面着手，进一步加强阳江市社会组织的管理与发展。

1. 继续坚持培育发展并重的方针，进一步明确发展重点

今后乃至更长一段时间，阳江市社会组织发展在围绕服务经济社会发展全局，以及多领域、多层次发展的基础上，重点培育行业协会商会、农村专业经济协会、社区社会组织、公益慈善组织、志愿者组织、社会服务机构等在社会管理和服务中作用明显的社会组织，推动政府逐步把微观层面的事务性服务职能转移给社会组织。

2. 多措并举，强化社会组织规范管理

根据社会组织的不同类别，联合业务主管部门，加强综合监管。一方面引导社会组织加强自身建设，完善服务功能，健全法人治理结构，增强自主发展能力。另一方面建立完善信息公开制度，重点抓好慈善公益类、行业管理类、农村经济专业协会等社会组织的信息公开，积极探索建立双向可追溯的社会组织监督机制。

3. 加强社会组织党建工作

社会组织应当充分认识党建工作在社会组织发展中的特殊性和重要性。在深入开展"创先争优"活动的基础上，不断创新社会组织党建工作模式，为社会组织建立党组织创造更加有利的条件，提高社会组织党建工作的覆盖面，以党员的先进性带动社会组织风清气正的健康发展。

4. 推行"政社互动"，优化发展环境

首先要厘清工作职责，切实明晰基层政府与基层群众组织的权力边界和职责范围。同时加快推进"三社联动"，根据社区和社会组织的特点，把社区作为社会组织参与社会治理的主要空间载体，形成以社区为平台、社区社会组织为载体、社区志愿者和社会工作者为骨干的"三社联动"格局。同时，还要提高公众参与，通过开展意见征求、摸底调查、基础数据统计等，全面了解、掌握群众实际需求，为社会组织设计项目提供建议和依据。积极动员和引导群众自发、有序地参与到社会组织开展的各类活动中。

B.16
湛江市社会组织发展报告

涂斌 蔡炯豪[*]

摘 要： 本文通过梳理湛江市社会组织发展现状，发现湛江市社会组织具有数量增长较快、社会组织行业分布以教育和社会服务及文化为主、市级社会组织数量占比较大、区县分布欠缺均衡、社会服务机构从业人数占较大比重等特点。湛江市社会组织在扶持发展、规范法人治理结构、完善监管体系等方面取得了不少成绩，但是也存在着社会组织发展不平衡、结构不合理、资金来源单一等问题。湛江市需在完善登记管理制度、培育扶持发展、加强党建工作和加强监管能力建设等方面进一步努力。

关键词： 湛江市社会组织 监管 规范发展

湛江市位于我国大陆最南端，濒临南海，地处粤桂琼三省区交汇处，南面是琼州海峡，并与海南岛相望，西临北部湾，西北与广西壮族自治区毗邻，东北与本省茂名市接壤。土地面积12490平方千米。海岸线长达1556公里，约占全省海岸线的2/5和全国的1/10，为全省之最。湛江市下辖3个县级市（吴川市、雷州市、廉江市）、5个区（赤坎区、霞山区、坡头区、麻章区、湛江市经济技术开发区）和2个县（徐闻县及遂溪县），共有85个镇、2个乡、

---

[*] 涂斌，博士，广东外语外贸大学教授，广东省社会组织研究中心副主任，硕士生导师。研究方向：社会组织评估、社会组织资金筹措、社区治理、财政支出绩效评价。蔡炯豪，大学本科，湛江市民政局民间组织管理办公室主任、中共湛江市社会组织党委副书记，经济师职称，研究方向：社会组织登记与管理、社会组织党的建设、基层社会治理体系建设。

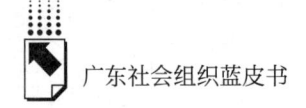

34个街道办事处、287个居委会、1501个村委会。2017年末，全市常住人口730.5万人，其中，城镇人口295.01万人，乡村人口429.13万人。

湛江市是粤西和北部湾经济圈的经济中心，是中国大陆通往东南亚、欧洲、非洲和大洋洲航程最短的港口城市，1984年全国首批14个沿海开放城市之一，湛江还是中国海军南海舰队司令部所在地。2017年全市生产总值2824.03亿元，增长6.8%。三次产业结构比18.6∶38.8∶42.6。全年来源于湛江的财政总收入583.80亿元，一般公共预算收入135.00亿元。湛江市是全国卫生城市、中国优秀旅游城市、全国双拥模范城市、全国绿化达标城市、国家园林城市、中国十大休闲城市、中国海鲜美食之都、中国对虾之都、中国城乡建设范例城市、中国十佳绿色城市、中国十大休闲城市。

（一）湛江市社会组织发展特点

2016~2017年，湛江市各级党委、政府高度重视社会组织工作，继续深化社会组织管理制度改革，坚持培育发展和管理监督并重，重点扶持培育行业协会商会类、公益慈善类、城乡社区服务类社会组织，不断加强社会组织规范管理，积极强化社会组织能力建设，登记管理工作进一步规范，信息化建设进一步加快，综合监管体系进一步完善，社会组织发展环境进一步优化，社会组织党建工作水平进一步提升，社会组织健康有序发展。

1. 社会组织总量增长较快

2016年和2017年湛江市社会组织总量均有所增加，截至2016年12月31日，全市依法登记的社会组织2597个，比2015年年末增加234个，增长9.90%。截至2017年12月30日，湛江市全市依法登记的社会组织2854个，比2016年年末增加257个，增长9.90%。从2016年以来社会组织增长情况看，2016年和2017年增长率基本持平，两年平均增长率约为9.90%（见表1）。

2. 社会组织类型结构以社会团体和社会服务机构为主

从图1和图2中可知，湛江全市三类社会组织类型中，社会服务机构和社会团体占社会组织总量超过了99%，其中社会服务机构类所占比例最大，约占70%，而基金会占比不足1%。2016年和2017年三类社会组织占社会组织总量比值变化不大。结合表1可得知，2016年社会团体781家，占30.07%；

社会服务机构单位1815家，占69.89%；基金会1家，占0.04%。2017年社会团体844家，占29.57%；社会服务机构单位2006家，占70.29%；基金会4家（公募基金会1家，非公募基金会3家），占0.14%。

表1 2015~2017年湛江市社会组织发展情况

单位：家，%

年度	社会团体数量	社会服务机构数量	基金会数量	社会组织总数	社会组织总数增长率
2015	727	1636	0	2363	9.80
2016	781	1815	1	2597	9.90
2017	844	2006	4	2854	9.90

资料来源：2015年数据由湛江市民间组织管理办提供；2016、2017年资料来源于2016、2017年广东省民政厅计财年报全省社会组织数据。

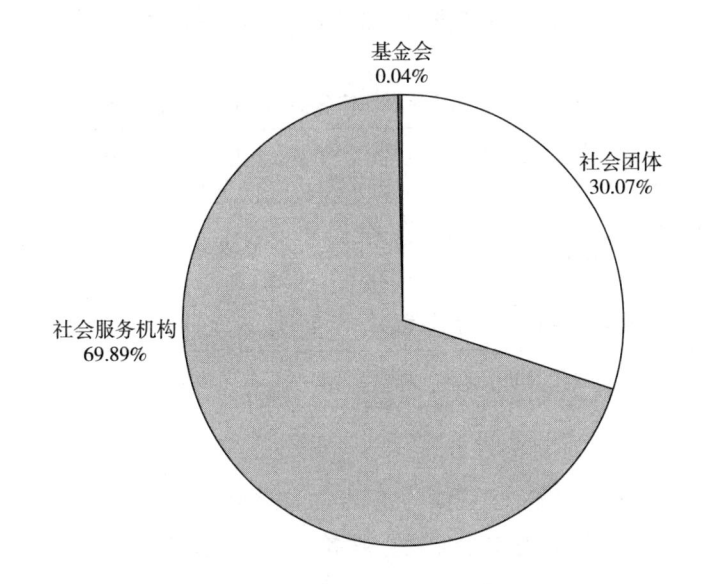

图1 2016年湛江市三类社会组织的比重

全市社会团体、社会服务机构和基金会2016年和2017年均处于增长状态，从表2可看到，增长最快的是基金会，从2016年的1家增长到2017年的4家，增长率为300%，社会服务机构增长率虽然有小幅下降，但增长速度仍比较快，2016年为10.94%，2017年增加到2006家，增长率是10.52%。

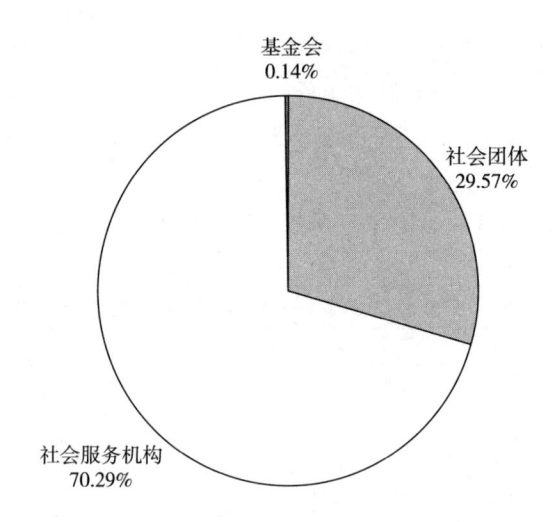

图 2　2017 年湛江市三类社会组织的比重

表 2　2015~2017 年湛江市各类社会组织增长状况

年度	社会团体 数量	比重(%)	增长率(%)	社会服务机构 数量	比重(%)	增长率(%)	基金会 数量	比重(%)	增长率(%)	合计
2015	727	30.77	9.00	1636	69.23	10.17	0	0	0	2363
2016	781	30.07	7.42	1815	69.89	10.94	1	0.04	0	2597
2017	844	29.57	8.07	2006	70.29	10.52	4	0.14	300.00	2854

资料来源：2015 年数据由湛江市民间组织管理办提供数据提供；2016、2017 年资料来源于 2016、2017 年广东省民政厅计财年报全省社会组织数据。

3. 社会组织行业分布以教育、社会服务、文化为主

湛江市社会团体主要集中在社会服务、文化、体育、工商业服务及其他方面（见表3）。其中除其他方面外，社会服务类增速最快，由 2016 年的 44 家增加到 2017 年的 66 家，增长率为 50%。基金会主要集中在教育、社会服务等领域，2017 年新增的 3 家基金会均服务于教育、社会服务等领域。社会服务机构集中在教育、卫生、体育以及科技与研究等领域，尤其是教育类社会服务机构已占全市社会组织总量的八成。与 2016 年相比，2017 年社会服务类社会服务机构增长率最高，为 25.49%，文化类社会服务机构增长率为20%（见图3、图 4）。

湛江市社会组织发展报告

表3 2016年、2017年湛江市社会组织行业结构

单位：家

社会组织类型	年份	科技与研究	生态环境	教育	卫生	社会服务	文化	体育	法律	工商业服务	宗教	农业及农村发展	职业及从业组织	国际及涉外组织	其他	合计
社会团体	2016	33	18	40	25	44	97	74	10	105	14	61	56	8	191	776
	2017	41	7	25	11	66	70	61	7	67	10	40	22	0	417	844
基金会	2016	0	0	0	0	1	0	0	0	0	0	0	0	0	0	1
	2017	0	0	1	0	2	0	0	1	0	0	0	0	0	0	4
社会服务机构	2016	49	0	1513	96	51	20	34	0	9	0	1	0	0	38	1811
	2017	55	0	1653	113	64	24	39	1	10	0	3	1	0	43	2006

资料来源：2016、2017年广东省民政厅计财年报全省社会组织数据。

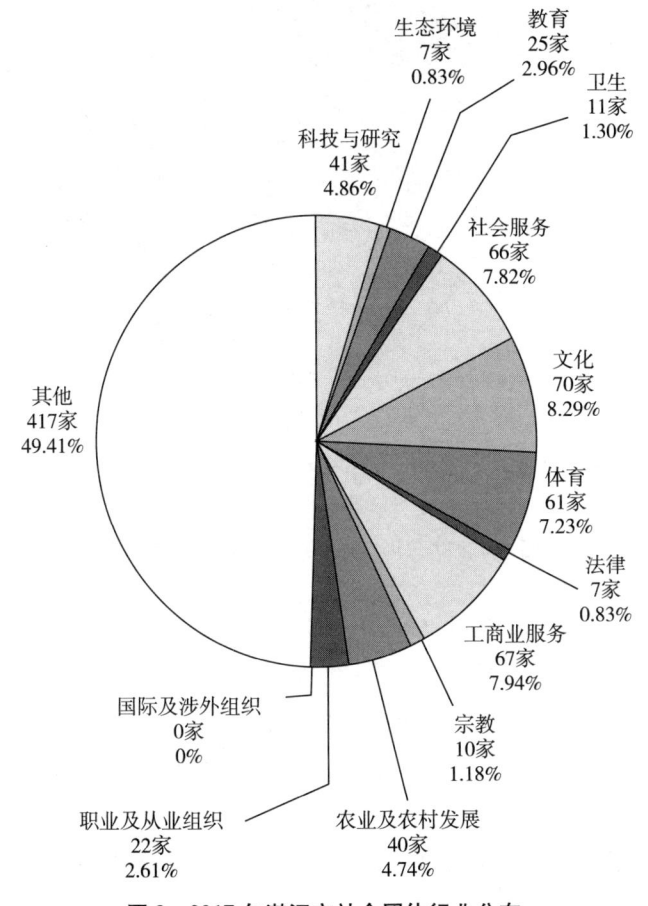

图3 2017年湛江市社会团体行业分布

229

图中数据：

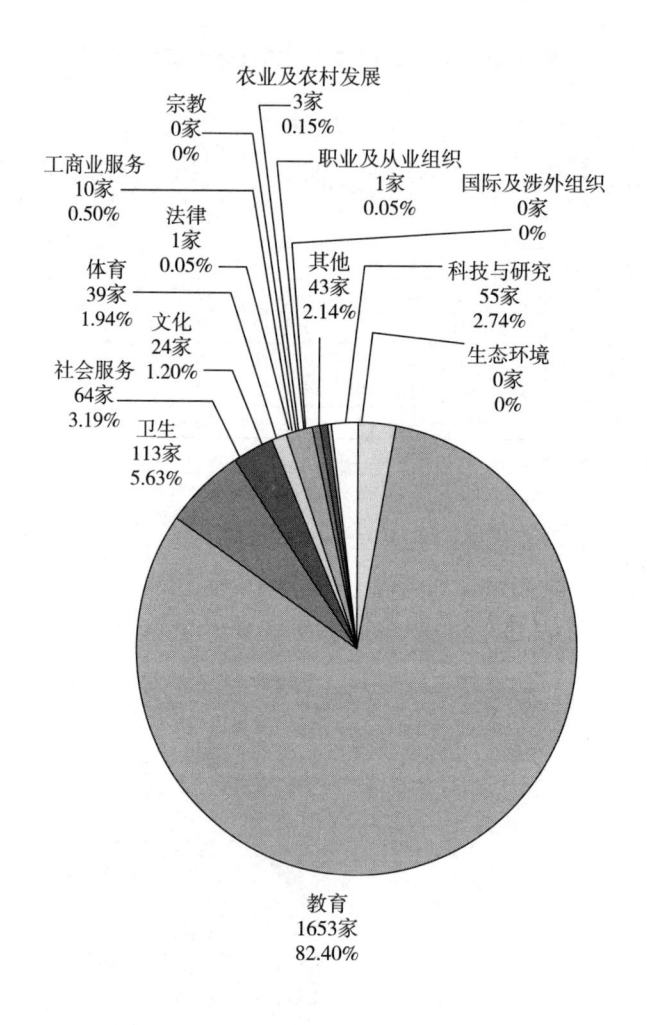

- 农业及农村发展 3家 0.15%
- 宗教 0家 0%
- 工商业服务 10家 0.50%
- 职业及从业组织 1家 0.05%
- 国际及涉外组织 0家 0%
- 法律 1家 0.05%
- 体育 39家 1.94%
- 其他 43家 2.14%
- 科技与研究 55家 2.74%
- 文化 24家 1.20%
- 生态环境 0家 0%
- 社会服务 64家 3.19%
- 卫生 113家 5.63%
- 教育 1653家 82.40%

图4　2017年湛江市社会服务机构行业分布

4．市级社会组织数量占比较大，区县分布欠缺均衡

（1）市本级分布情况

2016年湛江市市本级登记的社会组织有584家（见表4），占社会组织总数的22.49%，超过五分之一，比2015年年末增加55家，增长10.3%。其中，社会团体324家，占全市社会团体总数的41.5%，比2015年增加27家（撤销登记9家，实际新成立登记36家），增长9.1%；社会服务机构259家，比2015年增加27家，增长11.6%；基金会1家，这是全市范围内首个注册的基

金会。①

（2）县区分布情况

根据表4，2016年县级登记的社会组织共2013家，占全市社会组织总数的77.5%，比2015年年末增加179家，增长9.7%。其中，社会团体457家，占全市社会团体总数的58.5%，比2015年增加27家，增长6.3%；社会服务机构1556家，占社会服务机构总数的85.7%，比2015年增加152家，增长10.8%。从各县区的分布看，坡头区和麻章区分别为52家和84家（比重分别为2%和3.23%），与社会组织数量最多廉江市413家（比重为15.90%）及次之的雷州市297家（比重为11.44%）相比，差距较大，社会组织的区县分布存在不均衡的状态（见图5）。

表4 2016年湛江市各区县社会组织分布情况

县（市、区）	社会组织总数	占全市比重（%）	社会团体数量	社会服务机构单位数量	基金会数量	2016年新增加				备注
						总数	社会团体	社会服务	基金会	
市　级	584	22.49	324	259	1	55	27	27	1	
赤坎区	189	7.28	23	166	0	24	3	21	0	
霞山区	284	10.94	36	248	0	23	2	21	0	
坡头区	52	2.00	14	38	0	5	1	4	0	
麻章区	84	3.23	8	76	0	5	0	5	0	
徐闻县	262	10.09	81	181	0	34	3	31	0	
雷州市	297	11.44	76	221	0	19	5	14	0	
遂溪县	160	6.16	31	129	0	14	3	11	0	
廉江市	413	15.90	110	303	0	44	6	38	0	
吴川市	272	10.47	78	194	0	11	4	7	0	
合计	2597	100	781	1815	1	234	54	179	1	

资料来源：湛江市民间组织管理办提供数据。

5. 社会组织从业人员呈男性占比大、年轻化、受教育程度不高等特点

2016年湛江市社会组织从业人员总数16263人，其中，男性10840人，占66.65%；女性5423人，占33.35%，可见湛江市的社会组织从业人员性别结构

---

① 资料来源：湛江市民间组织管理办提供数据。

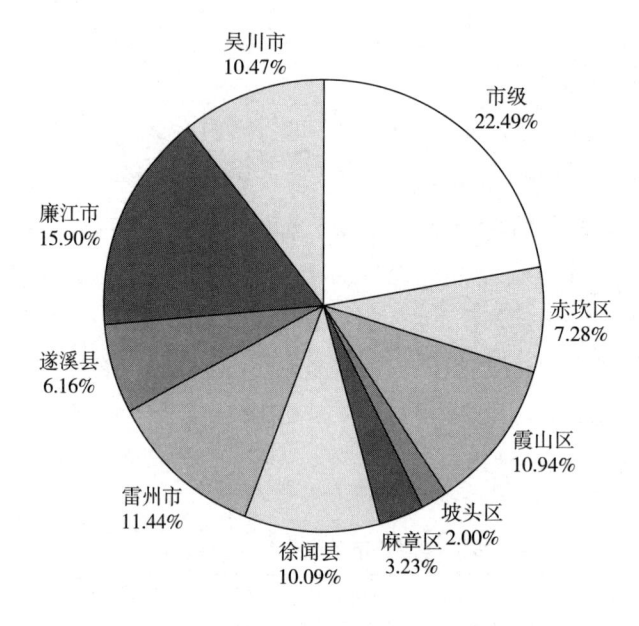

图5 2016年湛江市各县区社会组织比重

上男性比重高于女性。从社会组织分类来看，社会团体从业人员3272人，占20.12%；社会服务机构单位从业人员12990人，占79.87%。从从业人员受教育程度来看，全市社会组织中大学专科以上人员有5916人，占比36.38%，其中社会服务机构大学专科以上有5046人，占85.29%。从年龄结构情况，全市社会组织从业人员中35岁及以下有6219人，占38.24%；36~45岁的有5662人，占34.81%；46~55岁的有3682人，占22.64%；56岁及以上的有700人，占4.31%。可见湛江市社会组织从业人员年龄结构分布较为年轻。

2017年全市社会组织从业人员总数18912人，其中，男性12205人，占64.54%，女性6707人，占35.46%，尽管女性从业人员比例上升约2个百分点，从业男性数量仍高于女性。从社会组织分类来看，社会团体从业人员3762人，占19.89%；社会服务机构单位从业人员15137人，占80.04%，两者所占比例差异情况基本不变。从从业人员受教育程度来看，全市社会组织中大学专科以上人员有6197人，占比32.77%，比例有所下降，但社会服务机构大学专科以上有5302人，仍占比最高，达85.56%。从年龄结构情况来看，全市社会组织从业人员中35岁及以下有8671人，占45.85%，相比2016年数据增长了39.43%，说明从业人员的年龄结构在加速年轻化；36~45岁的有5744人，占30.37%；46~55岁的有3802人，占20.10%；56岁及以上的有695人，占3.68%。2016年、2017年社会组织从业人员具体情况对比可见以下表5、表6。

表5 社会组织从业人员性别结构、受教育程度结构、职业资格

单位：人数

	社会组织总数	从业人员人数	受教育程度情况			职业资格水平情况	
			从业女性	大学专科	大学本科及以上	助理社会工作师	社会工作师
2016	2597	16263	5423	4337	1579	242	8
2017	2854	18912	6707	4424	1773	236	6

资料来源：2016、2017年广东省民政厅计财年报全省社会组织数据。

表6 社会组织从业人员年龄结构

单位：人数

	35岁及以下	36~45岁	46~55岁	56岁及以上
2016	6219	5662	3682	700
2017	8671	5744	3802	695

资料来源：2016、2017年广东省民政厅计财年报全省社会组织数据。

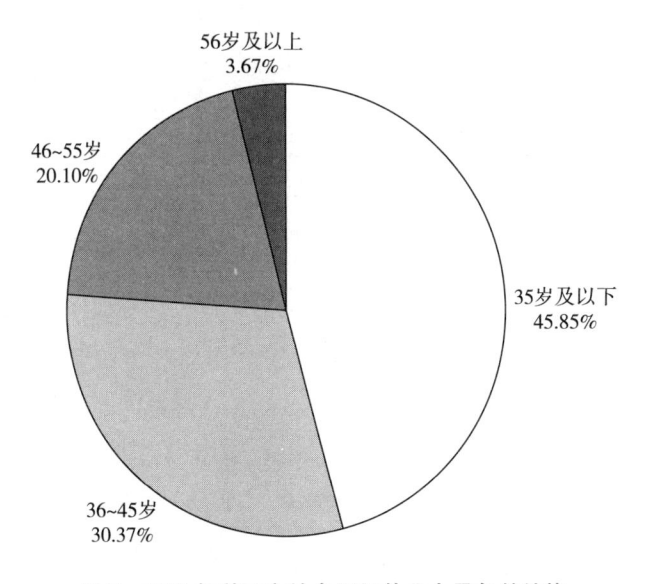

图6 2017年湛江市社会组织从业人员年龄结构

从表7可见，湛江市三类社会组织从业人员的从业人员数及性别结构、学历结构、职业资格结构和年龄结构。社会服务机构从业人数占较大比重，2016年占全市社会组织从业人员的79.87%，2017年为80.04%[①]。学历结构上，社会团体和社会服务机构大专以上学历从业人员比重相对高于基金会，2016、2017年社会团体大学专科以上的从业人数分别占社会团体从业人数的26.59%和23.79%；2016年、2017年基金会从业人员没拥有大专以上学历；社会服务机构2016年从业人员中38.85%为大专以上学历，2017年该数据为35.03%。职业资格方面，社会服务机构拥有资格证书的从业人员数量最多，社会团体则次之。年龄结构方面，基金会从业人员年龄结构最年轻化。

表7 各类型社会组织从业人员状况

单位：人数

社会组织类型	年份	社会组织数	从业人员数	女性从业人员数	大学专科	大学本科及以上	职业资格水平情况 助理社会工作师	职业资格水平情况 社会工作师	年龄结构情况 35岁及以下	年龄结构情况 36~45岁	年龄结构情况 46~55岁	年龄结构情况 56岁及以上
社会团体	2016	776	3272	727	741	129	81	5	1350	804	672	446
社会团体	2017	844	3762	869	690	205	78	5	1504	1272	606	380
基金会	2016	1	1	1	0	0	1	0	1	0	0	0
基金会	2017	4	13	5	0	0	1	0	11	2	0	0
社会服务机构	2016	1811	12990	4695	3596	1450	160	3	4868	4858	3010	254
社会服务机构	2017	2006	15137	5833	3734	1568	157	1	7156	4470	3196	315

资料来源：2016、2017年广东省民政厅计财年报全省社会组织数据。

6. 社会组织党员数量增长较快、党建工作全面推进

湛江市社会组织党工委成立于2010年2月，是省内成立较早的社会组织党建工作机构。各县（市、区）相继成立了"两新"组织党工委，具体指导社会组织党建工作。2013年改为湛江市社会组织党委。自建立社会组织党委以来，湛江市民政局党组高度重视，切实将社会组织党建工作作为促进民政事业健康的一项重要工作，作为加强社会组织管理的一项重要内容，坚持将党建

---

① 资料来源：2016、2017年广东省民政厅计财年报全省社会组织数据。

工作与社会组织的登记注册、年度检查、评估评优、培育扶持、综合监管等工作共同推进，有效地促进了社会组织党的建设持续健康发展。至2016年12月，湛江市社会组织党委有基层党支部22个、党员182名；至2017年12月，湛江市社会组织党委下属党委1个、党总支1个、党支部41个，党员320名[①]，2017年与2016年相比党组织和党员数量增长较快。据湛江市"两新"组织党工委统计，全市（含县市区）社会组织建立党组织有209个，其中单独组建的有164个，有党员2776名，其中流动党员414名。2016年和2017年湛江市社会组织党建工作全面推进，具体可体现在如下几个方面。

（1）进一步理顺了社会组织党建管理机制。湛江市委组织部、湛江市"两新"组织党工委将湛江市律师行业协会党委和湛江市注册会计师党总支划归湛江市社会组织党委管理，将党员信息并入党建信息系统，社会组织党建工作不断规范化、制度化。

（2）加大党组织的组建力度。完善社会组织登记管理与党建工作同步推进机制，做到"六同步"，将党建工作贯穿于社会组织成立登记、年度检查、换届选举、等级评估、评先评优、培育扶持等全过程，做到应建尽建，提高党的组织覆盖率。

（3）创新开展"党员律师进企业"活动。开展"党员律师进企业"活动，发挥广大党员律师先锋模范作用，促进"两新"组织依法经营、健康发展的一个重要抓手。该项活动共安排10个律师事务所党支部、30名党员，进驻30个"两新"组织（其中非公企业20个、社会组织10个），具体目标是实现"四个一"，即举办一场法治讲座，开展一次法律咨询活动，提出一条促进发展建议，对"两新"组织规章制度进行一遍"法律体检"。

（4）建立党员教育培训机制，举行了"两新"组织党员发展对象培训班。由湛江市社会组织党委承办的2017年湛江市"两新"组织党员发展对象培训班，于7月11日在市委党校开班，市社会组织党委、市非公组织党委、市个体私营企业协会党委共有120名党员发展对象参加了为期2天的集中培训。2017年，湛江市社会组织党委新发展党员30名。进一步扩大社会组织党建工作覆盖面并切实提高工作水平，全面显现社会组织党组织政治核心作用和党员

---

① 资料来源：湛江市民间组织管理办提供数据。

先锋模范作用。2016年制定了中共湛江市社会组织党建指导员工作制度，选派5名党建工作指导员对全市性行业协会商会和无主管部门的社会组织进行党建指导，以党建促发展，不断扩大党在社会组织的影响力，夯实党的执政基础。

（二）湛江市社会组织发展举措和成效

1. 进一步加强完善监管体系

（1）不断完善监管制度

制定出台实施文件。2017年结合实际，制定了《湛江市社会组织活动异常名录管理办法》（征求意见稿）、《湛江市民政局关于培育发展社区社会组织的意见》（征求意见稿）、《湛江市民政局关于社会组织信用信息管理暂行办法》（征求意见稿）、《湛江市民政局关于全市性行业协会商会负责人任职管理办法》（征求意见稿），印发了《湛江市民政局关于社会组织换届选举工作指引》等，并向市法制局申请2018年立项制定《湛江市社会组织登记管理办法》。

（2）加强社会组织年检工作

根据《广东省民政厅关于做好社会组织年度检查工作的指导意见》和《湛江市民政局关于开展全市性社会组织2016年年度检查的通知》要求，督促社会组织参加2016年度社会组织年度检查。下发了《湛江市民政局关于社会组织2016年度检查工作的补充通知》，明确2016年度社会组织年度检查业务不延期，凡不按规定期限办理2016年度社会组织年度检查业务的社会组织，系统将禁止办理社会组织其他业务，要求作书面检讨并进行限期整改，情节严重的要对其法定代表人进行执法约谈，对连续2年以上不参加年检的社会组织将做出撤销登记的行政处罚。2016年依法对9家连续多年不接受年检的社会团体做出撤销登记行政处罚，对1家社会服务机构单位做出撤销登记行政处罚。开展社会组织乱摊派和涉企收费专项整治工作，印发了专项工作方案，规范了涉企收费行为。建立社会组织投诉受理平台和"曝光台"，通过网站曝光了一批"离境社团"和"山寨社团"。至2017年10月底止，共有50多个社会组织向市民政局作为书面检讨。结合年检工作，开展社会组织抽查工作，通过购买服务方式，请会计师事务所对35家市级社会组织进行财务抽查。

（3）全面实施社会组织统一社会信用代码制度改革

从 2016 年 2 月 1 日起，对新批准成立、办理变更业务以及换证业务的全市性社会组织，赋予统一社会信用代码，并发放以统一社会信用代码为编码的"三证合一"新的登记证书。结合年检工作，督促存量社会组织申请换发统一社会代码证书。此外，为加快换发新证进度，根据各县（市、区）经费困难情况，市民政局统一为县（市、区）订购了统一社会信用代码证书。2017 年全市存量社会组织 2517 个，到 12 月 31 日止，已换发统一社会信用代码证书 2485 个，占全市完成存量社会组织换发新证工作任务的 95% 以上，位居全省前列。

（4）社会组织等级评估工作全面开展

2016 年出台《湛江市民政局关于社会组织等级评估管理办法》，对市级社会组织进行了两批评估，经评估公示，共 19 个全市性社会组织荣获 3A 及以上评估等级。配合财政、税务部门开展非营利组织免税资格认定工作，开展社会组织等级评估工作。2017 年社会组织管理局探索开展第三方评估，委托省社会组织评估中心对 6 个社会组织进行评估初评工作，召开湛江市社会组织评估委员会会议进行评审，6 个社会组织获得 3A 及以上等级。

（5）积极深化稳妥推进行业协会商会"脱钩"工作

贯彻落实中央办公厅、国务院关于印发《行业协会商会与行政机关脱钩总体方案》的通知和省委办、省政府办印发的实施方案精神，成立了市级行业协会商会与行政机关脱钩联合工作组，由市委常委、组织部长兼任组织，制定了市实施工作方案和试点工作方案。

对现有的行业协会商会按照机构、职能、人员、资产财务、党建等 5 个方面进行摸底自查，根据中央提出的脱钩主体和范围，以及《广东省深化全省性行业协会商会与行政机关脱钩试点工作方案》，结合省第一批和第二批试点名单，草拟了《湛江市深化全市性行业协会商会与行政机关脱钩试点工作方案》，将 22 个行业协会商会列入试点名单，并征求了有关单位的意见。

联合市发展改革局起草了《湛江市行业协会商会与行政机关脱钩实施方案》，征求了 18 个市直部门意见并修改完善后，报市委、市政府审定后，市委办、市政府办印发了《湛江市行业协会商会与行政机关脱钩实施方案》（湛委办〔2017〕90 号）；组织召开了行业协会商会与行政机关脱钩试点工作会议，将22个行业协会商会列入试点，试点工作已于11月底全面完成；继续开展社会组织乱摊派和涉企收费专项整治工作，印发了专项工作方案，配合省开展行业协会商会涉企收费专项检查，开展行业协会商会收费信息集中公示，进一步规范了涉企收费行为。

2. 积极扶持社会组织发展

（1）放宽社会组织购买服务限制。贯彻落实中央和省关于改革社会组织管理制度促进社会组织健康有序发展的意见，以及财政部和民政部关于通过政府购买服务支持社会组织培育发展的指导意见，为做好"放管服"改革，改善社会组织参与政府购买服务准入环境，社会组织管理局从2017年7月起停止市级社会组织具备承接政府职能转移和购买服务资质认定工作。

（2）开展社会组织公益创投活动。2016年从福利彩票公益金中安排专项资金35万元，开展社会组织公益创投活动，对为老服务类、助残服务类、青少年服务类、救助帮困类及其他公益类社会组织公益项目进行资助[1]。2017年为支持社会组织在发展公益慈善事业等方面发挥作用，财政安排专项资金35万元，社会组织管理局下发了《湛江市民政局关于开展2017年湛江市社会组织公益创投活动的通知》（湛民社〔2017〕24号），对扶老助老、关爱儿童、扶残助残、社会工作、公共文化等公益服务共17个项目进行扶持。

（3）试点扶持社区社会组织。2016年推动协会商会类、科技类、公益类慈善类以及社区服务类社会组织的重点培育和优先发展，重点实施社区社会组织的培育和发展。2017年根据中央和省关于大力发展社区社会组织的要求和全省基层社会组织现场会议的部署，选定了赤坎区民主街道等3个镇（街）开展社区社会组织试点工作，每个扶持资金10万元，并开展工作方案制定。

（4）开展公益性捐赠税前扣除资格认定工作。经市财政局会同市国家税务局、市地方税务局、市民政局联合审核，2017年共认定获得公益性捐赠税前扣除资格名单有6个，其中基金会4个，较好地支持社会组织开展公益活动。

此外，还组织社会组织申报中央和省级社会组织专项扶持资金，全市共有10个社会组织获得2015年和2016年省财政专项资金240万元。

---

[1] 资料来源：湛江市民间组织管理办提供数据。

3. 不断提高社会组织信息化建设水平

建立湛江市社会组织法人单位信息资源库，建成了湛江社会组织信息网站，2015年4月开通了湛江社会组织业务办理平台和综合监管平台，社会组织成立、变更、注销登记和重大事项备案以及年度检查等业务全部实现网上办理。至2016年5月止，县（市、区）社会组织审批业务全部实现网上办理。至2017年12月，市级网上办结社会组织业务超过了2000宗。完善社会组织信息公开机制，及时通过网上公布社会组织的年检和业务办理情况、每个季度社会组织的变更和成立登记公告，接受社会监督。

4. 加大社会组织执法工作力度

一是建立联合执法机制。2017年社会组织管理局联合市政法委、国安局、公安局国保支队、市教育局、市文广新局对湛江市粤西技术学校、湛江传统文化促进会、湛江市国学研究中心进行联合执法，依法撤销了"湛江传统文化促进会"。二是开展执法约谈。对"湛江市湖南商会"、"湛江市大智志愿者协会"、"湛江市旗袍文化研究会"、"湛江市女企业家协会"、"湛江市信鸽协会"等5个社会组织的主要负责人进行了执法约谈。三是建立社会组织资金监管联席会议制度和退出机制。建立了由社会组织管理局牵头，财政、税务、公安、国安、金融等部门参与的湛江市社会组织资金监管联席会议制度。对170个（其中社团75个、民非95个）连续2年以上不参加年检的社会组织进行了立案、调查，拟作撤销登记处罚。四是编印《最新社会组织监管法规政策汇编》。既宣传了社会组织监管法规政策，同时也指导各县（市、区）开展社会组织执法监管工作。

（三）湛江市社会组织发展存在的问题

1. 社会组织发展不均衡

从各县区的分布看，坡头区和麻章区分别为52家和84家（比重分别为2%和3.23%），与社会组织数量最多廉江市413家（比重为15.90%）及次之的雷州市297家（比重为11.44%）相比，差距较大。坡头区平均每万人有社会组织只有1.5家，而霞山区平均每万人有社会组织达到6.7家，社会组织的区县分布存在不均衡的状态，不利于社会组织在不同区县充分发挥参与社会治理作用。此外，社会组织结构也存在不合理现象，2016年全市登记的社会工

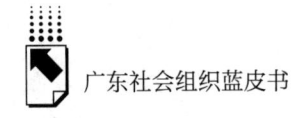

作机构只有11个,社会服务机构单位中的幼儿园所占比例比较高,例如,遂溪县登记的幼儿园占社会服务机构单位总数的83.7%。

2. 社会组织扶持发展机制还不够完善

尽管政府在扶持以及培育社会组织方面给予了一定的扶持,但还未形成扶持社会组织的完整的有针对性分层分级的扶持预算体系,政府向社会组织购买服务进展相对较慢,承接政府公共服务项目少,市级社会组织培育孵化基地还未建立;社会团体和社会服务机构类社会组织资金来源单一,大多数社会团体资金基本是会费收入,服务性收入少;社会组织法人治理结构不完善,专职人员少,社会组织从业人员学历不高,服务能力不强;受社会组织成熟度等因素影响,社会组织承接政府购买服务的覆盖面不广。

3. 社会组织监管体系需进一步完善

登记管理机关不健全,人员编制少。市级还没有成立社会组织管理局,县(市、区)民政局登记管理人员明显不足,9个县级登记机关还有3个县级没有设置专门机构和配备人员编制,县级登记机关总编制才13名[1],部分县(市、区)民政部门还未开展社会组织执法工作。

(四)湛江市社会组织的发展前瞻

按照党中央、国务院和省委、省政府的部署和要求,针对存在的问题和不足,下一步的目标和思路是:在积极秉承协调、共享、创新之理念的基础上,全面推进依法管理,建立一套严谨完善的管理机制,使之满足"统一登记、各司其职、协调配合、分级负责、依法监管"的要求,继续健全政社分开、权责明确、依法自治的社会组织制度,全面完善与之匹配的法规政策,发挥有效的监管作用,促使党组织积极履行职责、全面发挥作用,形成竞争公平、结构科学、灵活性强的发展格局,全面发挥社会组织的服务国家、行业、社会、群众的作用。

1. 完善社会组织发展的扶持机制

进一步加大扶持社会组织发展的力度,建立市级社会组织培育孵化基地;加强社区社会组织扶持力度;有计划开展社会组织从业人员培训,对社会组织

---

[1] 资料来源:湛江市民间组织管理办提供数据。

负责人、骨干成员和从业岗位人员进行分阶段培训；对人均社会组织数量较少的县区进行扶持。

2. 加强社会组织的监管

第一，加大对社会组织负责人的监督与管理力度，形成一套完善严谨的负责人任职、约谈以及从业禁止等制度。进一步加强对社会组织资金的监管，健全并实施抽查审计制度，切实提升内部财务管理水平。同时，强化对社会组织活动的管理，施行常态化的事中事后监管，建立社会组织"异常名录"和"黑名单"，并与社会组织税收优惠、承接政府转移职能和购买服务等挂钩，依法查处违法违规行为。健全社会组织退出机制，完善社会组织清算、注销制度，保障社会组织资产不被侵占、私分或者挪用。

第二，完善登记管理制度。重点培育以及优先发展行业协会商会类、科技类、社区服务类等相关社会组织。对不属于直接登记范畴的社会组织，除按照规定或者要求进行登记，同时业务主管部门也需积极履行职责进行前置审查。对涉外社会组织加强规范化管理。

第三，切实加强监管能力建设。不断调整并优化社会组织综合监管体系，明确登记管理机关、行业管理部门、业务主管部门等有关部门的职责，普遍建立多部门参与的联合执法机制。加强社会组织登记管理机构和队伍建设，配齐配强工作力量，确保"事有人管、责有人负"。着力打造一支高素质执法队伍，提供充足经费，保证服务到位、执法有力、监管有效。

3. 不断加强社会组织党建工作

社会组织不仅是夯实党的领导的重要基地，也是坚持群众路线方针的重要体现。立足于实际，明确问题，采取有效手段逐一解决组织体系不完善、职能彰显不全面等一系列问题，促进组织党建水平大幅提高；在坚持"应建尽建"原则的前提下，从登记、检查、评估等工作入手，重视并强化党组织组建力度，实现党组织及其工作的全面覆盖；坚持分类指导，拓展途径，不断增强社会组织党组织的创造力凝聚力战斗力，积极发挥社会组织内部党员的榜样力量；健全管理体制和工作机制，落实领导责任，强化基础保障，切实解决当前社会组织所面临的党建经费不足、社会组织党建部门设置等一系列相关问题，加强对社会组织党建工作的组织领导。

B.17 茂名市社会组织发展报告

林伯毅　王达梅　刘雪桃*

摘　要： 2016～2017年茂名市社会组织呈现出稳定良好发展态势，社会组织在经济、社会、文化等领域逐步发挥出应有作用。茂名市不断创新和完善社会组织的相关政策，积极扶持社会组织发展，推进社会组织规范化建设。但是，与省内其他地市相比，茂名市社会组织发展中存在着扶持力度偏弱，社会组织内部治理机制不健全，从业人员专业素质偏低等问题，今后需继续加大社会组织发展的扶持力度，完善社会组织内部治理机制，积极推进社会组织的相关改革，为社会组织发展创造更大的空间。

关键词： 社会组织　茂名市　规范化　内部治理

茂名市地处广东省西南部，鉴江中游，东毗阳江，西临湛江，北连云浮和广西壮族自治区，南临南海。全市陆地面积11427平方千米，约占广东省陆地面积的6.4%，海域面积75平方公里。现辖茂南区和电白区，并代管高州市、化州市和信宜市。2016年茂名市常住人口总数612.32万人，其中，茂南区85.36万人、电白区166.85万人、高州市136.64万人、化州市125.75万人、信宜市97.72万人。茂名是中国华南地区最大的石化基地，是广东省"三高农业"重要发展的地区，盛产荔枝、香蕉、龙眼等"岭南佳果"，水产养殖享誉盛名，是"中国罗非鱼之都"。

---

* 林伯毅，广东省茂名市社会组织管理局；王达梅，博士，广东省社会组织研究中心、广东外语外贸大学政治与公共管理学院副教授，研究方向为社会管理、政府购买社会组织服务、财政绩效评价；刘雪桃，广东省茂名市社会组织管理局。

（一）茂名市社会组织发展现状

1.社会组织类型及其比例

2016年茂名市社会组织保持稳定的发展势头，社会组织涵盖经济、教育、文化、科技、体育、卫生等行业和领域。截至2016年底，全市登记在册的社会组织1632家，比2015年增加102家，增长率为6.7%。其中，社会团体906家，占55.51%；社会服务机构721家，占44.17%；非公募基金会5家，占0.31%。从各区县分布看，市本级社会组织567家，占34.74%，信宜市212家，占12.99%；高州市179家，占10.97%；化州市260家，占15.93%；茂南区234家，占14.34%；电白区180家，占11.03%。

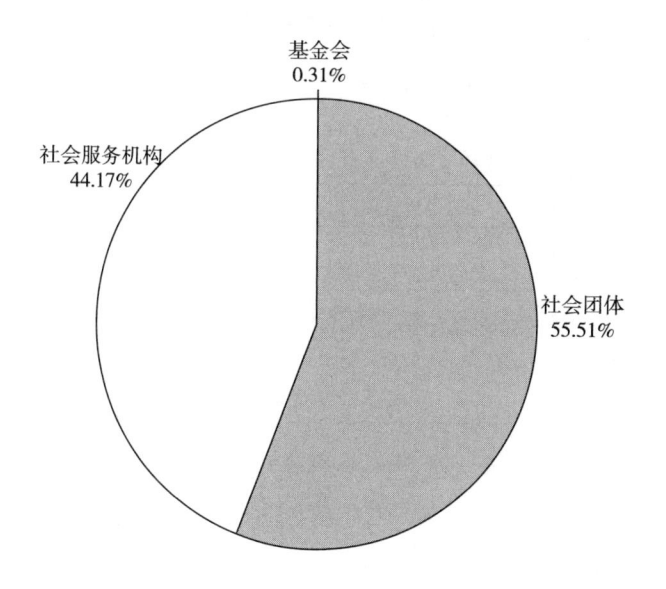

图1　2016年茂名市三类社会组织比重

2017年全市社会组织1890家，比2016年增加258家，增长率为15.8%。其中，社会团体964家，占51.0%；社会服务机构921家，占48.73%；基金会5家，占0.26%。全市登记在册的志愿服务类社会组织有21家，志愿服务站点450家。全市志愿者服务人数达9万，志愿服务时间18万小时。

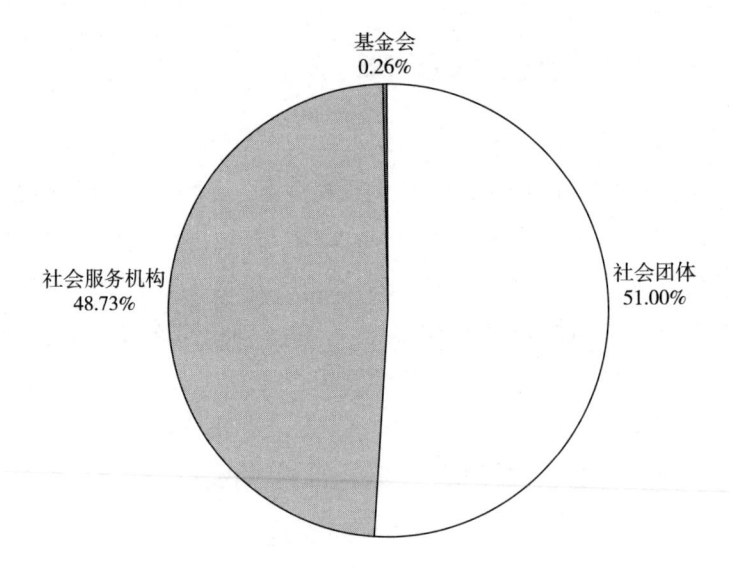

基金会 0.26%
社会服务机构 48.73%
社会团体 51.00%

图 2 2017 年茂名市三类社会组织比重

表 1 2016～2017 年茂名市社会组织增长情况

年度	社会团体数量	社会服务机构数量	基金会数量	合计	增长率(%)
2016	906	721	5	1632	6.7
2017	964	921	5	1890	15.8

资料来源：2016、2017 年广东省民政厅计财年报全省社会组织数据。

表 2 茂名市社会组织发展情况

地区	社会团体	社会服务机构	非公募基金会	合计	比重(%)
市本级	382	180	5	567	34.74
信宜市	156	56	0	212	12.99
高州市	105	74	0	179	10.97
化州市	82	178	0	260	15.93
茂南区	62	172	0	234	14.34
电白区	119	61	0	180	11.03
小　计	906	721	5	1632	
比重(%)	55.51	44.17	0.31	100	
2015 年底	873	652	5	1530	
2016 年新增	33	69	0	102	
增长率(%)	3.8	10.6	0	6.7	

资料来源：茂名市民政局提供。

2. 社会组织从业人员情况

截至2016年底，社会组织从业人员16435人。在从业人员中，女性6796人，占41.35%；男性9639人，占58.65%。从受教育程度来看，大学专科以下8335人，占50.71%，大学专科5288人，占32.17%，大学本科及以上2812人，占17.11%。从年龄结构情况看，35岁及以下7494人，占45.59%；36~45岁6490人，占39.48%，46~55岁1517人，占9.23%，56岁及以上934人，占5.68%。助理社会工作师66人，社会工作师24人。2016年三类社会组织的从业人员情况见表5。在从业人员中，志愿者服务人次数和志愿服务时间分别为：3000人次和10000小时，较上一年增长了22%。

表3　2016~2017年茂名市社会组织从业人员受教育程度和职业资格水平

年份	年末职工人数	性别	受教育程度情况		职业资格水平情况	
		女性	大学专科	大学本科及以上	助理社会工作师	社会工作师
2016	16435	6796	5288	2812	66	24
2017	15163	7620	5155	2560	68	24

资料来源：2016、2017年广东省民政厅计财年报全省社会组织数据。

表4　2016~2017年茂名市社会组织从业人员年龄结构

年份	35岁及以下	36~45岁	46~55岁	56岁及以上
2016	7494	6490	1517	934
2017	7737	4583	1864	979

资料来源：2016、2017年广东省民政厅计财年报全省社会组织数据。

截至2017年底，社会组织从业人员15163人，较2016年减少7.73%。在从业人员中，女性7620人，占50.25%；男性7543人，占49.75%。从受教育程度来看，大学专科以下7448人，占49.12%，大学专科5155人，占33.99%，大学本科及以上2560人，占16.88%。从年龄结构情况看，35岁及以下7737人，占51.03%；36~45岁4583人，占30.22%，46~55岁1864人，占12.29%，56岁及以上979人，占6.45%。助理社会工作师68人，比2016年增加2人，社会工作师24人。2017年三类社会组织的从业人员情况见表5。

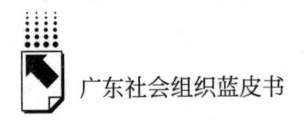

表5　茂名市各类型社会组织从业人员状况

社会组织类型	年份	社会组织数	从业人员数	性别 女性	受教育程度 大学专科	受教育程度 大学本科及以上	职业资格水平 助理社会工作师	职业资格水平 社会工作师	年龄结构 35岁及以下	年龄结构 36~45岁	年龄结构 46~55岁	年龄结构 56岁及以上
社会团体	2016	906	6307	965	882	797	28	11	1802	3142	752	611
社会团体	2017	964	4224	872	926	865	26	11	951	1594	1027	652
基金会	2016	5	64	8	12	40	0	0	13	26	16	9
基金会	2017	5	66	9	15	38	0	0	14	25	17	10
社会服务机构	2016	721	10064	5823	4394	1975	38	13	5679	3322	749	314
社会服务机构	2017	921	10873	6739	4214	1657	42	13	6772	2964	820	317

资料来源：2016、2017年广东省民政厅计财年报全省社会组织数据。

（二）茂名市社会组织发展的做法和成绩

1. 社会组织法规政策创制

2016年以中共茂名市委、茂名市人民政府发布的社会组织管理综合性文件有两个，一是《中共茂名市委办公室　茂名市人民政府办公室关于成立市行业协会商会与行政机关脱钩联合工作组的通知》（茂发〔2016〕44号），二是《茂名市人民政府办公室关于〈做好广东省市场监管条例贯彻实施工作的通知〉的通知》（茂府办〔2016〕232号）。其他文件：《关于进一步加强各类讲座、论坛、报告会、研究会等大型活动安全管理的通知》（茂民发〔2016〕56号）、《关于建立茂名市"两新"组织党工委社会组织党建联系点的通知》（茂组通〔2016〕47号）。同时，积极学习和宣传中央及省关于社会组织管理制度改革文件，一是在《广东省民政厅关于印发〈广东省民政厅关于社会组织法人治理的指导意见〉等四个文件的通知》下发后，茂名市民政局及时将文件转发各区、县级市民政局和各市级社会组织；二是通过会议、网站发布等形式，及时学习宣传《广东省大型群众性活动安全管理办法》、《慈善组织公开募捐管理办法》、《慈善组织认定办法》等政策法规；三是学习与贯彻落实《中华人民共和国慈善法》，于2016年8月份举办全市民政系统学习贯彻《中华人民共和国慈善法》专题培训班。

2. 大力扶持社会组织发展

2012年，中共茂名市委、茂名市人民政府发布《关于实施社会建设"六大工程"构建社会管理"六大体系"的工作方案》。方案将"实施社会组织培育壮大工程"列为推动茂名社会建设的首要任务，明确提出对社会组织发展实行"宽入严管"和"全方位支持"，并强调"各级政府要将社会组织管理专项经费列入地方年度财政预算。建立公共财政对社会组织扶持机制，建立社会组织扶持发展专项基金和孵化基地。根据有关规定，落实对社会组织企业所得税、营业税减免政策，保障社会组织享有会费收取、政府委托培训等项目的税收减免待遇。"同时，积极争取省级专项资金的扶持，2016年，茂名市家庭服务业协会、高州市奇奇康复训练中心等9个社会组织获得省级培育发展社会组织专项资金230万元。2017年市级财政扶持社会组织发展资金73万元，市级福彩公益金支持社会组织发展资金37万元。

2017年通过制度创新进一步加大社会组织发展扶持力度。对在城乡社区开展为民服务、养老照护、公益慈善、促进和谐、文体娱乐和农村生产技术服务等活动的社区社会组织，采取降低准入门槛的办法，支持鼓励发展。会员人数由50名降至30名，注册资金由3万元降至2000元。对符合登记条件的社区社会组织，优化服务，加快审核办理程序，并简化登记程序，由60天期限降至15天。对达不到登记条件的社区社会组织，按照不同规模、业务范围、成员构成和服务对象，由街道办事处（乡镇政府）实施管理，加强分类指导和业务指导。

3. 政府向社会组织购买服务

茂名市已经出台政府向社会组织转移职能目录，以及政府向社会组织购买服务目录。为落实茂名市社会组织等级评估工作，茂名市民政局已向市政府申请将社会组织等级评估工作经费纳入年度财政预算。2016年，茂名市向社会组织购买服务项目共8个，支付购买服务费1272800元，项目承接服务的主体包括茂名市志愿者联合会、茂名市安全生产协会、茂名市文化产业商会、茂名市电子商务协会、茂名市慈善总会等5个社会组织。

表6　2016年茂名市政府购买社会组织服务

序号	项目名称	资金(元)	承接组织	文件依据
1	志愿者基地运行经费	100000.00	志愿者联合会	2016年市级财政预算,茂财预〔2016〕28号
2	志愿者活动专项经费	100000.00	志愿者联合会	2016年市级财政预算,茂财预〔2016〕28号
3	志愿者驿站经费	43400.00	志愿者联合会	2016年市级财政预算,茂财预〔2016〕28号
4	志愿者中心专项业务工作经费	45000.00	志愿者联合会	2016年市级财政预算,茂财预〔2016〕28号
5	2016年慈善救济	134400.00	市慈善总会	市政府请示报告处理表622号
6	促销配套公共服务项目	700000.00	市电子商务协会	茂商务〔2016〕92号
7	安全生产技术服务	按专家级别、按天数计算	市安全生产协会	安全生产技术服务协议
8	深圳文博会	150000.00	市文化产业商会	协议

资料来源：茂名市民政局提供。

4. 行业协会商会脱钩工作

茂名市按照中办、国办脱钩总体方案要求，扩大脱钩范围，开展全市行业协会商会与行政机关脱钩工作情况调查，稳妥推进扩大范围后的脱钩工作。目前，茂名市成立了行业协会商会与行政机关脱钩联合工作组，制定《茂名市深化全市性行业协会商会与行政机关脱钩试点工作方案》报省厅审批。该方案确定5个行业协会商会作为试点单位。

5. 社会组织规范化建设

为适应社会发展的需要，2016年6月27日，茂名市民间组织管理局更名为茂名市社会组织管理局。根据《关于印发2016年茂名市市场监管体系建设重点工作的通知》精神，全市行业协会商会积极开展"两建"工作，切实加强自身规范化建设。各社会组织制定民主选举、会员（代表）大会、理事会、监事会（监事）、财务管理、印章文件管理、重大活动备案报告、信息披露、分支（代表）机构管理、法定代表人述职等十项内部制度。茂名市建立社会组织联合执法机制。为规范民政执法行为，创新管理方式，市民政局成立了"双随机一公开"工作领导小组，通过电子化手段，随机抽查市场主体和执法检查人员。目前，茂名市社会组织管理局已有2人取得行政执法证。严格按照有关政策法规，敦促社会组织重大活动事项实行事先报告、备案，事后报告活动情况。先后配合有关部门开展了社会团体收费检查、社会团体"小金库"治理、行业协会清理整顿、城镇职工养老保险扩面征缴执法行动等工作，有效地规范了社会组织行为。2016年，茂名市社会组织没有出现违法违规案件。

2017年为落实《广东省民政厅关于进一步加强行业协会商会管理清理规范服务收费的通知》，开展全市行业协会商会的收费清理规范工作，共检查社会团体24个，涉及收费项目4项。积极推行行业协会商会与行政机关脱钩，根据中央、省、市的要求，开展行业协会商会与行政机关脱钩工作。第一批5个试点单位已完成脱钩、第二批44个行业协会商会与行政机关脱钩工作已经完成。同时，将社会组织信用管理纳入信用体系建设，推进社会组织统一社会信用代码制度建设，2017年制定《2017年茂名市社会信用体系建设工作要点》，全市社会组织统一社会信用代码已完成赋码工作，存量社会组织完成换证率96%。

6. 社会组织信息化建设

茂名市已经建立茂名市社会组织信息网，社会组织的名称核准、成立登记、变更登记、注销登记、重大事项报备、年度检查等业务已实行网上业务申报、审批。扎实推进行政许可和行政处罚信用信息"双公示"，并上传数据到市公共信用信息管理系统。同时，积极引导社会组织建立健全信息披露制度，及时向社会公开公益活动和募集资金的详细使用计划、公益资助项目的申请、评审程序等信息，自觉接受社会的监督，提升社会组织运作的公开性和透明度。

7. 积极开展社会组织党建工作

2010年1月，茂名市成立茂名市社会组织党工委（2013年3月改称"茂名市社会组织党委"，办公室设在市民政局），负责对无业务主管单位社会组织党建工作的具体指导、组织协调和检查督促。自成立以来，批准成立22个社会组织党支部，现有党员208人。2016年批准成立党支部2个，有5名预备党员转为正式党员，发展预备党员5名。依照成立登记、年度检查、等级评估、换届改选等四个环节抓党建工作。一是成立登记时，做到"三个同步"，即凡符合成立党组织条件的（3名以上党员）同步成立党组织，同步完成党员信息登记，同步指导将党建工作写入社会组织《章程》。二是年度检查时，将党组织建立和活动情况列为必检的内容。三是等级评估时，将党建工作作为重点内容进行综合评估。四是换届改选时，在社会组织负责人换届改选的人选审查工作中，同时检查党组织作用发挥情况。近年来，社会组织党支部积极开展党的群众路线教育实践活动、三严三实、"两学一做"等教育活动，促进了经营生产，加强了行业管理，创新了发展思路。2016年，茂名市塑料行业协会党支部、茂名市保险行业协会党支部被评为茂名市"两学一做"先进基层党组织，茂名市医药行业协会党支部书记陈新夏、茂名市道路运输协会副秘书长朱燕红被评为茂名市"两学一做"优秀共产党员，茂名市安全生产协会党支部书记吴海生被评为茂名市"两学一做"优秀党务工作者。2017年组织22个社会组织党支部书记集中学习培训6次，观看纪律教育片4次。

8. 社会组织发挥的积极作用

茂名市社会组织的自我发展能力不断提升，成为推动茂名市经济和社会发展的重要力量。一是促进经济建设。市民营企业商会、市塑料行业协会等经济型社会组织积极开展经贸交流、参与项目策划及招商引资活动等，逐步成为促进行业可持续发展、加快区域经济交流合作的"催化剂"和"助推器"。活跃于茂名市广大城乡的农村专业经济协会，一头连着农户，一头连着市场，因势利导，开展各种农业技术、市场信息、农产品产销服务，帮助农民增产增效，促进了农村经济发展。二是承担社会管理职能。如市道路运输协会承担了市交通运输局委托的营运驾驶员技能鉴定、营运车辆GPS监控、主办《茂名交通》杂志等职能。高州市农民用水户协会，将农村用水决策权、农田水利工程使用权让农民自行决策、民主管理，基本解决了农村管水组织主体"缺位"问题，为农业发展生产提供了有力保障。三是促进社会和谐稳定。茂名市社会组织通过各种形式，协调不同关系，利用合法渠道表达利益诉求，积极化解社会矛盾。在茂名市推行年票制、运价调整、水价调整等方面，行业协会都起到积极作用，成为茂名市维护社会稳定的重要力量。如市保险行业协会成立了保险纠纷调解处置专业委员会，2016年共接到投诉12宗，有效处理投诉12宗，涉案金额达79.29万元。四是发挥公共服务的补充作用。从2008年至今，茂名市社会组织在四川地震、青海地震、茂名特大洪灾和扶贫济困日活动中，累计捐款达6500多万元，成为一支不可替代的民间慈善力量。此外，民办学校、民办医院和民办养老院等社会服务机构为茂名市教育、医疗、社会福利和社会救助等公共服务起到重要的补充作用。2016年,茂名市民营企业商会的工作经验被省民政厅《广东省社会组织法人治理建设经验选编》收录,茂名市义工协会的《关爱留守儿童"放心学堂"项目》被省民政厅《广东省社会组织公益慈善项目优秀案例选编》收录。市环保志愿者协会荣获茂名市第二届志愿服务"红荔奖"(集体)称号;市暖心公益协会会长陈智聪荣获茂名市第二届志愿服务"红荔奖"(个人)称号。

(三)茂名市社会组织发展存在的问题

茂名市社会组织呈现出良好的发展势头,社会组织在经济社会中的地位和作用日益凸显。但由于发展不快、水平不高,与当前经济与社会发展的新要求,仍存在着比较大的差距。

1. 对社会组织的地位作用认识不够到位

茂名市的少数领导和部门对于社会组织的地位和作用没有充分的认识,对于社会组织发展趋势也缺乏足够认识,由此导致社会组织管理的一些基础性工作都没有开展,例如,还没有对社会组织从业人员数量及其构成进行统计。

2. 社会组织扶持政策没有落实到位

对于上级政府颁布的扶持社会组织发展的文件,茂名市主要停留于文件转发层面上,没有真正贯彻落实上级的扶持政策,没有设立社会组织发展扶持资金,税收优惠、财政资助、社会保险等也缺乏明确的政策规定,导致社会组织存在着开展活动难、参与难、引进人才难等问题。由于资金缺乏比较严重,导致社会组织难以有效地开展活动,"僵死型社会组织"数量较多。

3. 对社会组织的监管乏力

虽然茂名市及各县(市、区)均成立专门的社会组织登记管理机构,但登记管理机关的编制和人员太少,社会组织监管力量十分薄弱,并且经费普遍不足。

4. 社会组织内部治理机制不健全

部分社会组织在组织规程、内部分工、管理体系等方面没有建立科学合理的制度;或者虽然建立制度,但由于社会组织存在着专职人员过少、经费不足等困难,无法有效开展活动,实现其目标和宗旨;部分社会组织法人治理结构不健

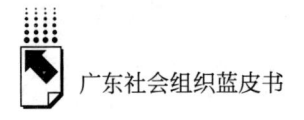

全,没有按照章程开展相关工作和活动,有名无实,缺乏凝聚力和公信力。

5. 社会组织人员队伍素质有待提高

大部分社会组织的工作人员专业素质偏低。一些社会组织由于经费少而尽量减少工作人员,导致一人身兼多职的现象较为突出,甚至出现会计、出纳、内勤、外联等职务都是一人一身兼的现象;大多数社会组织从业人员没有接受过专业培训,缺乏社会组织知识和组织协调能力。

(四)茂名市社会组织发展的改革措施

1. 积极推进政府职能转移,为社会组织创造发展空间

加大政府职能改革力度,把可以由社会组织承担的职能,交由社会组织承担。政府部门可逐步将政策咨询、标准制定、行业统计、产业规划、政策效果评估、行业经济运行分析预警、专业会议筹办及人才培训、资格认证、假冒伪劣产品及违法行为的信息收集等职能,以及社区事务性、公益服务性等工作,转移或委托给具备条件的相关社会组织,并按照费随事转原则,为其提供必要的经费保障。通过大力创造政府服务需求,拓宽社会组织参与社会公共管理和公共服务的空间。

2. 加大政策扶持力度,为社会组织发展创造条件

落实政府购买社会组织服务制度,每年安排一定数额的财政专项资金用于向社会组织购买服务。通过公开招标、合同管理、效果评估等形式,不断规范购买服务,使政府购买社会组织服务日常化、规范化、制度化。加大资金扶持力度,建立社会组织发展专项扶持资金,将政府购买服务专项资金和社会组织登记、行政执法、等级评估、专家评审与业务培训等工作经费列入年度财政预算。市和县(市、区)两级应每年从福利彩票公益金中安排一定数量的资金,支持社会组织开展公益活动,切实为社会组织发展创造良好的条件。

3. 加强监督管理,促进社会组织规范发展

一是加强党对社会组织的领导和引导作用,发挥党建工作对社会组织自身建设与发展的引领作用。二是加大社会组织执法力度,坚决依法取缔非法社会组织,依法予以查处社会组织违法违规行为。三是建立社会组织评估制度,通过开展社会组织评估,规范社会组织管理制度,督促社会组织开展业务培训,提升社会组织的管理水平和业务水平。

4.健全社会组织内部治理机制，提高社会组织自我发展能力

社会组织应建立以章程为核心的内部治理制度，健全权责清晰、运转协调、有效制衡的法人治理结构。进一步完善社会组织内部运作机制，明确决策、执行、监督三个内设机构的职责，保证社会组织规范运行。加大等级评估力度，扩大评估范围，落实评估经费，通过评估，实现社会组织的优胜劣汰。开展自律与诚信建设，建立和完善财务风险管理、信息披露、服务承诺等管理制度。

5.升格社会组织管理机构，完善市社会组织管理局机构设置

社会组织的发展和管理需要相匹配的管理机构，对于茂名市这个欠发达地区来说显得尤为重要。目前，茂名市社会组织管理局承担着社会组织管理局和社会组织党委办2个科（室）的业务，工作人员仅有4人，在工作岗位设置上，2人固定在行政服务窗口，办公室只有2人。茂名市社会组织管理人员编制严重不足，难以应付社会组织管理的实际需要。建议参照广东省和部分兄弟市的做法，将市社会组织管理局升格为副处级，增加人员编制，增设综合科、执法监督科、登记管理科三个科。

B.18
肇庆市社会组织发展报告

王达梅*

摘 要: 2016~2017年肇庆市不断加强社会组织法规政策创制、扶持社会组织发展、社会组织信息化建设、社会组织监管、社会组织党建等方面工作,使得社会组织呈现出较快发展势头,社会组织发挥出越来越大的作用,成为经济社会发展的重要推动者和经济秩序的维护者,以及社会公益的重要组织者。然而,当前肇庆市社会组织发展中还存在着社会组织登记管理力量有待加强、扶持力度偏弱、内部建设不够完善等问题。今后应积极加大社会组织扶持力度,探索健全社会组织扶持机制,加强社会组织综合监管和党建工作,促使社会组织更加健康有序发展。

关键词: 社会组织 肇庆市 扶持机制 党建

肇庆是粤港澳大湾区面积最大和最具潜力的主体城市,东连佛山、广州,西与广西接壤,地处粤港澳大湾区连接大西南的关键节点。全市人口430多万,辖端州、鼎湖、高要3区,广宁、德庆、封开、怀集4县,代管四会市,设立肇庆国家级高新技术开发区和肇庆新区。全市土地面积1.5万平方公里,占珠三角面积的1/4,土地开发强度仅为6.2%。肇庆文化底蕴深厚。肇庆是国家历史文化名城,具有2200多年历史,曾是西江流域的政治、经济、文化、

---

* 王达梅,博士,广东省社会组织研究中心、广东外语外贸大学政治与公共管理学院副教授,研究方向为社会管理,政府购买社会组织服务,财政绩效评价。感谢肇庆市民政局提供数据资料。

军事中心,也是中原文化与岭南文化、西方文明与中国传统文明交汇最早的地区之一,明清时期两广总督府驻肇庆长达182年,两广第一状元莫宣卿、中国物理学之父吴大猷都是肇庆人,是禅宗六祖惠能、包拯、利玛窦等历史名人立业成名之地。

肇庆自然环境优美。肇庆城区"山、湖、城、江"融为一体,七星岩、鼎湖山水秀山清,环星湖绿道被誉为"中国最美的绿道",千里旅游走廊风光如画。全市森林覆盖率超70%,地表水和饮用水源水质100%达标,先后荣获中国优秀旅游城市、国家卫生城市、国家园林城市、国家环保模范城市、中国投资环境百佳城市、全国社会治安综合治理"长安杯"、国家森林城市等称号,最适宜人居、最适宜旅游、最适宜创业。

(一)2017年肇庆市社会组织发展现状

1. 社会组织总数及增长情况

截止到2016年底,肇庆市共有社会组织1744家,与2015年1580家相比,增加164家,增长率为10.4%。其中,社会团体868家,占49.77%,社会服务机构876家,占50.23%,基金会0家。截至2017年底,肇庆市共有社会组

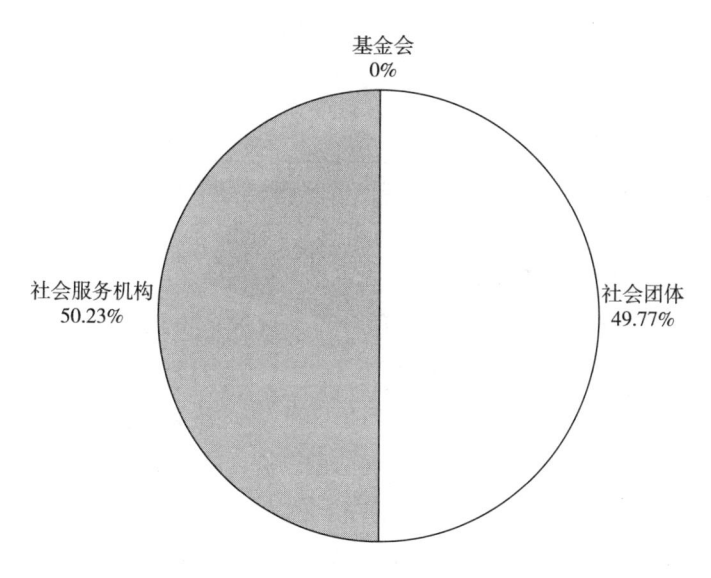

图1 2016年肇庆市三类社会组织比重

织1860家，比2016年增加116家，增长率为6.24%。其中，社会团体913家，占49.09%；社会服务机构947家，占50.91%。

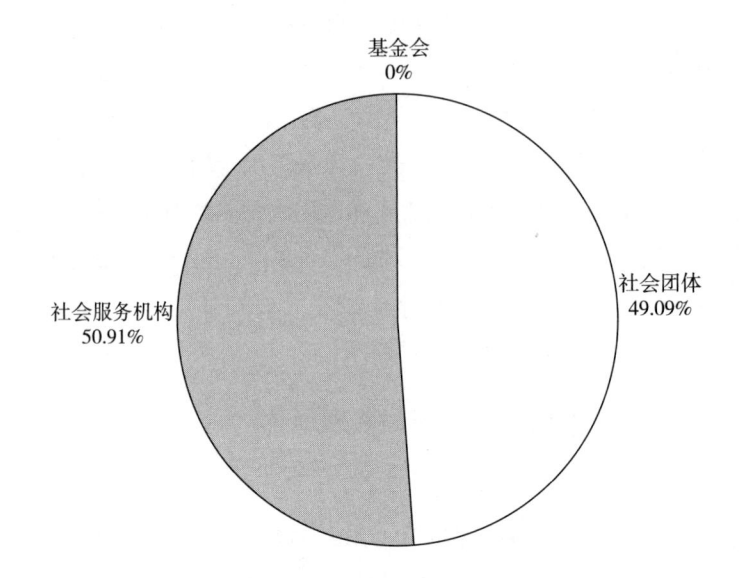

图2　2017年肇庆市三类社会组织比重

表1　2016~2017年肇庆市社会组织增长情况

年度	社会团体数量	社会服务机构数量	基金会数量	合计	增长率(%)
2016	868	876	0	1744	10.4
2017	913	947	0	1860	6.24

资料来源：2016、2017年广东省民政厅计财年报全省社会组织数据。

2. 各区县社会组织的分布

2016年肇庆市各区县社会组织的分布情况为：市直社会组织数量最多，有433家，占全市社会组织总数的24.83%。与2015年相比，市直增加28家，增长率为6.91%。其中，社会团体308家，社会服务机构125家，基金会0家。端州区社会组织数量排第二位，有274家，占全市社会组织总数的15.71%。与2015年相比，增加32家，增长率为13.22%。其中，社会团体46家，社会服务机构228家，基金会0家。四会市社会组织数量排第三位，有241家，占全市社会组织总数的13.82%。与2015年相比，增加44家，增长率为22.34%。其中，社会团体129家，社会服务机构112家，基金会0家。高要区社会组织数量为213家，占全市社会组织总数的12.21%。与2015年相比，增加7家，增长率为3.18%。其中，社会团体78家，社会服务机构135家，基金会0家。广宁县社会组织数量为155家，占全市社会组织总数的8.89%。与2015年相比，增加14家，增长率为9.93%。其中，社会团体68家，社会服务机构87家，基金会0家。怀集县社会组织数量为152家，占全市社会组织总数的8.72%。与2015年相比，增加21家，增长率为16.03%。其中，社会团体91家，社会服务机构61家，基金会0家。鼎湖区社会组织数量为107家，占全市社会组织总数的6.14%。与2015年相比，增加18家，增长率为20.22%。其中，社会团体53家，社会服务机构54家，基金会0家。德庆县社会组织数量为94家，占全市社会组织总数的5.38%。与2015年相比，增加10家，增长率为11.9%。其中，社会团体52家，社会服务机构42家，基金会0家。封开县社会组织数量最少，为75家，占全市社会组织总数的4.30%。与2015年相比，增加4家，增长率为5.63%。其中，社会团体43家，社会服务机构32家，基金会0家。

2017年肇庆市各区县社会组织的分布情况为：市直社会组织最多，有447家，占24.30%；其次是端州区，有305家，占16.40%，封开县最少，仅为80家，占4.30%。

3. 社会组织从业人员情况

2016年肇庆市社会组织从业人员总数9124人，其中，女性3879人，占42.52%；男性5245人，占57.48%。在年龄结构方面，社会组织从业人员以中青年为主，35岁及以下4167人，占45.67%；36~45岁3243人，占35.55%；46~55岁1442人，占15.8%；56岁及以上272人，占2.98%。在社会组织职员受教育程度方面，肇庆市社会组织从业人员教育水平非常低，大学本科及以上728人，占7.97%；大学专科1553人，占17.02%；高中及以下6843人，占75.0%。社会组织从业人员的职业资格水平较低，助理社会工作师为110人，社会工作师为10人，合计120人，仅占总人数的1.31%。2016年三类社会组织的从业人员情况见表4。

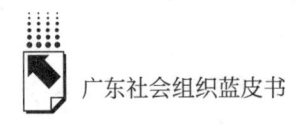

表2　2016～2017年肇庆市社会组织从业人员受教育程度和职业资格水平

年份	年末职工人数	受教育程度情况			职业资格水平情况	
		女性	大学专科	大学本科及以上	助理社会工作师	社会工作师
2016	9124	3879	1553	728	110	10
2017	10349	4383	1416	795	112	80

资料来源：2016、2017年广东省民政厅计财年报全省社会组织数据。

表3　2016～2017年肇庆市社会组织从业人员年龄结构

年份	35岁及以下	36～45岁	46～55岁	56岁及以上
2016	4167	3243	1442	272
2017	4911	3487	1624	327

资料来源：2016、2017年广东省民政厅计财年报全省社会组织数据。

2017年肇庆市社会组织从业人员总数10349人，其中，女性4383人，占42.35%；男性5966人，占57.65%。在年龄结构方面，35岁及以下4911人，占47.45%；36～45岁3487人，占33.69%；46～55岁1624人，占15.69%；56岁及以上327人，占3.16%。在社会组织职员受教育程度方面，大学本科及以上795人，占7.68%；大学专科1416人，占13.68%；高中及以下8138人，占78.63%。助理社会工作师为112人，社会工作师为80人，合计192人，较2016年增加72人，增长率高达60.0%。2016年三类社会组织的从业人员情况见表4。

表4　肇庆市各类型社会组织从业人员状况

社会组织类型	年份	社会组织数	从业人员数	性别 女性	受教育程度 大学专科	受教育程度 大学本科及以上	职业资格水平 助理社会工作师	职业资格水平 社会工作师	年龄结构 35岁及以下	年龄结构 36～45岁	年龄结构 46～55岁	年龄结构 56岁及以上
社会团体	2016	868	3073	709	433	259	67	9	1343	860	751	119
社会团体	2017	913	3915	789	381	261	4	0	1554	1261	896	204
基金会	2016	0	0	0	0	0	0	0	0	0	0	0
基金会	2017	0	0	0	0	0	0	0	0	0	0	0
社会服务机构	2016	876	6051	3170	1120	469	43	1	2824	2383	691	153
社会服务机构	2017	947	6434	3594	1035	534	108	80	3357	2226	728	123

资料来源：2016、2017年广东省民政厅计财年报全省社会组织数据。

（二）肇庆市社会组织发展做法和成绩

1. 社会组织法规政策创制情况

2016年6月印发《中共肇庆市委 肇庆市人民政府关于实施西江人才计划的意见》（肇发〔2016〕3号）；2016年7月，印发《中共肇庆市委办公室 肇庆市人民政府办公室关于印发〈肇庆市引进西江创新创业团队与领军人才实施方案〉等10个文件的通知》（肇办字〔2016〕12号）；2016年8月，印发《肇庆市人民政府关于第一批清理规范29项市政府部门行政审批中介服务事项的决定》（肇府函〔2016〕369号）。

2. 扶持社会组织发展情况

（1）加大资金扶持力度。2016年，市级部门预算安排政府向社会力量购买服务资金1754.37万元（含安排肇庆市社会组织发展专项扶持资金150万元、社会组织培育专项资金389万元），比上年增加243.57万元，增幅16.12%。2017年市本级财政安排社会组织专项扶持资金2169.85万元，用于政府向社会力量购买服务，比上年同比增长23.68%。1家社会组织获得中央财政支持社会组织示范项目资金48万元，10家社会组织获得2016年广东省级培育发展社会组织专项资金270万元，3家2015年新成立的工商产业类行业协会（商会）获得政府一次性开办扶持经费9万元（累计32家96万元），13家社会组织获得第五批市级非营利组织免税资格。同时，积极引导各类金融机构加大对社会组织的信贷支持，社会组织贷款余额2600万元，为社会组织孵化培育提供资金保障。

（2）培育社会组织品牌项目。采取政府购买服务方式，连续举办两届"砚都公益"项目评审活动，2016年，有9家社会组织获得第三届市本级"砚都公益"项目扶持资金5万元（两届累计扶持项目19个116万元），资助公益慈善类、城乡社区服务类等社会组织在扶老、助残、救孤、济困方面开展公益慈善活动。在2016年第三届"肇庆公益志愿服务季"公益项目评选活动中，10家社会组织获得"十佳公益品牌项目"、10家社会组织获得"小微公益孵化项目"，18家社会组织获得"小微公益创意项目"。2017年，有4家社会组织获得第三届市本级"砚都公益"项目扶持资金20万元（三届累计扶持项目23个136万元），资助公益慈善类、城乡社区服务类等社会组织在扶老、助残、救孤、济困方面开展公益慈善活动。

(3) 提升社会组织承接政府职能转移能力。出台了第五批市本级社会组织具备承接政府职能转移和购买服务资质目录，其中41家3A等级以上（其中5A等级20家，4A等级12家，3A等级9家）的社会组织具备优先承接政府职能转移和购买服务资质。

3. 社会组织信息化建设情况

(1) 全面启用社会组织信息平台。市县两级全面启用"社会组织网上业务办理"平台和"一门式一网式"公共服务综合信息平台办理社会组织登记管理业务，实现网上申报、审批、年检和信息公开。建立健全社会组织信息公开制度，参与编制《肇庆市人民政府部门权责清单》、《肇庆市公共信用信息分类、分级及编码规范》、《肇庆市公共信用信息资源目录（2015版）》和《肇庆市"双公示"事项目录》，强化社会组织守信自律。

(2) 全面实施社会组织统一社会信用代码制度改革。为新登记社会组织颁发加载统一社会信用代码的新版登记证书，实现对社会组织客观、全面、准确的分类分级评价，达到守信者处处受益、失信者寸步难行的目标，进一步激发社会组织活力，加强社会组织信用信息数字化管理，促进社会组织信用信息交换共享。

(3) 落实"双随机、一公开"和"双公示"制度。按省、市要求，认真梳理行政许可和行政处罚信息等事项目录，可在"肇庆社会组织信息网"查看"双公示"相关内容，改进行政管理方式，提高行政管理效能，规范社会组织管理，推进简政放权、放管结合、优化服务协同推进。

4. 社会组织的监督情况

(1) 年检工作有序开展。通过"肇庆社会组织信息网"、寄挂号信、社会组织QQ群等方式，向市直社会组织、业务主管单位发出《肇庆市民政局关于开展市直社会组织2015年年度检查和换发新证的通知》（肇民〔2016〕6号），并对年检工作阶段性情况进行通报，督促社会组织依时参加年检。市直社会组织应参加2016年年检的367家，参加年检332家，年检率达到90.5%。2017年应列入年检范围的市直社会组织400家（其中社团293家，社会服务机构107家），已参加年检的社会组织342家（其中社团248家，社会服务机构82

家），年检率85.5%，年检合格率100%。

（2）加强社会组织综合执法监察。认真落实《肇庆市社会组织综合管理年专项工作方案》分工和社会组织综合管理联席会议制度成员单位职责。行政执法人员持证执法，绘制社会组织职权运行流程图和违规行为处罚流程图，明确廉政风险点、防控措施、执法调查规则和行政处罚步骤，规范社会组织成立、变更、注销、撤销登记等行政行为。开展重点社会组织专项治理，严格执行社会组织重大活动报告制度，加强社会组织日常监管和执法监察工作，对5家社会组织进行撤销登记。

（3）满分通过"两建"考核。2016年1月份配合市"两建"办迎接了省"两建"工作检查，社会组织相关考核指标满分通过，为肇庆市"两建"工作做出贡献。

（4）推进社会组织等级评估工作。为提高社会组织公信力、促进社会组织规范化建设、推动社会组织健康有序发展，积极争取市财政落实评估经费，采取第三方评估方式开展社会组织等级评估工作。2016年对市直、四会、广宁共15家社会组织进行等级评估，其中获评5A等级6家，4A等级6家，3A等级3家。全市累计通过等级评估的社会组织79家（其中5A等级22家，4A等级21家，3A等级30家，2A等级2家，1A等级4家）。2017年全市累计通过等级评估的社会组织81家（其中5A等级22家，4A等级23家，3A等级30家，2A等级2家，1A等级4家）。

5.加强社会组织人才建设

第一，启动优秀行业协会评选活动。以市委、市政府名义出台《肇庆市优秀行业协会评选管理办法》，制订《肇庆市优秀行业协会评选申报表》、《肇庆市优秀行业协会评选评分细则》，积极争取财政资金50万元，列入市人才发展专项资金，对获评为优秀行业协会的，每家给予10万元资金扶持。第二，积极推荐社会组织建设人才。向省民政厅推荐2名"百名社会组织领军人才"、15名"千名社会组织专业骨干人才"，积极参与推进建设社会组织管理学院和人才建设"百千万"工程。第三，拓宽社会组织代表人士参政议政渠道。建立政府与社会组织沟通协调机制，3名社会组织负责人推荐为市人大代表、市政协委员。在出台涉及行业发展、社会管理和社会服务等政策前，听取相关社会组织意见，广泛征询民意。

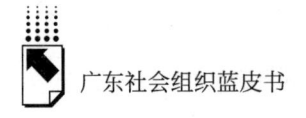

6. 社会组织党建工作情况

2016年以市社会组织党委名义出台党建工作政策文件5份，深入开展市直社会组织党建工作示范点创建活动，5家社会组织创建党建工作示范点。深入开展社会组织"两学一做"学习教育，举办四期700多人次参加的学习培训班。2017年12月，市社会组织党委共组建党组织32个，现有党员220名，本年共接收预备党员30名，确定发展对象13名，入党积极分子24名，党组织覆盖率为94.12%，单独组建率47.06%，确保党的工作全覆盖，确保社会组织发展的正确政治方向。

7. 社会组织在社会服务供给和社会治理中的作用发挥情况

（1）成为经济社会发展的重要推动者。通过成立"肇庆中立法律服务社"、"肇庆市电子商务研究院"、"肇庆市星岩书院"、"肇庆市企业诚信建设促进会"、"北大公学肇庆实验学校"、"肇庆市华师大光电产业研究院"、"肇庆市区域经济研究会"等多家具有较强实力的社会组织，助力肇庆市产业发展和"府城复兴"项目，社会组织有力地推动肇庆市经济社会发展。

（2）成为市场经济秩序的重要维护者。各类行业协会、商会通过加强行业自律，在打造名牌、规范市场行为、维护市场秩序、完善市场管理体制等方面发挥重要作用。如市房地产行业协会积极推荐企业申报"广东省绿色住区"，倡导行业绿色发展，配合省房协做好推荐评比工作，更好地展示和提升肇庆市房企和物企的优秀品牌和形象，为维护市场经济秩序做出积极贡献。

（3）成为社会公益的重要组织者。社会组织发挥自身独特优势，积极参与社会爱心推动社会公益事业发展。如社会组织积极参与"广东扶贫济困日"活动，全市社会组织募集慈善资金1600多万元（2013年以来募集善款2.1亿元），投入扶老、助残、救孤、济困、助医、助学等公益慈善活动；社会组织积极参与"精准扶贫"工作，通过捐款捐物等形式，帮助贫困村、贫困群众发展生产，改善生产生活条件，建设社会公益事业，助力脱贫致富奔小康。肇庆市西江社会工作服务中心被民政部评为"第二批全国社会工作服务示范单位"，肇庆市社会福利院社工部部长周燕被评为"第五届广东省社工之星"，肇庆市西江社会工作服务中心社工助理孔令枝被评为第四届"肇庆市十大敬老之星"，发挥典型示范作用。

（三）肇庆市社会组织发展存在的问题

1. 社会组织登记管理力量有待加强

社会组织登记管理机关人员编制不足、经费短缺，难以满足推动工作的需要；缺乏专职执法队伍、执法设备，综合执法工作未能全面落实、有效推进；部门间各负其责的综合监管体系不够完善，运行机制不够健全，依法实施综合监管的难度较大。

2. 政府培育扶持力度有待加大

政府职能转移工作推进难度大、进度慢，政府购买社会组织服务的年度财政经费预算存在不确定性，政府扶持措施不够多。

3. 社会组织内部建设能力有待逐步提升

社会组织发展参差不齐，服务能力和公信力亟待提高，整体上与经济社会发展还不相匹配，承接政府职能转移的能力有待提升。

（四）肇庆市社会组织的发展改革措施

1. 探索建立健全社会组织扶持机制

建立竞争择优机制和绩效评价机制，结合政府职能转变和行政审批改革，逐步扩大政府向社会组织购买服务的范围和规模，对民生保障、社会治理、行业管理等公共服务项目，同等条件下优先向社会组织购买。拓宽社会组织筹资渠道，完善财政税收支持政策，加大对社会组织的扶持力度。

2. 积极扶持社区社会组织

鼓励在街道（乡镇）成立社区社会组织联合会，发挥其管理服务协调作用。鼓励依托街道（乡镇）综合服务中心和城乡社区服务站等设施，建立社区社会组织平台，重点培育为老年人、妇女、儿童、残疾人、失业人员、农民工、服刑人员未成年子女、困难家庭、有不良行为青少年、社区矫正人员等特定群体服务的社区社会组织，为其提供组织运作、活动场地、活动经费、人才队伍等方面支持。采取政府购买服务、设立项目资金等措施，支持社区社会组织承接社区公共服务和基层政府委托事项，建立社区社会组织与社区建设、社会工作联动机制，促进资源共享、优势互补，发挥社区社会组织在创新基层社会治理中的积极作用。

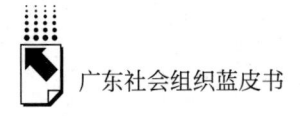

3. 加强社会组织综合监管

寓管理于服务之中，依法做好登记审查、监督管理和执法检查，加强部门协调联动，建立守信联合激励与失信联合惩戒制度，加强社会组织诚信自律建设。推进社会组织抽查监督，落实"双公示"、"双随机一公开"制度。

4. 加强社会组织党的建设

深入学习宣传贯彻党的十九大精神，认真开展群众路线教育实践活动、"三严三实"专题教育、"两学一做"学习教育、"解放思想、实干兴肇"教育实践等专题活动，加强队伍建设，提升整体能力素质。坚持党的领导与社会组织依法自治有机统一，把党建工作贯穿于社会组织成立登记、年度检查、等级评估、换届改选、评先评优等各个环节。加强社会组织党建工作考核和示范点创建，提高党的组织覆盖率和单独组建率，确保党的工作全覆盖，确保社会组织发展正确的政治方向。

B.19
清远市社会组织发展报告

高云坚　阮元　周素平[*]

摘　要： 随着经济结构的转型和经济质量的提升，清远市社会组织呈现出良好的发展势头，表现在社会组织数量增长加快，社会组织结构趋于优化，社会组织作用发挥逐渐加强等方面。基本做法一是登记监督规范化，二是纽带作用最大化，三是内部管理社会化。但也存在不少问题。本文拟从清远市社会组织发展的基本情况、主要做法、基本经验、存在问题、改革措施等方面加以分析。

关键词： 清远市社会组织　规范化　内部管理

清远市位于广东省的中北部，北江中游、南岭山脉南侧与珠江三角洲的结合带上。南连广州市和佛山市，北接湖南省和广西壮族自治区，东及东北部和韶关市交界，西及西南部与肇庆市为邻；南北相距190公里，东西相隔约230公里，边界线长1200余公里。清远市土地总面积1.9万平方公里，约占全省陆地总面积的10.6%，是广东省陆地面积最大的地级市。2016年，清远市辖2个县、2个自治县、2个县级市、2个市辖区，有80个乡镇，5个街道办事处，1371个村委会（含下移调整的390个），185个社区居委会。清远市户籍总人口418.51万人，常住人口383.45万人。2015年清远市完成生产总值1258亿元，完成固定资产投资620.6亿元，一般公共预算收入108.4亿元，社会消费品零售总额570.5亿元，农林牧渔业总产值293.9亿元，接

---

[*] 高云坚，副教授，广东外语外贸大学社会与公共管理学院党委书记；阮元、周素平，清远市民政局。

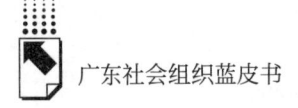

收旅游总人数3318.8万人次，旅游总收入241亿元，民生投入219.3亿元。清远市是广东旅游资大市，素有"中国宜居城市"、"中国优秀旅游城市"之美誉。

2016年，随着经济的不断发展和社会转型的加快，清远市社会组织迅速成长并日益壮大起来。清远市始终坚持"小政府、大社会"的发展理念，不断加大社会组织的培育发展和监管服务力度，着力形成与经济社会发展相协调、结构合理、功能完善的社会组织发展格局和监督有力、引导有方、民主自律的社会组织管理格局。

（一）清远市社会组织发展基本情况

1. 社会组织总量增长

截至2016年底，经清远市、县两级民政局登记在册的社会组织总数增加至1711家，比2015年年末增加182家，增长率为11.90%；截至2017年底，经清远市、县两级民政局登记在册的社会组织总数增至1958家，比2016年年末增加247家，增长率为14.44%（见表1）。可见清远市社会组织数量增长较快。

2. 社会组织类型结构

从图1和图2中可知，清远全市三类社会组织类型中，社会服务机构和社会团体占社会组织总量超过了99%，其中社会服务机构类所占比例最大，约占59%，而基金会占比不足1%。2016年和2017年三类社会组织占社会组织总量比值变化不大。2016年社会团体741家，占43.31%；社会服务机构968家，占56.58%；基金会2家，占0.12%。2017年社会团体801家，占40.91%；社会服务机构单位1155家，占58.99%；基金会2家（均非公募基金会），占0.10%。

表1 2016年、2017年清远市社会组织发展情况

年度	社会团体数量	社会服务机构数量	基金会数量	社会组织数量合计	社会组织总量增长率(%)
2016	741	968	2	1711	11.90
2017	801	1155	2	1958	14.44

资料来源：2016、2017年广东省民政厅计财年报全省社会组织数据。

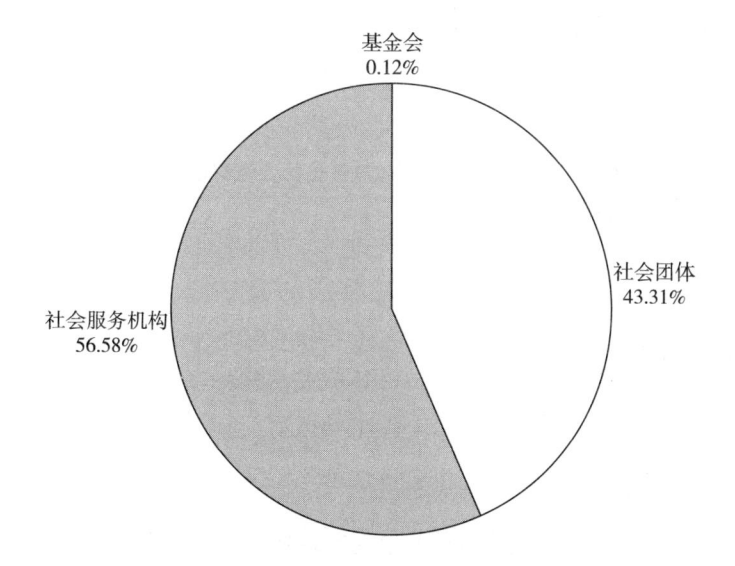

图1　2016年清远市三类社会组织的比重

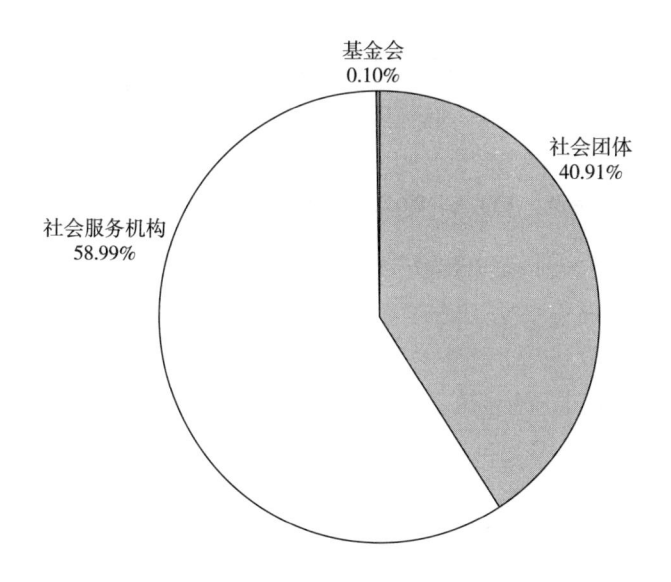

图2　2017年清远市三类社会组织的比重

全市社会团体、社会服务机构在2016年和2017年均处于增长状态,从表2可看到,增长最快的是社会服务机构,从2016年的968家增长到2017年的1155家,社会服务机构比2016年年末增加187家,增长19.32%。如

表2，2017年社会团体比2016年年末增加60家，增长8.10%；基金会数量不变。

表2 2016~2017年清远市各类社会组织增长状况

年度	社会团体 数量	比重(%)	增长率(%)	社会服务机构 数量	比重(%)	增长率(%)	基金会 数量	比重(%)	增长率(%)	合计
2016	741	43.31	—	968	56.58	—	2	0.12	—	1711
2017	801	40.91	8.10	1155	58.99	19.32	2	0.10	0	1958

资料来源：2016、2017年广东省民政厅计财年报全省社会组织数据。

3. 社会组织行业结构

清远市社会团体主要集中在体育、工商业服务、农业及农村发展、职业及从业组织及其他方面（见表3）。其中除其他方面外，体育类数量最多，农业及农村发展类增速最快，增长率为17.74%。基金会主要集中在科研、其他方面等领域。社会服务机构集中在教育、社会服务、体育以及其他方面等领域，尤其是教育类社会服务机构占社会服务机构总数的八成。

表3 2016年、2017年清远市社会组织行业结构

单位：家

社会组织类型	年份	科技与研究	生态环境	教育	卫生	社会服务	文化	体育	法律	工商业服务	宗教	农业及农村发展	职业及从业组织	国际及涉外组织	其他	合计
社会团体	2016	20	15	12	18	69	46	88	3	84	9	62	64	2	249	741
	2017	21	15	12	18	57	50	101	3	91	9	73	70	2	279	801
基金会	2016	1	0	0	0	0	0	0	0	0	0	0	0	0	1	2
	2017	1	0	0	0	0	0	0	0	0	0	0	0	0	1	2
社会服务机构	2016	14	0	782	9	31	15	28	0	9	0	1	2	0	77	968
	2017	14	0	934	15	41	18	30	0	11	0	2	2	0	88	1155

资料来源：2016、2017年广东省民政厅计财年报全省社会组织数据。

4. 社会组织市本级、区县分布情况

2016年清远市市级社会组织397家，占全市社会组织总数的23.20%。各

县（市、区）社会组织总数是1314家，占全市社会组织总数的76.80%，与2015年相比，增长141家，增长率为12.02%[①]。清城区、清新区、英德市等经济相对发达的地方，社会组织所占比重较高，而连南县、连山县、阳山县等经济落后地方，社会组织所占比重非常低（见表4），由此可见，地方经济发展水平是影响社会组织发展的重要因素。

表4 清远市各县（市、区）社会组织数量及增长率

县(市、区)	2016年社会组织数	2017年社会组织数	2017年增长率(%)	占社会组织总数比例(%)
清城区	364	502	37.91	25.53
清新区	169	191	13.02	9.72
英德市	383	423	10.44	21.52
佛冈县	113	116	2.65	5.9
连州市	103	110	6.8	5.6
连南县	37	40	8.11	2.03
连山县	47	54	14.89	2.75
阳山县	105	111	5.71	5.65
合计	1321	1547	17.11	76.80

资料来源：清远市社会组织管理局提供。

2016年各县（市、区）登记的社会团体有481家，与2015年相比，增长了27家，增长率为5.9%；社会服务机构有840家，2015年相比增长了114家，增长率为15.7%（见表5）。2017年各县（市、区）登记的社会团体有529家，与2016年相比，增长了48家，增长率为9.98%；2017年社会服务机构有1018家，相比2016年增长了178家，增长率为21.19%（见表6）。可见各县（市、区）社会组织发展状况不平衡，总体而言，经济水平较高的县（市、区）社会组织增长情况比经济水平低的县（市、区）的增长态势要好。

---

① 资料来源：清远市社会组织管理局提供。

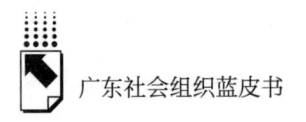

表5 2015~2016年清远市各县（市、区）社会团体和社会服务机构数量及增长率

县区	2015年社会团体数	2016年社会团体数	社会团体增长率(%)	2015年民办非企业数	2016年民办非企业数	社会服务机构增长率(%)
清城区	65	63	-3	253	301	18.9
清新区	61	64	4.9	93	105	12.9
英德市	133	141	6	210	242	15.2
佛冈县	47	48	2.1	55	65	18.2
连州市	47	54	14.8	45	49	8.9
连南县	23	25	8.6	11	12	9
连山县	27	32	18.5	17	15	-11.7
阳山县	51	54	5.8	42	51	2.1

资料来源：清远市社会组织管理局提供。

表6 2016~2017年清远市各县（市、区）社会团体和社会服务机构数量及增长率

县区	2016年社会团体数	2017年社会团体数	社会团体增长率(%)	2016年民办非企业数	2017年民办非企业数	社会服务机构增长率(%)
清城区	63	79	25.4	301	423	40.53
清新区	64	70	9.38	105	121	15.24
英德市	141	153	8.51	242	270	11.57
佛冈县	48	52	8.33	65	64	-1.54
连州市	54	54	0	49	56	14.29
连南县	25	27	8	12	13	8.33
连山县	32	38	18.75	15	16	6.67
阳山县	54	56	3.7	51	55	7.84

资料来源：清远市社会组织管理局提供。

5. 社会组织从业人员结构

2016年全市社会组织从业人员总数为13744人，其中，男性从业人员为8067人，女性从业人员为5677人，所占总人数比例分别为58.69%和41.31%。全市从业人员中大专学历人数有2657人，大学本科及以上学历的有1166人，所占总人数比例分别为19.33%和8.48%。社会组织中社会工作人才比较欠缺，从业人员中取得助理社会工作师的只有37人，占从业人员总人数的0.27%，取得社会工作师的只有21人，占从业人员总人数的0.15%。清远市的社会组织从业人员大多处于中青年阶段，2016年35岁以下的有5204人，36~45岁的有5852人，46~55岁的有2182人，56岁以上的有506人，占总人数比例分别为37.86%、42.58%、15.88%和3.68%。

2017年清远市社会组织从业人员总数为17718人，其中，女性7987人，占45.08%；男性9731人，占54.92%，虽然男女比例仍是男性多于女性，但是差异在缩小。在社会组织从业人员受教育程度方面，2017年清远市社会组织从业人员大学本科及以上2778人，占15.68%；大学专科3576人，占20.18%。在年龄结构方面，35岁及以下6931人，占39.12%；36~45岁7182人，占40.54%；46~55岁2829人，占15.96%；56岁及以上776人，占4.38%。2016、2017年的社会组织人员结构情况对比可见表7、表8。

表7 社会组织从业人员性别结构、受教育结构、职业资格

单位：人数

年份	社会组织总数	从业人员人数	受教育程度情况			职业资格水平情况	
			从业女性	大学专科	大学本科及以上	助理社会工作师	社会工作师
2016	1711	13744	5677	2657	1166	37	21
2017	1958	17718	7987	3576	2778	182	67

资料来源：2016、2017年广东省民政厅计财年报全省社会组织数据。

表8 社会组织从业人员年龄结构

单位：人数

年份	35岁及以下	36~45岁	46~55岁	56岁及以上
2016	5204	5852	2182	506
2017	6931	7182	2829	776

资料来源：2016、2017年广东省民政厅计财年报全省社会组织数据。

从表9可见，江门市三类社会组织从业人员的从业人员数及性别结构、学历结构、职业资格结构和年龄结构。社会服务机构从业人数占较大比重，2016年占全市社会组织从业人员的70.15%，2017年为75.17%。学历结构上，2016、2017年社会团体大学专科以上的从业人数分别占社会团体从业人数的26.37%和36.03%；2016年、2017年基金会从业人员虽然人数不多，但内部拥有大专以上学历的员工较多；社会服务机构2016年从业人员中28.38%为大专以上学历，2017年该数据为35.80%。职业资格方面，社会服务机构拥有资格证书的从业人员数量最多，社会团体则次之。

表9 各类型社会组织从业人员状况

单位：人数

社会组织类型	年份	社会组织数	从业人员数	女性从业人员数	大学专科	大学本科及以上	职业资格水平情况 助理社会工作师	职业资格水平情况 社会工作师	年龄结构情况 35岁及以下	年龄结构情况 36~45岁	年龄结构情况 46~55岁	年龄结构情况 56岁及以上
社会团体	2016	741	4096	931	839	241	10	11	1143	1805	947	201
社会团体	2017	801	4394	1150	909	674	32	26	1390	1815	922	267
基金会	2016	2	7	0	2	5	0	0	1	5	1	0
基金会	2017	2	6	2	0	3	0	0	2	3	1	0
社会服务机构	2016	968	9641	4746	1816	920	27	10	4060	4042	1234	305
社会服务机构	2017	1155	13318	6835	2667	2101	150	41	5539	5364	1906	509

资料来源：2016、2017年广东省民政厅计财年报全省社会组织数据。

6. 社会组织党建情况

2016年清远市社会组织建立党组织的有142家（包括社会团体中74家，社会服务机构中68家）。党员总人数为1734人，社会团体党员人数994人，社会服务机构党员人数738人，基金会党员人数2人（见表10）。

表10 2016年清远市社会组织党建情况

县区	建立党支部社会组织数	各类社会组织建立党组织数 社会团体	各类社会组织建立党组织数 社会服务机构	各类社会组织建立党组织数 非公募基金会	各类社会组织党员人数 社会团体	各类社会组织党员人数 社会服务机构	各类社会组织党员人数 非公募基金会
市级	56	36	20	0	481	300	2
清城区	23	3	20	0	18	136	0
清新区	22	8	14	0	67	118	0
英德市	17	8	9	0	39	82	0
佛冈县	0	0	0	0	17	28	0
连州市	8	5	3	0	53	34	0
连南县	0	0	0	0	47	10	0
连山县	10	9	1	0	70	7	0
阳山县	6	5	1	0	202	23	0
合计	142	74	68	0	994	738	2

资料来源：清远市社会组织管理局提供。

（二）清远市社会组织发展特点

1. 社会组织数量增长加快

清远市社会组织注册登记的数量有 1718 家，其中社会团体 742 家，社会服务机构 974 家，非公募基金会 2 家。2010~2016 年，清远市社会组织注册登记数量从 834 家增加到 1718 家，年均增长速度为 17.66%[①]。

2. 社会组织发展迅速结构趋于优化

表现为，一是非公募基金会等资助型组织、支持型组织发展，且发挥一定积极作用；二是社区社会组织空前活跃，近几年来数量增速较快，引起各方面高度关注。三是社会组织之间联系趋于紧密，社会组织网络化趋势正在形成。

3. 社会组织承接政府购买服务的能力逐渐增强

政府向社会力量购买服务制度逐渐建立，越来越多的社会组织能够积极参与承接政府购买服务项目，政府对社会组织正由泛化管控向支持参与服务转变。

4. 社会组织推动社会进步的作用日益彰显

社会组织涉及和深入社会生活的各个层面，在促进社会和谐进步等方面显示出越来越重要的作用。

（三）清远市社会组织发展做法和成绩

1. 加强政策创制，搭建监管制度框架

2016 年清远市出台了《清远市关于深化行业协会商会与行政机关脱钩的通知》、《清远市民政局关于推进"三社联动"试点工作指引》、《清远市关于社会组织民主协商机制的指导意见》、《关于培育发展社区社会组织的指导意见》、《关于印发清远市社会组织重大活动报告制度的通知》等政策文件，为清远市社会组织发展提供了法律依据，基本搭建了社会组织培育发展和监督管理制度框架。

2. 优化培育环境，促进社会组织发展

（1）制定帮扶政策。清远市先后出台《关于培育发展和规范管理社会组

---

① 资料来源：清远市社会组织管理局提供。

织的实施意见》等文件，对清远市社会组织完善政策扶持。同时，对依法设立并在民政部门依法登记的非营利社会组织，按国家和省政府规定的税费优惠政策执行，并将社会组织免税资格和公益性捐赠税前扣除资格申报认定时间由每年一次，改为特殊情况可随时申请办理。

（2）优化登记服务。在清远市行政服务中心大厅设立社会组织登记服务窗口，实行"网上预登、一站办理、全程跟踪"服务模式。简化登记手续，积极推进行业协会城乡社区服务类等四大类社会组织的直接登记工作。放宽准入门槛，允许一业多会，对社区社会组织实行登记、备案双轨制。

（3）推行政社分开。2016年清远市民政局和清远市发展和改革局联合印发了《清远市深化全市性行业协会商会与行政机关脱钩试点工作方案》，对清远市行业协会商会进行与行政机关进行"五分离、五规范"的脱钩工作。

（4）完善社会组织等级评估机制。2016年清远市民政局印发开展2015年度社会组织等级评估的通知，重修了《清远市社会组织评估指标》、《清远市社会组织评估评分细则》、《清远市社会组织评估申报表》等文件。2016年清远市有49家社会组织参加评估，最终有18家社会组织获得3A以上等级。清远市社会组织等级评估机制，有效完善了社会组织的自身建设，有效促进了社会组织综合素质和能力的提升。

（5）推动政府职能转移。清远市2016年成立了清远市社会创新中心，中心主要围绕社会创新治理领域，培育发展社会组织各类项目，助力社会组织提升参与社会治理能力。根据清远市《关于培育发展和规范管理社会组织的实施意见》的精神，社会组织在等级评估中获得4A以上等级可获得奖励作为培育发展资金，其中2016年奖励的资金共38万，共有28家社会组织获得奖励；清远市民政局购买社会组织等级评估服务，资金性质是财政拨款，资金数量为19.6万，受益社会组织有49家[①]。

3. 完善网上审批系统，加强信息化建设

第一，建立全市社会组织门户网站，打造社会组织登记成立、年检办理、变更注销、公开重大事项活动、信息披露和监督管理等一体化公共服务信息平台。依托社会组织信息网络平台，加强社会组织诚信度和公信力管理。第二，

[①] 资料来源：清远市社会组织管理局提供。

推进行业协会商会创建门户网站或刊物的步伐，制定公开、透明的信息公开制度。第三，开通社会组织 QQ 群、微信公众号，开辟社会组织业务在线交流渠道，实现信息的高效交流、动态共享。第四，加快推进社会组织统一社会信用代码制度的实施工作，目前清远市已有将近 90% 的存量社会组织更换了新证。

4. 建立综合监管体系，加强执法工作

（1）建立完善的年检机制。2016 年 4 月，清远市印发《关于开展 2015 年度社会组织年度检查工作的通知》，全面开展 2015 年度社会组织年度检查工作，清远市共有 1264 家社会组织参加年检，年检合格率 92%[①]。

（2）非公募基金会年检及信息公开情况。清远市本级非公募基金会信息公开有统一平台（平台名称：清远市社会组织信息网），通过统一平台公开信息的基金会数量有 1 家，占登记基金会的比例是 100%，公开基金会信息中包括以下项目：名称、地址、电话、法定代表人、财务状况。同时要求非公募基金会在自己的网站及时公开财务报告、工作报告等情况。

（3）加强监督检查。2016 年，清远市进一步加强监督管理力度，采取各种措施，对行业协会商会去行政化情况、年度检查情况、对省级培育发展资金使用情况、履行重大活动报告制度及涉外活动报告制度情况进行检查，促进社会组织健康有序发展。

（4）进一步加强执法力度。目前，清远社会组织管理科负责社会组织的执法管理工作，配备公务员 2 人。2016 年 10 月，清远市编办增加清远市社会组织专门的执法编制 2 名，同时积极组织执法人员参加行政执法培训，清远市执法队伍的人员和素质得到进一步的提升。

5. 创新党建工作，促进党建工作新发展

（1）主动创设社会组织党支部和发展党员。2016 年，清远市有 142 个党支部，1734 名党员。清远市在登记、年检、评估中加强社会组织党建的具体措施有：一是在新的社会组织进行登记成立的时候，引导符合条件的（拥有三名党员以上）同时建立党组织；二是加强成立党组织的重要性宣传，将党组织作为年审的重要内容，并在进行年检工作时，引导符合条件的社会组织成立党组织；三是改进了社会组织等级评估的评分细则，大大提高完善了党建工

---

① 资料来源：清远市社会组织管理局提供。

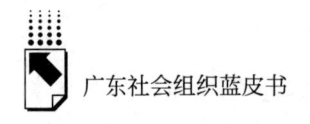

作这一块的分值以及内容，对没有成立党组织的社会组织进行一定的扣分。

（2）完善清远市社会组织工作制度。清远市制定了《清远市社会组织党工委2016年党建工作计划》、《清远市社会组织党工委2016年党建工作意见》等。通过党建工作制度化和常态化，全面推进社会组织党组织建设和党员队伍建设，进一步提升社会组织党建工作水平。

（3）积极开展社会组织党建活动。开展党员排查，加强党员监督管理；积极开展"两学一做"学习教育活动；党工委要求党组织严格规范使用经费，坚持"统筹兼顾、规范实效、厉行节约"的原则，确保经费真正用到实处。

6. 社会组织发展态势良好，发挥出积极作用

2016年，在各级政府部门指导和帮助下，清远市社会组织得到进一步的发展，尤其在社会服务、社会治理中发挥着重要的作用。

（1）社会组织在社区工作中突显作用。清远市深入开展"三社联动"试点工作，打造一批"三社联动"示范点。大部分示范点成立了居民管理委员会或业主委员会，实行群防群治，改善居住环境。同时引进了服务性、公益性社工机构或志愿者机构进驻社区，并引导其服务社区，针对居民的需要，提供相应的无偿服务，增强居民的认同感和幸福感。

（2）社会组织在政府行政管理体制改革中，发挥承接政府职能、参与社会管理的作用。2016年，清远市有10多家社会组织承接了政府职能转移的项目。清远市社会组织总会承接了2015年度市社会组织等级评估工作，清远市荧光社会工作服务中心承接了社工专业化服务和残疾人居家康复项目，清远市金属行业商会承接了由清远市政府建立的清远市社会创新中心的运营工作等。

（3）社会组织在提供社会服务中，突显品牌建设。清远市盛兴中英文学校始终践行"校风学风优良、教育质量优异、创新特色鲜明、真诚贴心服务"品牌核心内涵，连续两年获得"年度最佳品牌奖"，创新教育模式，推进素质教育，铸造优质教育品牌，为社会提供更多的基础教育优质学位，更好地服务清远市的经济和社会的发展。

（4）社会组织发挥行业自律和诚信创建的积极作用。清远市结合市场监管体系和诚信体系创建工作，引导全市社会组织完善规范运作、信息公开、诚信执业、公平竞争、自律保障等多项内部管理制度，如清远市保险行业协会制定《清远市保险行业自律公约》、《清远市保险行业协会反保险欺诈工作组规

程》；清远市节能协会制定《清远市节能协会服务标准》和《清远市节能协会信息披露制度》等，有力推进了社会组织规范有序健康发展。

7. 社会组织涉外活动情况

清远市社会组织逐渐走出国门，积极加强与国际非政府组织的合作，有力促进民间交流发展，有利于吸收和借鉴外国社会先进的治理经验，促进清远市社会进步，在塑造清远市形象等方面发挥着积极作用。如清远市旅游协会2015、2016年连续两年受澳门国际旅游（产业）博览会组委会的邀请、委托，组织协会各会员单位赴澳门参展。旅游协会积极利用"外拓"这个平台推介清远市的旅游特色，推介清远市的旅游亮点，进一步提高了清远旅游的知名度。

（四）清远市社会组织发展主要经验

1. 登记监督规范化

清远市建立了一套全市统一、规范的社会组织管理行政许可程序和文档。同时，对全市登记管理机关的工作人员和相关负责人进行业务培训，使社会组织的登记管理工作有章可依。另外组织全市登记管理工作人员参加行政执法证的培训，同时加大执法力度，采取打疏结合的原则，依法打击非法社会组织。

2. 纽带作用最大化

清远市社会组织在激发社会活力，促进社会公平，倡导互助友爱，舒缓就业压力，反映公众诉求，推进公益事业，化解社会矛盾，解决贸易纠纷，促进科教兴国等方面发挥了很好的作用，成为党和政府联系人民群众的桥梁和纽带。而且集中了一批优秀专业技术人员和管理人员，充分利用自身优势，在繁荣文化、发展教育、企业管理、促进体育卫生事业方面发挥积极作用，促进了各项社会事业的发展。

3. 内部管理社会化

为确保社会组织去行政化，清远市充分发挥社会组织在社会建设中的积极作用，着力推动社会组织体制改革。一是定期召开业务培训。二是加大社会组织自我管理。三是强化监督。清远市积极开展对社会组织进行检查，对违反章程活动的社会组织进行限期整改。

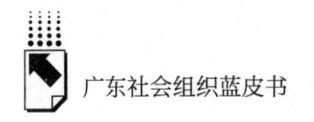

（五）清远市社会组织发展存在的问题及原因

1. 存在问题

（1）重视不够，认识有待提高。社会组织的迅猛发展和作用发挥已毋庸置疑，但据调研，个别县（市、区）对此认识不足、重视不够，个别县（市、区）没有设立专门的管理机构和人员，没有配备专门的办公地点和管理经费。

（2）法律法规缺失，管理依据弱。我国涉及社会组织的管理法规主要是一些行政性法规，除了《社会服务机构登记管理暂行条例》、《基金会管理条例》、《社会团体登记管理条例》外，其余的多是政府出台的规定，法律位阶低。而且上述《条例》登记管理内容不够具体、全面，对社会组织登记审批、年度检查、财务管理、执法查处等事项没有具体要求，在可操作性方面仍有较大的提升空间。

（3）社会组织发展欠均衡，结构欠合理。目前，全市的社会组织基本上处于自发发展的状态，缺乏规划引领，呈现出发展不够均衡、结构不尽合理的现象。一是总体数量少，规模小。清远市每万人拥有社会组织数4个，低于全省每万人5个的平均水平。二是结构不尽合理。在广东省经济发达地区社会组织结构中，社会服务机构占全部社会组织总数的60%以上，而在清远市社会服务机构的数量只占全市社会组织总数的56.6%。公益慈善类社会组织数量少，目前清远市公益慈善类仅有69家，占社会组织总数的4%。三是各市、县、区发展不平衡。据统计，清远市社会组织总数的60%集中在经济较发达的城区，清新、佛冈和英德，连阳四县（市）只占17%。四是社会组织从业人员整体素质不高、专业化水平较低，队伍状况不稳定，不能适应和满足社会组织发展的需要。

（4）政府和社会的着力不够，扶持力度不够。一是清远市政府职能转移的力度还不够，向社会组织购买服务的事项还不多。对社会组织的成立、项目申报、活动开展等指导力度不足，政府资助、扶持和政府奖励制度还未有效建立，影响了社会组织的服务能力与治理能力的发挥。二是对社会组织存在放权不够的现象。有的部门不信任、不情愿让社会组织来承担公共服务工作，对应该转移的公共管理职能和公共服务放权不够，导致社会组织对公共服务的参与度较低，在一定程度上制约了社会组织的有序健康发展。三是对社会组织资金和人才帮扶力度不够。多数社会组织自我造血功能不足，资金和专业人才匮乏，急需政府、企业和社会力量给予帮助和扶持。

（5）社会组织自身建设重视不够，经费来源渠道单一。由于社会组织在清远市的发展时间较短，发展还不够成熟，自身建设重视程度不够。而在发展的过程中由于社会组织类型多样、结构复杂，缺乏明确的发展规划和目标，在健全机构、完善制度、建立内部管理机制、决策机制和监督机制方面也严重不足，从而导致运作能力不高，筹集资金能力不足，服务能力较弱，严重阻碍了社会组织作用的发挥。

（6）社会组织承接政府职能转移能力有待提高，购买服务机制不完善。一是社会组织发展不平衡，具有一定政府背景的行业协会、商会、政府性慈善组织力量过强，而群众自发性的社会组织力量普遍较弱。二是专业人才缺乏，目前社会组织的工作人员主要来自离退休人员或志愿者，大部分是兼职。三是专业化服务质量不高。清远市相当一部分社会组织忙于生存，对服务的投入不高，降低了服务质量。四是内部结构不健全，存在内部制度不完善、民主管理不到位、财务管理不透明等问题。这些问题使政府职能和工作事项在实行转移时难以找到可选择性、竞争性的服务承接方。同时，清远市的政府购买服务机制也不完善，服务评价和监督体系缺失。

（7）社会组织执法工作和监察能力较弱。清远市执法工作人员普遍没有接受过相关法规的系统学习或培训，法律知识不够健全，执法监察工作还处于边学习、边执法阶段。同时，登记管理机关的执法权力弱，缺乏威慑力。执法队伍建设滞后、执法机制不健全、执法水平不高、执法经费欠缺、登记管理机关权威性不足是当前清远市社会组织监管面临的主要问题。

2. 主要原因

（1）对社会组织的地位作用认识不够到位。部分地方和职能部门对社会组织普遍存在认识上的偏差，存在"三不"、"四少"的状况，即不重视、不放手、不信任；过问少、服务少、调查少、研究少。很多地方没有把社会组织切实纳入经济社会发展的总体规划，没有把社会组织培育发展工作纳入议事日程。

（2）社会组织法规体系不完善。主要表现在政策不配套、法规不健全、内容不完善和立法层次低等方面。目前清远市社会组织在实体性方面的建章立制明显不足，特别是在税收优惠政策、金融支持、社会保险等方面严重不足。

（3）社会组织管理体制不健全。首先是在治理机构方面，缺乏与社会组织相适应的治理机构。表现为理事会不健全，其成员多为发起人或出资人，缺少其他社会人士的参与、决策、运营和监督。其次是管理监督方面，从社会组织内部管理来讲，因财力不足、专业人员过少等原因，难以有效实现其目标和宗旨；从社会组织外部管理来讲，登记管理机关工作任务重，人手不足，对于日常监督有所疏忽。

（六）清远市社会组织发展策略建议

1. 完善法律法规体系

加快社会组织管理建章立制进程，重点对社会组织的登记管理、政府资助、信息公开、评价体系、监督机制、培育扶持等进行规范。并在此基础上，尽快制定配套的相应政策，形成系统完善的社会组织法律法规和政策制度，确保社会组织的合法权益及其行为规范有法律法规做保障。

2. 加大重点领域社会组织的培育力度

清远市社会组织发展在围绕服务经济社会发展大局，多领域多层次发展的基础上，应重点培育一批能适应政府职能转变后承担相应社会职能的社会组织，逐步形成门类齐全、布局合理、覆盖广泛、发展有序的社会组织体系。根据清远市实际情况，调整机构布局，分类指导，重点培育和扶持四类社会组织：有序发展行业协会商会，为地方经济提供动力；引导发展社区社会组织，努力建设和谐文明有序的社区；支持发展公益慈善类社会组织，化解矛盾，促进和谐，以完善和充实社会保障体系；积极发展社会工作服务机构，培育社会工作专业人才，提供专业化、个性化社会工作服务，整合社会工作资源，引导社会力量有序参与社会治理，建立健全社会服务体系。

3. 加大政策扶持力度

建议出台公共财政对社会组织资助和奖励规范，将社会组织发展专项资金列入财政预算，明确补贴标准和实施办法，为社会组织提供启动资金、公益活动补助、工作经费补贴等专项资金扶持；各相关部门也应研究制定社会组织人事、工资、社会保障等方面的政策办法，通过税收政策、购买服务等方式为社会组织提供办公场所、办公设备、运营资金等方面的支持。让社会组织真正享受到非营利组织的优惠待遇，制定和完善社会组织从业人员的人事保障、职业发展政策制度，推动政府部门以合同管理、公开招标等方式，向社会组织购买公共服务，确保社会组织进一步拓展资金来源渠道，为社会组织健康稳定发展提供有力的政策支持，不断优化社会组织的生存环境。

4. 强化社会组织能力建设

首先，努力健全社会组织权责明确、协调运转、有效制衡的法人治理结构。第一，要健全议事、选举、机构、财务、人事等各项制度。第二，要提高社会组织项目运作水平。注重项目开发的针对性、可行性和规范性，提高资金运用效益；打造有竞争力的品牌项目，扩大项目影响力。第三，推进一业多会，增强同业协会之间的平等竞争，减少承接组织行政化倾向。第四，加强人才队伍建设，以培养承接组织负责人为重点，开展专业人才培养和培训工作。鼓励承接组织引进高端专业人才。借助地方相应网站打造社会组织人才供需信息交流平台，促进专业化人才的横向流动。

5. 加强社会组织综合监管

一是健全内部治理机制。积极推进政社分开，强化社会组织法人地位和责任。健全以章程为核心的独立自主、权责明确、运转协调、制衡有效的社会组织内部治理机制，推动各项内部民主监督机制有效运作。二是加大信息披露力度。对社会组织重大活动、资产财务、接收捐赠等情况，实行信息公开，接受社会监督。三是明确部门管理职责。加快构建"统一登记、各司其职、协调配合、分级负责、依法监管"的社会组织管理体制。四是引导社会公众参与监督。通过报刊、政府网站等渠道，及时公开社会组织基本情况、评估等级、年检结论及受处罚情况等信息。通过设立网上信箱、网上调查等方式，接受社会公众关于社会组织的投诉举报和建言献策。探索运用微信、微博等，及时发布相关信息，扩大社会公众参与监督渠道。

6. 推进机构建设，充实基层登记管理力量

针对目前登记管理机关力量薄弱和登记管理机构不健全的现状。建议各级尽快明确社会组织登记管理机构设置，清远市尽快成立社会组织管理局，与省保持一致，负责全市新社会组织培育发展、登记管理和执法工作。并按照实际工作量配备行政编制人员，充实办公经费和执法经费。

B.20
潮州社会组织发展报告

涂斌 蓝伟平*

摘　要： 2016年和2017年潮州市社会组织总量增长较快，社会团体和社会服务机构超过社会组织总量的99%，社会组织行业结构以教育、文化、农业及农村发展为主，县区结构潮安区和市级社会组织占全市比例超过60%，社会团体从业人员占全部从业人员比例超过75%，学历结构基金会和社会服务机构大专以上学历从业人员比重相对高于社会团体。这两年潮州市在政策制定、扶持社会组织发展、加强社会组织从业人员权益保障以及社会组织监管方面做了大量工作，社会组织在推动经济发展、承接政府公共服务与社会治理等方面发挥了重要的作用。针对潮州社会组织存在问题提出相关的策略建议。

关键词： 潮州市　社会组织发展　扶持　监管

潮州市位于韩江中下游，东部邻近福建诏安县、平和县，西部和广东省揭阳市揭东区相连，北部连接丰顺县、大埔县，南部濒临南海。全市总面积为3679平方公里，包含湘桥区、潮安区、枫溪区、饶平县，截至2017年末，户籍人口275.5万人。潮州市是闻名全国的文化历史古城，是潮州文化诞生与兴起地，也是粤东地区文化中心，享有"华侨之乡"、"潮州菜之乡"、"中国优

---

* 涂斌，广东外语外贸大学教授，广东省社会组织研究中心副主任，博士，硕士生导师，研究方向：社会组织管理、社区治理。蓝伟平，大学本科，潮州市民政局社会组织管理局局长，研究方向：社会组织参与创新社会治理的路径探析。

秀旅游城市"、"中国不锈钢制品之乡"、"中国民族民间艺术之乡"等美誉。2016年12月潮州市被列为第三批国家新型城镇化综合试点地区。

（一）潮州市社会组织发展情况

1. 社会组织总量增长较快

2016年和2017年潮州市社会组织总量均有所增加，截至2016年12月31日，全市注册登记的社会组织有1224家，比2015年社会组织总量增长了6.99%，截至2017年12月31日，全市注册登记的社会组织有1356家，比2016年社会组织总量增长了10.78%，两年平均增长率为8.25%（见表1）。

2. 社会组织类型结构以社会团体和社会服务机构为主

社会组织类型中，社会服务机构和社会团体占社会组织总量超过了99%，基金会占比1%不到，2016年和2017年三类社会组织占社会组织总量比值变化不大。从图1可见，2016年社会团体595家，占48.7%；社会服务机构单位622家，占50.98%；基金会3家，占0.24%。2017年社会团体628家，占46.3%；社会服务机构单位721家，占53.19%；非公募基金会7家，占0.52%（见图2）。

表1　2015~2017年潮州市社会组织增长情况

年份	社会团体数量	社会服务机构数量	基金会数量	合计	增长率(%)
2015	570	571	3	1144	—
2016	597	624	3	1224	6.99
2017	628	721	7	1356	10.78

资料来源：2015年数据由潮州市社会组织管理局提供；2016、2017年资料来源于2016、2017年广东省民政厅计财年报全省社会组织数据。

全市社会团体、社会服务机构和基金会2016年和2017年均处于增长状态，从表2可看到，增长最快的是基金会，从2016年的3家增长到2017年的7家，增长率为133.3%，社会服务机构增长率也比较快，2016年为8.9%，2017年增加到721家，增长率是15.92%。

根据表3的统计数据以及图3可见，各县区的社会服务机构和社会团体均处于增长状态，社会服务机构以湘桥区增幅最大，增长率为22.58%，除了市级和饶平县之外，其余社会服务机构增长率均为10%以上，社会服务机构主

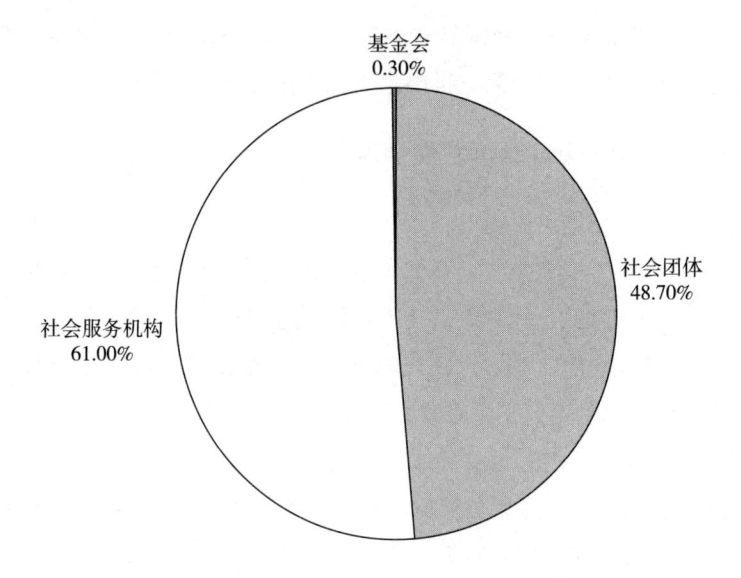

图1 2016年潮州市三类社会组织的比重

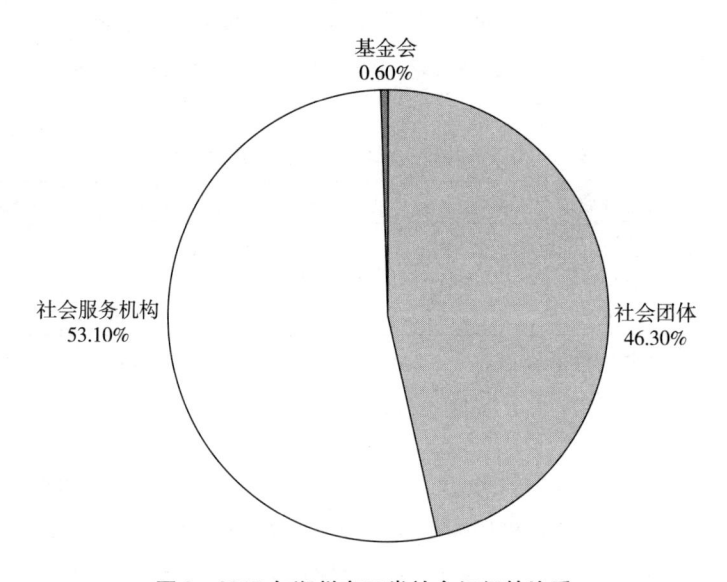

- 基金会 0.30%
- 社会团体 48.70%
- 社会服务机构 61.00%

图2 2017年潮州市三类社会组织的比重

- 基金会 0.60%
- 社会团体 46.30%
- 社会服务机构 53.10%

要以社工机构、民办学校、私立医院等为主,社会机构的快速增长一定程度上反映了社会对社会服务机构的需求是处于增长状态。社会团体湘桥区增长最快,为9.52%,其次是饶平县、市级社会组织和潮安区,分别为5.7%、

5.5%和4.3%。基金会的增长数量全部集中在市级,各县区基金会数量为零,主要原因在于基金会的准入条件的限制。

表2 2016~2017年潮州市各类社会组织增长状况

年份	社会团体 数量	比重(%)	增长率(%)	社会服务机构 数量	比重(%)	增长率(%)	基金会 数量	比重(%)	增长率(%)	合计
2015	570	49.80	—	571	49.9	—	3	0.30	—	1144
2016	597	48.77	4.40	624	50.98	8.90	3	0.25	0	1224
2017	628	46.31	5.19	721	53.17	15.54	7	0.52	133.33	1356

资料来源:2015年数据由潮州市社会组织管理局提供;2016、2017年资料来源于2016、2017年广东省民政厅计财年报全省社会组织数据。

表3 2016~2017年潮州市各区县各类社会组织增长状况

区域	社会组织总量 2016	2017	增长率(%)	社会团体数量 2016	2017	增长率(%)	社会服务机构数量 2016	2017	增长率(%)	基金会数量 2016	2017	增长率(%)
市级	351	380	8.3	199	210	5.5	149	163	9.4	3	7	133.3
潮安区	398	446	12.6	118	121	2.54	280	325	16.1	0	0	0.0
湘桥区	166	198	19.3	42	46	9.5	124	152	22.6	0	0	0.0
枫溪区	42	47	11.9	11	11	0.0	31	36	16.1	0	0	0.0
饶平县	267	283	5.99	227	240	5.7	40	43	7.5	0	0	0.0
全市	1224	1356	11.0	597	628	5.19	624	721	15.54	3	7	133.3

资料来源:潮州市社会组织管理局提供。

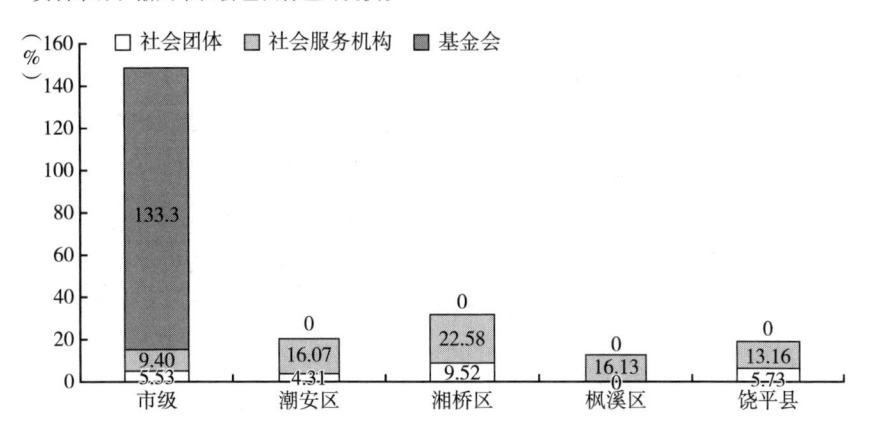

图3 潮州市区县2016~2017年三类社会组织增长状况

资料来源:潮州市社会组织管理局提供数据。

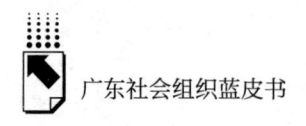

3. 社会组织行业分布以教育、文化、农业及农村发展为主

潮州市社会团体主要集中在社会服务、文化、体育、工商业服务、农村农业发展及其他方面。其中农业及农村发展增速最快，从表4可见，由2016年的81家增加到2017年的140家，增长率为72.8%。基金会主要集中在教育、文化、生态环境等领域，2017年教育、法律等领域的基金会均增加1家。社会服务机构集中在教育、文化以及科技与研究等领域，与2016年相比，2017年文化类社会服务机构增长率最高，为35.1%，教育类社会服务机构增长率为18.5%（见图4、图5）。

表4 社会组织行业结构

社会组织类型	年份	科技与研究	生态环境	教育	卫生	社会服务	文化	体育	法律	工商业服务	宗教	农业及农村发展	职业及从业组织	国际及涉外组织	其他	合计
社会团体	2016	12	4	27	11	88	80	71	2	79	15	81	22	1	104	597
社会团体	2017	11	3	37	11	90	92	62	2	62	10	140	19	1	88	628
基金会	2016	0	1	1	0	0	1	0	0	0	0	0	0	0	0	3
基金会	2017	0	1	2	0	0	1	0	1	0	0	0	0	0	1	7
社会服务机构	2016	81	0	401	28	3	77	20	0	0	0	1	1	0	12	624
社会服务机构	2017	65	0	475	26	8	104	21	1	2	0	3	0	0	14	719

资料来源：2016、2017年广东省民政厅计财年报全省社会组织数据。

4. 社会组织区县结构以潮安区和市级占大部分

2016年和2017年潮州市各区县社会组织得到较大发展，社会组织总量均处于增长状态，2016年的各县区增长率以饶平县增长最快，增长率为8.2%，其余各县区及市级社会组织增长率不低于3.8%，平均增长率为6.14%；2017年各县区社会组织增长率总体比2016年要快很多，平均增长率为11.78%，与2016年相比几乎快增长一倍，其中湘桥区增长速度最快，为19.3%。从表5及图6和图7可以看到，2015～2017年潮安区占了全市社会组织数量较多份额，基本是1/3左右；其次是市级社会组织，占比为30%左右；枫溪区占比最小，近三年不超过3.5%，这与枫溪区面积小以及人口较少有较大关系。

潮州社会组织发展报告

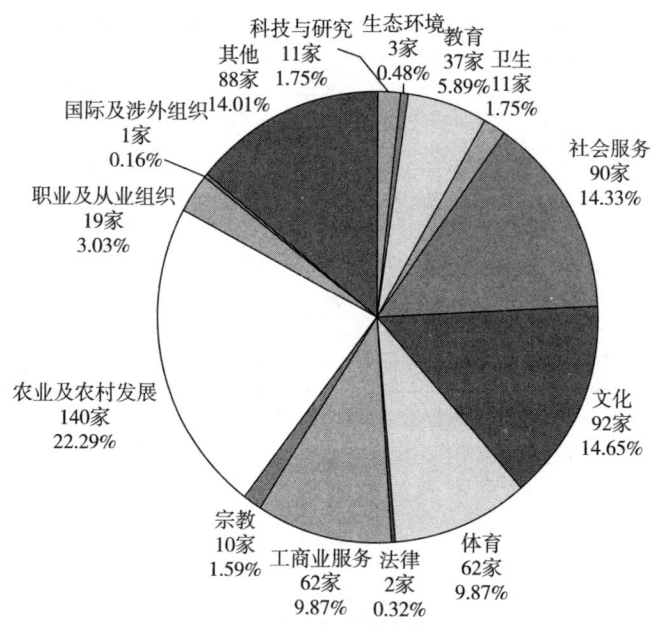

图4 2017年潮州市社会团体行业分布图

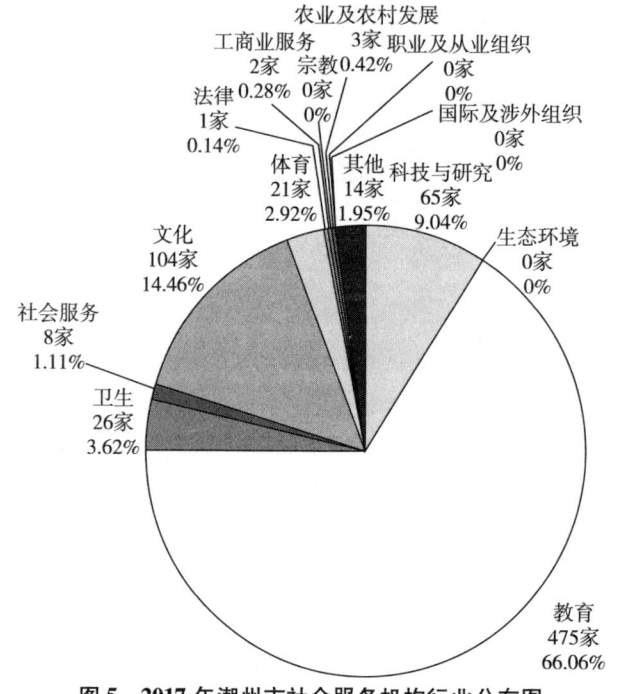

其他 88家 14.01%
科技与研究 11家 1.75%
生态环境 3家 0.48%
教育 37家 5.89%
卫生 11家 1.75%
国际及涉外组织 1家 0.16%
职业及从业组织 19家 3.03%
社会服务 90家 14.33%
农业及农村发展 140家 22.29%
文化 92家 14.65%
宗教 10家 1.59%
工商业服务 62家 9.87%
法律 2家 0.32%
体育 62家 9.87%

图5 2017年潮州市社会服务机构行业分布图

农业及农村发展 3家 0.42%
工商业服务 2家 0.28%
职业及从业组织 0家 0%
宗教 0家 0%
法律 1家 0.14%
国际及涉外组织 0家 0%
体育 21家 2.92%
其他 14家 1.95%
科技与研究 65家 9.04%
生态环境 0家 0%
文化 104家 14.46%
社会服务 8家 1.11%
卫生 26家 3.62%
教育 475家 66.06%

287

表5 2015~2017年潮州市各县区社会组织增长数量及增长率

区域	2015年 社会组织数量	2015年 占全市比重(%)	2016年 社会组织数量	2016年 增长率(%)	2016年 占全市比重(%)	2017年 社会组织数量	2017年 增长率(%)	2017年 占全市比重(%)
市级	328	28.67	351	7.00	28.80	380	8.30	31.33
潮安区	371	32.43	398	6.70	32.50	446	12.60	33.04
湘桥区	160	13.99	166	3.80	13.60	198	19.30	14.67
枫溪区	40	3.50	42	5.00	3.40	47	11.90	3.50
饶平县	245	21.42	267	8.20	21.70	283	6.80	20.96
合计	1144	100	1224	6.99	100	1356	10.78	100

资料来源：2015年数据由潮州市社会组织管理局提供；2016、2017年资料来源于2016、2017年广东省民政厅计财年报全省社会组织数据。

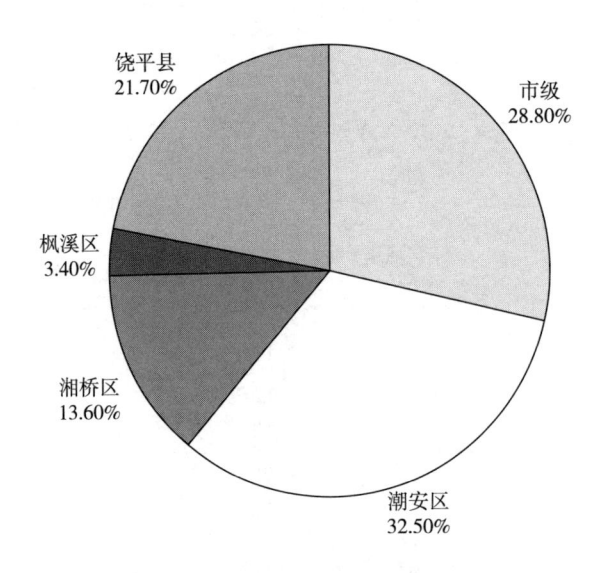

图6 2016年潮州市各区县社会组织占比

5. 社会组织从业人员状况

潮州社会组织从业人员性别结构上男性比重高于女性，从表6可见，2016、2017年潮州市社会组织从业人员总数分别为36535人、24860人，其中，女性为5274人和6731人，占比分别为14.4%和27.1%，社会组织从业人员大部分为男性；从业人员受教育程度相对较低，2016年、2017年从业人员

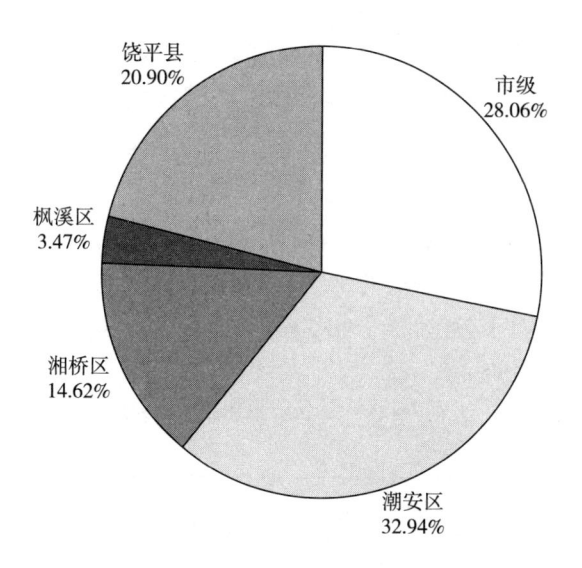

饶平县 20.90%
市级 28.06%
枫溪区 3.47%
湘桥区 14.62%
潮安区 32.94%

图7 2017年潮州市各区县社会组织占比

中大学本科人数分别为831人和1580人，仅占总人数的2.3%和6.36%。社会组织从业人员年龄结构年轻化，根据表7，2016年和2017年36~45岁和35岁以下的人员加总后为30352和14108人，占了总人数的83.1%和56.7%。

表6 社会组织从业人员性别结构、受教育程度结构

单位：人数

年份	社会组织数	社会组织从业人员数	社会组织女性从业人员数	受教育程度情况		职业资格水平情况	
				大学专科	大学本科及以上	助理社会工作师	社会工作师
2016	1224	36535	5274	2239	831	53	634
2017	1356	24860	6731	3541	1580	34	226

资料来源：2016、2017年广东省民政厅计财年报全省社会组织数据。

表7 社会组织从业人员年龄结构

单位：人数

年份	35岁及以下	36~45岁	46~55岁	56岁及以上
2016	5511	24841	2403	3780
2017	6024	8084	5472	5280

资料来源：2016、2017年广东省民政厅计财年报全省社会组织数据。

从表8可见，潮州社会组织三种类型从业人员的从业人员数及性别结构、学历结构、职业资格结构和年龄结构。社会团体从业人数占较大比重，2016年占全市社会组织从业人员的85.0%，2017年为75.8%。学历结构上，基金会和社会服务机构大专以上学历从业人员比重相对高于社会团体，2016、2017年社会团体大学专科以上的从业人数分别占总人数的5.4%和16.4%，2016年基金会100%从业人员均为大专以上学历，2017年基金会的35.9%从业人员拥有大专以上学历；社会服务机构2016年从业人员中25.2%为大专以上学历，2017年该数据为33.72%。

表8 各类型社会组织从业人员状况

单位：人数

社会组织类型	年份	社会组织数	从业人员数	女性从业人员数	大学专科	大学本科及以上	职业资格水平情况 助理社会工作师	职业资格水平情况 社会工作师	年龄结构情况 35岁及以下	年龄结构情况 36~45岁	年龄结构情况 46~55岁	年龄结构情况 56岁及以上
社会团体	2016	597	31067	1812	1177	509	0	0	2756	23221	1595	3495
社会团体	2017	628	18834	2994	2149	939	0	0	3937	5893	4163	4841
基金会	2016	3	9	3	5	4	0	0	0	3	4	2
基金会	2017	7	39	4	8	6	0	0	19	14	4	2
社会服务机构	2016	624	5459	3459	1057	318	53	634	2755	1617	804	283
社会服务机构	2017	721	5987	3733	1384	635	34	226	2068	2177	1305	437

资料来源：2016、2017年广东省民政厅计财年报全省社会组织数据。

6. 社会组织党建状况

在市级社会组织中，有党员的社会组织共66个，其中，社会团体37个，社会服务机构29个。党员共244人，有3名党员以上的社会组织11个，有2名党员的社团26个，有1名党员的社团29个。在这66个社会组织中，建立党组织的社会组织3家，2016社会组织中中共党员人数382人，2017年社会组织中中共党员人数449人。

（二）促进潮州市社会组织发展的举措及成效

1. 法规政策制定

近年来潮州市先后出台了《关于加强社会组织管理的实施意见》、《关于印发〈关于培育和发展潮州市行业协会（商会）的实施意见〉的通知》（潮民发〔2013〕79号）、《关于培育规范城乡基层群众生活类社会组织的指导意见》（潮民发〔2016〕20号）《关于印发潮州市社会组织承接政府职能转移和购买服务目录（第一批）的通知》（潮民发〔2013〕10号）、《潮州市民政局关于印发潮州市具备承接政府职能转移和购买服务资质社会组织目录（第二批）的通知》（潮民发〔2015〕101号）、《潮州市民政局关于印发潮州市具备承接政府职能转移和购买服务资质社会组织目录（第三批）的通知》（潮民发〔2017〕7号）、《关于印发〈潮州市市级政府向社会力量购买服务指导目录（2017年修订）〉的通知》（潮财行〔2017〕28号）、《关于印发〈潮州市社会组织评估实施办法〉通知》（潮民发〔2017〕53号）等相关文件，为政府向社会组织购买服务，支持社会组织参与社会服务或加强社会组织能力建设提供了不同形式的支持。

2. 扶持社会组织发展

潮州在社会组织发展方面进行扶持，完善财政扶持政策支持力度，推动建立公共财政对社会组织扶持机制。进一步落实对社会组织有关税收优惠政策，以保障社会组织能够依法享受税收优惠。出台政府购买相关指导文件，逐步将政府应转移的有关职能转移或委托给相关社会组织，支持社会组织参与社会服务或加强社会组织能力建设提供了不同形式的支持，2017年，市民政部门支持社会组织发展的资金（购买服务或项目补助资金）数额就超过100万元。研究制定社会组织专职工作人员权益保障政策，保障社会组织从业人员的合法权益。

3. 社会组织监管

引导社会组织完善社会组织诚信自律机制，探索建立社会组织自律建设监督体系，健全以章程为核心的各项内部管理制度，逐步建立现代社会组织体系。建立法律监督、群众监督、舆论监督与社会参与相结合的社会组织综合监管体系。健全社会组织信息披露、重大事项报告，等级与诚信评估、财务审计监督等制度，建立和完善相关部门信息共享、协同监督、齐抓共管的联动工作机制；加大对社会组织执法监察和纠风工作力度；大力推进脱钩工作及信息化工作，潮州市行业协会商会已全部完成脱钩工作。目前潮州市社会组织业务办理已全部通过"广东省社会组织法人单位信息资源库—综合服务平台"进行预办理工作，已全部实现信息管理。加强党建工作，潮州市社会组织党委已于2017年10月16日成立挂牌，实行社会组织党员100%纳入管理，实现党的组织和党的工作全覆盖。市、县（区）建立社会组织党委，理顺社会组织党建管理体制，加大党建工作指导力度，增强党组织的生机活力。

（三）潮州市社会组织发挥的作用

随着国家社会组织登记管理的法律法规相继出台，特别是近年来广东省在社会组织建设上不断创新，出台一批具有突破性的法规政策和规范性文件，为潮州市社会组织的管理提供了法律政策依据，经过近几年的努力，以登记管理单位、业务主管部门为主，各部门互相协作与配合的综合管理体系得到进一步改进与完善。行业协会改革实现了突破性进展，新型政社关系也上升到一个新高度，与此同时，积极探索转制社会服务机构登记管理工作。在逐步提高社会组织管理水平的基础上，大力完善现有监管体系，年度检查、财务审计、信息公开和社会评估等规范工作进一步推进。形成政府监管、社会监督以及社会组织自律的管理新局面。

社会组织贯穿于社会生活的方方面面，在推动经济发展、承接政府公共服务与社会治理等众多方面所表现出的作用也越来越显著。近些年来，潮州市各级民政部门始终将增强社会组织能力建设作为一项重大工作重点开展，在全面贯彻与落实国家法规政策的基础上，始终通过培育发展来提升质量并促进规范管理，促进社会组织的能力提升并在社会治理和社会发展中发挥重要作用。

1. 部分行业协会承担了政府部分转移的行业管理职能以及事务性工作职能

行业协会是为同行业企业提供服务、咨询、沟通、监督、自律、协调的中介服务组织，是政府与企业的桥梁和纽带。潮州部分行业协会发挥着政府与企业的桥梁与纽带作用，承担了政府转移的部分行业管理职能以及事务性工作职能，如欧盟对我国陶瓷砖进行反倾销调查期间，拟对中国出口日用陶瓷产品进行反倾销立案。如果真正立案，将对潮州陶瓷出口造成严重影响。对此，潮州市陶瓷行业协会和市外经贸部门多次上京联络国家公平贸易局及相关部门，并邀请专业律师，在潮州召开应对欧盟对华日用陶瓷反倾销的准备会，邀请专业律师就反倾销方面的技术操作、抽样问卷及小问卷的填写进行讲解。不管是否立案，潮州作为全国日用陶瓷的主要产区，都认真、全面地了解应对反倾销的目的和意义。潮州市陶瓷行业协会尽了最大的努力做好多方面的筹备工作，让各陶瓷企业明确工作重点，做好各项应对措施，行业协会发挥着事务性工作功能和承担了政府部分转移的行业管理职能。此外，一些专业经济协会通过开展农业技术服务和农产品产供销服务，帮助农民增产致富，促进了农村建设。行业协会通过积极开展行业管理、行业维权、行业自律等多种活动及会务，弥补了政府和市场缺位，实现政府职能有效转移，推动地方经济进一步发展与完善。

2. 学术性社会团体有效利用其本身在人才、信息、知识以及经验等方面所具有的优势，积极参与社会建设

根据2017年的统计，市直26家学术性社团的科普活动辐射面不断地扩大，全年共举办了1686场次不同类型的知识讲座、学术交流会、培训班、科普宣传活动，参与人数达到15.4万人，印发资料10.3万份，对潮州市的经济和教育、科技、文化、卫生等社会事业的发展和进步起到很好的促进作用。

3. 社会福利和慈善组织提供社会求助服务，促进社会公平

部分社会福利和慈善组织依托社会各界力量，筹集活动资金，不仅提供了多样化的社会救助服务，缓解了日益加剧的社会矛盾，也维护了社会秩序，促进了社会公平。如潮州市的慈善总会，按照章程的要求，广泛开展了扶贫济困、救助贫困家庭、资助贫困学生等一系列慈善救助活动，促进了全市慈善事业的发展。

4. 社会服务机构在社区积极开展不同形式的公共服务活动，推动社会公益事业的进一步发展

社会服务机构是非营利性的社会组织，其宗旨是为社会公益事业服务。由社会力量举办的社会服务机构，分布在社会的各个行业、各个地区和众多领域，与人民群众联系密切，在社区服务、环境保护、卫生保健、教育培训、帮助下岗职工再就业等多个方面开展了工作，在调节民众纠纷、构建良好人际关系、维护社会稳定秩序方面也发挥了重要作用。社会服务机构、社会团体等则成为本市社会组织最为重要的构成部分。无论是在教育、科技还是在体育、文化等多领域，传播现代科学文化知识、弘扬了中华传统美德和社会正气，推动新时代文化自信、全面推动社会进步等方面起到了积极的促进作用。

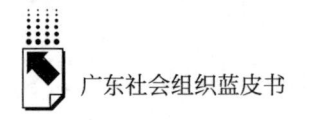

（四）潮州市社会组织发展存在的问题

近年来，潮州市社会组织发展速度较快，发挥的社会治理功能也逐渐凸显，然而就整体而言，和潮州经济发展新形势以及共建共治共享社会治理格局要求还存在一定的距离。

1. 对社会组织的地位作用认识程度有待提高

个别部门对社会组织的地位作用以及未来发展动向缺乏系统性认知与了解，部分部门领导层对社会组织能力建设给予极高关注与重视需要一定的过程，导致促进社会组织发展的意见不统一，难以形成合力，也忽略了社会组织培育发展工作。此外，即便是社会组织成员，对社会组织的地位作用也没有形成正确的认知观，简单地认为，就是做一些日常工作，无太高的要求条件与标准，就算自身的能力水平不高也不碍事，所以使得其自身能力建设的自觉性与积极性被弱化。

2. 社会组织数量不足，结构缺乏合理性

从数量上看，按照广东省"十三五"规划，潮州市每万人拥有社会组织指标为≥6.5个，而目前潮州市拥有社会组织1356个，每万人拥有社会组织5个，与目标规划存在较大差距。从规模上看，市级163家社会服务机构中，注册资金100万元以上的仅有10个，仅占6%；市级210家社会团体中，注册资金5万元以上的仅有7个，规模比较小。从整体结构上看，社会组织整体结构合理性不足，未形成一定规模、分布范围过小、服务功能相对较弱，未能更好地满足经济社会发展需求。在市直373家社会组织中，医疗卫生类11家、社会服务类8家，仅占5%，满足不了广大人民群众对健康日益增长的需求和社区服务日益增长的需求。陶瓷、不锈钢、婚纱、食品、木雕、潮绣等方面社会组织只有44家，占11.7%，未能充分反映潮州市的产业特征。从业务范围上看，培训机构偏多，占所有社会组织总数的47%，重叠现象比较明显。陶瓷、不锈钢、婚纱、食品、传统工艺等方面社会组织只有53家，占23%，未能充分反映潮州市的产业特征。

3. 社会组织内部治理机制不够健全

个别社会组织当前实施的规章制度存在明显不足，甚至并未制定相关的规章制度，只是口头规定，即便有些社会组织设立了相对规范的制度，仍在执行

中带有明显的行政化色彩,具体体现在规章制度、激励措施、监督体系等相关内容虽有制定,但因受制度外因素影响,未能顺利实现组织目标和理念宗旨,如有的社会组织无论从章程的制定、人事权、日常决策权,还是内部运行机制、激励机制、监督机制等方面,都由会长一人说了算。少数社会组织基本不开展任何形式的活动,也不按照要求定期接受年检。潮州市社会组织普遍业务创收能力不强,活动开展所需经费基本来源于会费,存在规模较小、成员数量不足、经费短缺等诸多问题。现有社会组织,专门从事组织工作的人员非常少,基本上以分流或退休人员为主,年龄过大、知识面窄。社会组织工作人员工资待遇相对较低,难以引入和挽留大量专职高质量人才,一些专业素质人才特别是青年人才,几乎很少选择主动从事社会组织工作,从而阻碍了社会组织的进一步发展与壮大。

4. 社会组织管理队伍不够健全

目前,潮州市全市现有社会组织登记管理人员6名。市民政局的社会组织管理局与社会工作科合署办公,编制3人;饶平县和潮安区民政局的民间组织管理股,都只有1名工作人员;湘桥区和枫溪区均无独立管理机构,只有1名兼职人员,还兼职其他股室工作。潮州市目前机构编制的现状,仅现有的社会组织登记和年检工作就难以完成,更谈不上管理。监管力量薄弱与社会组织发展的矛盾将日益突出。

(五)加快潮州市社会组织发展策略建议

社会组织的规范与发展,是加快政府职能转变、加强社会治理、反映社会诉求的根本需要;是优化资源配置、满足公共服务需求、推进社会建设的有效渠道。潮州市社会组织建设是一项涉及多方面内容的综合性工程,可谓是任重而道远。要在短时间促使社会组织肩负起应有的职能与责任,在推动社会经济发展全面发挥自身特有的功能与作用,要认真贯彻落实十九大精神,积极顺应新时代要求,不断转变观念,加强社会组织培育发展的同时也要全面推行监督管理,积极采取有效措施与方法,为社会组织营造一个良好的外部环境,实现社会组织的规范有序健康发展。

从指导思想看,潮州市社会组织建设与管理工作,要以习近平新时代中国特色社会主义思想为指导,深入贯彻落实十九大精神,推动社会组织进一步发展与壮大。从总体目标看，力争"十三五"规划期间，在潮州市逐步建立与当前发展现状相适应的社会组织发展机制，并在此基础上，形成党委领导、政府负责、社会协同、公众参与的共建共治共享的社会治理格局和科学、有效、规范的社会组织监管体制和机制，确保本市社会组织建设与管理工作能更好地适应新时代的要求，充分发挥社会组织在社会治理中的功能作用。

1.继续积极扶持社会组织发展

（1）加快管理体制创新与改革。构建一套科学且完善的管理体制，推动社会组织的培育与发展工作得以有序、高效开展。真正实现政府部门与社会组织的互相独立，促进社会组织朝着市场化、民间化方向发展。在此基础上，全面发挥政府的引导、规范与推动作用，为潮州市社会组织建设有条不紊地进行提供强有力的法律保障。

（2）加大财税政策支持力度。对于政府部门来说，要加大对社会组织的财政支持力度，积极改进与完善相关扶持政策，通过公共财政为社会组织提供资金支持专项预算。与此同时，积极落实国家制定并出台的税收优惠政策，为社会组织依法享受惠利待遇提供强大保障支持。

（3）加强完善政府向社会组织购买服务制度。对政府职能转移等相关内容展开进一步广泛研究与分析，以完善相对科学且合理的指导意见和事项目录，同时建立完善相配套的动态调整体系及公示制度。循序渐进地将需放权于社会的政府职能转移给社会组织，具体而言，需转移政府职能可反映在三个方面：一是以行业评比、职称评定、等级评定等为主要内容的行业管理与协调职能；二是以法律服务、公益服务、社区公共事务等为主要内容的社会事务管理与服务性职能；三是以决策论证、业务咨询、调研分析等为主要内容的技术服务性职能。

（4）提高社会组织从业人员权益保障。通过系统性研究与分析，制定完善与社会组织从业人员相适应的权益保障政策，促使社会组织尽快建立并健全劳动用工制度，并围绕多个方面采取的各种措施与方法进行持续调整与优化。激励具有一定实力的社会组织设立年金制度，以弥补养老保险的缺陷与不足，旨在切实保障社会组织从业人员的合法权益。

2. 拓宽社会组织发展空间

（1）激励支持社会组织依法主动参政议政。逐渐增加社会组织代表在党代表、人大代表、政协委员的占比。可在具备条件的区或县先行开展，探索设立具有一定地位与影响力的新社会组织界别。各级政府密切与社会组织交流与沟通，形成相对完善的信息交流机制。政府部门在制定与推行相关社会服务政策之前，广泛征求积极听取社会组织提出的建议与看法，以此为基础进行逐步规范与强化。

（2）激励社会组织主动参与社会管理服务。采取有效措施与手段鼓励更多社会组织主动参与到社会管理服务中去。通过正确引导促使社区组织为广大居民提供多元化、全方位社会服务。与此同时，鼓励社会组织积极为广大社区居民提供强大的法律咨询、医疗卫生、就业援助等多方面服务。并积极发挥诸多社会团体的枢纽作用，引导更多社会组织主动参与到城乡社区管理中去。

3. 提高社会组织服务管理能力

积极引导社会组织树立服务理念，不断提高自身社会责任意识，持续提高自身服务水平及质量。通过有效措施及方法激励更多社会组织积极解决与广大民众最直接的实际利益问题，并对相关的业务流程及收费标准进行明确公示，主动接受社区居民监督。

增强社会组织人才队伍建设。21世纪是人才竞争的时代，对于社会组织而言，更要加大专业人才的培育引进，旨在打造一支职业化、年轻化的组织队伍。与此同时，结合自身发展实际，制定一套相适应的从业人员管理办法，建立并完善人才培训长效体系，旨在从源头上提高社会组织工作人员的文化水平及专业素质。

规范社会组织等级评估工作。制定社会组织目录，构建一套相对科学且完善的服务管理能力评估机制。对当前实施的等级评估考核办法及相关标准进行相应调整与优化，扩大评估覆盖面，增强公信力。将最终考评结果视为政府转移职能、购买服务的一项重要衡量指标。

4. 加强组织领导

完善社会组织工作协调机制。由市政府牵头，成立由市民政局、市编办、市工商局、市委组织部、市委统战部、市发展改革局、市经贸局、市财政局、市人力资源和社会保障局、市监察局（纠风办）、市公安局、市司法

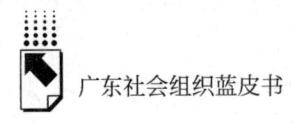

局、市地税局、市工商联、市科协、市社科联、市贸促会组成的市发展和规划社会组织工作联席会议制度。各部门及单位积极发挥职能作用，确保本职工作得以顺利完成。加强管理队伍建设，通过多渠道筹集经费，确保社会组织得以有效正常运行，强化对其人力、物力、财力等方面的支持力度。建议需着力解决机构规格和人员编制不适应问题，以促进保障各项社会组织工作的落实。

B.21
揭阳社会组织发展报告

涂斌 林颖 林英贤[*]

摘　要： 揭阳市社会组织具有数量增长较快、社会组织行业分布以教育、社会服务、文化及体育为主、社会服务机构从业人数受教育程度不高。揭阳市社会组织在完善综合监管体系、扶持发展、社会组织信息化建设等方面取得了不少成绩，但是也存在着承接政府服务作用发挥不充分、结构不合理、加快发展与保障不足之间矛盾等问题。揭阳市可在加大社会组织培育力度、推进行业协会脱钩工作、提高社会组织建设质量等方面进一步改进，促进社会组织发展。

关键词： 揭阳市社会组织　监管　规范发展

作为粤东地区经济发展区域的重要城市，揭阳位于广东省东部地区，榕江直接贯穿于市区，东部与汕头市、潮州市相接，西部和汕尾市相毗邻，南边濒临南海，北部与梅州市接壤。揭阳市拥有着众多美誉，比如"小戏之乡"、"海滨邹鲁"、"国画之乡"、"华侨之乡"以及"龙舟之乡"等，孕育了潮汕文化。作为全国规模最大的翡翠玉器加工基地，揭阳的阳美玉都被人们称作为"亚洲玉都"。揭阳不仅是粤东的主要经济发展城市，还是海西经济区的主要构成要素。根据有关资料，2016年该市生产总值突破2032.61亿元，相比

---

[*] 涂斌，博士，广东外语外贸大学教授，广东省社会组织研究中心副主任，硕士生导师。研究方向：社会组织评估、社会组织资金筹措、社区治理、财政支出绩效评价。林颖，大学本科，揭阳市民政局，社会组织管理局办事员，研究方向：社会组织。林英贤，广东外语外贸大学研究生，研究方向：社会治理。

2015年提高了6.3%。2017年生产总值为2151.43亿元，增长率为5.85%。揭阳市社会组织在以年度目标为导向的基础上全面开展变革与创新，重视并加强对日常工作行为的监督与规范，以期在促进全市社会组织持续健康发展的基础上全面改善其服务质量。

（一）揭阳市社会组织发展情况

1. 社会组织总量增长较快

2017年揭阳市社会组织总量相较于2016年有所增加：截至2016年12月31日，全市注册登记的社会组织有1791家；截至2017年12月31日，全市注册登记的社会组织有2027家，比2016年社会组织总量增长了13.18%（见表1）。

2. 社会组织类型以社会团体和社会服务机构为主

社会组织类型中，社会服务机构和社会团体之和约占社会组织总量99%，基金会仅占约1%左右，2016年和2017年三类社会组织占社会组织总量比值变化不大。从图1可见，2016年社会团体726家，占40.54%；社会服务机构单位1049家，占58.57%；基金会16家，占0.89%。2017年社会团体790家，占38.97%；社会服务机构单位1216家，占59.99%；基金会21家，占1.04%（见图2）。

表1 2016~2017年揭阳市社会组织增长情况

年度	社会团体数量	社会服务机构数量	基金会数量	合计	增长率
2016	726	1049	16	1791	—
2017	790	1216	21	2027	13.18%

资料来源：2016、2017年广东省民政厅计财年报全省社会组织数据。

通过对比2016年和2017年的全市社会团体、社会服务机构和基金会的数量，可发现三者均处于增长状态。从表2可见，增长最快的是基金会，从2016年的16家增长到2017年的21家，增长率为31.25%；社会服务机构的增长速度次之，从2016年的1049家增长到2017年的1216家，增长率为15.92%；社会团体的增长速度最慢，从2016年的726家增长到2017年的790家，增长率为8.82%。

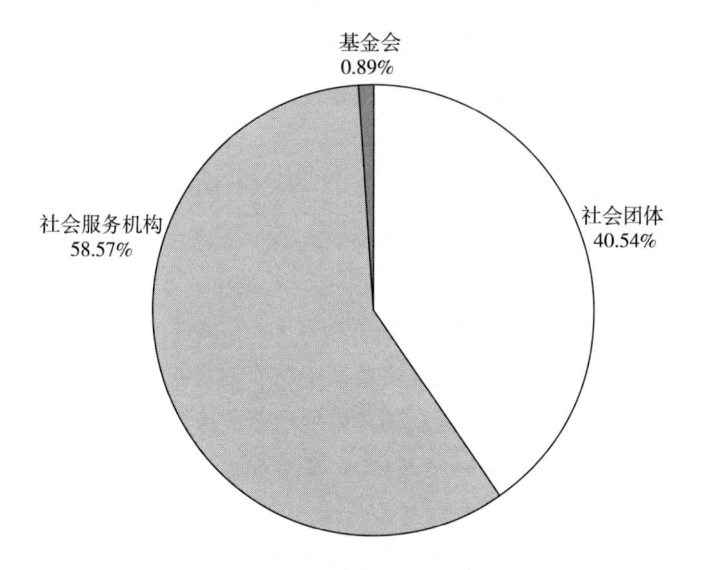

图1　2016年揭阳市三类社会组织比重

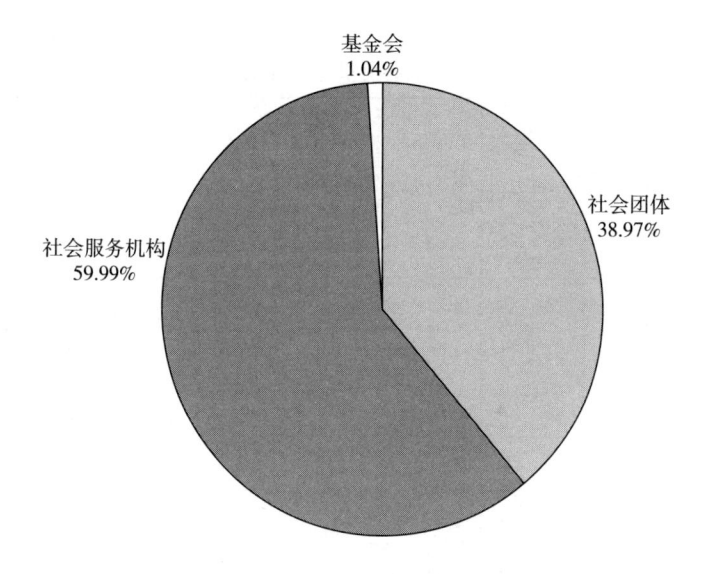

图2　2017年揭阳市三类社会组织比重

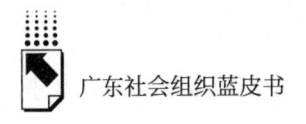

表2　2016~2017年揭阳市各类社会组织增长状况

年份	社会团体 数量	比重(%)	增长率(%)	社会服务机构 数量	比重(%)	增长率(%)	基金会 数量	比重(%)	增长率(%)	合计
2016	726	40.54	—	1049	58.57	—	16	0.89	—	1791
2017	790	38.97	8.82	1216	59.99	15.92	21	1.04	31.25	2027

资料来源：2016、2017年广东省民政厅计财年报全省社会组织数据。

3. 社会组织行业分布以教育、社会服务、文化及体育为主

从表3可知：揭阳市社会团体主要集中在社会服务、文化、体育、职业及从业组织等领域，其中体育类社会团体发展增速最快，由2016年的45家增加到2017年的62家，增长率为37.78%。基金会主要集中在社会服务、教育、文化等领域，2017年社会服务类基金会增加5家，增长率为50%。社会服务机构集中在教育、卫生、文化以及社会服务等领域，与2016年相比，2017年职业及从业组织类社会服务机构增加10家，增长率为500%，文化类社会服务机构增加21家，增长率为65.53%。

表3　社会组织行业结构表

社会组织类型	年份	科技与研究	生态环境	教育	卫生	社会服务	文化	体育	法律	工商业服务	宗教	农业及农村发展	职业及从业组织	国际及涉外组织	其他	合计
社会团体	2016	10	0	28	10	143	88	45	0	38	14	17	45	1	287	726
	2017	9	0	37	11	155	100	62	0	39	13	20	39	1	304	790
基金会	2016	0	0	5	0	10	1	0	0	0	0	0	0	0	0	16
	2017	0	0	5	0	15	1	0	0	0	0	0	0	0	0	21
社会服务机构	2016	30	0	871	37	29	32	15	0	1	2	0	2	0	30	1049
	2017	14	0	988	45	43	53	16	0	2	0	0	12	0	43	1216

资料来源：2016、2017年广东省民政厅计财年报全省社会组织数据。

揭阳社会组织发展报告

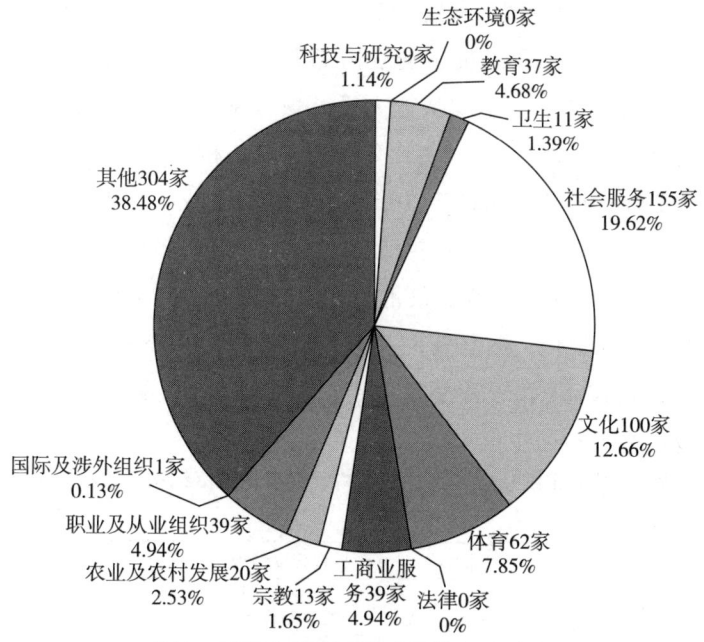

图3 2017年揭阳市社会团体行业分布

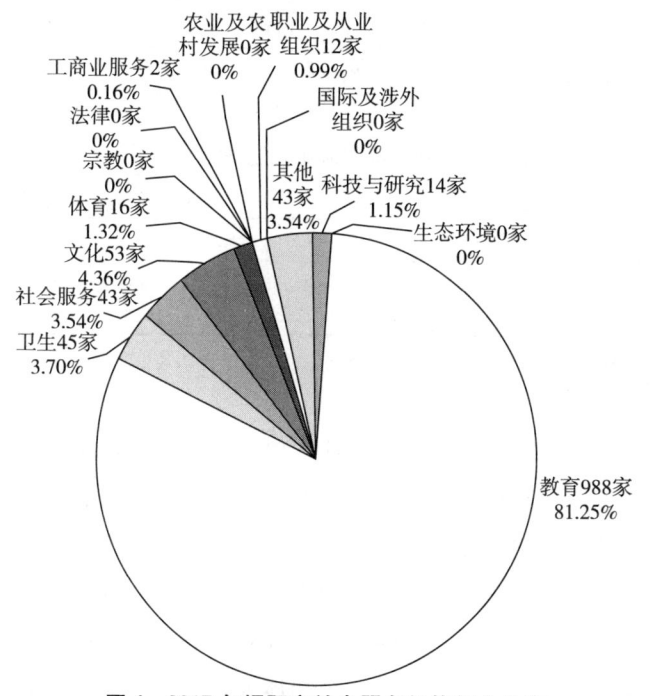

图4 2017年揭阳市社会服务机构行业分布

303

4. 社会组织从业人员受教育程度低

揭阳市社会组织从业人员性别结构上男性比重高于女性，从表4可见。2016、2017年揭阳市社会组织从业人员总数分别为12428人、12421人，其中，女性为3987人和5723人，占比分别为32.1%和46.1%，社会组织从业人员大部分为男性，2017年相较于2016年在女性从业人员比重方面有较明显的上升；从业人员受教育程度相对较低，2016年、2017年从业人员中大学本科人数分别为1219人和1820人，仅占总人数的9.8%和14.65%。社会组织从业人员年龄结构年轻化，根据表5，2016年和2017年36~45岁和35岁以下的人员加总后为10631和9879人，占了总人数的85.5%和79.53%。

表4 社会组织从业人员性别结构、受教育程度结构、职称结构

单位：人数

年份	社会组织数	从业人员数	受教育程度情况			职业资格水平情况	
			女性	大学专科	大学本科及以上	助理社会工作师	社会工作师
2016	1791	12428	3987	2166	1219	47	0
2017	2027	12421	5723	1507	1820	836	4

资料来源：2016、2017年广东省民政厅计财年报全省社会组织数据。

表5 社会组织从业人员年龄结构

单位：人数

年份	35岁及以下	36~45岁	46~55岁	56岁及以上
2016	8345	2286	1261	536
2017	7032	2847	1725	817

资料来源：2016、2017年广东省民政厅计财年报全省社会组织数据。

从表6可见，揭阳市社会组织三种类型从业人员的从业人员数及性别结构、学历结构、职业资格结构和年龄结构。社会服务机构从业人数占较大比重，2016年占全市社会组织从业人员的83.32%，2017年为82.2%。学历结构上，基金会大专以上学历从业人员比重最高，2016、2017年基金会大学专科以上的从业人数分别占总人数的76.9%和60.6%；社会团体大专以上学历从业人员比重次之，2016、2017年社会团体大学专科以上的从业人数分别占总人数的33.6%和29.7%；社会服务机构大专以上学历从业人员比重最低，2016年从业人员中25.9%为大专以上学历，2017年该数据为26.1%。

表6 各类型社会组织从业人员状况

单位：人数

社会组织类型	年份	社会组织数	从业人员数	女性从业人员数	大学专科	大学本科及以上	职业资格水平情况		年龄结构情况			
							助理社会工作师	社会工作师	35岁及以下	36~45岁	46~55岁	56岁及以上
社会团体	2016	726	2060	383	484	208	4	0	481	675	557	347
	2017	790	2173	816	296	350	132	3	358	717	665	433
基金会	2016	16	13	0	10	0	0	0	4	5	4	0
	2017	21	33	18	5	15	0	0	8	8	12	5
社会服务机构	2016	1049	10355	3604	1672	1011	43	0	7860	1606	700	189
	2017	1216	10215	4889	1206	1455	704	1	6666	2122	1048	379

资料来源：2016、2017年广东省民政厅计财年报全省社会组织数据。

5. 社会组织党建状况

截至2016年12月31日，揭阳市建立党组织的社会组织共有21个，其中社会团体6个，社会服务机构15个，基金会0个；社会组织中中共党员人数为507人，其中社会团体198人，社会服务机构309人，基金会0人。

与2016年相比，揭阳市社会组织党建工作有了更进一步的发展。截至2017年12月31日，揭阳市建立党组织的社会组织共有33个，其中社会团体18个，社会服务机构15个，基金会0个；社会组织中中共党员人数为1309人，其中社会团体229人，社会服务机构1080人，基金会0人。[①]

（二）揭阳市社会组织发展举措和成效

1. 进一步完善社会组织相关法规

（1）完善社会组织信用信息管理制度。出台《揭阳市社会组织信用信息管理办法》和《揭阳市社会组织信息公开办法》，并通过市法制局合法性审

---

① 资料来源：2016、2017年广东省民政厅计财年报全省社会组织数据。

查，建立信用信息应用和信用联合奖惩机制，在日常对社会组织基本信息、失信信息、良好信息和社会组织年检结论等其他信息，及时记录到社会组织信用信息管理系统，并通过社会组织信息公开服务平台主动公开。

会同市地税局、国税局、质监局联合发文，正式启动全市社会组织统一社会信用代码制度工作。积极推动全市社会组织统一社会信用代码实施工作，制订本市具体实施方案，统筹安排，明确任务分工，责任到人。坚持源头赋码，全面覆盖，做好社会组织发证赋号工作。

（2）完善直接登记办法。修订社会团体取消筹备行政许可后的登记指南，规范登记程序，落实社会组织直接登记制度，并分类逐步推进新老体制的衔接过渡。

（3）完善社会组织法人治理制度。重新修订《行业协会章程示范文本》、《社会团体章程示范文本》，将党建工作要求纳入新的章程示范文本和评估指标，于2016年5月1日起正式执行。印发了《揭阳市民政局印发〈关于推动在揭阳市社会组织中建立新闻发言人制度的工作方案〉的通知》、《揭阳市深化全市性行业协会商会与行政机关脱钩试点工作方案的通知》、《关于印发〈揭阳市社会组织法定代表人约见谈话制度（试行）〉的通知》、《揭阳市民政局关于印发〈揭阳市社会组织新闻发言人制度指引〉的通知》等文件。

2. 积极扶持社会组织发展

（1）积极申报广东省省级培育发展社会组织专项资金。要求符合条件的单位及时报送2016年广东省省级培育发展社会组织专项资金申报材料，指导做好此项工作。2012年以来共有57个社会组织获得省扶持，扶持资金1380万元。

（2）启动揭阳市公益帮扶项目。扶持资金共35万元，鼓励并引导包括揭阳市社会组织总会等在内的9家社会组织积极开展形式多样的公益服务活动，促使社会组织迸发出更强劲的活力。

（3）培育"揭阳市社会工作服务机构联合会"，加快推动揭阳市社会工作事业全面协调可持续发展，进一步拓展服务平台，加快扶持发展社会工作服务机构的同时积极响应广东省提出的大力改善民生、推进社会建设等一系列发展新需求，着力发展社会工作服务机构，完善人才培养机制，建立健全完善的社会工作服务机制。

3. 政府向社会组织购买服务数量种类及资金支持情况

编制第五批共10家具有承接政府职能转移及购买服务资质的社会组织目

录。市本级已有101家社会组织具备承接政府职能转移和购买服务资质，为政府向社会组织转移职能和购买服务提供依据，2016年度市民政局向社会组织购买服务130万元。

4. 完善社会组织信息化建设

2016年1月1日起，揭阳市市民政局正式启用揭阳市社会组织业务系统，全市社会组织登记管理业务100%实现网上申报、网上审批和网上年检，办事效率和服务水平明显得到提高；正式实施全市社会组织统一社会信用代码工作，至2016年度市本级已全面完成社会组织赋码发证工作；与建设银行揭阳市分行联合开发的"民政E线通"系统于2016年7月1日起正式实施，系统对申请单位（个人）（暂不含基金会，下同）进行在线验资，申请单位（个人）办理成立、变更登记业务时无须提供验资报告，同时实现验资信息专线传输，保证信息的安全性，为申请单位（个人）办理法人登记证书提供了更为快捷方便的服务；通过揭阳市社会组织公共服务信息平台将社会组织的统一信用代码、登记日期、法定代表人、住所以及业务范围等信息进行公开，对行政许可和行政处罚的社会组织进行公示，并将有关数据上传到省社管局和省信用办。

5. 加强社会组织监督

出台了《揭阳市社会组织信用信息管理办法》和《揭阳市社会组织信息公开办法》，积极推动各类社会组织主动通过网站、杂志、简报向社会公开登记证书、经核准的章程、组织机构设置、负责人及理事会成员名单以及年度工作报告、接受捐赠和资助等各相关信息，积极主动地接受社会的查询与监督，在日常对社会组织基本信息、失信信息、良好信息和社会组织年检结论等其他信息，及时记录到社会组织信用信息管理系统，并通过社会组织信息公开服务平台主动公开。

开展2016年度市属社会组织评估工作，全市共有10家社会组织申报等级评估。经过社会组织自评、评估委员会办公室初审、第三方机构组织评估专家组实地考核、评估委员会审议终评、社会公示等程序，5A级社会组织2家、4A级社会组织2家、3A级社会组织6家。揭阳市民政局对揭阳市公路工程学会、揭阳市羽毛球协会、揭阳经济开发试验区怡乐幼儿园等3个已累计三年或连续两年未接受年检的市属社会组织，根据国务院《社会团体登记管理条例》

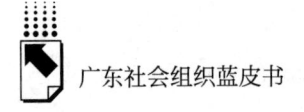

第三十三条和《广东省民间组织年检暂行办法》第十二条、《社会服务机构登记管理暂行条例》第二十五条和《社会服务机构单位年度检查办法》第十条的规定，对上述组织做出撤销登记的行政处罚。

揭阳市开展2016年市级社会组织评估工作，全市共有10家社会组织申报等级评估。经过社会组织自评、评估委员会办公室初审、第三方机构组织评估专家组实地考核、评估委员会审议终评、社会公示等程序，5A级社会组织2家、4A级社会组织2家、3A级社会组织6家。

6. 社会组织党建工作情况

重新修订《行业协会章程示范文本》、《社会团体章程示范文本》，将党建工作要求纳入新的章程示范文本和评估指标，于2016年5月1日起正式执行。组织对市属重点行业协会商会、基金会进行实地走访，有针对性地加强党建工作宣传、指导和协调工作。同时，结合年度检查工作，指导揭阳市浙江商会、揭阳市玉器产业协会、揭阳市聚龙湾护理院建立党组织；结合等级评估工作指导葵谭慈善基金会、揭阳市塑胶行业协会和揭阳市保险行业协会建立党组织等。

（三）揭阳市社会组织发展存在问题及改进措施

近年来，揭阳市社会组织工作稳步推进，社会组织数量持续增加，现已建立起层次分明、类型丰富且覆盖范围较为广泛的社会组织体系，覆盖科技、教育、文化、卫生、法律、体育、慈善等公益领域及中介服务等社会领域。但是，揭阳市社会组织尚处于发展的初级阶段，仍然存在不少问题。

1. 存在问题

（1）加快发展与保障不足的矛盾有待解决。社会组织的地位作用日益凸显，加快发展的任务日益紧迫，但培育发展措施有待加强，政府财政及社会投入力度依旧较小，还未真正建立起一套完善合理、规范高效的政府购买社会组织服务机制，并且其年度财政经费预算不确定性较大，无论是经费预算、经费拨付，还是经费数额及使用等均未制定科学合理的标准。政府扶持手段较为单一，向社会组织所提供的政府资助及奖励上，尚缺乏明确健全的制度保障。与此同时，社会组织在享受税收、行政事业性收费、经营服务性（验资、审计）收费等优惠政策方面落实还不到位。

（2）社会组织结构有待优化、能力有待提升。揭阳市社会组织发展时间较短，数量较少，结构体系还有待持续改进，运作型组织数量较为显著，支持型组织数量较少；政府推动型多，民间自发型少；教育培训类居多，而公益服务类则较少。另外，社会组织的自身服务水平有待进一步改善，公信力亦有待提升，内部治理机制及治理结构不够健全完善，滞后于经济社会发展，还未能更为高效地承接政府的转移职能。

（3）承接政府服务作用发挥不充分。政府未能和社会组织之间实现全面充分对接，政府购买公共服务公开度较低，还未形成稳定有序的竞争局面。社会组织自身的力量较弱，对政府的依赖性较强，自我"造血功能"严重不足，组织管理人力资源不足，大多是退休后的中老年人自发参与工作，缺乏承接的资质。

2.改进措施

（1）加大社会组织培育力度。进一步转变政府职能，加大财政和社会投入力度，逐步建立起健全高效且规范有序的政府购买社会组织服务机制。全面落实社会组织在行政事业性收费、经营服务性（验资、审计）收费等方面的优惠政策，促进社会组织健康快速发展。

（2）优化社会组织结构。稳定地开展社会组织工作，优化社会组织结构，加快支持发展支持型、民间自发型等各类社会组织。在着力增强社会组织公信力的同时健全并优化内部治理。

（3）推进政府购买服务。争取市政府关于购买社会组织服务的政策与资金支持，以项目招投标、财政补贴以及委托服务等各种方式，开展公益创投招投标活动，并优先考虑3A及以上社会组织。

（4）继续推进行业协会商会与行政机关脱钩。积极推行《揭阳市行业协会商会与行政机关脱钩实施方案》，按时按质完成社会组织管理局主要工作任务，坚持试点先行，分步稳妥推进，大力优化行业协会商会管理及运行制度体系，充分调动其发展潜力与内驱力，改善行业服务水平，切实发挥行业协会商会在推动经济稳步健康发展中的相应作用。

（5）提高社会组织建设质量。优化社会组织设立的指引方向及规范，改进并完善现有组织结构体系，鼓励并引导行业协会商会类、科技类、公益慈善类、城乡基层社会组织的发展。大力推行并实施《社会组织法人治理指导意见》及其配套文件，对社会组织进一步调整和改进内部治理结构及机制加以指导。

B.22 云浮市社会组织发展报告

杨美芬*

摘　要： 2016～2017年，云浮市加快培育社会组织，深入贯彻落实社会组织管理的相关政策，在促进社会组织发展上采取了一系列措施，主要包括继续推进行业协会商会去行政化和去垄断化工作、加大对社会组织监管及年检力度、推进社会组织信息化建设工作和统一社会信用代码实施工作和加大对社会组织监督和宣传力度等，这些举措使得云浮市社会组织发展取得了一定的进步，但还存在着诸如法律法规不健全、双重管理体制不完善、登记管理机关监管力量不足、社会组织自身建设不够规范、党建工作覆盖不全、信息化和科学监管水平低等问题。未来，云浮市将坚持培育发展与管理监督并重，创新发展体制机制，以建设社会组织孵化基地为契机，继续加大培育发展社会组织的力度，强化主体责任，加强宣传培训，加强政府扶持力度，增强社会组织主体地位和服务功能，激发社会组织活力，促进社会组织作为社会治理重要主体作用的发挥。

关键词： 云浮市　社会组织　扶持　监管

云浮位于粤西，以"石城"著称，东邻肇庆、江门与佛山，西邻桂梧州，

---

* 杨美芬，博士，广东外语外贸大学政治与公共管理学院讲师，广东省社会组织研究中心兼职研究员，主要研究领域为政府治理与社会组织。感谢云浮市民政局提供的数据及资料。

南邻阳江和茂名，北与肇庆市的封开县、德庆县隔江相望，是珠三角与西南的重要枢纽。云浮市辖云城区，云安区，新兴县，郁南县，代管罗定市。截至2016年末，全市户籍总人口301.23万人，常住人口248.08万人。全市总面积7779平方公里，是典型的山区市。2016年云浮市实现地区生产总值（GDP）778.28亿元，比上年增长7.9%。全市人均地区生产总值达到31501元，增长7.1%，按平均汇率折算为4742.5美元。全市居民人均可支配收入16517.6元，比上年增长8.6%。按常住地分，城镇常住居民人均可支配收入21887.5元，比上年增长8.6%；农村常住居民人均可支配收入13016.1元，比上年增长8.4%。

（一）2016、2017年云浮市社会组织发展现状

1. 社会组织总数增长情况

近年来，云浮市加快培育和规范管理社会组织，进一步深化社会组织管理体制改革，降低登记门槛，大力发展城乡基层社会组织，引导基层社会组织参与社会治理，进一步发挥社会组织的作用。截止到2016年12月底，云浮市在民政部门登记的社会组织有854家，与2015年相比，增长51家，增长率为6.4%。

截止到2017年12月底，云浮市在民政部门登记的社会组织有938家，与2016年相比，增长84家，增长率为9.0%。

表1　2015~2017年云浮市社会组织增长情况

年度	合计	增长率(%)
2015	803	—
2016	854	6.4
2017	938	9.0

资料来源：云浮市社管局提供数据资料。

2. 各区县社会组织发展状况

截至2016年底，市级共有登记在册社会组织162家，占全市社会组织总数的18.96%；云城区有登记在册的社会组织135家，占全市社会组

织总数的15.81%；云安区81家，占全市社会组织总数的9.48%；郁南县130家，占全市社会组织总数的15.22%；新兴县126家，占全市社会组织总数的14.75%；罗定市220家，占全市社会组织总数的25.76%。从各县区社会组织增长情况看，与2015年相比，市级社会组织增长7.28%；云安区增长8%；郁南县增长7.69%；新兴县增长3%；罗定市增长9.3%。

截至2017年底，市级共有登记在册社会组织177家，占全市社会组织总数的18.87%；云城区有登记在册的社会组织145家，占全市社会组织总数的15.46%；云安区89家，占全市社会组织总数的9.5%；郁南县144家，占全市社会组织总数的15.35%；新兴县135家，占全市社会组织总数的14.39%；罗定市248家，占全市社会组织总数的26.44%。从各县区社会组织增长情况看，与2016年相比，市级社会组织增长9.26%；云安区增长7.41%；郁南县增长10.76%；新兴县增长7.14%；罗定市增长12.73%。

表2　2016~2017年云浮市各区县社会组织增长状况

区域	2016年 社会组织数量	占总体社会组织比重	增长率（%）	2017年 社会组织数量	占总体社会组织比重	增长率（%）
市级	162	18.96	7.28	177	18.87	9.26
云城区	135	15.81	—	145	15.46	—
云安区	81	9.48	8	89	9.5	7.41
郁南县	130	15.22	7.69	144	15.35	10.76
新兴县	126	14.75	3	135	14.39	7.14
罗定市	220	25.76	9.3	248	26.44	12.73

资料来源：云浮市社管局提供数据资料。

3. 各类社会组织发展状况

截至2016年底，云浮市共有社会团体505家、社会服务机构344家、基金会5家，分别占社会组织总数的59.13%、40.28%和0.59%（见图1）。

云浮市社会组织发展报告

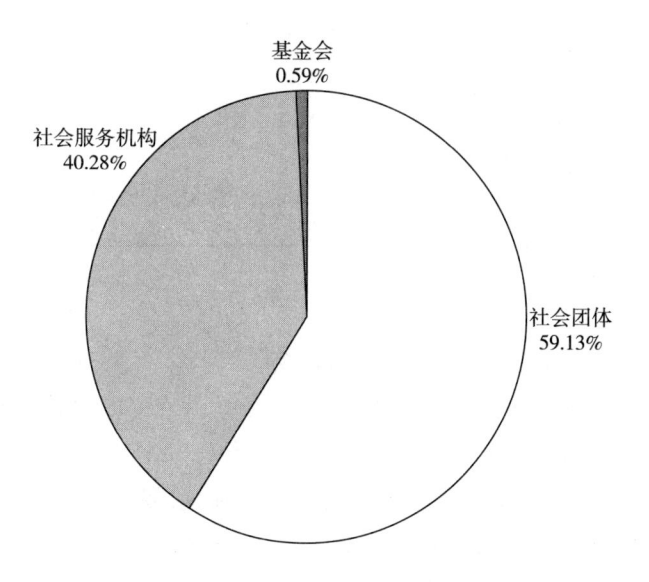

图1 2016年云浮市三类社会组织的比重

截至2017年底,云浮市共有社会团体527家、社会服务机构404家、基金会7家,分别占社会组织总数的56.18%、43.07%和0.75%(见图2)。

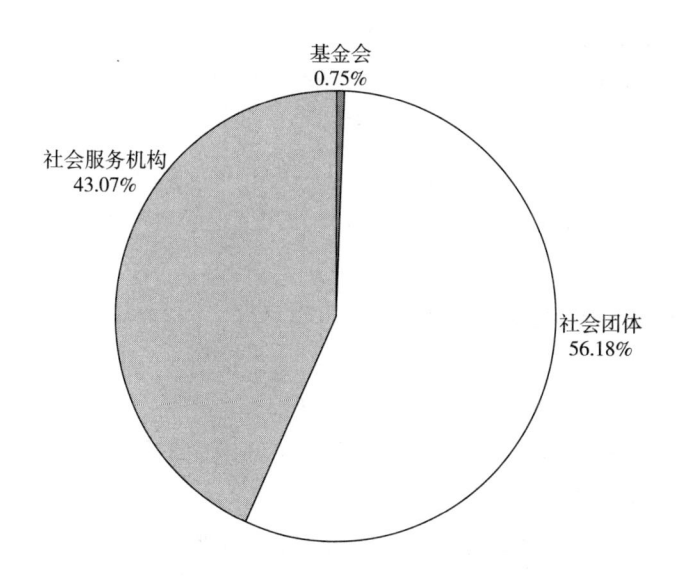

图2 2017年云浮市三类社会组织的比重

表3　2016~2017年云浮市各类社会组织增长状况

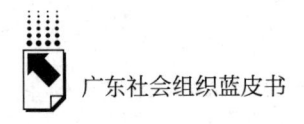

年份	社会团体 数量	社会团体 比重(%)	社会团体 增长率(%)	社会服务机构 数量	社会服务机构 比重(%)	社会服务机构 增长率(%)	基金会 数量	基金会 比重(%)	基金会 增长率(%)	合计
2016	505	59.13	—	344	—	18.79	5	0.59	—	854
2017	527	56.18	4.36	404	43.07	17.44	7	0.75	40	938

资料来源：云浮市社管局提供数据资料。

2016年各县区各类社会组织发展情况如下。

云城区依法登记社会团体48家，从行业分类上看，从事社会服务的有16家（占33%）、从事农业及农村发展的有17家（占35%）、从事科技研究的有3家（占6%）、从事教育的有2家（占4%）、从事文化的有2家（占4%）、从事职业及从业者组织的有2家（占4%）、从事卫生的有1家（占2%）、从事工商服务业的有1家（占2%）、其他的有4家（占8%）。依法登记的社会服务机构87家，从行业分类看，主要集中在教育、劳动、体育、卫生、文化等行业，从事教育的有84家（占97%）、从事社会服务的有1家（占1%）、从事体育的有1家（占1%）、从事工商业的有1家（占1%）。

云安区社会团体58家，社会服务机构23家。

郁南县有社会团体89家，其中，一般性社团86家，行业协会3家。社会服务机构41家，其中，民办学校34家。

新兴县有社会团体75家，与2015年同期相比增长3%，占社会组织总数的60%；社会服务机构有51家，与2015年同期相比增长4%，占社会组织总数的40%。

罗定市有社会团体117家，占社会组织总数比例53.18%；社会服务机构103家，占社会组织总数比例46.81%。

2017年各县区各类社会组织发展情况如下。

云城区依法登记社会团体47家，比2016年减少2.08%；依法登记的社会服务机构98家，比2016年增加12.64%。

云安区社会团体58家，与2016年持平；社会服务机构31家，比2016年增加34.78%。

郁南县有社会团体96家，比2016年增加7.87%；社会服务机构48家，比2016年增加17.07%。

新兴县有社会团体79家，比2016年增加5.33%；社会服务机构有56家，比2016年增加9.8%。

罗定市有社会团体119家，比2016年增加1.71%；社会服务机构129家，比2016年增加25.24%。

表4　2016~2017年云浮市各区县各类社会组织增长状况

区域	社会团体数量			社会服务机构数量			基金会数量		
	2016	2017	增长率(%)	2016	2017	增长率(%)	2016	2017	增长率(%)
云城区	48	47	-2.08	87	98	12.64	—	—	—
云安区	58	58	0	23	31	34.78	—	—	—
郁南县	89	96	7.87	41	48	17.07	—	—	—
新兴县	75	79	5.33	51	56	9.8	—	—	—
罗定市	117	119	1.71	103	129	25.24	—	—	—

资料来源：云浮市社管局提供数据资料。

4. 社会组织从业人员结构

2016年，云浮市社会组织从业人员总数为6611人，其中，女性3082人，占46.62%；男性3529人，占53.38%。在社会组织职员受教育程度方面，云浮市社会组织从业人员教育水平相对较低，大学本科及以上665人，占10.06%；大学专科1655人，占25.03%。在职业资格水平情况方面，助理社会工作师12人，社会工作师10人。在年龄结构方面，35岁及以下3516人，占53.18%；36~45岁1787人，占27.03%；46~55岁1051人，占15.9%；56岁及以上257人，占3.89%。

2017年，云浮市社会组织从业人员总数为8383人，其中，女性4575人，占54.57%；男性3808人，占45.43%。在社会组织职员受教育程度方面，云浮市社会组织从业人员教育水平仍然较低，大学本科及以上648人，占7.73%；大学专科2003人，占23.89%。在职业资格水平情况方面，助理社会工作师4人，社会工作师10人。在年龄结构方面，35岁及以下4719人，占56.29%；36~45岁2124人，占25.34%；46~55岁1188人，占14.17%；56岁及以上352人，占4.2%。

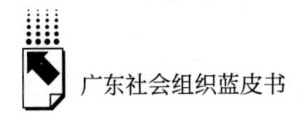

表5 社会组织从业人员性别结构、受教育程度结构

单位：人数

年份	从业人员数	性别	受教育程度情况		职业资格水平情况	
		女性	大学专科	大学本科及以上	助理社会工作师	社会工作师
2016	6611	3082	1655	665	12	10
2017	8383	4575	2003	648	4	10

资料来源：云浮市社管局提供数据资料。

表6 社会组织从业人员年龄结构

单位：人数

年份	35岁及以下	36~45岁	46~55岁	56岁及以上
2016	3516	1787	1051	257
2017	4719	2124	1188	352

资料来源：2016、2017年广东省民政厅计财年报全省社会组织数据。

5. 社会组织党建情况

云浮市各级社会组织党建情况如下：云城区社会组织有中共党员50名，建立党组织的9个（其中单独建立党组织6个，联合建立党支部3个），党建经费保障情况由区组织部直接负责。云安区已成立联合党支部和独立党支部的社会组织共47家，其中，联合党支部46家，独立党支部1家，党员共50人。郁南县共有党员440人，已经建立的党组织能正常开展活动，很好地发挥了党组织的战斗堡垒作用以及党员的先锋模范作用。新兴县已经建有党组织的社会组织共29个（其中单独组建10个，联合组建19个），党员总数55人。罗定市建立党组织的社会组织共55家，其中社会团体42家，社会服务机构13家。

表7 2016年云浮市各区县党建情况

区域	党组织个数	党员人数		党组织个数	党员人数
云城区	9	50	新兴县	29	55
云安区	47	50	罗定市	55	—
郁南县	—	440			

资料来源：云浮市社管局提供数据资料。

（二）云浮市社会组织发展做法和成绩

2016年云浮市深入贯彻落实社会组织管理的相关政策，在促进社会组织发展方面开展比较多的工作。

1. 深化改革，依法依规开展业务审批和网上业务办理

继续深化社会组织管理体制改革，认真贯彻落实国家、省关于社会组织管理的政策，完善相关配套措施，做好社会团体、社会服务机构和非公募基金会的成立、变更登记审批工作，推进社会组织登记管理规范化、法治化。编制权责清单、办事指南、办事流程、业务手册。进一步简政放权便民，加大网上业务系统的应用，全面实现网上申报、网上审批、网上年检和网上信息公开。认真向服务对象宣传社会组织管理有关政策，鼓励和培育符合条件的社会组织登记成立，耐心解答办事群众咨询，讲解需要提交的材料。按照省新修订和出台的《广东省社会团体章程示范文本》、《广东省行业协会章程示范文本》要求，加强宣传引导社会团体修订和完善新章程，加强法人内部治理，加强党建工作。

2. 推动社会组织完善行业自律制度

为了进一步提升行业协会运作的规范化水平，依据社会组织行业协会自律工作实施意见，将社会组织纳入市场监督体系建设和社会信用体系规划建设之中。引导社会组织建立健全以章程为核心的法人治理结构，健全会员（代表）大会、理事会、监事会、财务、人事、印章档案、重大活动备案、信息披露及分支机构管理等制度，明确决策机构、执行机构、监督机构的责任、权利和义务，保障社会组织依法运行、有效治理。配合推进相关条例征求意见及《广东省社会组织条例》立法进程，明确了登记管理机关、行业主管部门、业务主管单位和社会组织各自的权利和责任，增强社会组织行业自律的法定职能。完善行业组织自律监管机制，建立健全规范运作、诚信执业、信息公开、公平竞争、奖励惩戒、自律保障六个机制。同时，引导社会组织进一步完善行业经营自律规范、自律公约、行业诚信体系和职业道德准则，规范会员行为，协调会员关系，推动行业公平竞争。

3. 继续推进行业协会商会去行政化和去垄断化工作

对新申请成立的行业协会商会的按照通知要求统一规范依法依规进行审批

登记。2014年，市民政局转发了《关于行业协会商会与行政机关脱钩方案》，虽然有37个行业协会商会与行政机关进行了脱钩，但改革还相当不彻底，需要进一步深化脱钩改革。依据2015年中共中央办公厅、国务院办公厅正式印发《行业协会商会与行政机关脱钩总体方案》的要求，需要脱钩的主体是各级行政机关与其主办、主管、联系、挂靠的行业协会商会。其他依照和参照公务员法管理的单位与其主办、主管、联系、挂靠的行业协会商会，参照执行。另外，具有下列特征的行业协会商会也纳入脱钩范围：会员主体为从事相同性质经济活动的单位、同业人员，或同地域的经济组织；名称以"行业协会"、"协会"、"商会"、"同业公会"、"联合会"、"促进会"等字样为后缀，因此参与了前年脱钩的行业协会商会要纳入一并深化脱钩，要对符合上述特征的协会进行摸底纳入脱钩范围。省厅于10月14日召开了脱钩试点工作推进会议，作了相关部署。云浮市按照省的会议精神和要求以及参照省的经验做法，由发改局、民政局牵头制定实施方案、试点方案，目前边报省审核边实施。2016年11月底前选取云浮市电子商务协会、云浮市保险行业协会、云浮市石材商会3家推开和完成第一批试点工作，2017年底前基本全面完成。

4. 加大对社会组织监管及年检力度

加强对社会组织年度检查的工作力度，高度重视社会组织年度检查工作，始终把年检工作作为登记管理工作的重要抓手，将年度检查工作与日常管理、等级评估、行政检查、执法监察等工作结合起来，严格把关，不走过场，不流于形式，对年检有问题的社会组织依法处理。在实施年度检查工作中，注重掌握和收集社会组织遵守法律、法规和国家政策情况、按照章程开展活动与发挥作用情况、财务运作与管理情况、重大活动情况和涉外活动情况等，依法做出年度检查审定结论，督促社会组织完善法人治理结构、内部民主机制和服务行为规范。市本级应参加2015年年度年检的社会团体有116家，已检94家，参检率为81%；应参加年检的社会服务机构有28家，已检23家，参检率82%。应参加年检的基金会有5家，已检5家，参检率为100%。在年度检查结束后，认真做好年度检查的统计、分析和总结工作，及时网上公布社会组织年检结果，对年检不合格和基本合格的15个社会组织发出整改通知书。市本级的21家行业协会商会2015年年度检查全部合格。没有收到企业、群众对行业协会商会强制入会、乱收费、乱摊派方面的违规现象的举报和投诉。

5. 推进社会组织信息化建设工作和统一社会信用代码实施工作

推动云浮市社会组织信息网及各县（市、区）社会组织信息网建设，引导和要求各地全面应用网上业务系统办理业务，各县（市、区）已经全部实行网上办理业务。云浮市统一社会信用代码实施工作1月份正式启动，经过统一社会信用代码资源码段分配，对存量的社会组织进行了赋码，2月1日发放云浮市第一张含有统一社会信用代码的新版社会组织登记证书。结合社会组织年检、变更等时机，换发新的社会组织登记证书，目前，市民政局已经办理100家社会组织换发新证，争取年底前全部完成换发新证书工作。同时将信息与省社会组织信息网和省社会组织法人单位信息资源库互联，提高办事效率，提高社会组织综合监管水平。

6. 加大对社会组织监督和宣传力度

强化协同，强化分类监管和社会监管。推行信息公开制度。继续推进各司其职、协调配合、分级负责、依法监管的社会组织管理体制。发挥群众举报、媒体宣传的作用，发挥基层的监督作用。全年没有发现有违规现象的举报。加强宣传，争取政府支持，优化社会组织发展环境，加强社会组织信息网网站宣传，加大了对"国字号山寨协会"的曝光力度，开展了"国字号山寨协会"调查摸底工作。

（三）云浮市社会组织发展存在的问题

1. 法律法规不健全，登记管理制度有"盲区"

对于社会组织的管理来说，合法性是非常关键的。社会组织管理迄今还没有一部《社会组织法》或类似的法律对社会组织的性质、地位、作用、结构以及权利等进行全面的定位。由于没有法律法规的规定，登记管理机关的日常监管也就仅仅依靠相关的政策和内部文件，随意性很大，合法性不足。

2. 双重管理体制存在弊端

当前，社会组织登记管理采用归口登记，双重管理的登记管理体制。即监督管理社会组织的职能分别由登记管理机关和业务主管单位行使。登记管理机关侧重于社会组织的注册登记，业务主管单位侧重于对社会组织进行日常业务指导，这也导致了社会组织在注册登记过程中重登记、轻管理的现象。每个社会组织注册登记时，要先找到业务主管单位，这对社会组织的发展相当不利，一方面，有些社会组织因为找不到业务主管单位而难以登记，另一方面，有的业务主管单位以监督指导的名义对社会组织进行直接的干预，将部分政府职能转移给社会组织，而当一些社会组织出现问题时，业务主管单位又放任不管。

3. 登记管理机关监管力量不足，信息化和科学监管水平不高

社会组织管理工作政策性强，情况关系比较复杂，发展变化快，目前云浮市社会组织登记数量稳步增加。自从2012年放开、降低社会组织登记门槛后，登记管理机关工作人员、经费、执法力量没有作相应的调整。但要承担工作量大、程序规范、质量要求高的社会组织登记管理职能，同时，还肩负查处社会组织违规违法活动等工作，力量已严重不足。根本无力开展社会组织培育发展工作，更谈不上开展执法监督检查。工作长期处于日常登记、面上年度检查的应对状态。社会组织管理人员结构严重脱离时代发展，难以适应社会组织管理的工作和业务需要。各地社会组织管理人员编制严重不足，难于承担社会组织登记管理重任。各地兼职登记、兼职管理导致登记管理的缺位。未能有效开展社会组织执法监察工作。开展工作必要的资金、孵化基地建设资金和系统运营维护费用未纳入预算或不足。社会组织信息化建设起步慢，信息系统上下贯通、内部联通、横向互通能力弱、未能高效地实现信息共享，部门间各负其责的综合监管体系尚未形成。各自为政，重复录入数据的工作太多，难以招架。

4. 社会组织自身建设不够规范，生存发展困难

主要体现在以下方面：（1）有的社会组织缺乏有效的内部治理结构，缺乏完善的内部制度，自治管理能力较弱，存在"休眠"的社会组织，符合注销条件但不办理注销手续等。（2）社会组织运转经费缺乏多元来源渠道，无法获得有效保障。不同于行政单位办社会组织相对好些的资金状况，自发成立的社会组织限于草根背景和组织非营利的性质，只能到处"化缘"，寻求捐赠或政府资助，活动经费紧缺，制约了社会组织自身发展。（3）社会团体工作人才供给不足。鉴于社会组织公益性、非营利的性质，对于人才并不具备足够的吸引力，例如新兴县75家社会团体中，只有19家社会团体配备有专职工作人员，亦有几家社会团体合聘1个工作人员的，其余的社会团体都是兼职工作人员，而且大部分兼职工作人员都是在行政机关、企（事）业单位工作，难以有时间应对社会团体的日常工作，致使社会组织的会务难以拓展。

5.党建工作覆盖不全，没有充分发挥党员作用

首先，社会组织并不缺乏党员，因为其涉及领域较广，甚至不乏在领导岗位上退下来的高素质党员，但鉴于很多社会组织并未成立党组织，致使党员们无处安家，党员只能依靠个人力量在发挥作用，集体力量得不到有效整合，这也导致无法有效发挥党员先锋模范作用。其次，对于已经成立党组织的社会组织而言，缺乏健全的党建工作管理服务机制。党建工作是促进社会组织健康有序发展的重要工作，但社会组织党建还是一个新的领域，许多相关主题在党建工作方面缺乏经验。另外，虽然党建工作取得了一定的成绩，但总体来看党建体制没能与社会组织党建工作配套。对于许多社会组织而言，现阶段还缺乏健全的工作制度，无法建立起专业化的人才队伍，因此，社会组织的党建工作相对滞后，需要进一步加强和完善。

（四）云浮市社会组织改革发展措施

针对以上存在的问题，云浮市期望通过以下的改进思路来促进社会组织健康、有序地发展：坚持培育发展与管理监督并重，创新发展体制机制，以建设社会组织孵化基地为契机，继续加大培育发展社会组织的力度，强化主体责任，加强宣传培训，加强政府扶持力度，增强社会组织主体地位和服务功能，激发社会组织活力，促进社会组织作为社会治理重要主体作用发挥。

1.加强法律法规学习和宣传，做好日常业务和指导工作

加强《慈善法》和即将新修订出台的《社会团体登记管理条例》、《社会服务机构登记管理条例》、《基金会管理条例》三个条例业务学习，落实工作责任，做好慈善法实施及相关社会组织管理配套工作，强化督查，确保工作落到实处。引导社会组织加强会员和从业人员的法制教育、诚信教育、职业道德教育，提高遵纪守法的意识，加强行业自律和自身建设，维护好会员的合法权益，自主办会、民主办会、按章办会，落实民主选举、民主决策、民主管理和民主监督。

继续深化社会组织登记管理制度改革，降低登记门槛，大力发展城乡基层社会组织，依法依规做好登记服务。督促引导行业协会商会建立健全规范运作、诚信执业、信息公开、公平竞争、奖励惩戒、自律保障等六个机制，建立健全诚信经营、行业自律长效机制。继续做好统一社会信用代码实施工作，推

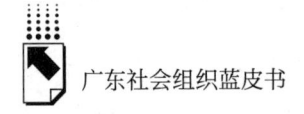

进慈善机构类、脱钩行业组织的社会组织换发登记证书。

2. 明确行政监管职能，全面推开和完成行业协会商会与行政机关"脱钩"工作

重视年检（年报制度），完善退出机制，探索简化对"休眠"状态社会组织的注销和撤销程序，对"休眠"状态的社会组织要有退出机制，坚决清退一些多年不参加年检的社会组织。加强网上信息公布，加强会员监督、部门监督，社会监督机制，畅通企业、群众对社会组织诉求、意见、建议和举报渠道。对社会各界反映问题较多、信誉度不好、涉企乱收费的社会组织，进行重点检查和约谈，并限期整改。

应严格依据《行业协会商会与行政机关脱钩总体方案》的要求、按照"五脱钩五规范"要求，按照民政部和省厅的部署，在前两年"脱钩"的基础上，全面深化脱钩，继续推进行业协会商会去行政化、去垄断化。

3. 健全社会组织内部管理制度，提高服务社会能力

首先，重视和完善社会组织的内部管理制度建设。通过宣传和引导社会组织按照《广东省社会组织法人治理指导意见》及新修订的各类社会组织章程范本，引导社会组织建立完善的法人内部治理机制，适时修订完善新章程，完善以章程为核心的决策、执行、监督制度，合理设置理事会、执行机构、监事会的结构和功能，建立健全以章程为核心的各项规章制度加强法人内部治理，开展行业自律与诚信创建活动，激发活力，加快推进形成政社分开、权责明确、依法自治的现代社会组织体制。其次，重视社会组织人才队伍的建设工作，建立健全社会组织约束机制，加强内部激励力度，进一步激发社会组织人才队伍的主动性和积极性，提升从业人员的专业素质和服务能力。推进社会组织的民主决策，做好社会组织的财务管理、人力资源管理等制度建设工作，推行上岗服务持证制度，从而实现社会组织的"自立、自主、自律"。

4. 继续探索建立综合监管体系，发挥大数据云计算科技手段的应用

继续抓好党建工作，发挥党组织的战斗堡垒作用。继续发挥党群监督作用，提高社会组织管理的规范化程度。建立联席会议制度，加强对社会组织工作的统筹协调，及时研究解决相关重大问题。加强沟通协调，在登记上把握不准的，主动征询相关部门意见；在监管上掌握信息不够的，主动协调相关部门共享信息；在执法上力量不足的，主动争取相关部门支持。继续推进信息化建设工作，加大网上业务系统应用水平，为实现全省联网统一、跨部门信息共享

和社会组织的动态监管做好基础工作。

发挥大数据云计算科技手段的应用,提高效率和科学监管水平。建立部门间综合监管体系,提高信息系统上下贯通、内部联通、横向互通,实现信息共享。利用大数据云计算自动统计报表和形成工作报告,减少政出多门、重复录入和避免数据不精确的现象。加强文件上传下达、信息公开和网站维护等工作。利用信息化手段实现大数据管理,实现全省联网统一、跨部门信息共享和社会组织的动态监管。

5. 争取政府加大投入和支持,推进社会组织孵化基地建设

争取科室架构调整或争取增加科室人员编制,确保行政审批和行政执法符合法律法规要求。确保必要的办公、执法工作经费,推进信息化建设工作和社会组织孵化基地建设,积极争取财政支持,把社会组织信息化建设经费列入年度预算,争取落实维护资金,为信息化建设提供必要的人力、财力和物力保障。加强协作和投入,推动政府向社会组织转移职能和购买服务。

探索可行的社会组织孵化基地运营模式,发挥实效,组织培训和交流,激发社会组织活力,提高云浮市社会组织的整体质量。落实扶持政策,建立孵化基地和扶持社会组织发展的专项资金。形成政府公共财政主导、其他形式为补充的多元机制,落实孵化基地建设和运营资金长效机制。除公共财政专项资金外,还可以探索来自福彩公益资金以及社会募集的社会组织发展基金。扶持的主要方式为开办补贴、工作经费或者公益项目补贴等多种资助形式。

案例分析

Cases Analysis

B.23
加强诚信自律建设,增强资源整合能力
——东莞市大众社会工作服务中心

王达梅 涂 斌*

摘 要: 东莞市大众社会工作服务中心是一家发展和运行状况良好的社工机构,其对于社工行业的经验贡献在于不断完善、引领行业的管理制度,坚持诚信自律、开拓分享的管理机制。但是,也面临着资金来源单一、资源整合能力不足、组织凝聚力有待提升等问题,需要从提升社会资源整合能力、积极促进机构内部互助、增强机构内部凝聚力等途径加以完善。

关键词: 社会工作 开拓分享 资金来源 资源整合 东莞市

---

* 王达梅,博士,广东省社会组织研究中心、广东外语外贸大学政治与公共管理学院副教授,研究方向为社会管理,政府购买社会组织服务,财政绩效评价。涂斌,博士,广东外语外贸大学教授,广东省社会组织研究中心副主任,硕士生导师,研究方向为社会组织评估、社会组织资金筹措、社区治理、财政支出绩效评价。

【案例正文】

1. 组织简介

（1）概况：东莞市大众社会工作服务中心（以下简称：大众社工）是一家注册登记于2009年，由东莞市民政局培育扶持成立的社会工作专业服务中心。大众社工总部位于东莞市南城区簪花路泰安阁，日常使用的场地面积为805.42平方米，内设有行政综合办公室、项目办公室、培训室以及会议室等。大众社工现有总人数共224人，其中在岗社工123人，本科及以上学历186人，社会工作专业及相关专业85人；持社会工作师资格证书32人，持助理社会工作师资格证书107人。大众社工现运营业务包括95个市（镇）两级岗位服务、8个社区综合服务中心及多个公益服务项目。

（2）宗旨目标：大众社工坚持"以人为本、助人自助、服务东莞、共创和谐"的宗旨，积极承接政府及社会团体等委托的公共服务项目，根据服务对象的需求提供优质多元的专业服务；搭建社会工作服务人才平台，进行与社会工作相关的培训、研究、宣传和交流活动。大众社工致力于成为一家受大众信任的社会服务中心，并为推进东莞市社会工作专业化、本土化、职业化担当先行者和探路先锋。

（3）荣誉称号：大众社工在2013年度被评为东莞市社会工作专业人才重点实训基地，并荣获国家民政部首批全国社会工作服务标准化建设示范单位和企业社会工作试点单位；2014年度获得民政部社会工作司颁发的"首批全国社会工作服务标准化建设示范单位"，当选为"省社工师联合会社工服务中心工作委员会副主任委员"，并获评"广东省青少年事务社会工作重点实训基地"；2015年度获得中国社会工作联合会颁发的"全国百强社会工作服务中心"。

（4）资金来源：目前，大众社工主要资金来源于政府购买服务资金，年均约1800万，占总收入的90%，社会捐赠资金（含前线整合资源）年均约200万，占总收入的10%。

2. 组织业务开展情况

大众社工主要业务板块为岗位服务、社区综合服务中心及公益服务项目。服务领域包括社区综合服务，青少年服务，妇女服务，志愿者管理以及青少年

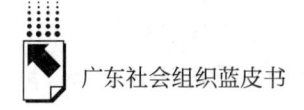

服务、驻校服务、长者院舍服务、社区矫正及禁毒服务等。大众社工在业务开展的过程中探索出了依法治理、服务为本的运营经验，主要有以下两方面做法。

（1）坚持不断完善、引领行业的管理制度

东莞市大众社会工作服务中心以章程为核心，通过理事会编制了如理事会和监事会换届选举、信息披露、捐赠救助、服务承诺、财务管理、文书档案、证书印章管理、分支代表管理等各项规章制度，以及以《东莞市大众社会工作服务中心员工手册》为代表的内部管理制度，确保组织决策、执行、监督各个环节规范运作。同时，大众社工建立并执行理事会例会、行政例会、员工大会等会议议事规则和表决规则，通过议事方式集体决定各类事项。其内部管理制度上的建树为东莞社会工作同行机构提供了行业榜样，以及值得借鉴的管理经验。

（2）坚持诚信自律、开拓分享的管理机制

大众社工秉承诚信为本、自律自治的理念，自觉遵守有关法律法规，严格按照章程和规定开展活动，有效履行社会服务承诺，积极倡导和践行行规行约。在7年的发展历程中，大众社工从未受到来自服务购买方、服务使用方的投诉，收获了来自社会各界的称赞和信任。

在开拓分享方面，大众社工与其他社工机构通过合作发展的方式，共同制订和实施行为规范和行业标准。同时，积极响应社会组织帮扶机制，对欠发达地区或同类弱质社会组织发挥传帮带作用。如2013年大众社工派出资深社工组成督导团，开赴武汉进行第一期的实地督导，积极支援内地社工事业发展；2014年，在广东省社会工作师联合会主办的"提升社工实务能力，服务输送边远地区—牵手计划"中，大众社工为明镜社工运营的上城街道项目提供技术支持；在2014年云南昭通鲁甸803地震中，大众社工派出佛山地区社工代表，成为广东社工支援地震灾区服务支援队的一员，奔赴鲁甸参加灾后救援。2016年，在广东省社会工作师联合会主办的"支持鄂尔多斯专业社会工作发展合作项目"中，大众社工派出优秀督导提供专业的技术支持。

3. 发展中存在的问题

（1）资金来源单一。目前大众社工90%资金来源于政府的购买服务，服务项目以及资金易受政府的政策变动影响，业务发展十分被动，难以形成一个持续的服务计划，一定程度上也影响了服务的成效。在政府的服务经费中，仅以兜底服务的形式计算，大众社工难以在服务运营中储备一定的风险金，影响机构自主研发创新服务和项目的能力和动力。

（2）资源整合能力不足。东莞市大众社会工作服务中心资源整合能力不足体现在两个方面，一方面是东莞市大众社会工作服务中心自身的资源整合不足；另一方面是前线社工的资源整合能力不足。由于资源整合能力不足，导致服务的开展过程中缺乏各种社会资源和资源链接，无法为服务对象提供更优质的服务。

（3）组织凝聚力有待提升。经过7年的快速发展，大众社工的规模扩展至200多人，服务点遍布东莞32个镇街并且延伸至佛山地区，服务范围的扩大也导致管理层难以与各服务点维系稳定、深入的日常交流沟通，前线同事对机构的归属感有逐步下降的趋势，因此，在一定程度上影响到大众社工政策的执行效果和服务质量等。

4. 改进计划

针对东莞市大众社会工作服务中心在发展过程中存在的问题，可以从如下两个方面加以改进和解决。

（1）提升社会资源整合能力。资源整合包括两个层面：机构的资源整合，前线社工的资源整合。在机构层面上，东莞市大众社会工作服务中心计划加强与目前合作单位（捷荣咖啡、青年企业协会、团市委等）联系，结合品牌服务与合作单位进行资源链接。另外，积极搜集各类项目评选及申报，尤其省级及以上评选及申报工作，利用各类资源提升服务资质，提高机构资源整合能力的同时，也可以提高品牌项目的可持续性。另外，大众社工2017年以"99公益日"为重点项目跟进，做好全面的准备工作，包括筹款能力的培训、筹款文案的撰写、筹款过程的管理等，不断提高项目筹款成功率，降低项目运营成本的同时，对项目也进行很好的宣传。在前线社工层面上，加强前线社工资源整合意识，发掘服务点潜在资源，实现社会资源整合最大化。

（2）积极促进机构内部互助，增强机构内部凝聚力。加大对员工互助组织的支持力度，从管理上和财务上给予更多的支持，在保留成长基金会和土司坊等互助组织规模不变的情况下，增加对员工及员工兴趣小组的支持，增加对前线社工的员工关怀，激发他们以兴趣会友的热情，促进服务点周边的同事深

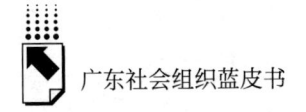

入互动。另外，举办更多文体艺术活动，例如，员工篮球赛、大众厨神、大众好声音等活动，建立平台，让员工发挥特长，丰富业余生活，同时也有利于增强凝聚力。

【案例分析】

从当前广东省社会服务机构发展的总体状况看，东莞市大众社会工作服务中心发展和运行状况非常良好，成效显著，不仅获得政府购买服务资金数额较大，而且内部治理开展比较规范，有比较完善的理事会例会、行政例会、员工大会等治理结构。但是，即便如此，该社会组织在发展过程中，也存在着两个值得关注的问题，这两个问题也是当前社会组织发展中存在的比较突出的问题。

第一个问题是社会组织资金来源问题。这是我国社会组织发展历程中一直伴随着的问题，是旧问题，也是比较难以解决的问题。社会组织既不是企业，无法通过向消费者提供特定商品获得收入来源，也不是政府，通过税收作为收入来源。社会组织只能通过接受捐赠、收取会员会费，或者提供某些收费服务，取得收入。在很多情况下，单纯的输血式经费对维持社会组织的运作不利。当前，多数社会组织，尤其是处于初创期的社会组织，面临着资金不足问题，可能导致组织无法正常运转和开展服务。近年来，政府通过购买服务方式支持社会组织发展，政府购买服务资金成为越来越多的社会组织的资金来源，而且占很大部分的比例。对于很多社会服务机构而言，政府购买服务资金是其唯一的资金来源，甚至部分社会服务机构就是为了抢占政府购买服务"蛋糕"而成立的。在这种背景下，尽管政府购买服务资金支持社会组织发展，但是单一的资金来源结构给社会组织运转埋下较大的隐患。一旦出现政府购买服务资金减少，或者社会组织无法连续获得政府购买服务项目，或者发生政府拨款延误等情况，社会组织的运转将受到严重影响，工作人员工资将无法正常发放，服务项目因缺乏资金而无法正常开展，社会组织运作将陷于停滞状态。有些社会组织将不得不削减人员，使得社会组织的规模变小。对于这个问题的解决方法，从政府角度来看，应当将政府购买社会组织服务作为一项持续稳定的政策，保障财政资金作为社会组织资金的重要而且稳定的来源；从社会组织自身角度看，社会组织应当积极发掘和开拓各种资金来源，尤其是开展自我造血式的服务项目。

第二个问题是社会组织的资源整合能力问题。这是我国社会组织发展中出现的新问题。虽然当前广东省社会组织发展势头较好，社会组织数量增长较快，规模也有明显扩大，但却面临着能力不足困境，其中，资源整合能力不足问题更为值得关注。整合社会资源能力是指社会组织整合各种社会资源，包括企业资源、公众资源等，以更好地为服务对象提供服务的能力。提高社会组织资源整合能力，应从如下三方面入手：第一，社会组织应树立良好正面的社会形象，具备良好的社会形象和社会美誉度，才能够获得企业和社会公众的肯定，进而为社会组织提供资源；第二，紧密结合社会需求，创新和开发有特色、有价值的服务项目，以服务项目为纽带，链接各种社会资源，整合社会资源；第三，社会组织应当引进社会交往能力强的人员，或者对工作人员进行社会交往能力培训，才能够说服各种社会主体参与社会组织的活动，为社会组织提供各种支持和资助。

B.24
加强人才队伍建设，提高职业化水平
——中山市心苑社会工作服务中心

王达梅 涂 斌 彭未名[*]

摘 要： 中山市心苑社会工作服务中心是成立时间较长的组织，运转情况良好，其开展的众多业务之中，较有特色的是党建公益，党员链接资源等"公益+党员"的模式。然而，也面临人员流动率高、财政资金拨付慢等问题及挑战，应不断加强人才队伍建设，提高职业化水平，促进社会组织稳步健康发展。

关键词： 社会工作 党员社工 行政能力 人员流动 中山市

【案例正文】

1. 组织简介

（1）概况：中山市心苑社会工作服务中心（以下简称为：心苑社工）成立于2009年，是经中山市民政局批准注册的民办非营利社会工作服务机构，办公场地在中山市东区博爱七路25号。心苑社工的机构愿景是营造"家"的文化，促进建立互助关怀的社会，机构使命是立足社区、救难助困，价值是助人自助。心苑社工依托中山职业技术学院技术支持，运用专业知识和方法为社

---

[*] 王达梅，博士，广东省社会组织研究中心，广东外语外贸大学社会与公共管理学院副教授，研究方向为社会管理，政府购买社会组织服务，财政绩效评价。涂斌，博士，广东外语外贸大学教授，广东省社会组织研究中心副主任，硕士生导师。研究方向：社会组织评估、社会组织资金筹措、社区治理、财政支出绩效评价。彭未名，博士，广东外语外贸大学教授，广东省社会组织研究中心主任，硕士生导师。研究方向：社会组织、社会治理。

区居民提供老年人服务、家庭服务、青少年服务、社区服务等专业社会工作服务，促进社会公益事业的发展，共建和谐社会。

（2）机构架构：主要设有理事会、监事会、工会、督导顾问团、总干事管理层、行政部、服务部等，另成立党支部、团支部。具体架构如图1所示。

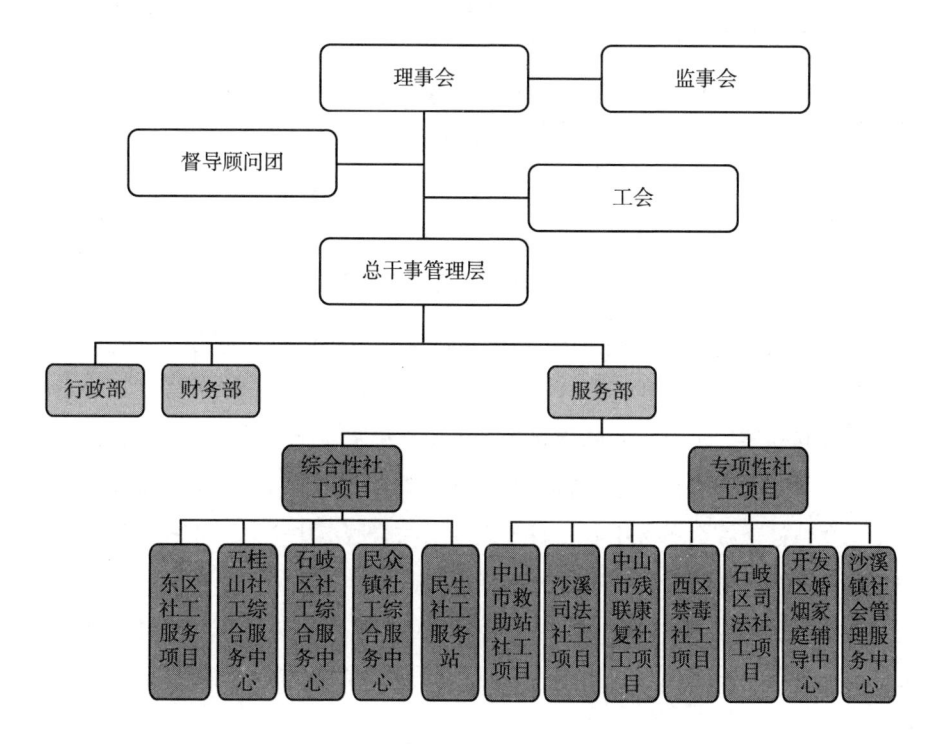

图1 中山市心苑社会工作服务中心的组织架构

（3）人员队伍：中山市心苑社会工作服务中心现有项目社工63人、督导顾问团8人（包括香港督导4人、本土机构顾问及督导4人）以及行政人员5人，工作人员本科学历比率超过60%，其中取得中级社工证人员共12名，取得初级社工证人员共39名。中山市心苑社会工作服务中心重视社工人才队伍本土化建设，在正式员工63人中，中山户籍为44人，占总数的69.84%（见表1），社工本土化程度和稳定性比较高。从员工的从业年限看，三年或以上占34.92%，两年~三年占11.11%，一年~两年占25.40%，半年~一年占9.52%，半年内占19.05%（见表2）。

表1 中山市心苑社会工作服务中心员工的籍贯构成

籍贯	数量	百分比
广东中山	44	69.84%
中山市外	19	30.16%
合计	63	100.00%

表2 中山市心苑社会工作服务中心员工的从业年限

机构从业年限	数量	百分比(%)	机构从业年限	数量	百分比(%)
半年内	12	19.05	两年~三年	7	11.11
半年至一年	6	9.52	三年或以上	22	34.92
一年至两年	16	25.40	合计	63	100.00

（4）服务领域：心苑社工的主要服务领域包括社区、长者、家庭、青少年、残障人士、司法、禁毒、社会救助、流动人口、义工培育、职工、党群结队、三社联动等。承接运营的项目类型主要有以下三类。

承接运营的综合性社工项目：东区社工服务项目、五桂山社工综合服务中心、民众镇社工综合服务中心、石岐区社工综合服务中心、民生社工服务站等中山市4个镇区的综合性社会工作服务项目。

承接运营的专项性社工项目：西区社区戒毒（康复）社工服务项目、中山市救助管理站社工项目、西区社区矫正服务、沙溪社区矫正服务、石岐区社区矫正服务等。

承接运营的公益创投社工项目：红色创投推荐项目"爱·邻·社"互助同行计划、"蝶变"重生计划、优胜项目党群连心·共促和谐——重点关爱群体圆梦计划、"集思公益 幸福广东"支持妇女计划特别资助项目——巾帼长者生命印记项目、关爱流动儿童社工服务项目、广东省妇女维权与信息服务站（中山站）项目、中山市妇女联合会"家添能量"妇女儿童和家庭发展计划、中山市婚姻家庭辅导项目、中山市博爱100专项社会工作服务项目等。

（5）荣誉称号：心苑社工先后荣获2014年首批全国社会工作服务示范单位、中山市社会工作专业实训基地等称号；2015年成为广东省社会工作专业人才重点实训基地；2016年7月荣获广东省先进基层党组织称号，2016年12月通过中山市社会组织5A等级评估。

(6)资金来源：中山市心苑社会工作服务中心的资金来源，主要通过政府购买服务形式获得，占资金来源的100%，其中2016年总收入为549.18万元。

2. 组织业务开展及其经验

从成立至今，中山市心苑社会工作服务中心共承接逾100个社工项目，服务覆盖3个市级部门及中山市8个镇区。心苑社工在开展组织服务活动的过程中形成了"党建+公益"、"党员+社工、志愿者"等特色服务模式，具体体现如下。

中山市心苑社会工作服务中心党支部通过中山市"红色创投"党建公益服务项目创投活动，设计的"圆梦计划"项目成功获得11.4万元资金支持，服务物资（体温计、手持式家用血糖分析仪、轮椅等生活用品）455份。该项目由党员社工链接资源开展病患和空巢老人"爱心医疗队"服务。还有搭建医疗服务平台，招募有医疗专业知识背景的医疗志愿者，发掘社区有医疗服务需求的老年人，进行资源链接与配对，为服务对象提供简单的医疗服务，每月进行2次探访，每次15户。截至2016年12月，共开展18次，服务242人次，共有162名党员志愿者参与其中，共服务486小时。

另外，开展老党员"红色记忆"服务。党员社工联动党代表、义工等群体，为老党员开展"红色歌友会"、"红色剧场"等缅怀活动。每月开展1次活动，每次参与15人次。截至2016年12月，共开展9次，服务128人次，共有16名党员志愿者参与，共服务48小时。开展单亲家庭青少年"成长有爱"服务。党员社工利用成长小组活动，利用社工站"放学时分"活动平台，开展各类成长学习小组活动，提升其动手能力和团结协作能力，增强自信心，弥补家庭缺失。机构也根据需要，链接党代表资源，定期开展课业辅导。截至2016年12月，共开展14次小组活动，服务180人次，共有42名党员志愿者参与，共服务126小时。

中山市心苑社会工作服务中心通过自身的服务优势，创新公益服务，党建促进社会和谐。以"圆梦计划"为例，一是提升资源整合能力，把"小公益"变为"大善治"。党支部广泛收集生活困难党员群众、空巢老人、残障人士等困难群体的"微心愿"，并成功借助红色创投活动平台整合了党建服务资源为他们"圆梦"，解决了以往公益项目资源严重不足这一难题，把只有少数人支持的"小公益"项目向全体党员志愿者甚至是社会各界参与的"大善治"格局转变。二是发挥社工的资源整合者的角色作用,开展"党员志愿者+社工"结对服务工作。如加强与镇区机关、村社区的沟通交流,招募一批党员志愿者担任"社工助理员",通过专题培训、小组学习和跟岗锻炼,将各"社工助理员"分派到各个公益服务项目中,培育带动更多的党员志愿者投身基层治理创新。三是"三社联动",打造"红心桥"团队,成立由党代表及其所在的党组织、机关党组织以及社会组织等组成的党组织社会组织公益联盟,借助各类平台推广项目服务内容,提升社工机构的社会公信力,加强与群众的普遍联系;开通网站、微信公众号等各类新媒体宣传平台,扩大社会组织"指尖上的党建"覆盖面,打造"红心引领"的基层治理新格局。

3. 发展中存在的问题

中山市心苑社会工作服务中心即将走入第八个年头,但在机构架构、人员流动性及管理等多方面也面临挑战。心苑社工中心采用"直线职能制"架构模式,随着社工中心承接运营的社工服务项目不断增加,行政职能部门及一线服务部门间的沟通成本逐渐加大。由于一线服务部门负责人多为从社工岗位上晋升,对于行政类工作存在一定的不足。心苑社会工作服务中心需不断提升各部门负责人的行政管理方面的能力。此外,从业人员流动性较大,也不利于心苑社工长远发展。2016年,心苑社会工作服务中心员工离职率约为15%。从相关数据中分析及员工离职原因分析,员工离职的主要原因是个人发展方向改变及就业地点选择为主。除了从业人员个人原因离职外,中心也存在因运营项目点撤点原因,导致没有足够职位提供给撤点项目点的员工。再者,心苑社工的资金全部来源于政府购买社工服务项目。社工服务项目资金拨付方式,多分为三期形式拨付,且由于政府财政审批等多方原因,资金拨付时间有所延迟,其中2016年度尚有18.7万多元仍未到账,需要通过对外贷款形式支付员工工资,故一定程度上增大了运营压力。

4. 改进计划

针对以上在运营和服务中存在的问题,中山市心苑社会工作服务中心在未来的发展中,将进一步实施相应的改进计划,具体如下:一是提升机构内部行政管理能力。主要通过规范完善机构内部的行政管理体系,做到内部行政有章可循;通过加强对执行管理层员工的管理能力培训,提高管理人员的行政管理能力。二是提高员工基本福利及待遇，注重员工关怀。一方面加强财务管理，保证充分的资金用以保障和提高员工基本福利及待遇，同时给予更多机会和资源帮助员工获得更多的晋升渠道和学习培训机会，另一方面通过多种形式关怀员工，让员工拥有友好的工作氛围，形成较好的凝聚力，从而有助于降低员工离职率。三是扩大员工薪酬的资金来源，由于机构的绝大部分资金均来自于政府购买服务，然而财政拨付进度较慢，故需要中心加强品牌建设，扩大社会影响力，通过其他合法、合理的方式来获得稳定的员工薪酬资金。

【案例分析】

相对于其他很多社会服务机构而言，中山市心苑社会工作服务中心是成立时间较长的组织，运转情况良好，先后承接100个政府购买社工服务项目，服务覆盖中山市3个市级部门及8个镇区。但是，即便成立时间比较长，实力较为雄厚，开展业务比较多，也存在着组织架构设计、机构管理、人员流动性、财政资金拨付慢等问题及挑战。其中，人员流动性问题更是值得关注。

人才问题是社会组织的关键性问题，因为没有人才，就无法体现社会组织的专业性，而缺乏专业性，社会组织就难以得到社会的认可。人才问题长期困扰着社会组织的发展。在没有开展政府购买社会组织服务之前，社会组织没有资金，连工作人员都难以招聘，很多都是兼职人员；开展政府购买社会组织服务之后，社会组织有了资金，可以招聘比较多的专职工作人员，但却出现留不住人、人员流动率过大的问题。当前社会组织工作人员流动率在15%～30%之间，人员流动率过大。中山市心苑社会工作服务中心虽然实施人才队伍本土化策略，但人员流动率也达到15%。社会组织人员流动率比较高，其原因主要在于收入水平过低，根据"广州社区服务网"提供的招聘社工信息看，项目主管月薪约为5150元，一线社工月薪在3350～4550元之间，而无证社工则在2500～3000元之间；天津的社工人均月薪为4200元；中部地区社会组织员工的薪酬则更低。另一个原因是缺乏充足和明确的晋升空间和晋升渠道。解决社会组织人员流动率过大问题，一方面，应提高社会组织工作人员的工资，但提高又是一个难题，因为社会组织很难创收，社会组织大部分资金来源于政府支持。这就要求政府应通过各种方式和途径对社会组织进行持续性的资金支持，并且不断提高资金支持力度。另一方面，促使社会组织工作"职业化"。根据社会组织开展各项工作的需要，在社会组织中推出一批职业化的工作岗位，比如，可以在社会团体和社会服务机构中推出秘书长、会计、文秘、社工等职业化岗位。在职业化基础上，推行社会组织成员职称评定，参考现有专业技术人员职称评定的做法，分为"员级、助理级、中级、高级"四个级别对社会组织成员进行专业技术职称评定，并且规定在专业技术职称评定方面享受与国有企事业单位同类人员同等待遇。

B.25
"借力"发展，塑造社会组织品牌
——珠海市蓝海社会服务中心

涂 斌 彭灵灵 王达梅[*]

摘 要： 珠海市蓝海社会服务中心发展情况良好，具备规范的内部治理结构和机制，资金来源结构较为多元、稳定，在人员发展方面尤其注重多元化、复合型培养，特别是善于"借力"发展，具有强烈的社会组织品牌意识，对其他社会组织具有一定的借鉴意义。同时面临着外部环境制度建设、内部治理待完善、从业人员流动性大等问题及挑战，应加强人才培养力度，完善内部治理结构，同时，学会"借力"发展，塑造社会组织品牌。

关键词： 发展策略 管理模式 人才培养 品牌建设 珠海市

【案例正文】

1. 组织简介

（1）概况：珠海市蓝海社会服务中心（以下简称：珠海蓝海）成立于

---

[*] 涂斌，博士，广东外语外贸大学教授，广东省社会组织研究中心副主任，硕士生导师，研究方向：社会组织评估、社会组织资金筹措、社区治理、财政支出绩效评价。彭灵灵，广东药科大学社会工作系讲师，博士研究生，主要研究方向：社会组织与社会治理、社会政策与社会工作。王达梅，博士，广东省社会组织研究中心、广东外语外贸大学政治与公共管理学院副教授，研究方向为社会管理，政府购买社会组织服务，财政绩效评价。感谢珠海市社会组织管理局提供的案例素材。

2012年，注册和办公地址在香洲区健民路147号沿海出版大厦402室，由珠海市关爱协会无偿提供办公场地。珠海蓝海的机构宗旨是遵守宪法、法律、法规和国家政策；遵守社会道德风尚；依据社会发展需求，为有需要的群体和个人提供社会服务；缓解社会矛盾，促进社会和谐稳定发展。同时以"以人为本、发展潜能、开拓进取、创新模式"为机构理念，以"独立、尊重、平等、博爱"为核心价值，致力于实现打造优秀专业团队、开拓广阔服务领域、提供优质专业服务、创建知名社会服务品牌的机构目标。

（2）服务：珠海蓝海的服务宗旨是立足需求，遵从"助人自助"的专业理念，恪守"专业、人文、公益"的机构文化，力争向有需要的单位及个人提供高质量的社会服务。服务项目主要包括老年人、残疾人、青少年、社区矫正、婚姻家庭、学校、企业、医务社会工作、戒毒等其他相关社会服务。

（3）人员：目前，珠海蓝海有全职员工12名，实习生4名，学历分布方面，研究生1名，本科7名，专科4名。专业分布方面，社会工作专业3名，心理学专业1名，行政管理及思想政治专业2名，会计专业1名，市场营销及经济管理2名，文学、法学、艺术类专业3名。在资历资格方面，助理社会工作师3名，社会工作师1名，除此之外，还有公共关系师、育婴师、人力资源管理师、企业培训师、幼师、手语资格、养老护理员、教师等资格证书。因机构发展定位为社区服务，服务内容呈现综合性，故对于员工专业要求方面为多元化，人才培养方面提倡复合型专业人才培养，机构运营采用企业化管理思维。

2. 资金来源结构

（1）政府资金。涵盖民政局、社管部、街道办事处、妇联、团委、省民政厅等政府部门的购买服务资金和扶持资金。

（2）社会捐赠。包括陈一丹基金会、恩派和汇丰银行专项资金，以及由梅华街道牵头的社会爱心企业、人士捐赠、湾仔街道牵头的社会爱心企业资助。

3. 珠海市蓝海社会服务中心的发展历程及经验

珠海市蓝海社会服务中心四年的发展，大致经历以下两个阶段的发展，最关键，也是最可贵的是机构抓住了政府政策支持的重要机遇。

（1）初创期策略（成立至2015年底）

①依靠兄弟单位支持。在成立初期，机构并没有太多的资本，主要采用两

表1　近年来珠海市蓝海社会服务中心资金来源情况

单位：元

分类	详细分类	2013年	2014年	2015年	2016年	合计
政府资金	街道创投及购买服务	50000	40000	384000	330630	804630
	省民政厅培育资金	0	300000	0	0	300000
	市级模拟创投资金	0	24000	0	10000	34000
	市区社管部创新资金等	0	0	120000	0	120000
	市民政局购买服务	100000	100000	200000	200000	600000
	群团（团、妇）	0	100000	220000	347000	667000
	小计	150000	564000	924000	887630	2525630
社会捐赠及出资	恩派"里仁"计划资助	0	0	19998	0	19998
	陈一丹慈善基金会	0	0	0	10000	10000
	正汉置业有限公司（湾仔街道牵头）	0	0	0	199000	199000
	梅华街道牵头众多爱心企业捐赠	0	0	0	180000	180000
	网络众筹	0	0	0	3900	3900
	小计	0	0	19998	392900	412898
合计		150000	564000	943998	1280530	2938528

个策略谋求生存，首先是兄弟单位支持（大概从机构成立到2014年9月），基本靠法人另外一个运营成熟的机构——珠海市关爱协会资助派人开展服务，并以此锻炼专业人员提供一线社会工作服务，在这期间管理属于初级模式，具体表现为：理事长亲自抓机构管理，创立了最初的基本规章制度，但适用性不强，主要原因是管理、执行人员均较少。

②入驻专门的社会组织孵化平台。从机构成立初期到2014年11月，通过竞争努力进驻市民政局提供的社会组织发展平台，努力获得模拟创投的经验以及争取省民政厅对于社会组织培育扶持资金，并顺利获得，以此作为基础资金开始组建团队。

③品牌意识强烈。由于法人对于社会组织运营的经验作为基础，打造品牌服务的意识以及政策转化能力和意识非常强烈，从2014年8月开始承接到运营了团委的青少年权益保障试点项目——青春护航站，在前两个季度的运营过程中采用互评的模式，成绩均名列前茅，2015年配合团委参与了2015年珠海市社会治理创新项目评选并获奖，并且尝试独立申报该项目的评选，逐步奠定了机构在青少年服务方面的基础并逐渐显现出优势，其间接待了大量的调研参

观等，包括安徽、四川、广西、深圳等地，也有香洲区其他镇街、社区，每次的调研参观都为拓展新项目奠定良好的人脉基础。2014年8月通过招投标获得珠海市民政局的社会工作服务项目，并在2015年7月底评估时获得同期项目的第一名，自此打开拓展项目领域的第一扇门。

④自设门槛，促进管理水平升级。在具体运营过程中，虽然离高级别的社会组织水平还有差距，但是始终根据社会组织等级评估的要求倒逼机构管理升级，特别是在机构公信力和透明度提升方面，自2014年底开始编制机构《简报》，将机构的服务、内部管理消息等全部以PPT的方式编制成电子版简报，进行大量的转发，并以此作为机构介绍的重点特色，至今已经坚持19期。2014年12月，成立了中心党支部。

⑤社会组织扶持资金准确运用。2013年底申请了省民政厅的社会组织扶持资金，2014年5月到位，有了资金，机构运营开始酝酿从理事会转到总干事层面，但是最初招募总干事并不适合，主要因为经验单一（居委会工作，获得中级社会工作师资格），原有的人员管理经验和个性特征并不能驾驭机构的整体管理，重点表现在建立的规章制度等并没有根据机构的发展确定内容，多是从网络抄袭，例如在机构只有四名全职员工的情况下竟然设计360度绩效考核评价制度。且在高资格低能力的状态下，2014年8月丢掉了原本有的一个赖以生存的社会工作服务项目，同时在巨大压力下，理事会专项指导重新获得另外一个社会工作服务项目。2014年9月按照高标准重新招募总干事，到2015年7月底，机构仍然面临重大机遇和危机：2014年8月获得市民政局社会工作服务项目面临再次招投标，如果不能获得服务资格，又将回到2014年8月的窘况；机会：市民政局另外一个项目也在对外招标。总干事在充分了解过往市民政局招投标获得标的单位的评分级别并进行内部梳理、认真调查服务需求、带领团队一举获得两个项目的服务资格，每个项目都是三年的服务资格，为机构的服务项目运营和人才团队的稳定奠定了基础。

（2）发展期策略（2015年至今）

自2015年10月至今，自从青春护航项目得到社会认可之后，以品牌带动发展成为机构发展重要策略，也接受了公益市场的检验，项目从单一的各类青少年服务拓展至长者服务、妇女维权服务、社区综合服务，最重要的是依靠党支部的优势，开始尝试以党建引领社会服务模式；同时在发展过程中，对于青春护航项目的经验进行了总结，撰写了《青春护航运营指导手册》，并开始进行香洲区青少年权益保障工作的研究工作，相关负责人也因此成为青年代表，被推举为香洲区第九届政协委员，为社会组织建言献策、参与协商民主奠定了基础。接下来的发展，机构将以服务产品化为发展策略，将过去服务过程中所有开展的服务活动特色、亮点、价值等进行综合评估，深度开发，形成服务产品运营手册，逐步发展成为机构的知识产权，从而提升机构服务产品的价值。

4. 珠海市蓝海社会服务中心的人才培养体系

在此，有必要介绍珠海蓝海的人才培养体系。首先，设计并建立机构内部的职业发展路径相关规范：将行政系列与社会工作专业系列区分，但又可以灵活转换，在制度上首先保证人才梯队的稳定，促进复合型人才的培养，也可以保证机构人员的储备，在人员结构发生重大变化时可以优先从内部调整，提升员工忠诚度。

图1 珠海市蓝海社会服务中心人才梯队模型

（金字塔由上至下：理事；总干事级/督导；部长级/中级社工师；主任级/助理社工师；主管级/专职社工；志愿者骨干/实习生）

其次，建立了从实习生到全职转化的路径，前期机构已经根据实习生的情况总结出《蓝海实习生成长指导手册》（约7000字），并在全职招聘中优先采用实习生，破格在实习生临近毕业时提前转为全职，目前通过该途径入职的员工有四名。

最后，为保证社会工作专业及跨专业人才的培养，结合机构的发展战略定位，设计促进机构发展的人才培养体系，并逐步原创开发接地气真正实用的培训课程，培养本土专业化社会工作复合型人才。

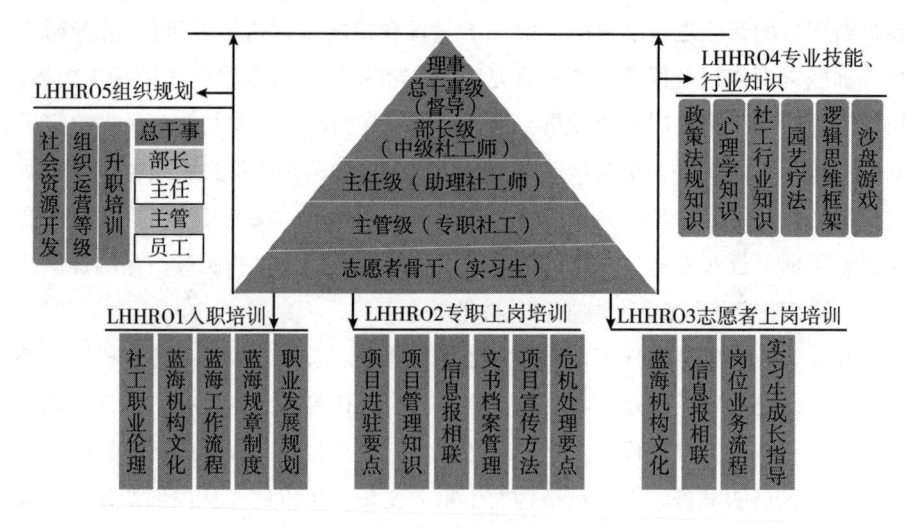

图2　珠海市蓝海社会服务中心人才培养体系

5. 珠海市蓝海社会服务中心的内部运营管理机制

经过四年发展验证，珠海市蓝海社会服务中心有效运用政府政策指引，发挥每一个职能部门以及党支部的价值，激活人才活力，是机构能够健康发展的根本，对于中心而言，内部运营管理机制包含以下几个方面内容。

（1）党支部帮助机构确立正确的发展方向。由爱心企业家党员兼任，以党建引领，确保机构正确的发展方向，保持公正性。

（2）理监事会发挥专业价值，为机构的发展保驾护航。中心理监事会是机构的决策层，机构的发展方向等都需要把关，在实际运营过程中，根据中心章程制定出明确的职责权限，在章程中规定的职责范围内，对理事、监事、总干事、员工各自的权利义务都进行明确的说明，合规、有序运作是理监事会的根本；每年召开的两次理监事会议是决策层评价中心运营品质的重要时段，中心财务审计、进度报告等听取全面的汇报，同时邀请党支部、员工代表列席，既保证决策不失偏颇，又能保障员工对机构透明化管理的认同。

（3）总干事培养的基本模型。在机构运营过程中，理监事会认识到总干事的人选必须是复合型人才，经过两年多的实践证明是正确的。现任总干事在理监事会的指导下有序开展服务工作并不断促进中心健康发展，总结认为总干事在社会责任感、工作经验、专业方面以及自我成长平台方面都略有优势，具体如下。

社会责任感：长期在义工联尽义工责任，是广东省五星志愿者，也是珠海市百佳志愿者、香洲金牌义工。工作经验方面：数十年的外企人力资源管理经验、培训师经验。专业方面：人力资源管理、培训、社会工作、法律专业知识。自我成长平台：近三年来都在民政部指导的首个民间公益人才培养平台——中国公益慈善人才培养计划中学习，并成为首期TOP10学员，现在带领中心加入中国慈善联合会成为会员。

（4）确立适合机构发展的管理模式。

①去中心化管理。中心发展定位在社区，社区的地理位置直接影响着中心的管理模式，目前中心在六个街道都有不同规模的服务项目，有效管理、有效授权是中心面临的主要问题，机构采取去中心化管理方式，根据项目经费规模（也是支付能力）进行有机组合，分成三个区域，每个区域任命负责人，区域负责人负责整个区域项目的所有事务管控，包含：项目进度管理、评估、财务支出审核权、人事建议权等，完全是按照总干事后备人选进行设置，属于行政管理范畴的岗位，所有工作必须经过区域负责人，才能到总干事层面，同时为了降低沟通成本，建立微信群实时沟通，既能保证中心管理层级分明，又能保证中心的民主发展氛围。

②蓝海工作流逐步创立。工作流源自心理学的"心流"一词，在企业管理中也使用"流"的概念，类似单元的概念。为解决人才培养速度和中心发展速度匹配度问题，在中心内部提出"蓝海工作流"概念，主要是将工作操作流程进行综合性完善，业务指导、沟通、需要专业能力，开始尝试用崔西指数衡量业务难易度，以此寻找合适的人员并进行有针对性的培养。

③信息化管理系统使用。信息化管理系统的使用主要是为了随时办公、又能提升整体工作效能的重要工具，根据中心发展需要，采用了北京今目标公司的今目标免费办公软件，对于中心的日常管理以及提升员工的规范意识起到非常重要的作用。出于系统本身以及服务对象信息的安全性考虑，仅限于内部管理以及项目进程中使用，服务对象的信息等均采用线下管理，以保证服务信息的安全性。

6. 组织发展中存在的问题

机构在发展过程中虽然积累了一定的经验，但是制度建设、内部治理、人

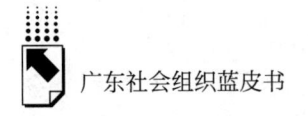

员流动性等方面还是与珠海当地整体的社会工作氛围有很大关系，不仅机构要加强内部建设，市民政局也要从大局出发制定相应的政策，扶持社会组织健康发展。

（1）制度建设方面的问题。制度建设问题突出表现为绩效考核制度难以建立，主要源于机构资金不足，联系到政府购买服务资金的支出结构问题。目前在政府购买服务资金中，只是保障员工的最基本薪酬，对于奖励金以及可能用做奖励金的管理费用没有做出规定，从而影响到社会组织在薪酬方面有合理性安排，对员工有差异化的奖励。

（2）内部治理方面的问题。总干事级专业人才难以为继，机构在建立梯队人才时，选拔培养总干事级人才难之又难，目前总干事难以复制，而总干事在内部治理方面起到非常重要的作用，建议市民政局牵头或者以某几个内部治理优秀的机构（并非等级评估高）研究总干事级人才模型，开发原创的培养体系，帮助各机构培养高层次人才，为珠海的社会组织发展贡献力量。

（3）从业人员流动性问题。从整体看，机构从业人员流动性比较高，经过分析得知，从业人员流动性大有以下几个方面的原因：首先，持续项目资金始终保持一致，并未考虑物价上涨以及人才每年发展对资金的需求；其次，各级政府部门对于社会组织服务的采购金额及服务理念等知识掌握还有提升空间，他们直接决定着能够使用多少资金，以及资金如何有效使用，建议成立市一级的社会治理创新学院，普及所有跟社会治理相关的知识，让社会普遍接受，这样才能吸引更多的人才和资金。再次，国家出台了不少与社会工作人才培养有关的政策，而珠海是特区，需要率先将政策落地让社会组织看到希望。最后，将居委会的社工采用改变为向社会组织购买社工岗位，社会组织已经普遍缺人了，结果民政局对居委会社工有需求，很多社工为了稳定，还是从社会组织中离职选择居委会，不得不说对社会组织来讲是一个硬伤。

尽管珠海蓝海中心已经采取多种方法保留人才，但是因为社工对于珠海发展和临近城市发展的势头相比，宁愿选择其他城市，要知道，珠海各大学里几乎都有社会工作专业，但是留下来的少之又少，社会工作专业学生对于本专业的不自信和珠海发展势头不够好是最关键的原因。2014年珠海市蓝海社会服务中心人员综合离职率为75%（见表2），2015年珠海市蓝海社会服务中心人员综合离职率为12.5%（见表3），2016年珠海市蓝海社会服务中心人员综合离职率为50%（见表4）。

表2　2014年珠海市蓝海社会服务中心人员变动情况

分类	1月	2月	3月	4月	5月	6月	7月	8月	9月	10月	11月	12月	合计
入职	1	1	1	0	1	0	0	0	1	0	0	0	5
离职	0	0	0	2	0	0	0	0	0	0	0	1	3
在职人数	3	4	5	3	4	4	4	4	5	5	5	4	4
离职率(%)	0	0	0	67	0	0	0	0	0	0	0	25	75

表3　2015年珠海市蓝海社会服务中心人员变动情况

分类	1月	2月	3月	4月	5月	6月	7月	8月	9月	10月	11月	12月	合计
入职	0	0	0	0	0	0	2	0	0	0	0	2	4
离职	0	0	0	0	0	1	0	0	0	0	0	0	1
在职人数	5	5	5	5	5	4	6	6	6	6	6	8	8
离职率(%)	0	0	0	0	0	25	0	0	0	0	0	0	12.5

表4　2016年珠海市蓝海社会服务中心人员变动情况

分类	1月	2月	3月	4月	5月	6月	7月	8月	9月	10月	11月	12月	合计
入职	0	0	3	0	0	1	2	1	1	3	0	0	11
离职	0	0	2	1	0	1	0	0	0	2	0	0	6
在职人数	7	7	8	7	7	7	9	10	11	14	12	12	12
离职率(%)	0	0	25	14	0	14	0	0	0	17	0	0	50

【案例分析】

珠海市蓝海社会服务中心虽然成立只有短短的5年时间，但其总体发展状况良好，获得的资金支持逐年快速增加，由2013年的15万元，增加到2014年56.4万元，2015年快速增加到94.39万元，2016年突破百万元，达到128.05万元。珠海市蓝海社会服务中心的两方面成功经验值得其他同类社会组织借鉴。

（1）在发展中要善于"借力"。对于绝大多数社会组织而言，在成立的初期阶段，往往面临着各种资源不足问题，在这种情况下，善于借助政府力量、其他社会组织力量、社会力量，对于社会组织的发展成长非常重要。珠海市蓝海社会服务中心在发展中，借助了珠海市民政局提供的社会组织孵化平台的支持，同时也借助了珠海市关爱协会的力量，从而使得组织得到生存和发展。

（2）具备强烈的品牌意识。社会组织能否获得政府支持和社会资源，与社会组织的形象紧密相关。通过社会组织品牌创建活动，提升社会组织的形象和公信力，有助于获得政府和社会的支持，进而促进社会组织健康快速发展。珠海市蓝海社会服务中心在初创时期就具有强烈的品牌意识，非常难能可贵，为中心健康发展奠定良好基础。中心在2016年获得陈一丹慈善基金会、正汉置业有限公司、梅华街道牵头众多爱心企业捐赠、网络众筹合计39.29万元资金支持，是品牌建设的成果。在当前很多社会组织难以获得社会资助的背景下，这点难能可贵，很值得其他社会组织借鉴。

当然，珠海市蓝海社会服务中心在发展中也存在着两个亟待解决的问题。

第一，社会组织人员的激励机制问题。社会组织发展需要以专业性和高素质的人才作为基础，但当前社会组织激励机制普遍缺失，导致对优秀人才缺乏吸引力，同时留不住人才。那么，对于如何设计社会组织人员激励机制，就很值得思考。关于社会组织人员激励机制的设计，很多人会想到资金激励手段。这本身没有错，适当采用资金手段是必要的，但需要注意的是，社会组织人员的激励不能够完全采用资金激励手段，一方面因为社会组织本身资金就缺乏，另一方面社会组织并非追求私利最大化，而是追求公益。对于社会组织人员激励机制的设计应当把握三点原则：第一，为社会组织成员提供可持续的职业发展路径，满足从业人员的基本生存需求；第二，尽量提高从业人员的社会地位，满足基本的相互关系需求和精神需求；第三，保持参与型激励的比较优势，满足从业人员的成长发展需求。

第二，社会组织专业管理人才培养问题。从珠海市蓝海社会服务中心的运作中可以看出，当前社会组织不但普遍面临优秀人才引不进、留不住的问题，而且还面临着社会组织专业管理人才不足的问题，比如总干事级专业人才非常缺乏。随着社会组织的发展壮大，所处理的事务越来越多，对于专业性的管理人才需求越来越迫切。但是，由于我国长期以来都没有注重社会组织管理人才的培养，导致专业性管理人才非常匮乏。针对这种情况，加快社会组织专业管理人才培养，一方面，高等院校应设立相关的社会组织专业，形成系统的人才教育培养体系，加快社会组织管理人才培养。高等院校应当成为社会组织管理人才培养的重要基地。另一方面，相关的社会组织培训机构应当加大社会组织管理人才培训的力度，通过设计合理的课程体系，编撰高质量的培训教材，对社会组织管理人员进行有针对性的培训，不断提高社会组织管理人员的管理水平。

B.26
有效处理各种关系,提升服务能力
——深圳市社会工作者协会

彭未名　涂　斌　王达梅*

摘　要: 深圳市社会工作者协会是一家比较典型的枢纽型社会组织,经过多年发展,形成众多的优秀经验,值得其他枢纽型社会组织学习和借鉴。深圳市社会工作者协会存在社工行业信息工作开展不足、行业宣传推广投入力度不足、缺乏与其他行业互动、秘书处会员服务能力有待加强、行业活动有待创新拓展等问题,改进方向主要夯实行业基础服务、加强行业规范与倡导、整合资源创新社会工作,提升服务能力。

关键词: 枢纽型社会组织　行业规范　资源整合　服务能力　深圳市

【案例正文】

1.组织介绍

(1)概况:深圳市社会工作者协会(以下简称"市社协")成立于1992年,是深圳市民政局直接主管的社会团体。市社协作为社会工作政府主管部门与社工机构之间的枢纽桥梁,拥有独立的办公和培训场地,培训场地可容纳

---

* 彭未名,博士,广东外语外贸大学教授,广东省社会组织研究中心主任,硕士生导师。研究方向:社会组织、社会治理。涂斌,博士,广东外语外贸大学教授,广东省社会组织研究中心副主任,硕士生导师。研究方向:社会组织评估、社会组织资金筹措、社区治理、财政支出绩效评价。王达梅,博士,广东省社会组织研究中心、广东外语外贸大学政治与公共管理学院副教授,研究方向为社会管理、政府购买社会组织服务、财政绩效评价。

100人，拥有充足的教学培训设备套件。作为直接为社会工作制度配套的行业管理服务专门机构，市社协以"推动社会工作职业化、专业化和规范化建设，服务深圳社工，建设幸福民生"为宗旨，传递政府政策，倡导社会服务。2007年，市社协全面推动社会工作化建设，提供社会工作行业服务，开展社会工作行业管理，充分发挥了政府与民间的桥梁纽带作用。同时，市社协是民政局授权委托的深圳市社会工作者继续教育行业管理工作的单位，制定和审核深圳市社会工作者继续教育实施方案并组织或监督实施，有丰富的培训经验，能充分满足师生参加职业体验、专业实习实训、专业调研等需求。

（2）人员及会员情况：目前，市社协拥有工作人员14名，全部为本科以上学历，57.14%以上为研究生学历，具有社会学、社会工作、法学、人口学、财务管理、计算机、统计学等专业背景。市社协会员包括所有正式登记的社会工作者（个人会员）逾3000名和市区社会公益性民间组织（团体会员）100余家，可协调使用的社区服务中心场地共668家，在社会工作实务实践、人力、场地等方面拥有丰富的资源。同时，市社协统筹管理全市的社会工作督导，督导力量对市社协社会工作专业研究和发展给予了强有力的支持。

（3）荣誉称号：2013年，在深圳市社会组织评估中，市社协荣获5A级社会组织荣誉；2016年，市社协获得"鹏城公益慈善推动者之公益创新奖"；在首届深圳社会组织风云榜评选中，市社协荣获"深圳市十大创新型社会组织"荣誉。

经过近十年的探索与实践，市社协围绕"充分发挥'保障与续航中心'作用，建立健全保障机制"这一核心任务，通过履行社工注册维权、基础服务、行业规范、督导体系建立、项目研发与资源链接、行业调研与倡导、行业传播推广、行业激励、培训与继续教育、社会工作评估、行业交流合作、行业统筹和应急援建、行业研究与专业人才队伍建立等十三个方面的职能，在深圳市社会工作行业服务、行业规范、行业发展等方面发挥了不可或缺的作用。

2. 资金来源结构

市社协的经费收入主要来源包括会费收入、政府补助、国内外有关团体及单位、个人的自愿捐赠和资助。市社协在国家法律法规和政策允许的前提下，本着积极筹措、多渠道开辟的原则，合理组织资金来源。截至2016年11月30日，协会收入总额218万元，其中会费收入46万元，提供服务收入172万元；

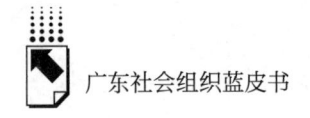

支出总额192万元，其中管理费用74万元，业务活动成本118万元。

3. 发展的做法与经验

经过十年来的探索，市社协围绕"充分发挥'保障中心'作用，建立健全保障机制"这一核心任务，一方面通过社工注册登记服务、行业基础服务、社工维权规范、社工行业自律、社工人才安居服务、社工关爱基金、社工文体活动、社工策划宣传、社工评选激励等工作夯实了行业基础服务，保障了行业的健康、有序发展；另一方面，市社协充分整合、链接政府部门、企事业单位、基金会、社会组织、媒体、高校、银行等多方资源，通过研发多元化服务项目，实现了政企社多方资源与社会工作行业的有机对接，为深圳社会工作的专业化、职业化发展注入了蓬勃的生机和强大的动力，推进了深圳的社会治理创新，为深圳市民福祉的提升做出了贡献。

（1）进行注册维权，开展基础服务。市社协建立和规范行业准入制度，制定、颁布《深圳市社会工作者登记和注册管理办法》等行业文件，为社工开展注册和续注册服务，有效地规范了社会工作者执业的准入条件，明确了社会工作者的专业身份；同时，市社协建立投诉处理机制，成立了纪律工作委员会，通过网站专栏、电话专线、电子邮件、现场接访等途径受理行业投诉咨询，有效地化解了行业矛盾，稳定了行业的和谐发展。

（2）建立关爱基金，推动人才安居。一方面，市社协发起成立深圳社工关爱互助基金，凝聚行业内外力量共同协助困难社工解决问题，截至2017年2月，深圳社工关爱互助基金累计收到捐赠1183388.22（含乐捐10万）元，共向8批76名困难社工资助了585208.57元，协助困难社工走出困境。另一方面，市社协成功向深圳市住建局申请社工人才安居租房补贴，累计为532名社工发放租房补贴共340万元，并将社工人才纳入人才安居公租房定向配租范围，截至2016年9月，我市社工共入住66套公租房。

（3）出台行业文件，规范行业发展。市社协充分发挥行业枢纽型组织作用，制定、发布了《深圳市社会工作者守则》、《深圳社会工作督导管理办法》、《深圳市社会工作者督导助理选拔指引》、《深圳市社会工作者初级督导选拔考核管理办法》、《深圳市社区服务中心顾问管理办法》、《香港社工来深执业管理办法》、《深圳市社会工作者协会社区发展专业委员会规则》、《深圳市社会公益基金会·深圳社工关爱互助基金章程》等20余个行业文件，全方面规范、促进了深圳社工行业的健康、有序发展。

（4）建立督导体系，培育督导人才。市社协自2008年起，与15家香港社会服务机构合作，聘请150余名香港资深社工督导，为深圳社会工作者及社工机构、社区服务中心提供3万余次督导及顾问服务。同时，市社工协会通过培养本土督导，建立起社工人才四级体系，培养了深圳本土督导人才804人，其中中级督导24人、初级督导191人、督导助理589人，并在全国率先实现本土督导的配比全覆盖，建立全国首支中级督导人才队伍，保障了社工服务的专业素质。

（5）进行项目研发，链接多方资源。市社协充分整合链接政府部门、企事业单位、基金会、社会组织、媒体、高校、银行等多方资源，通过研发多元化服务项目，实现了政企社多方资源与社会工作行业的有机对接，为深圳社会工作发展注入了蓬勃的生机和强大的动力。近年来，市社协承接开展了社区药品安全服务网建设工程、社区建设示范点、社区金融公益服务、阳光心理减压室、"军徽映夕阳 军徽映晨曦"、社区老年人眼部健康免费筛查公益服务等众多优质服务项目，其中，社区药品安全服务网建设工程项目覆盖全市300个社区，形成了保障市民药品安全的民生服务网，初步构建了药品安全社会共治的良好格局，项目以庞大的服务量和优质的服务内容，收获了社区居民的高度认同和社会各界的广泛认可，项目被深圳市政府列为十大民生实事工程之一与食品药品安全重大民生工程之一，同时还荣获了由中国社会工作联合会颁发的"2014年度中国社会工作贡献奖"。

（6）进行行业调研，倡导政策完善。市社协进行各种课题调研，积极调研社工发展、社会需求新趋势，撰写《深圳社会工作专业人才队伍建设调研报告》、《加强社工人才队伍建设，推进政府职能转移》、《民政社会福利投入分析》、《深圳社会工作服务行业关于政府购买社工服务应当予以减税的情况报告》、《深圳社会工作者及志愿者服务调研报告》等数十篇报告，向政府部门建言献策，提出了众多推动社会工作发展、解决行业问题的重要建议。

（7）开展传播推广，增进行业认同。市社协通过开展每年一届的全市社工宣传周活动，召开新闻媒体座谈会，建立媒体通报机制，运用媒体、网站、期刊、微信、宣传品等多种渠道，对深圳社会工作进行了大幅度的宣传推广，使深圳社会工作每年受到国家级、省级、市级、区级媒体报道总量达3000余次,并通过网站、微信等媒体发布行业资讯4000余篇,大力促进了社会各界对深圳社会工作的认同与接纳。同时,市社协通过开展每年一度的深圳社工运动会、深圳社工联欢会、军地联谊活动、军民运动会等活动,丰富了深圳社工的精神文化生活,增强了深圳社工的凝聚力与归属感。

(8) 树立行业典范,激励优秀社工。市社协每年开展行业评优、表彰活动,评选全市优秀社工(金星奖与银星奖)、优秀社工服务案例(金奖、银奖与创新奖)、优秀用人单位、优秀本土督导、优秀社工机构、优秀宣传信息专员、优秀住房专员、优秀信息统计员等典范人物与机构,并予以表彰,同时引进壹基金社会公益基金会资源,建立"壹基金·社会工作奖",激励了深圳优秀社工人才不断奋进。

(9) 开展继续教育,续航专业发展。市社协设立了继续教育工作委员会,为深圳社会工作者、本土督导人才、社工机构负责人、用人单位领导及党政干部等不同群体举办岗前培训、继续教育培训、赴外交流学习、分领域培训沙龙、社会建设大讲堂、人才委培项目等共700余期/场培训,参训人数近万人次,同时将深圳的社会工作经验输出到全国20余省市,有效地提升了社会工作者的职业素养,促进了社会工作的服务水准。2015年,市社协发起成立了深圳经济特区社会工作学院,打造了我国社会建设和社会工作领域的首家专业学院。

(10) 开展社工评估,保障服务素质。市社协作为举办单位邀请上海高校专家学者来深,共同成立了深圳市现代公益组织研究与评估中心。评估中心受委托对深圳各社工服务机构、社区服务中心进行年度综合评估,检验了社工服务机构的管理、服务能力与社会公信力,考察了社会工作的服务成效。同时,市社协也承接了深圳初级督导工作成效评估、深圳市罗湖区、各街道的社区服务中心评估项目,以及广西南宁市未保青少年服务等外地项目的评估工作,通过以评促建,协助推动了社工服务专业质量的提升。

(11) 多方合作交流,促进接轨国际。市社协自2008年以来,不断联合国际、国内学者、港澳台等地实务专家,举办了两届社会工作国际论坛、三届全国企业社会工作建设研讨会等学术交流活动,组织开展行业交流会,编撰出版2本行业发展绿皮书等,为社会工作行业研究和本土化发展做出了指引。同时,市社协组织行业交流团赴香港、澳门、台湾以及澳大利亚、泰国、韩国等国家和地区交流学习，其中，2014年、2015年和2016年，市社协分别组织行业精英，赴澳大利亚、泰国、韩国参加了世界社工大会（墨尔本）、世界社工大会亚太区会议（曼谷）和世界社工大会（首尔），并积极与国际社工联、国家民政部、中国社会工作联合会沟通联络，最终使深圳成功申办2017国际社工联亚太区会议，为深圳与世界各国的交流合作、深圳社会工作与国际经验的融合发展做出了重要贡献。

（12）统筹行业力量，社会工作援疆。市社协积极统筹开展大型危机应急服务和援建项目，聚合全市社会工作力量介入南方雪灾、汶川地震、茂名风灾、雅安地震、鲁甸地震等自然灾害，和龙岗火灾、富士康事件、校车相撞、光明滑坡事故等突发事件，通过开展社工服务有效地缓解了危机，协助受灾地区进行了灾后重建。同时，市社协自2010年以来组织社工援建新疆喀什，成立援建喀什社工站，选派社工、督导赴疆培养当地社会工作人才，充分发挥了枢纽型社会工作组织统筹资源，开展应急及支援服务的重要功能。

（13）开展行业研究，组建专业队伍。在开展行业研究方面，2008~2016年间，市社协联合市会员单位共承担了国家民政部、市民政局、市药品监督局、深圳大学、市社科院等共20余项社会工作研究课题，内容从社会工作法制研究、行业自律、执业规范、督导助理到社工实务研究，出台了多项行业规范，为政府部门制定前沿政策提供了科学的依据，引领着行业专业发展方向。在组建专业队伍方面，市社协整合行业力量，建立了老年社会工作、学校社会工作、妇女儿童社会工作、禁毒社会工作、医务社会工作、司法社会工作、残障社会工作、企业社会工作和社区服务中心等九大领域的社工服务指标体系，提高了社工服务的科学性与实用性，其中老年社会工作服务指南被民政部确定为国家标准。同时，市社协组建了深圳灾害社会工作志愿服务队，在全市遴选60名优秀灾害社工志愿者，并通过开展灾后服务、应急实战演练等系列专项培训，提升了灾害社工的服务能力，这是全国全部由专业社工组成的灾害志愿者队伍。2016年市社协联合美国纽约大学、深圳市卫生和计划生育委员会等开展了社工介入精神障碍社区项目，初步建立了120余人的精神卫生社工队伍，这同样也是全国首支精神卫生领域的社工队伍。

作为行业枢纽型组织，市社协在政府部门与社工行业之间建立了顺畅的沟通渠道，并团结社会工作服务机构及社会工作者，形成了行业合力，发挥了

"保障与续航中心"作用，为社会工作行业的发展提供了内在保障与不断突破创新的驱动力。

4. 发展中存在的问题

（1）社工行业信息工作存在不足。深圳社工行业的信息管理及数据统计工作已提升到较高水平，启用了从业人员数据及服务数据在线申报系统、注册社工管理系统、社工继续教育管理系统等电子化管理系统，但由于各机构信息统计员水平不一、流动较大，加上目前开展信息及数据核查的方法和渠道仍比较单一，导致行业的信息和数据仍不够精确、不够全面，仍有较大提升空间。

（2）行业宣传推广投入有待增加，宣传专员能力有待提升。目前深圳市社会工作宣传推广工作的资金投入、人力投入、资源投入都非常有限，不利于宣传工作的有效开展。同时，各机构宣传专员多为兼职人员、流动性大、能力素质参差不齐，影响了宣传工作的开展，有待各机构加强重视宣传工作，固定宣传专员，增加各个岗位、项目、社区的宣传专员，并制定奖赏激励制度，将宣传成效作为社工工作的考量依据之一，鼓励宣传员提升工作能力与积极性。

（3）缺乏与其他行业互动，影响社会接纳程度。社会工作作为新兴行业，社会对其整体的认知较少，如行业不积极与其他行业加强交流沟通，而仅在行业内部谋求自我发展，久而久之，行业会更加边缘化。目前，社工行业与其他行业沟通较少，互相缺乏认知与理解，导致社工行业的多元化服务与跨界发展愈发艰难，不利于行业发展。

（4）秘书处会员服务能力有待加强，行业活动有待创新拓展。目前，协会共有单位会员近百家，个人会员2500多人，秘书处与各会员单位、个人会员日常沟通较少，未能更好地切合会员需求开展更多活动，亦未能较好地统筹和激发会员作用。同时，我市社工行业大型活动的质量仍需提高，活动形式有待创新，社会各界的参与度和支持度有待激发，协会的资源整合能力有待提升。

5. 改进计划

（1）夯实行业基础服务。保证已经开展的基础服务项目持续、稳定地发展，同时继续开展全市社工信息核查，规范社会工作行业数据申报，完善行业服务管理移动客户端，持续开展社工公租房管理和关爱基金相关工作。

（2）加强行业规范与倡导。规范行业发展，加强研究倡导。依托行业资源，深入研究行业问题，推动社会工作和社会工作人才政策出台，推动完善政府购买社工服务机制，打通社工执业晋升路径。加强对社工机构使命、机构运营、项目开发与管理、实务能力等方面的培养，协助机构打造"拳头"项目，提升核心竞争力。同时，继续完善督导人才选拔，以不断满足行业发展需求，扩大督导人才队伍，打通社工职业晋升渠道。

（3）整合资源创新社会工作领域。打造资源平台，协同社工服务机构共同打造优质品牌项目。进一步发挥行业枢纽型组织作用，整合行业内部资源，开拓政府部门、企业、基金会、社会组织等各界资源，引入社工行业，并不断完善社工服务项目的管理、运营与评估流程，实现管理的动态化。同时，协会将持续开展社区药品安全服务网建设工程、社区志愿者登记管理、灾害社工志愿服务队、食事药闻APP推广等常规项目，不断深化项目质量，使常规项目精品化，并着手拓展新项目，助力打造优质项目品牌。

（4）提升秘书处服务能力。加强秘书处工作人员能力建设，壮大行业队伍。进一步加强秘书处人才队伍建设，加强员工专业技能培养，注重员工素质提升，并加强文化建设，打造技能提升和学术研究平台，开创多种形式的团队建设。同时，协会将进一步开拓资源，加强与相关行政事业单位、企业、社会组织的沟通和合作，吸纳更多关心支持社会工作的单位，壮大会员队伍，增强行业力量。

【案例分析】

深圳市社会工作者协会是比较典型的枢纽型社会组织，枢纽型社会组织与一般社会组织有比较明显区别，其职责功能与一般社会组织也不同。枢纽型社会组织是由社会组织管理部门认定，在对同类别、同性质、同领域社会组织的发展、服务、管理工作中，发挥桥梁纽带作用，在业务上处于龙头地位，在管理上承担业务主管职能的联合性社会组织。从案例中可以看出，深圳市社会工作者协会起到联系全市社会工作服务机构及社会工作者的作用，承担着倡导政策完善、出台行业文件、规范行业发展、开展社工评估、统筹行业力量、组建专业队伍等功能。深圳市社会工作者协会在深圳市的社会工作服务机构和社会工作者中发挥"保障与续航中心"作用。与一般社会组织相比,枢纽型社会组织的功能更加强大,因此,对枢纽型社会组织及其工作人员的能力要求也相对比较高,需要具备政策倡导能力、调研能力、资源整合能力、公共关系能力、协调沟通能力、宣传推广能力、行业信息收集处理和共享能力、服务项目研发能力、会员服务能力等多方面、综合性能力。深圳市社会工作者协会在工作实际中,还存在着信息收集和共享、宣传推广、协调沟通、资源整合、会员服务等能力不足问题。对于深圳市社会工作者协会存在的这些问题,应从如下方面入手加以解决。

(1) 正确处理"1"与"N"的关系。"1"与"N"的关系,即深圳市社会工作者协会一个主体与众多社会工作机构之间的关系。通过不断整合、借台、借力,以此密切联系各个社会工作机构和社会工作者,并通过提升服务水平,帮助社会工作机构策划和引进项目,既能够促进社会工作机构发展,孵化培育各类社会工作机构,又能够使得自身获得发展,巩固"枢纽"地位。

(2) 提升枢纽服务能力。枢纽型社会组织的首要任务是为会员社会组织提供服务,其影响力和凝聚力不是靠行政力量换来的,而是在提供优质周到的服务中逐渐形成。枢纽型社会组织应该为其会员社会组织提供资金、场地、培训等,进而起到团结引领和示范带动作用。如果没有聚合联动效应,社会组织还是单打独斗、各自为政,就表明枢纽型组织没有能够有效发挥其功能。在枢纽型社会组织的所有工作中,必须把服务放在首位。当前,枢纽型社会组织通常有着广泛的社会资源,关键在于要树立服务观念,真心实意为会员社会组织服务,设身处地为社会组织着想,通过规划指导、聚合引领、项目运作、培育孵化、协调互动等多种方式为会员社会组织提供服务,促进会员社会组织发展。

(3) 增强协调沟通和资源整合能力。枢纽型社会组织要找准"党政所急、居民所需、自身所能"的最佳结合点,在会员社会组织之间发挥协调作用而不是行政干预,引领各个社会组织参与社会管理和公益活动,架起政府与社会组织之间沟通的桥梁,成为公益慈善供需双方的纽带,以此带动一大批社会组织同台竞技、各展所长、联合协作、共同发展,同时,带动居民参与到社会建设和管理创新中,促进和谐社会的发展和完善。

B.27 多措并举，提高服务能力

——清远市社会组织总会

涂斌 王达梅 彭未名*

摘 要： 清远市社会组织总会是一家比较年轻的枢纽型社会组织，重视完善内部运作机制、注重与政府相关部门、会员单位、社会资源等建立关系，树立良好口碑形象。针对社会组织总会所面临的会员覆盖面不够广、资金实力不够强、服务领域不够宽等问题，应不断拓深服务项目，拓宽服务领域，扩大媒体宣传以及整合社会资源。

关键词： 枢纽型社会组织 拓宽服务 服务能力 清远市

【案例正文】

1. 组织简介

（1）概括：清远市社会组织总会（以下简称："总会"）成立于2014年，是由清远市依法登记成立的社会组织、热心支持社会组织发展的企事业单位和个人自愿组成的联合类、枢纽型、非营利性的社会组织。总会有办公场地82平方米，位于清远市新城北江二路林业大厦二楼，拥有完备的办公设施。

---

* 涂斌，博士，广东外语外贸大学教授，广东省社会组织研究中心副主任，硕士生导师，研究方向：社会组织评估、社会组织资金筹措、社区治理、财政支出绩效评价。王达梅，博士，广东省社会组织研究中心、广东外语外贸大学政治与公共管理学院副教授，研究方向为社会管理，政府购买社会组织服务，财政绩效评价。彭未名，博士，广东外语外贸大学教授，广东省社会组织研究中心主任，硕士生导师。研究方向：社会组织、社会治理。

总会是清远市最大的枢纽型社会组织，其会员包括了清远市各社会团体、社会服务机构、行业协会、异地商会和非公募基金会等社会组织。总会作为政府和社会组织之间的桥梁纽带以及全市社会组织合作发展的公共服务平台，围绕着"全心全意为会员服务"的宗旨，一方面受委托承担政府辅助性、事务性、服务性工作，为加强社会组织管理提供有力支撑，另一方面搭建起公共服务平台，精心服务社会组织，提升社会组织发展能力，同时发挥行业自律作用，提升社会组织的归属感、凝聚力及服务水平。

(2) 人员：清远市社会组织总会现有专职人员5人，其中有2名为助理社会工作师。

2. 资金来源结构

清远市社会组织总会目前资金主要来源于提供服务收入、承接政府职能及会费收入。2016年合计收入55.3万元（见表1），其中，2016年提供服务收入为19.1万元，占34.55%；承接政府职能19.6万元，占35.44%；会费收入16.6万元，占30.01%。

表1 清远市社会组织总会资金来源情况

序号	资金来源	项目购买方/资金资助方	项目名称/资金资助名称	服务期限	服务经费(元)
1	提供服务收入	清远市福利院	第五届岭南社工宣传周	2016年3~4月	32500.00
2		清远市福利院	2016年社工考试培训	2016年5月	72292.00
3		清新区太和镇政府	创文社区示范点建设	2016年8~12月	86302.70
	提供服务收入小计				191094.7
4	承接政府职能	清远市民政局	2015年度社会组织等级评估	2016年9~12月	196000.00
	承接政府职能收入小计				196000.00
5	会费收入	会员单位	会费	2016年	166000.0
	会费收入小计				166000.0
	合　　计				553094.7

3. 总会发展的做法与经验

总会自成立以来，一直致力于完善各项运作机制、制度规范，努力打造专业、团结、积极、向上的服务团队，注重与政府部门、会员单位、社会资源等建立关系，积极承接政府职能转移和参与社会治理公共事务。总会专业的服务得到政府及服务对象的一致认可。

（1）加强队伍建设，提高服务水平。总会坚持高起点、高标准、高要求，加强自身建设，吸收素质高、能力强、有爱心、奉献精神强的各种社会人才加入总会的工作团队。通过举办讲师团培训或参访先进社会组织等形式，切实提高专职人员各方面能力，并在培训的基础上，鼓励和引导专职人员参加继续教育、职业资格认证考试、职业水平考试等，以考促学，拓宽知识领域，增强职业技能，全面提高总会人才队伍的整体素质。

（2）加强沟通联系，促进合作交流。在建立健全各项规章制度的基础上，总会不断完善现有的联络平台和开创新的联络平台，充分加强与会员的沟通交流。一方面，不断完善和维护与会员交流互动的网络平台，不断吸纳各社会组织工作人员进群，总会QQ群目前人数已增加到500人；通过完善清远市社会组织信息网的栏目，及时发布社会组织最新动态、宣传先进典型等社会组织各方面信息，提高社会组织公信力；另一方面，总会开通网讯通和微信公众号，及时向广大会员传达最新的通知以及活动信息，充分发挥总会的桥梁作用；此外，总会还创办会刊《清远社团》，为广大会员提供一个展示组织风采及艺术才华的园地。

（3）举办各项品牌活动，扩大总会影响力。总会协助社工委举办社会工作人员能力素质提升培训班；承办清远市第五届岭南社工宣传周，开展公益集市、社工案例分析大赛、社工服务进社区等系列活动，提高公众对社工的认同；承办清远市社会工作者职业水平考试考前辅导培训班，通过全真模拟，提高清远市社工考试通过率；协助召开清远市"广东扶贫济困日"活动社会组织代表座谈会，为构建社会主义和谐社会贡献力量；总会联合其他社会组织对清新区向群社区进行"创文"示范点建设，推进清远市"创文"工作；总会承接市民政局委托的全市性社会组织等级评估工作，举办等级评估培训班，总会的专业和认真负责得到政府相关部门、社会组织、等级评估专家们的一致好评；为进一步联系广大社会组织，增强总会与各会员之间的交流合作，总会每年定期举办年会，营造社会组织发展良好氛围。

（4）拓宽交流渠道，提高管理水平。总会积极到其他地市政府部门、异地社会组织总会以及会员单位进行交流学习。总会秘书处参加了惠州市社会组织总会第一届第二次会员大会暨社会组织等级评估授牌仪式会；参加省总会第三届理事会第一次常务副会长、副会长联席会议；总会秘书处和市民政局、英德市民政局领导赴桂林市民政局交流学习；总会秘书处赴深圳、佛山学习交流；广东省社会组织总会相关负责人到访参观交流；桂林市民政局到总会交流学习。总会积极拓宽交流学习渠道，学习借鉴各地先进社会组织管理发展经验，通过走访交流积极寻求与各地市组织的合作机会。

清远市社会组织总会自成立以来一直致力于服务各行各业的社会组织会员群体，想会员之所想、急会员之所急、办会员之所愿，组织举办各类满足会员单位发展需求、体现社会组织特色的活动，为社会组织搭建一个宽泛、高端的交流平台。总会能够清楚定位，明确自身发展的优势和不足，坚持依法办事、公平公正、热情服务、优质高效，出色完成政府委托的各项任务，积极参与社会公共管理，并在2016年荣获社会组织等级评估5A等级，得到政府部门的充分肯定，在广大社会组织中树立了良好的口碑。

4. 总会发展中存在的问题

（1）会员覆盖面还不够广。会员覆盖面还不够广，总会现有150多个会员，虽然凝聚了全市社会组织中的大部分精英，但8个县区较有实力的社会组织尚未加入总会，会员总数仅占8.73%。

（2）资金实力还不够强。目前总会的收入渠道不多，主要是会费、服务收入、政府项目支持资金，尚无其他合法稳定的收入渠道，而且存在部分会员未缴纳会费的情况，导致了组织资金实力不够强。

（3）服务领域还不够宽。从总体看，总会为广大社会组织反映诉求，谋求利益力度还不够大；为会员开展个性化服务未形成制度；面向会员企业的服务处于起步阶段，仍在摸索；面向县级社会组织的服务也未铺开。

5. 改进计划

（1）拓深服务项目。在现有的服务项目上，进一步细化服务内容，提升服务质量，完善服务定位，将全市性社会组织等级评估项目、会刊《清远社团》打造成的品牌项目继续推动下去。

（2）拓宽服务领域。根据团队的实践经验积累及发展壮大，积极参加政府职能转移和购买服务竞标，争取承接更多跨领域的购买服务项目，由单一服务项目拓宽到其他2~3个领域。

（3）扩大媒体宣传。加强与媒体的沟通，加大媒体对公益服务项目的宣传力度，增加媒体曝光率。传播正能量，引导大家积极向善的聚力，吸引更多人关注并加入社会公益队伍中来。

（4）整合社会资源。通过整合本土和外地的各领域社会资源，搭建有需要的群体与提供方的沟通桥梁，吸纳更多的会员，为更多有需要的群体服务。

（5）加强对外交流。加强对外专业、文化交流特别是与珠三角、港澳台的交流，通过"请进来、走出去"的方式，借鉴学习先进理念、服务经验，以提升管理和服务质量。

（6）推动行业规范。推动建立社会信用体系和行业自律体系，提升行业规范管理水平，结合本地实际，引导行业自治，规范行业服务，推动行业发展。

【案例分析】

清远市社会组织总会属于枢纽型社会组织，联系着清远市全市的社会团体、社会服务机构、行业协会、异地商会和非公募基金会等社会组织，是政府和全市社会组织之间的桥梁纽带，为全市社会组织的合作发展和协调沟通提供公共服务平台。枢纽型社会组织在整个社会组织发展体系中，具有其特殊意义。枢纽型社会组织不是行政部门，更不可能成为行政部门，在当前社会服务管理创新的驱动下，其社会性只会增强不会削弱。在新的社会治理框架下，枢纽型社会组织作为一种"以民管民"、"以社管社"的探索尝试，是社会组织自主管理和自我发展的重要方式。

尽管清远市社会组织总会成立时间还不是很长，但在实际上还是发挥出比较大的作用，通过开通总会QQ群、网讯通、微信公众号、创办《清远社团》等在全市社会组织中发挥纽带作用，在一定程度上起到"以社管社"作用。但是，清远市社会组织总会在发展中存在着人员偏少、资金不足、会员覆盖面还不够广、服务领域不够宽泛等问题。要切实发挥清远市社会组织总会的桥梁纽带和聚合作用，在发展中要做好如下三个方面。

（1）引进社会组织专业管理人才。清远市社会组织总会在人员构成方面存在着两个问题，一是专职人员偏少，只有5位专职人员，为清远市全市的社

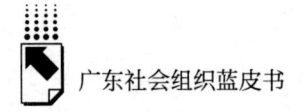

会组织提供服务,5位专职人员显然是不够的。二是专职人员的专业结构与实际工作不相符,通信工程、供用电技术等专业与社会组织管理工作差别很大。同时,缺乏社会组织专业管理人才。针对这种情况,一方面,清远市社会组织总会应扩大专职人员数量;另一方面,尽量引进与社会组织管理工作相关专业的人员,尤其是要引进社会组织管理专业方面的人才。

(2) 加大和拓宽枢纽型社会组织资源投入。当前,清远市社会组织总会有三方面的资金来源,包括提供服务收入、承接政府职能及会费收入等,但总体而言,资金来源结构还是不够宽广,资金总量也偏低。从政府角度而言,在枢纽型社会组织的发展过程中,应当积极提供政策便利,破解枢纽型社会组织资金来源的单一和偏低问题,鼓励与枢纽型社会组织相关的各方积极为其提供资源资金支持,实现枢纽型社会组织资金来源的社会化,增加其资金总额。

(3) 掌握会员需求,为会员提供优质服务。枢纽型社会组织的主要目的是为会员提供服务,解决会员面临的问题,促进会员发展。就清远市而言,2016年清远市共有登记在册的社会组织1718家,其中社会团体742家,社会服务机构974家,非公募基金会2家。如果所有的社会组织都加入清远市社会组织总会,那么这将是一个很庞大的数量。社会组织数量多,所处领域行业不同,规模和实力差异比较大,因此,每家社会组织存在的问题和发展需求差别很大。在这种情况下,清远市社会组织总会要想真正解决各个社会组织存在的问题,就必须要掌握和弄清不同类型社会组织存在的问题和需求,以此为基础,才能够为社会组织提供有针对性的优质服务。

B.28
政府与社会组织共努力，提高社会组织运作能力
——韶关市电子商务行业协会

王达梅 涂斌 彭灵灵*

摘 要： 韶关市电子商务行业协会为会员提供行业培训、交流合作、对接资源、行业自律等服务，效果明显。但是，存在着资金不足、政策支持不够等问题。行业协会未来发展应重点把握四个方面：政府加大政策和资金支持力度；正确处理承接政府服务项目与服务会员之间的关系；围绕着会员企业特点和产品优势为会员提供服务；建立合理的内部治理结构和机制。

关键词： 行业协会 政府支持 内部治理 韶关市

【案例正文】

1. 协会简介

韶关市电子商务行业协会（以下简称：协会）于2014年在韶关市商务局指导下成立，办公地址设在韶关市浈江区站南路7号邮政综合楼3楼。协会现有全职工作人员3名，兼职工作人员1名，均由大专以上学历拥有丰富社会经

---

* 王达梅，博士，广东省社会组织研究中心、广东外语外贸大学政治与公共管理学院副教授，研究方向为社会管理，政府购买社会组织服务，财政绩效评价。涂斌，博士，广东外语外贸大学教授，广东省社会组织研究中心副主任，硕士生导师，研究方向：社会组织评估、社会组织资金筹措、社区治理、财政支出绩效评价。彭灵灵，广东药科大学社会工作系讲师，博士研究生，主要研究方向：社会组织与社会治理、社会政策与社会工作。

验的人员组成。协会是由从事电子商务开发、电子商务经营、电子商务科研、电子商务服务、电子商务外包、电子商务产品制造等与电子商务相关的单位自愿组成的行业性、地方性、非营利性的社会团体，是搭建政府与企业之间沟通的桥梁，是电子商务行业间的信息交流平台，为会员及时传递电商信息、提供电子商务信息服务以及相关法律法规。目前，协会会员已有400多家单位（含各市县会员单位），会员福利主要有优先参加协会举办的各类活动、培训课程；对接政府和其他会员，其他省、市、县电商资源；组织会员单位开展各类研讨会和论坛等活动，提供交流合作平台；宣传会员产品和服务；授予会员牌匾；获取会员通讯录等。

2. 协会资金来源

协会的资金来源主要包括三方面：（1）政府资金补助；（2）会员会费；（3）政府购买服务收入。其中，政府资金补助占比80%，会员会费占比10%，政府购买服务收入占比10%。

3. 协会主要的做法与经验

2016年韶关市电子商务行业协会积极响应韶关市委、市政府关于深入推进"互联网+"行动计划，加强了与各政府部门之间的沟通交流，协助各县市成立电子商务行业协会，在会长与各位理事单位、会员单位的配合和支持下，协会的工作得到包括商务局，农业局，人社局，工商局等政府部门以及社会的认可，协会的知名度也得到较快的提升，主要的做法包括以下几项。

（1）加强与省协、省农村电协及其他省、市电商协会沟通交流

一是协会加入了华南电商联盟，通过华南电商联盟（简称华盟）这个平台，加强与其他省、市电商协会的沟通交流，努力为会员单位的产品走出韶关市，销往广东省珠三角地区及广西、湖南、福建、海南等省区搭建桥梁。

二是协会加入了广东省农村电子商务协会，成为广东省农村电子商务协会韶关代表处，协会中的涉农企业会员打包成为广东省农村电子商务协会的会员。为涉农会员的产品销售，产品展示，企业宣传提供了更广阔的平台。

（2）协助各县市成立协会及农村电商委员会

一是2015年及2016年上半年，协会分别指导、协助成立了乐昌市、翁源县、南雄市、仁化县等四个县市的电子商务协会，将这四个县市协会的会员纳入韶关市电子商务协会的会员队伍中，快速壮大协会在全市范围内的影响力。

二是为加快推进韶关市农村电子商务工作的开展，使全市资源能够更好地融合在一起。2016年3月14日，协会成立农村电商委员会，乐昌市、翁源县、南雄市、仁化县等四个县市的电子商务协会秘书长（单位）成为韶关市电子商务行业协会农村电商委员会的副主任，负责协调、配合市协开展农村电子商务工作。

（3）加强与政府部门的沟通，承接政府职能

一是加强与市人社局的沟通，承办了"2016年众创杯创业创新大赛之创青春农村电商赛"粤北赛区的组织、宣传、培训、比赛的工作。协会的组织工作得到组委会的认可，授予了协会"优秀组织单位"的称号。

二是受东莞（韶关）产业转移工业园管理委员会委托，编写广东省"互联网＋"小镇项目申报材料。

三是协助农业局开展韶关市互联网农业小镇建设。从建设韶关市互联网农业小镇官方微信公众平台、搭建电商平台、征集LOGO、宣传资料设计制作、九峰现场会ppt讲解等各方面全方位地协助农业局，得到农业局的首肯。

四是协助市农业局组织韶关市三区两市五县农产品参加2016年10月30日在仁化县丹霞山景区中山门举办的"第一届韶关市农产品电商平台对接会"。

（4）组织会员参加展览会，帮助协会会员打开销路

2016年9月9～11日，协会组织会员参加由华南电子商务联盟、广东省电子商务协会等联合主办的2016华南电商博览会·两岸三地跨境电商博览会·中国电商服务商大会。协会主要围绕食、住、行三方面进行产品的收集，向观众展示韶关的优质农特产品、特色客栈及精品旅游线路。通过协会的协调努力，各县市的参展商非常团结，互相协作，互相帮忙，协会的凝聚力得到很好的提升。

为了更好地宣传韶关丰富的农业资源，优质的特色农产品，利用电商平台推广销售农产品，结合2016年12月30日在仁化县丹霞山景区中山门举行的"2016仁化县首届生态农业博览会"的契机，协会召开第一届韶关市农产品电商平台对接会，邀请知名涉农行业专家、农村电商企业代表、乡村旅游创业者、微商大咖、涉农电商服务商等资源汇聚仁化丹霞山，利用电商手段，为电商平台商、电商服务商、农产品销售商与涉农企业/农户牵线搭桥，实现资源对接。

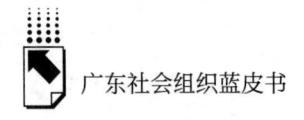

（5）协会秘书处加强协会的对外宣传

协会秘书处加强协会的对外宣传。通过协会官网、微信公众号、微博等媒体，全方位地对协会进行宣传，及时更新最新政策法规、协会动态、会员动态、电商资讯等方面的内容。

（6）完善行业自律体系，邀请会员单位加入诚信联盟

2016年8月26日，为规范网上交易行为，维护电子商务行业诚信形象，妥善解决各类网上交易纠纷，共同维护诚信和谐的网上交易秩序，推动韶关地区电子商务的持续发展，成立韶关市电子商务诚信联盟。邀请会员单位加入联盟，并签署《韶关市电子商务诚信公约》。

（7）开展电商知识培训

2016年协会组织多场电商知识培训会，通过培训课程、会议帮助会员企业提高电商基础知识储备水平，开拓电商思路。同时，让会员单位了解政策动态，主动适应市场最新的变化，通过自身的不断学习，增强市场竞争力。

4. 协会发展难点及改进计划

经过2016年的努力，协会的工作得到社会各界肯定，知名度有较大的提高。很多社会组织、政府部门主动联系协会进行各种业务、资源的对接。但是，存在着资金不足、政策支持不够等问题。协会作为政府与企业沟通的桥梁，希望协会的发展能得到政府更多的支持，一是从资金方面支持。由于协会是非营利组织机构，所以主要目的是为会员服务，为降低会员加入门槛，会费设置比较低，且在一些会员扶持服务方面，基本都是免费提供。协会主要收入来源于政府的补助和采购服务，希望今后能更多地获得政府各部门资金支持，承接政府服务项目；二是从政策方面支持，对于针对电商方面相关政策，希望政府能向协会会员企业倾斜，开通绿色通道，利用政策来指引和帮助协会会员企业壮大，做出行业标杆，从而带动协会内各企业的发展和壮大，让更多的企业加入协会，抱团取暖。

【案例分析】

韶关市电子商务行业协会属于社会团体中的行业协会，行业协会是指介于政府、企业之间，商品生产者与经营者之间，为其服务、咨询、沟通、监督、

公正、自律、协调的社会组织。行业协会是政府与市场之间不可替代的桥梁和纽带，其特有的社会整合能力能够在一定程度上弥补市场与政府的失灵。从实践中看，韶关市电子商务行业协会虽然成立时间较短，但还是取得较好的成绩。目前，协会会员已有400多家单位，协会为会员提供培训、研讨会、论坛、交流合作平台、对接资源等服务，效果明显。但是，存在着资金不足、政策支持不够等问题。对于行业协会未来发展，应当重点把握如下四个方面。

（1）政府加大支持力度。行业协会作为非营利组织，如果缺乏资金支持，将很难正常运转，发挥其作用。因此，从政府角度而言，应加大支持力度，在税收优惠、财政资助、相关政策等方面予以支持，尤其是要加大财政资金支持，解决行业协会存在的资金不足问题。首先，建议设立专门行业协会培育扶持资金并纳入财政预算，支持行业协会发展壮大；其次，完善财政资金划拨和支付方式，确保财政补助资金的合理、高效利用；再次，加强财政资金的使用监管，建立承接职能事项的资金使用审计制度，并将财政资金补助与职能承接的绩效评估结果挂钩；最后，鼓励有实力的行业协会合法经营与合理收费，增强行业协会自身造血功能。

（2）正确处理承接政府服务项目与服务会员之间的关系。行业协会的基本宗旨是为会员提供服务，但在发展过程中，针对资金不足问题，又要积极主动承接政府购买服务项目，这样做虽然能够获得财政资金支持，但与服务会员又存在着矛盾。当行业协会将大部分精力用于处理政府购买服务项目时，将没有时间和精力为会员提供服务，尤其是在行业协会人员紧缺的情况下更是如此。处理好承接政府服务项目与服务会员之间的关系，就是要在两者之间找到均衡点，根据行业协会实际情况承接政府购买服务项目，不宜不顾行业协会实际情况承接政府购买服务项目，以免影响服务会员职责。

（3）紧紧围绕着韶关企业特点和产品优势为会员提供服务。为会员提供服务不是一句口号，而是实实在在的事情。电子商务行业虽然是新兴行业，但发展非常迅速，在这种快速发展背景下，如何为韶关市的电子商务企业提供有效的服务，值得韶关市电子商务行业协会深入思考。在开展服务过程中，韶关市电子商务行业协会应当紧紧把握韶关电子商务企业特点、韶关市产品优势，尤其是农产品的特点和优势，有针对性地指导电子商务企业开展经营活动。

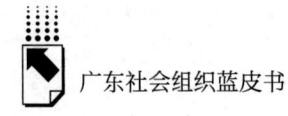

(4)行业商协会应当形成合理的内部治理结构和机制。包括，完善法人治理制度、建立完备的人事与薪酬管理制度、信息公开制度、民主监督制度等；明确自身性质与定位，为行业会员做好服务；树立自律意识，加强信用建设，对于财务收支状况、运作情况等应该及时公布，使会员及公众能够及时监督并增加信任度；重视行业协会的党建工作，充分发挥党建工作指引作用。

B.29
重视党建工作，完善内部治理结构
——广东省江西商会

涂　斌　陈成才　王达梅*

摘　要： 广东省江西商会在承接政府职能、服务会员、维护会员权益、开展慈善公益等方面发挥出重要作用。目前大部分商会的发展均不同程度面临党建工作不成熟、内部治理结构和机制不完善、组织长远性战略规划欠缺等主要问题。对于商会存在类似的问题及未来的发展，广东省江西商会的案例，可为解决这些问题提供借鉴和参考。

关键词： 商会　服务创新　内部治理　党建　广东省江西商会

【案例正文】

1. 商会简介

（1）概况：广东省江西商会（以下简称为：商会）于2009年5月成立，是一家全省性、联合性、非营利性的社会组织，接受广东省民政厅社会组织管理局的业务指导和监督管理，以"沟通、发展、和谐、进步"为宗旨和以"服务立会、活动兴会、党建促会、公益扬会、文化强会、和合办会、以法治会"为理念积极办会。

（2）架构：商会的运作架构如图1、图2所示。

---

* 涂斌，博士，广东外语外贸大学教授，广东省社会组织研究中心副主任，硕士生导师，研究方向：社会组织评估、社会组织资金筹措、社区治理、财政支出绩效评价。陈成才，广东外语外贸大学研究生。王达梅，博士，广东省社会组织研究中心、广东外语外贸大学政治与公共管理学院副教授，研究方向为社会管理，政府购买社会组织服务，财政绩效评价。

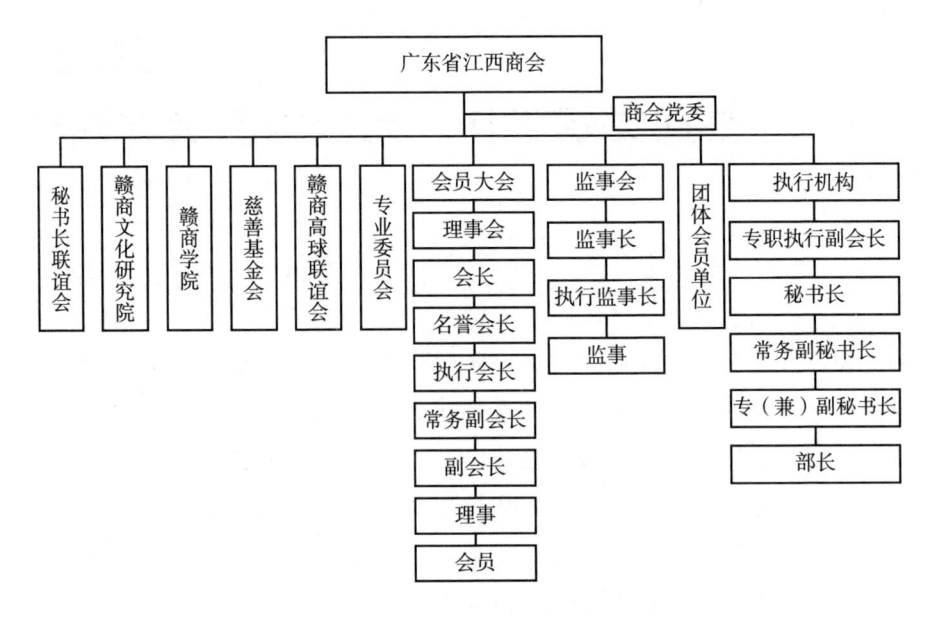

图1　广东省江西商会的内部运作架构

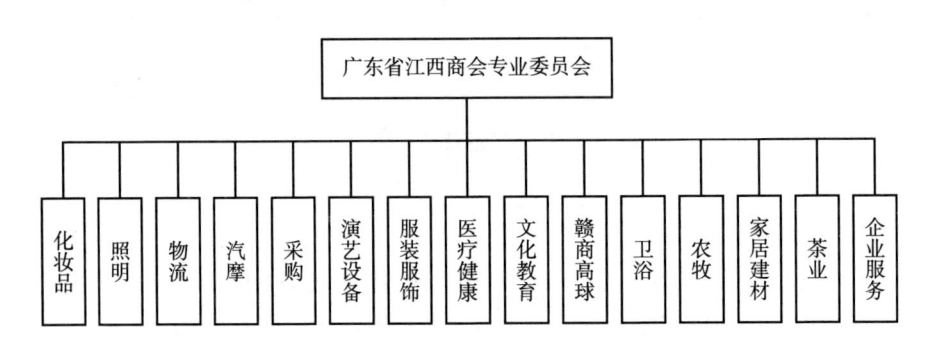

图2　广东省江西商会专业委员会架构

（3）业务范围：主要包括宣传国家社会组织管理的政策法规；承接政府部门职能转移，完成相关业务；组织交流联谊、业务培训、商务考察、项目对接等商会活动；为会员提供交流、信息、融资、维权、就医、宣传、就学、咨询、人才等服务；建立信息平台，发行会刊；以商养会，增强可持续发展能力。

（4）会员情况：商会现有副会长以上单位90多个，16个专委会，30个团体会员单位，直属会员和团体会员单位会员共有12600多个。会员从事的产业涵盖了机器制造、电子信息、家具生产、医疗药业、服装服饰、建筑材料、旅游开发、现代农业、金融投资、园林绿化、出口贸易等。专业委员会主要涵盖了化妆品、照明、物流、汽车、采购、演艺设备、服装服饰、医疗健康、文化教育、赣商高球、卫浴、农牧、家居建材、茶业、企业服务、投融资等行业。

（5）荣誉称号：商会曾获得2016、2017年"5A"社会组织评估等级，广东省"优秀社会组织"、"优秀示范商会"、"十佳社会组织"以及"中国驻粤十大杰出商会"。

（6）党建情况：商会党委下有16个党支部，在册党员246名。党委两度获广东省社会组织党委"示范党委"和"先进社会组织党组织"称号。

商会成立以来，按照宗旨和理念，以"创特色、创新意、创品牌、创一流"为工作目标，着力将其打造成凝聚在粤赣商的"沟通交流平台、信息汇集平台、学习成长平台、资源整合平台、供需对接平台、责任奉献平台"，在服务赣粤的经济发展、参政议政、服务会员、公益慈善等方面发挥了积极的作用。

2. 商会资金来源

商会资金来源主要包括三方面：会员会费收入；接受的捐赠；政府部门资助，目前最主要的是会员会费收入；主要收入来源为有偿服务收入；利息收入；其他合法收入。由于具体的财务收支情况在商会官网暂时未公开，据商会章程仅可知会员申请人缴纳会费［收费标准：会长40万元/年；执行会长30万元/年；常务副会长（监事长）20万元/年；副会长（执行监事长）6万元/年；理事（监事）0.3万元/年；团体会员单位和专业委员会3万元/年］；专业委员会收费标准：会长10万元/年；执行会长6万元/年；常务副会长3万元/年；副会长1万元/年；理事0.2万元/年；会员0.1万元/年。以上收费均以一届五年的时限。

3. 业务开展情况

2016~2017年广东省江西商会一方面锐意改革，勇于创新，积极发挥服务功能，主动协助政府从事社会管理和公共服务，一方面积极完善自身内部治理，使商会能力建设更完善，在经济和社会发展中作用突出，影响广泛。主要做法包括以下几点。

（1）整合商会资源，尽职服务会员

一是通过组建专业委员会为会员提供产业整合、协作、配套服务。如物流

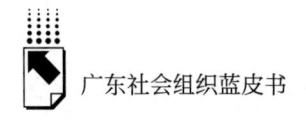

专业委员会集中采购汽油，每年为会员节约运输成本5000万元以上。

二是搭建银企交流平台为会员服务。商会与建设银行、光大银行、民生银行建立战略合作，2017年共计帮助会员企业融资超过50亿元。

三是广开渠道为会员服务。经广东工商行政管理局和广州市工商行政管理局批准，授权为在广东省内的会员企业"守合同重信用"资格评定的申报推荐单位。

四是提供政策法规服务。例如商会组织70多个出口贸易会员（赣商）企业参加华南地区首个国家级"市场采购"国际贸易试点服务中心——花都区市场采购贸易政策推荐会，已有9家会员企业在花都区注册公司，享受国家税收试点政策。

五是积极整合教育、医疗、法务、政府等方面的资源。如商会向江西省高级人民法院，江西政法委等部门提交了广东某集团提请维权帮助案件进行监督的报告，以及帮助江西九江乡友周某对所在打工企业社保、医保、工资补偿诉求。

六是搭建政府与企业沟通平台。商会举办各种类型的投资洽谈、项目推荐、政策解读活动为会员服务，通过商会牵线搭桥会员企业在家乡洽谈了不少项目，2017年新增投资137亿元，几年来商会累计组织返乡投资近千亿元。

（2）加强自身建设，完善内部治理

一是注重商会发展规划。商会已形成成熟的发展规划机制，根据章程，秘书处带头起草方案，组织会员代表、外部专家等资源对商会的运营及服务情况总结、分析，进而制定规划草案，由理事会商讨确定，经会员大会通过后执行。

二是创新管理机制，加强组织建设。商会一方面完善充实医疗健康、文化教育专业委员会，另一方面积极与在粤异地商会交流互动，横向与全国各省30多家江西商会嵌合、互动，纵向与在粤家乡商会137家，建立秘书长联谊会。

三是建立健全以章程为核心的法人治理结构。商会严格遵守执行章程，实行重大开支事前向监事会知会制度。建立和完善了"会长轮值制度"、"专业委员会组建管理办法"、"秘书处考核方案和考勤规范"并制定相应的实施方案。

四是努力打造有影响力的标杆型商会。商会重视建立品牌机制，注册《广东省江西商会》、《南粤赣商》商标；与赣、粤两地主流媒体建立深度合作；密切联系赣粤两地党政部门，及时通报重大活动和工作亮点，增强两地党政部门的关注度。

五是发展品牌会员，做好品牌宣传。目前，上市的商会会员企业已有10家。多个会长单位或个人获得过国家和社会的表彰、嘉奖。2017年编辑、出版发行《会刊》2.4万册，累计在微信公众号发布商会活动信息5000多条。

（3）参与社会治理，履行社会责任

一是主动开展慈善公益品牌活动。2017年商会和各团体会员捐款捐物超3亿元。如商会（党委）组织赣商捐建村级卫生计生服务室100个，资金500万元；商会和江西省政府驻广东（深圳）办事处、江西省卫计委共同倡导的在粤赣籍医疗专家返乡大型公益义诊活动，专家团义诊病人超6000人次，手术近40台，有50余位专家作了大型学术讲座；向瑞金市捐赠保险箱5600多个。

二是积极组织会员企业参与"万企帮万村"精准扶贫行动。商会和党委携手会长单位集团下属公司——江西挺进环保科技有限公司共同捐助70多万元，建设党委精准扶贫点——河源市紫金县义容中学生活污水处理项目；会长单位捐赠精准扶贫善款1000多万元；执行会长单位捐赠慈善公益善款1200万元；常务副会长单位家和集团赞助惠州龙门县扶贫款1500万元；常务副会长单位沃泰集团用于资助贫困学生、兴建教研楼、宿舍楼的金额累计500余万元；常务副会长单位三信药业"三嘉公益社"募集善款近300万元用于公益事业；副会长单位广州市富百乐发展有限公司资助贫困生、发放奖学金、济贫医疗费用、江西省好人关爱基金捐款共计600多万元；副会长魏来金捐资100万元以其父亲魏佐茂名义成立"魏佐茂教育基金"。

4. 商会的党建经验

广东省江西商会党委2016年、2017年两度荣获广东省社会组织党委"示范党委"和"先进社会组织党组织"称号。商会认真贯彻落实党的十九大和十八届五中、六中全会精神，坚决执行党的路线、方针、政策，商会党建工作成果显著，其党建亮点值得关注、学习，商会的党建工作经验具体如下。

一是商会积极将中央《关于加强社会组织党的建设工作的意见（试行）》的指示精神落实到机制上和行动上。制定了商会《关于进一步支持商会党委

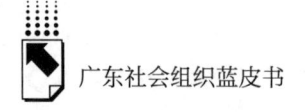

工作的实施意见》，把"以会建党以党促会"写入商会章程，保障党建工作顺利开展。

二是为商会党委工作提供财力保障。按照会费收入省商会留存部分的3%，用于弥补商会党委开展党员活动及党建工作经费的不足。2017年商会支持党委精准扶贫、党建活动、专职党建工作人员经费70万元。

三是为商会党委工作提供人力和场地保障。秘书处指定专人专职负责商会党务具体工作，为商会党委工作提供场地保障，安排党务工作专用办公室，商会的会议室优先保证商会党委开展党员活动。

四是商会秘书处与商会党委办建立常态工作机制。定期召开联席会议，充分发挥商会微信、APP信息服务平台、《南粤赣商》会刊宣传党建工作。

五是加强基层党建工作，不断扩大党组织的覆盖面。商会党委根据指导商会各团体会员单位、专业委员会组建成立党支部。截至2017年11月底，商会党委共有16个党支部，在册党员共236名。积极组织商会非党员会员参加党组织开展的有关活动，引导他们积极向党组织靠拢，重视和支持商会党建工作。

六是进行红色教育，增强党员理想信念。如商会党委组织企业家党员代表及各支部优秀党员前往红色革命圣地接受传统教育活动，组织商会党委各支部委员及部分优秀党员前往红色革命教育基地缅怀革命先烈，追寻红色足迹活动。

七是加强思想教育和典型宣传，组织开展理想信念教育专题报告系列活动。商会组织全体会员开展以"实践理想信念"为主题的理想信念教育实践活动，通过专题报告引导在粤赣商坚定对企业发展信心；开展党的群众路线教育实践活动、组织党员及会员代表学习党的十八届五中、六中全会精神。组织开展"两学一做"学习教育活动，充分发挥商会党组织在教育实践活动中的引领作用。同时，通过表彰基层优秀支部和优秀党员，树立典型，进一步增强了广大党员的使命感。

5.商会发展难点及改进计划

（1）发展难点

经过2016~2017年的努力，商会工作得到党政部门和社会各界的肯定，获得较多的荣誉称号。商会在承接政府职能、服务会员、维护会员权益、开展慈善公益等方面做出了主动、积极的作用与贡献。但是，商会也存在着以下主要的问题：商会活动创新、服务创新上有待进一步探索；少数专业委员会存在实力不强、运作不规范问题；经费主要源自会费，无其他创收手段，制约了商会可持续的发展；商会直接牵头组织的、有影响力的慈善公益活动比较少。

（2）改进计划

根据以上的发展难点，商会可以从以下方面做出相应的改进。

一是强化服务创新。商会在继续完善资源整合、项目对接、信息服务等基本服务的同时，应该创造更多的机会推动会员单位抓住国家经济战略的机遇，如积极响应"一带一路"战略、"粤港澳大湾区"建设，推进会员企业的国际化。另外，在供给侧改革方面为会员企业提供更加便利、有效率的创新型服务。

二是继续完善内部结构治理。商会需要进一步扩大其专业委员会的覆盖范围，为更多的会员单位提供针对性的服务。通过聘请相应行业、专业专家，为专家委员会下属的各会员单位提供决策咨询、信息解读等服务，并且通过相应的制度建设和财务、人力等资源保障，规范其专业委员会的运作。

三是扩大经费收入的来源渠道。商会的运营费用不应该仅依靠会员会费收入，更应该积极提升"自我造血"能力，在保持自身的非营利性特征下，通过开展决策咨询项目、合法经营与合理收费等方式，为商会持续增加营收提供条件；从政府角度而言，应加大支持力度，在税收优惠、财政资助、相关政策等方面予以支持，尤其是要加大财政资金支持，有助于缓解商会资金渠道不宽的问题。

四是打造品牌化的商会公益慈善活动。通过联合会员企业的资源和社会网络，打造一批具有较高影响力、知名度的公益慈善品牌活动，做好公益活动宣传工作，推动公益慈善活动的常态化和项目化。

【案例分析】

广东省江西商会属于社会团体中的商会。商会是商品经济发展的必然产物，是市场经济条件下实现资源优化配置不可或缺的重要环节，是实现政府与商人、商人与商人、商人与社会之间相互联系的重要纽带。这里的商会是一个具有地域特色的相对特殊的概念,一般是指同属于某地区,且其企业法人或创办人来自同一地区的企业公司,或商人个人自愿、依法组建的,以维护商会会员合法权益、促进工商业繁荣为宗旨的社会团体法人。商会具有以下特征:互益性、民间性、自律性、法人性。商会与行业协会同等重要,也是政府与市场之间不可替代的桥梁和纽带,其特有的社会整合能力能够在一定程度上弥补市场与政府的失灵。从材料可见,广东省江西商会已经成立9年,取得了较好的成绩。

目前大部分商会的发展均不同程度面临党建工作不成熟、内部治理结构和机制不完善、组织长远性战略规划欠缺等主要问题。对于商会存在类似的问题及未来的发展,广东省江西商会的案例,可为解决这些问题提供一定程度的借鉴和参考。

(1)重视、改进党建工作。由于大部分商会党建工作仍处于起步探索阶段,部分商会尤其是异地商会的党建工作仍不成熟,具体表现为商会党建工作重视程度有待提高,商会党建工作存在着缺少人员、经费等突出困难,商会党建活动没有常态化、全面化等。主要原因是部分商会往往过分侧重于"经济业绩"因素,忽略"政治思想"因素,不能充分重视组织的党建工作;没有为党建预留充足的制度、人、财、地等保障;日常党组织活动零散碎片化,浮于形式,质量不高。针对商会存在的问题,结合广东省江西商会的经验,建议从以下方向做出改进。

一是重新认识与重视商会党建工作。商会要认识到社会组织党建的重要意义,加强社会组织党建工作,从而引领社会组织正确的发展方向,激发社会组织活力,促进社会组织在国家治理体系和治理能力现代化进程中更好地发挥作用。如广东省江西商会组织召开相关学习会议,认真学习相关精神,将精神落实到具体行动中。

二是以制度规章规范商会党委工作机制,以资金、人才、场地等资源保障党建工作顺利有效开展。广东省江西商会制定了相应的党建工作制度,明确商会党组织的职能定位,安排专人专职、专款、场地为党组织活动提供了充分的保障。

三是加强党委自身建设,提高组织活动质量。商会应该积极建立健全党委、党组织工作体制,创新组织设置,做好发展党员和党员教育管理服务工作,严格执行组织生活各项制度;开展党组织活动要注意与社会组织健康有序发展紧密结合、贴近职工群众需求、突出社会组织专长,而不仅仅是停留在慈善公益等活动;同时严格落实"三会一课"等制度,积极加强思想政治学习,发挥党员先锋模范作用。同时要防止组织生活随意化、平淡化、娱乐化、庸俗化。

另外值得注意的是,针对异地商会的党组织隶属关系,需要进一步理顺厘清。过去属于原籍地的商会党组织关系,应该结合实际情况,逐步实现所在属地管理。

(2) 完善内部治理结构和机制。目前商会内部治理水平参差不齐,部分商会的治理意愿不强、动力不足、成果不显著,所以导致了商会内部治理存在着以下问题:治理结构方面,不重视制度规章建设;治理机制方面,决策机制单一、监督机制缺失、激励机制缺乏等。良好的内部治理结构和机制对于商会的健康、长远发展具有重大意义。故借鉴广东省江西商会做法,为解决相关的问题提供经验,具体如下。

一是形成合理、规范的内部治理结构。首先,商会在针对组织具体事务设计相应齐全的规章制度的同时,也要着重完善法人治理制度,建立健全完备的理事会、监事会、会员大会、秘书处管理制度,安排专人专职专岗。广东省江西商会将会长单位等职务和党建工作相结合,优先安排优秀、先进党员干部竞选、当选理事或常务理事等工作;明确自身性质与定位,为商会会员做好服务,设置相应服务的衔接措施,广东省江西商会就为会员单位细心打造了专门委员会,涵盖16个行业专业,有利于商会内部会员单位加强有关信息交流沟通。

二是建立和完善商会自律制度,建立内部管控体系。如:信息公开(新闻发言人)与社会评价制度、兼职副秘书长管理办法、秘书长联谊会活动制度、商会支持商会党委工作制度、监事会工作条例、评先表彰管理办法、秘书处考核管理办法、专业委员会组建管理办法、轮值工作制度、会议制度、秘书处岗位职责、商会领导分工及岗位职责等。

三是要建立科学合理的决策机制,包括人员组合、专业构成、专家咨询等。一般的商会的决策机制多为企业代表,成员组成单一,故需要社会组织专业人才和专业知识作为支撑。广东省江西商会针对此情况聘请了来自高校的相关学者对商会的运营管理、服务创新提供咨询决策等服务。

四是完善有效的公开、监督机制。对于财务收支状况、运作情况等应该及时、如实地公布,使会员单位及公众能及时监督并增加信任度,从而提高组织的公信力;另外也应设置有效的监督机制,选取合适的会员代表、党员代表进入监事会,还可以考虑聘请、邀请独立第三方或专业的监督人员。

五是打造合理的激励机制。商会的激励机制应该坚持物质激励和精神激励相结合的原则,强化以荣誉、使命为主的精神激励方式。因为对于担任会长单位的企业代表来说,精神激励和荣誉奖项所带来的满足感和成就感更显著。对于商会内日常专职的工作人员,则可以设计相应的激励机制,如积分制等,有阶段性的、有区别性的获得相应的报酬激励、晋升激励、培训激励。

另外,在完善内部治理的同时,商会要注意与服务理念创新、服务方式创新紧密结合,以创新倒逼内部治理完善,以完善内部治理促进服务创新。

(3)注重长远性战略发展规划。商会的可持续发展与长远性战略发展规划能力有着密切的联系,长远性战略发展规划能力对于商会的健康、长效发展具有重要的意义。因此,商会应将长远性战略发展规划放在关键位置,给予足够的重视。部分商会在长远性的战略发展规划方面仍存在一些问题,如没有成熟的发展规划机制、缺乏战略发展规划专家、战略发展规划定位不精准、质量不高等。参考广东省江西商会的案例,可供参考的经验主要如下。

一是建立成熟的战略发展规划机制。商会应根据自身实际情况,将战略发展规划工作放在商会章程中,以制度规定保障规划工作具备相应的人力、经费保障。建立健全商会的战略发展规划机制,需要厘清理事会、监事会、会员大会、秘书处等部门的分工关系,提升规划小组成员的素质能力建设,规范整个规划机制的运作流程,以及明确战略设计阶段、战略执行阶段、战略评估阶段等相应任务。

二是挖掘、聘请发展规划专家。商会的战略发展规划专家来源主要有三个:商会内部的专家,主要是具有丰富的商会运营管理人员,例如老一辈的会长管理层人士;同类商会的专家,主要是与商会在职能定位、治理结构、服务模式方面类似且战略发展规划完善的其他商会管理人员;行业专家学者,一般来自于科研机构、高等院校且在组织发展、组织规划等方面具有丰富经验的专家学者。

三是战略发展规划要精准定位。战略发展规划定位需要精准,与时俱进。

商会的战略发展规划不是一成不变的，它需要根据商会所处的不同阶段情况特点和服务宗旨，充分分析其内外部环境因素后才能做出选择并且不断发展、完善。例如广东省江西商会发展规划中采用SWOT方法，结合当前最新的政治环境、经济环境、地域环境等因素综合分析，明确要积极响应"一带一路"、"粤港澳大湾区"等战略，推动商会会员企业抓住机会，一是走出去，二是参与大湾区建设。

四是提升战略发展规划的质量。依据广大商会会员的需求，调整商会的发展策略，为会员创造价值是驱动商会长远性发展的根本要素。如广东省江西商会以会员需要为核心出发点，战略发展规划着重服务模式创新、健全内部治理结构机制，进而优化资源配置，服务于商会未来五年在会员队伍、商会服务、精品活动、发扬赣商文化、以会建党党建促会等五个方面的"新跨越"战略发展目标及内容。

B.30
走特色运营之路，增强社会组织公信力
——梅州市东山中学发展基金会

涂斌 彭灵灵 王达梅*

摘　要： 梅州市东山中学发展基金会建立较完善和系统的内部管理制度，形成规范管理、专业理财、务实高效、拓宽信息披露、宣传渠道等鲜明的运营特色。目前，不少学校发展基金会存在公信力不足、筹资能力不强、筹资结构不合理、宣传运作机制不完善等问题。对于学校发展基金会存在类似的问题及未来发展，梅州市东山中学发展基金会的案例做法，可为解决这些问题提供一定程度的借鉴和参考。

关键词： 基金会　特色运营　人才建设　公益品牌

【案例正文】

1. 基金会简介

（1）成立时间及性质。梅州市东山中学发展基金会（以下简称"基金会"）成立于2014年11月28日，是一个依法注册、手续齐备、机构健全、规范管理的非公募基金会。2017年2月22日，经梅州市民政局认定为慈善组织，

---

* 涂斌，博士，广东外语外贸大学教授，广东省社会组织研究中心副主任，硕士生导师，研究方向：社会组织评估、社会组织资金筹措、社区治理、财政支出绩效评价。彭灵灵，广东药科大学社会工作系讲师，博士研究生，主要研究方向：社会组织与社会治理、社会政策与社会工作。王达梅，博士，广东省社会组织研究中心、广东外语外贸大学政治与公共管理学院副教授，研究方向为社会管理，政府购买社会组织服务，财政绩效评价。

成为梅州市民政局认定的首个慈善组织。

（2）办公场地。基金会办公场地设于梅州市梅江区学海路8号广东梅县东山中学尊师楼二楼204室，办公面积约为40平方米，悬挂有基金会牌匾，实现了办公自动化：有电脑、打印机、传真机等，网络设备齐全。办公场地由广东梅县东山中学长期免费提供给基金会使用。

（3）运营团队。基金会运营团队主要由广州、深圳、上海、梅州等地的校友代表、乡贤、专业人士及学校相关人员等组成，由东山中学91届刘冰校友任基金会理事长，现有理事13人、监事1人、工作人员2人（其中会计1人、出纳1人）。基金会运营团队的最大特点是学历高、企业高层管理人员多。基金会成员中：有硕士研究生导师1人，大学本科学历13人，会计人员持有中级职称会计证，出纳持有会计从业资格证；有企业中高层管理人员8人，律师1人，中学高级教师3人。由于基金会成立时间不长，规模不大，目前基金会所有成员均为兼职人员、无薪酬（义工），无专职人员。

（4）制度建设。梅州市东山中学发展基金会宗旨是汇聚各界力量，提高学校办学水平，培养德才兼备的高素质人才。业务范围是奖教奖学、资助贫困师生、完善办学条件。2015年是基金会成立后的第一年，也是基金会建章立制，从无到有，从小到大，不断探索发展的一年。东山中学发展基金会是非公募基金会，因此在资金来源上不能像公募基金一样公开向社会募资，只能根据规定将以非公开方式向特定对象募资，同时，基金会在遵循合法、安全、有效原则的前提下可以进行投资理财，但必须实现基金的保值、增值。为此，基金会管理团队根据非公募基金会的特点，第一年决定把基金会工作重点放在建章立制、完善内部管理机制上，以确保基金会规范运作，良性循环，持续发展。目前基金会制定的内部管理制度主要有：《梅州市东山中学发展基金会理事会议事规则》、《梅州市东山中学发展基金会财务管理制度》、《梅州市东山中学发展基金会财产管理和使用制度》、《梅州市东山中学发展基金会接受捐赠管理制度》、《梅州市东山中学发展基金会印章管理制度》、《梅州市东山中学发展基金会信息披露管理制度》、《梅州市东山中学发展基金会行政管理制度》、《梅州市东山中学发展基金会基金投资操作细则》、《梅州市东山中学发展基金会档案管理规定》等。

2. 资金来源结构

梅州市东山中学发展基金会原始基金200万元，来源于深圳信立泰药业股份有限公司董事长叶澄海校友捐赠。基金会收入主要来源于校友和乡贤捐赠，没有政府资金和会员会费。基金会自2014年11月28日成立以来，在基金会成员和学校、校董会及社会各界的大力支持下，得到广大校友和社会贤达的积极响应、慷慨捐助、集腋成裘，截至2016年12月31日，基金会募集到账资金总额为11550256.31元，资产投资理财收益和其他收入总额为1659417.05元。具体收入情况详见表1。

表1 梅州市东山中学发展基金会资金来源情况

项目		2014年		2015年		2016年	
一、收入		项次	金额(元)	项次	金额(元)	项次	金额(元)
捐赠收入	校友个人	1	2000000.00	13	3085000.00	483	1890406.31
	校友团体	2	70000.00	3	250000.00	10	73850.00
	乡贤个人			11	1460000.00	1	1500000.00
	社会团体			8	121000.00	1	100000.00
	合计	3	2070000.00	35	4916000.00	495	4564256.31
投资收益					1199049.39		452241.26
其他收入			818.13		4624.37		2683.90
收入合计			2070818.13		6119673.76		5019181.47

说明：银行存款利息计入其他收入；单位捐赠计入社会团体收入。基金会成立至今的收入均为非限定性收入。

3. 运营特色

（1）依法办会，规范管理，连续三年顺利通过年检。基金会从成立之初就确立了以《梅州市东山中学发展基金会章程》为基本行为准则的管理理念，制定完善了一整套内部管理制度，聘请具有专业资格的校友担任财务人员，并在日常工作中保持与市民政局业务登记管理部门的密切联系，在他们的精心指导帮助下及时解决工作疑点和难点，借助"外力"强化内部建设的同时也使得年度检查的基础要求在日常管理工作中得到消化落实，实现了"健身"与"体检"的有机结合，连续三年顺利通过了年检工作。

（2）专业理财，效果显著。两年来，基金会运营团队依法依规对基金会资产进行专业投资运作，确保资产安全并实现保值增值。基金会投资运作原则是确保基金资产在安全性、流动性的基础上追求适当的收益，同时，要求匹配基金会的支出计划，确保资金能按计划使用。基金会投资操作细则中规定：为保障基金会资产安全，降低财务风险，基金会资产的划拨及投资运作由不同的工作人员执行。基金会资产的投资的具体划拨由基金会秘书处负责，并在每月底将基金会的资产情况进行汇总，记入基金会的月度报表，然后由秘书处通过邮件、微信等形式发给各位理事、监事，并反馈给东山中学校董会和学校主要领导。基金会资产具体投资运作由专业理财人士潘海峰理事负责。为简化投资流程，便于财务核算，现阶段将基金会的所有可投资资产集中于基金会开设的证券账户内进行投资操作。基金会的投资目标为确保资金安全的基础上争取年化收益5%以上的回报，目前基金会的投资范围限定为新股、新可转债申购及固定收益类投资。

根据基金会投资方案和投资细则，为使基金会资金投资和认购新股运作顺利实施，刘冰理事长提出创新运作机制，带头并动员部分校友以购买股票形式进行捐资。从2015年4月开始投资理财至2016年12月31日，基金会资产投资收益和其他收入总额达到1659417.05元，年化收益率达到41.5%，这充分说明专业投资理财运作非常成功，增值效果显著。

（3）运作成本低，公益力度大，全力支持东中发展。两年来，基金会管理团队始终不忘"汇聚各界力量，提高办学水平，培养德才兼备的高素质人才"之办会宗旨和初心。为凝聚社会各方力量，续创百年名校新辉煌，基金会管理团队郑重承诺：基金会将严格管理，专款专用，完全用于广东梅县东山中学的持续发展，确保捐赠款项使用透明、发挥效益。2015年基金会设立了以弘扬东山精神、激励优秀教师为重点的系列奖教奖学资助项目，下设6个子奖项：爱岗敬业奖、东中新秀奖、终身奉献奖、优秀管理奖、高考优胜奖、优秀学生奖，2016年又增设高考重本达标200万元专项奖。2015年度用于奖教奖学金额为61.65万元，占上年度基金余额的比例29.77%；2016年度用于奖教奖学金额为303.14833万元，上年度基金余额的比例40.12%。工作人员工资福利和行政办公支出占总支出的比例2015年度为2.79%，2016年度为1.41%。从2015年开始，在每年9月10日召开的东山中学庆祝教师节暨高考表彰大会上举行隆重的颁奖仪式进行颁奖，并对所有获奖者在东山中学官网进

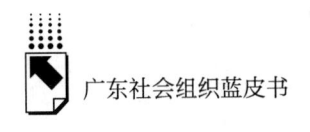

行公告。

(4) 执行机构务实高效，获得业务登记部门的高度肯定。基金会秘书处作为常设的执行办事机构，虽然工作人员均为兼职，但工作扎实，能高质高效处理好日常工作。具体表现如下。

一是按时完成每年的年检工作，及时做好"三证合一"换证工作，积极做好申请慈善组织认定工作，积极申报公益性捐赠税前扣除资格和免税资格，积极参加社会组织等级评估工作。

二是认真做好奖教奖学公益项目的流程管理，确保项目执行的高质、高效、规范。

三是全力做好募集资金的接收、管理、反馈、披露工作，确保募资工作的规范透明，提升基金会的公开度和公信力。

四是全力配合潘海峰理事的投资理财工作，并每月定期向理事、监事以及校董会、学校领导通报基金会的财务管理情况，确保基金会资产管理情况的公开透明。

五是加大宣传力度，充实了东中官网基金会栏目的信息披露内容，编印了《校董会基金会手册》、《梅州市东山中学发展基金会年度报告》，编印了《凝聚社会各方力量　续创百年名校辉煌》捐款倡议书，以图文并茂、形式多样的宣传方式不断增强基金会的影响力和公信力。

六是认真细致做好日常的材料起草、公文流转、文书档案管理、会务管理、内外协调沟通等工作，有效发挥了参谋助手和窗口形象的作用。

秘书处规范扎实的工作作风和高质高效的工作成果得到梅州市民政局领导的充分肯定，并多次推介本市其他基金会前来学习交流。

(5) 加大基金募资力度，增强发展后劲。2016年初，基金会提出了资产规模力争达到1000万元的目标，为实现这一目标，校董会、校友会、基金会、学校四方群策群力，积极利用校友聚会、校庆活动等重要活动节点现场宣传发动募捐；发动校友以微信、QQ、网站等网络平台广泛传播《凝聚社会各方力量　续创百年名校辉煌》捐款倡议书；学校领导分头拜访历届校友乡贤重点募捐，浓厚的宣传氛围激发了广泛的捐款热情，截至2016年12月31日，基金会募集到账资金总额为11550256.31元，超额完成募资超1000万元的目标。

校友、乡贤们真诚的捐赠热情共同造就辉煌战果的同时，也强化了基金会的社会影响力和公信力，同时也鞭策着基金会运营团队要再接再厉，用百分百的真诚投入去努力实现基金会最大的社会价值，为东山中学教育事业的可持续发展做出更大的贡献。

（6）拓宽信息披露和宣传渠道，不断增强基金会的公信力和影响力。合法合规披露基金会信息，是保障基金会可持续健康发展、提高基金会公信力和社会影响力的重要手段。基金会依托东山中学官网建立基金会官方网站，目前公布的信息包括以下几类：基金会章程和各项管理制度；基金会年度报告；基金会重要工作动态；公益项目信息和进展情况；捐赠人信息；基金会的基本信息等。并且计划下一步将以"中基透明指数FTI"指标为参照，进一步完善栏目和内容建设。

此外，基金会还先后编印《校董会基金会手册》小册子、编印出版了《梅州市东山中学发展基金会年度报告》和《凝聚社会各方力量　续创百年名校辉煌》捐款倡议书。这些资料成为基金会对外宣传、交流活动中有力的形象展示工具。

由于基金会始终坚持依法依规运作，民主决策，及时披露有关信息，做到公开透明，因此基金会成立两年多来，社会反响良好，社会调查评价好，梅州市足球基金会、梅县高级中学、平远中学等多个单位纷纷前来学习交流。

4. 存在问题

（1）关于基金会管理人员问题。由于基金规模偏小，年增值总量还不够大，但在基金会的评估条件中，不分基金规模大小，一律要求要有专职人员，这对规模较小的基金会来说，难度是相当大的，若聘请专职人员管理，必然带来高成本的运作，很难确保持续发展。就目前基金规模，基金会认为多请几个兼职干事，较为现实。计划用10~15年左右时间，争取让基金规模达到1个亿左右，基金年增值总量达到500万元以上，从而达到聘请专职人员管理要求。

（2）没有建立党群工青妇组织。目前在民政部门对基金会的评估条件中，把建立党群工青妇组织作为硬性条件，这对非公募基金会来说，难度也是相当大的。基金会成员中虽然有9位党员，但居住在上海、广州、深圳等全国各地，因此，即使成立党群组织，运作成本不说，开展正常的组织活动就是一大难题。鉴于目前现状，基金会没有建立党群工青妇组织。

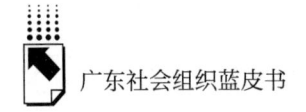

(3)公益项目品牌形成尚待时日。在公益项目品牌创新建设方面,基金会正在进一步探索中,争取用3~5年时间,形成具有自己特色的品牌。

【案例分析】

梅州市东山中学发展基金会成立于2014年,虽然发展时间较短,但是发展势头良好,第一,基金会建立比较完善和系统的内部管理制度,包括《梅州市东山中学发展基金会理事会议事规则》、《梅州市东山中学发展基金会财务管理制度》、《梅州市东山中学发展基金会财产管理和使用制度》等。第二,自2014年至2016年,每年都有连续性捐款,2014年为207万元;2015年为491.6万元,增长137.48%;2016年捐款为456.42万元。第三,基金会运营团队对基金会资产进行专业投资运作,实现保值增值效果比较明显,2015年理财收入为119.9万元,2016年理财收入为45.22万元。面对目前不少学校发展基金会存在的公信力不足、筹资能力不强、筹资结构不合理、宣传运作机制不完善等问题。对于学校的发展基金会存在类似的问题及未来发展,梅州市东山中学发展基金会的案例做法,可为解决这些问题提供一定程度的借鉴和参考。

(1)重视规范有效管理,树立基金会公信力

基金会的规范管理和资金有效支出是基金会公信力得以建立的基础,有效的规范管理主要表现在制度建立的合理健全性和制度执行的有效性两个方面。制度是管理的基石和保障,要实现有效的管理,首要的是建立健全的相关制度,健全的社会组织制度应该包括组织内部管理制度、业务管理制度、财务制度和绩效制度等。基金会良好制度是保障与促进基金会发展的前提,是基金会公信力的保障。目前不少学校基金会尽管建立了相关制度,但仍存在制度不健全、制度内容不合理和制度执行有效性不足现象。梅州市东山中学发展基金会在建议初期就把基金会工作首要放在建立合理制度、完善内部管理机制上,以《梅州市东山中学发展基金会章程》为基本行为准则的管理理念,制定完善了一整套管理制度,以确保基金会规范运作,良性循环和持续发展。如制定的内部管理制度主要有《梅州市东山中学发展基金会理事会议事规则》、《梅州市东山中学发展基金会行政管理制度》、《梅州市东山中学发展基金会印章管理制度》、《梅州市东山中学发展基金会档案管理规定》等;业务管理制度主要

包括《梅州市东山中学发展基金会接受捐赠管理制度》、《梅州市东山中学发展基金会信息披露管理制度》；财务管理制度主要有《梅州市东山中学发展基金会财务管理制度》、《梅州市东山中学发展基金会财产管理和使用制度》、《梅州市东山中学发展基金会基金投资操作细则》等。东山中学发展基金会能够有效执行制度，按时完成每年的年检工作；认真做好奖教奖学公益项目的流程管理，细致做好日常的材料起草、公文流转、文书档案管理、会务管理、内外协调沟通、宣传等工作，全力做好募集资金的接收、管理、反馈、披露工作，定期通报财务管理状况；制度的健全和有效制度执行为基金会树立了良好的公信力。

（2）注重资金投资运营机制，增加基金会影响力

一般而言，学校的发展基金会的收入来源主要包括：捐赠收入、投资收入、服务收入以及其他收入。资金管理运营得当，资金来源多渠道，保值增值效果好，能够一定程度提升基金会的影响力，更能吸引校友及公众的捐赠。目前学校基金会大多处于起步阶段，收入来源主要集中在捐赠收入，投资收入所占比重较低，不同程度存在资金增值能力弱的问题。在资金投资途径选择上，大部分都选择存放银行收取利息等相对保守的投资方式，虽然避免高风险投资可能带来的较大损失，但低风险意味着低收益，导致不少学校基金会资金利用程度不够，多渠道投资和多元化经营能力不足，保值增值能力不强。梅州市东山中学发展基金会对基金会资产进行了专业投资运作，在确保基金会资金安全的前提下，实现资金的保值增值，2015年投资收益占总收入约20%。基金会资产具体投资运作由专业理财人员负责，在初始建立后——两年里将基金会可投资资金集中于基金会开设的证券账户内进行投资操作，为了避免证券市场带来的风险，基金会的投资范围限定为新股、新可转债申购及固定收益类投资，同时为使基金会资金投资和认购新股运作顺利实施，鼓励动员部分校友以购买股票形式进行捐资。2015年4月开始进行投资理财，截至2016年底基金会资产投资收益和其他收入年收益率达到41.5%，专业投资理财运作增值效果显著，提升了自身"造血"功能，增加了学校发展基金会在校友和公众中的影响力，增强了后续发展力量。

（3）强化信息披露和宣传力度，提升基金会公信力

合法合规的信息披露是基金会公信力得以建立和提升的关键，也是赢得捐

助人信任的重要保证，是保障基金会可持续健康发展、提高基金会公信力和社会影响力的重要手段。但目前有些学校基金会仍存在信息披露不足影响了公信力的状况，有部分基金会虽然提供了相关信息，但信息公开仍然不到位，主要表现在公布信息内容相对简单，难以清楚地展示其财务情况及公益项目开展实施情况，公众难以得到需要了解的相关信息。梅州东山中学发展基金会依托东山中学官网建立基金会官方网站，公布的信息包括：基金会章程和各项管理制度；基金会年度报告；基金会重要工作动态；公益项目信息和进展情况；捐赠人信息；基金会的基本信息等，并以"中基透明指数FTI"指标为参照，不断完善栏目和内容建设。并每月定期向理事、监事以及校董会、学校领导通报基金会的财务管理情况，确保了基金会资产管理情况的公开透明。同时，编印了《校董会基金会手册》、《梅州市东山中学发展基金会年度报告》、《凝聚社会各方力量 续创百年名校辉煌》捐款倡议书，这些资料成为基金会对外宣传、交流活动中有力的形象展示工具，形式多样的宣传方式不断增强基金会的影响力和公信力。基金会及时披露有关信息，做到公开透明，因此基金会成立以来，公信力高，社会反响良好，社会调查评价效果高。

虽然基金会运作情况良好，但由于建立时间较短，在发展中也存在着一定问题，包括缺乏专职管理人员、没有开展党建工作、没有形成公益品牌项目等。以上问题也可能出现在部分基金会或者其他社会组织的运营和服务当中，因此，本节也针对东山中学发展基金会的案例，结合理论进行分析，提出建议。

（1）加强基金会专业人才队伍建设。梅州市东山中学发展基金会的人员全部为兼职人员，没有专职人员，并且基金会认为自身的规模小，不宜招聘专职人员，这种想法不恰当。人才是基金会发展的关键，基金会要实现对资金有效的管理，必须依靠专业的管理人才。基金会首先应配备专职财会人员，以对基金会的资金活动进行准确核算和客观反映；其次要做好高素质人才引进规划，使其内部的筹、投资活动更加专业化；基金会也需通过制定和实施适合本组织运行特点的薪酬体制，激励和开发现有的人才资源，充分调动其工作积极性。

（2）积极开展和探索公益品牌项目建设。目前，梅州市东山中学发展基金会的资金主要用于奖教、奖学资助，设立爱岗敬业奖、东中新秀奖、终身奉献奖、优秀管理奖、高考优胜奖、优秀学生奖等6个奖项，虽然奖励力度比较大，但从基金会的资金支出来看，支出结构非常单一，不利于提高资金的使用效果。因此，应当根据东山中学发展的实际需要，积极开展和探索各种公益品牌项目建设，比如，资助贫困学生项目、校园环境提升项目等，以提高基金会资金的使用效果，体现资金使用的公益性。

（3）重视党建，建立党群工青妇组织。开展党建工作对基金会的长远发展具有重要意义，可以让基金会明确并选择正确的发展方向。党群组织、工青妇组织是党联系广大人民群众的重要桥梁，因此，建立党群工青妇组织是非常有必要的。基金会的党建工作需要被重视，建立健全组织党委党小组的工作学习制度，积极开展党建活动，以党建引领，指导组织的思想学习和业务活动。社会组织应收集好专职、兼职工作人员的政治面貌信息，积极主动的建立好党群工青妇组织，并形成持续的、稳定的工作机制。

社会科学文献出版社　　　　　　　　　　　　　**皮书系列**

✦ 皮书起源 ✦

"皮书"起源于十七、十八世纪的英国，主要指官方或社会组织正式发表的重要文件或报告，多以"白皮书"命名。在中国，"皮书"这一概念被社会广泛接受，并被成功运作、发展成为一种全新的出版形态，则源于中国社会科学院社会科学文献出版社。

✦ 皮书定义 ✦

皮书是对中国与世界发展状况和热点问题进行年度监测，以专业的角度、专家的视野和实证研究方法，针对某一领域或区域现状与发展态势展开分析和预测，具备原创性、实证性、专业性、连续性、前沿性、时效性等特点的公开出版物，由一系列权威研究报告组成。

✦ 皮书作者 ✦

皮书系列的作者以中国社会科学院、著名高校、地方社会科学院的研究人员为主，多为国内一流研究机构的权威专家学者，他们的看法和观点代表了学界对中国与世界的现实和未来最高水平的解读与分析。

✦ 皮书荣誉 ✦

皮书系列已成为社会科学文献出版社的著名图书品牌和中国社会科学院的知名学术品牌。2016年，皮书系列正式列入"十三五"国家重点出版规划项目；2013~2018年，重点皮书列入中国社会科学院承担的国家哲学社会科学创新工程项目；2018年，59种院外皮书使用"中国社会科学院创新工程学术出版项目"标识。

中国皮书网

（网址：www.pishu.cn）

发布皮书研创资讯，传播皮书精彩内容
引领皮书出版潮流，打造皮书服务平台

栏目设置

关于皮书：何谓皮书、皮书分类、皮书大事记、皮书荣誉、皮书出版第一人、皮书编辑部

最新资讯：通知公告、新闻动态、媒体聚焦、网站专题、视频直播、下载专区

皮书研创：皮书规范、皮书选题、皮书出版、皮书研究、研创团队

皮书评奖评价：指标体系、皮书评价、皮书评奖

互动专区：皮书说、社科数托邦、皮书微博、留言板

所获荣誉

2008年、2011年，中国皮书网均在全国新闻出版业网站荣誉评选中获得"最具商业价值网站"称号；

2012年，获得"出版业网站百强"称号。

网库合一

2014年，中国皮书网与皮书数据库端口合一，实现资源共享。

权威报告·一手数据·特色资源

皮书数据库
ANNUAL REPORT(YEARBOOK) DATABASE

当代中国经济与社会发展高端智库平台

所获荣誉

- 2016年，入选"'十三五'国家重点电子出版物出版规划骨干工程"
- 2015年，荣获"搜索中国正能量 点赞2015""创新中国科技创新奖"
- 2013年，荣获"中国出版政府奖·网络出版物奖"提名奖
- 连续多年荣获中国数字出版博览会"数字出版·优秀品牌"奖

成为会员

通过网址www.pishu.com.cn访问皮书数据库网站或下载皮书数据库APP，进行手机号码验证或邮箱验证即可成为皮书数据库会员。

会员福利

- 使用手机号码首次注册的会员，账号自动充值100元体验金，可直接购买和查看数据库内容（仅限PC端）。
- 已注册用户购书后可免费获赠100元皮书数据库充值卡。刮开充值卡涂层获取充值密码，登录并进入"会员中心"—"在线充值"—"充值卡充值"，充值成功后即可购买和查看数据库内容（仅限PC端）。
- 会员福利最终解释权归社会科学文献出版社所有。

卡号：842498929848
密码：

数据库服务热线：400-008-6695
数据库服务QQ：2475522410
数据库服务邮箱：database@ssap.cn
图书销售热线：010-59367070/7028
图书服务QQ：1265056568
图书服务邮箱：duzhe@ssap.cn

S 基本子库
SUB DATABASE

中国社会发展数据库（下设12个子库）

全面整合国内外中国社会发展研究成果，汇聚独家统计数据、深度分析报告，涉及社会、人口、政治、教育、法律等12个领域，为了解中国社会发展动态、跟踪社会核心热点、分析社会发展趋势提供一站式资源搜索和数据分析与挖掘服务。

中国经济发展数据库（下设12个子库）

基于"皮书系列"中涉及中国经济发展的研究资料构建，内容涵盖宏观经济、农业经济、工业经济、产业经济等12个重点经济领域，为实时掌控经济运行态势、把握经济发展规律、洞察经济形势、进行经济决策提供参考和依据。

中国行业发展数据库（下设17个子库）

以中国国民经济行业分类为依据，覆盖金融业、旅游、医疗卫生、交通运输、能源矿产等100多个行业，跟踪分析国民经济相关行业市场运行状况和政策导向，汇集行业发展前沿资讯，为投资、从业及各种经济决策提供理论基础和实践指导。

中国区域发展数据库（下设6个子库）

对中国特定区域内的经济、社会、文化等领域现状与发展情况进行深度分析和预测，研究层级至县及县以下行政区，涉及地区、区域经济体、城市、农村等不同维度。为地方经济社会宏观态势研究、发展经验研究、案例分析提供数据服务。

中国文化传媒数据库（下设18个子库）

汇聚文化传媒领域专家观点、热点资讯，梳理国内外中国文化发展相关学术研究成果、一手统计数据，涵盖文化产业、新闻传播、电影娱乐、文学艺术、群众文化等18个重点研究领域。为文化传媒研究提供相关数据、研究报告和综合分析服务。

世界经济与国际关系数据库（下设6个子库）

立足"皮书系列"世界经济、国际关系相关学术资源，整合世界经济、国际政治、世界文化与科技、全球性问题、国际组织与国际法、区域研究6大领域研究成果，为世界经济与国际关系研究提供全方位数据分析，为决策和形势研判提供参考。

法律声明

"皮书系列"（含蓝皮书、绿皮书、黄皮书）之品牌由社会科学文献出版社最早使用并持续至今，现已被中国图书市场所熟知。"皮书系列"的相关商标已在中华人民共和国国家工商行政管理总局商标局注册，如LOGO（ ）、皮书、Pishu、经济蓝皮书、社会蓝皮书等。"皮书系列"图书的注册商标专用权及封面设计、版式设计的著作权均为社会科学文献出版社所有。未经社会科学文献出版社书面授权许可，任何使用与"皮书系列"图书注册商标、封面设计、版式设计相同或者近似的文字、图形或其组合的行为均系侵权行为。

经作者授权，本书的专有出版权及信息网络传播权等为社会科学文献出版社享有。未经社会科学文献出版社书面授权许可，任何就本书内容的复制、发行或以数字形式进行网络传播的行为均系侵权行为。

社会科学文献出版社将通过法律途径追究上述侵权行为的法律责任，维护自身合法权益。

欢迎社会各界人士对侵犯社会科学文献出版社上述权利的侵权行为进行举报。电话：010-59367121，电子邮箱：fawubu@ssap.cn。

社会科学文献出版社